GOLDMAN

1993

Buch

Es geschah in den Anden, einem der unwirtlichsten Gebirgsmassive der Welt. Ein Flugzeug stürzt ab. Mehr als die Hälfte der Passagiere lebt. Können sie überleben?

Von einer Sekunde zur anderen geraten sie in eine tödliche Grenzsituation. Nach dem ersten Schock nehmen sie – ohne Nahrung und Hilfsmittel – den Kampf gegen Naturgewalten auf, an denen auch mit modernstem Rüstzeug ausgestattete Expeditionen scheiterten. Ihre einzigen Waffen sind ihr unerschütterlicher Glaube an die Würde des Menschen und ihr eiserner Überlebenswille.

In den 70 Tagen an der Schwelle des Todes wachsen sie über sich selbst hinaus, organisieren eine Überlebensfamilie, in der jeder für jeden steht. Die Herausforderung in dieser ausweglos scheinenden Situation setzt einen Glauben frei, der im wahrsten Sinne des Wortes Berge versetzt. Sie trotzen dem Tod, bis sie ihn besiegt haben …

Piers Paul Read schrieb die authentische Geschichte dieses außergewöhnlichen Abenteuers. Er hat mit den sechzehn jungen Männern, die überlebt haben, monatelang zusammengelebt, hat mit ihnen Tag für Tag, Stunde für Stunde nacherlebt: schicksalhafte Erfahrungen, unfaßbare Taten des Mutes und der Ausdauer, die Qualen des Hungers, Phasen totaler Verzweiflung und euphorischer Hoffnungslosigkeit, Gewissensentscheidungen, die die menschliche Vorstellungskraft übersteigen.

Frank Marshall hat diesen bewegenden Schicksalsbericht verfilmt.

PIERS PAUL READ

ÜBERLEBEN!

Übersetzung aus dem Englischen
und Dokumentation
von Hans Hermann, Jan Holthusen
Liselotte Julius und Gisela Stege

GOLDMANN VERLAG

Die amerikanische Originalausgabe erschien unter dem Titel
»Alive« bei HarperCollins, New York

Umwelthinweis:
Alle bedruckten Materialien dieses Taschenbuches
sind chlorfrei und umweltschonend.

Der Goldmann Verlag
ist ein Unternehmen der Verlagsgruppe Bertelsmann

Made in Germany · 1. Auflage · 5/93
Published by arrangement with HarperCollins Publisher Inc.

Nutzung der deutschen Übersetzung mit freundlicher Genehmigung
des Scherz Verlages, Bern und München
Umschlaggestaltung: Design Team München
Umschlagfoto: United International Pictures, Frankfurt am Main
Druck: Presse-Druck, Augsburg
Verlagsnummer: 42307
LF · Herstellung: Sebastian Strohmaier
ISBN 3-442-42307-4

Niemand hat größere Liebe denn die,
daß er sein Leben läßt für seine Freunde.
Johannes 15, 13

Wegen der vielen Gerüchte über das, was in den Kordilleren geschah, beschlossen wir, daß dieses Buch geschrieben und die Wahrheit bekannt werden sollte. Wir widmen diese Geschichte unseres Leidens und der Solidarität jenen unserer Freunde, die für uns starben, und deren Eltern, die uns zu einer Zeit Liebe und Verständnis entgegenbrachten, als wir sie am meisten brauchten.
Pedro Algorta, Roberto Canessa, Alfredo Delgado, Daniel Fernández, Roberto Francois, Roy Harley, José Luis Inciarte, Alvaro Mangino, Javier Methol, Carlos Páez, Fernando Parrado, Ramón Sabella, Adolfo Strauch, Eduardo Strauch, Antonio Vizintín, Gustavo Zerbino.
Montevideo, 30. Oktober 1973

CHILE
Aconcagua
6958 m
ARGENTINIEN
MENDOZA
Juncal-Pass
Luftstrasse
SANTIAGO
ANDEN
Chilecito
Angostura
Alvarado-Pass
Amber 3
Nieves-Pass
Amber 26
Vulkan
Tinguiririca
ABSTURZ-
STELLE
Curicò
Planchón-
Pass
Green 17
Malargüe
SÜD-
AMERIKA
Pazifischer
Ozean
vorgesehene Route
tatsächlich geflogene
0
50
100 km

Vorbemerkung

Viele haben mir bei der Arbeit an diesem Buch geholfen – vor allem Edward Burlingame vom Verlag J. B. Lippincott, der mir als erster vorschlug, es zu schreiben.

In Montevideo unterstützten zwei uruguayische Journalisten meine Nachforschungen. Der eine war Antonio Mercader; das Komitee der Old Christians riet mir, mich an ihn zu wenden. Er erklärte mir nicht nur die Suche der Angehörigen nach dem Flugzeug in all ihren komplexen Einzelheiten, sondern lieferte mir auch wertvolles Hintergrundmaterial über die Überlebenden. Der andere Journalist war Eugenio Hintz, der Informationen über die Unternehmungen der uruguayischen und chilenischen Behörden sammelte. Ich bin auch Rafael Ponce de León und Gerard Croiset zu Dank verpflichtet, die mir berichteten, welche Rolle sie bei der Suche nach dem Flugzeug spielten; außerdem meinem Dolmetscher Pablo Gelsi; vor allem aber Dr. Gilberto Regules, der mir als Freund mit Rat und Tat zur Seite stand.

In London half mir Georgiana Luke bei der Abschrift der Tonbänder und beim Ordnen des Materials, das ich in Uruguay zusammengetragen hatte; bei weiteren Recherchen unterstützte mich Kate Grimond.

Beim Schreiben des Buches ließen mir der Verleger und die sechzehn Überlebenden völlig freie Hand. Gelegentlich kämpfte ich mit der Versuchung, gewisse Teile des Berichts auszuschmücken, um die dramatische Wirkung zu erhöhen, aber schließlich wurde mir klar, daß die nackten Tatsachen ausreichten, die Spannung aufrechtzuerhalten. Abgesehen davon, daß ich einiges, was man mir erzählte, in Dialogform umgesetzt habe, weicht nichts in diesem Buch von der Wahrheit ab, wie sie mir die Betroffenen schilderten.

Sie sind es, denen ich am meisten Dank schulde. Wohin ich

auch kam in Uruguay, überall wurde ich mit «der von Herzen kommenden Höflichkeit und dem angeborenen Charme» empfangen, denen schon W. H. Hudson vor mehr als hundert Jahren in diesem Land begegnete. In dieser herzlich-charmanten Art nahmen mich die Angehörigen der Toten ebenso auf wie die Angehörigen der Lebenden und vor allem die Überlebenden selbst, die mir mit außergewöhnlicher Wärme, Offenheit und Vertrauen entgegenkamen.

Als ich ihnen im Oktober 1973 das Manuskript dieses Buches zeigte, waren manche von ihnen enttäuscht über meine Darstellung ihrer Geschichte. Sie hatten das Gefühl, daß diese Seiten den Glauben und die Freundschaft, die sie in den Kordilleren erfüllten, nicht wiedergäben. Ich habe diese Eigenschaften nicht absichtlich unterschätzt, aber es würde vielleicht die Fähigkeit eines jeden Schriftstellers übersteigen, das auszudrücken, was die Jungen ihrer eigenen Erfahrung nach durchmachten.

P. P. R.

Einleitung

Am 12. Oktober 1972 startete in Montevideo eine Maschine der uruguayischen Luftwaffe vom Typ Fairchild F-227. Eine Mannschaft von Rugby-Amateuren hatte sie für den Flug nach Santiago de Chile gechartert. Da die Meteorologen schlechtes Wetter in den Anden meldeten, mußte das Flugzeug in Mendoza, einer argentinischen Kleinstadt am Fuß des Gebirges, zwischenlanden. Am folgenden Tag besserte sich das Wetter. Die Fairchild startete erneut und nahm Kurs nach Süden in Richtung auf den Planchón-Paß. Um 15.21 Uhr meldete der Pilot dem Kontrollturm von Santiago, er überfliege den Paß; um 15.24 Uhr gab er durch, er befände sich über der Kleinstadt Curicó in Chile. Daraufhin erhielt er die Erlaubnis, nach Norden abzudrehen und seine Höhe zu verringern, um den Flughafen Pudahuel anzufliegen. Um 15.30 Uhr gab er seine Höhe mit 4500 Metern an, doch als der Turm ihn eine Minute später erneut rief, antwortete er nicht mehr.

Acht Tage lang suchten Chilenen, Argentinier und Uruguayer nach dem verschollenen Flugzeug. Zu den Passagieren gehörten nicht nur die fünfzehn Mitglieder des Rugby-Teams, sondern außerdem fünfundzwanzig ihrer Freunde und Verwandten; sie alle stammten aus angesehenen Familien. Die Suche blieb ergebnislos. Offenbar hatte der Pilot seine Position falsch berechnet und war nach Norden in Richtung Santiago abgedreht, als er sich noch mitten in den Bergen befand. Hier in der südlichen Hemisphäre brach gerade der Frühling an; im letzten Winter war in den Anden ungewöhnlich viel Schnee gefallen. Der Rumpf der Maschine war auf der Oberseite weiß. Darum bestand wenig Hoffnung, sie je zu finden, und die Chance, daß von der Besatzung und den Passagieren – insgesamt fünfundvierzig Menschen – jemand den Absturz überlebt haben könnte, war noch geringer.

Zehn Wochen später entdeckte ein chilenischer Bauer, der in einem abgelegenen Andental seine Rinder hütete, am gegenüberliegenden Ufer eines Gebirgsflusses zwei Männer. Sie gestikulierten wild und fielen mit flehender Gebärde auf die Knie, aber der Bauer meinte, sie seien entweder Terroristen oder Wanderer, und ging davon. Als er am nächsten Tag an dieselbe Stelle zurückkehrte, waren die beiden Fremden immer noch da und machten erneut Zeichen näher zu kommen. Er ging ans Ufer, wickelte ein Blatt Papier und einen Stift in sein Taschentuch und warf es über den Fluß. Eine der bärtigen, abgerissenen Gestalten schrieb etwas auf das Papier und warf es dem Bauern wieder zu. Auf dem Zettel stand:

«Ich komme von einem Flugzeug, das in den Bergen abgestürzt ist. Ich bin Uruguayer . . .»

Sechzehn Menschen hatten überlebt. Dies ist ihre Geschichte – der Bericht über das, was sie erduldeten und was sie unternahmen, um sich am Leben zu erhalten.

Erster Teil

I

Uruguay, eins der kleinsten Länder Südamerikas, am Ostufer des Rio de la Plata gelegen, entstand als Pufferstaat zwischen den sich entwickelnden Riesenstaaten Brasilien und Argentinien. Es war ein idyllisches Ländchen, in dem halbwilde Rinderherden auf endlosen Weiden umherzogen. Seine Bewohner führten ein bescheidenes Leben, in der Hauptstadt Montevideo als Kaufleute, Ärzte und Anwälte, in den weiten Ebenen als stolze, ruhelose Gauchos.

Im 19. Jahrhundert erlebte Uruguay schwere Zeiten. Erst nach hartem Kampf gegen Argentinien und Brasilien errang es die Unabhängigkeit, und anschließend lieferten sich die *Blancos* – die Konservative Partei aus dem Landesinneren – und die *Colorados* – die Liberale Partei in Montevideo – blutige Gefechte. Im Jahre 1904 wurde die letzte Erhebung der *Blancos* von José Batlle y Ordónez, dem *Colorado*-Präsidenten, niedergeschlagen. Er errichtete dann ein weltliches, demokratisches Staatswesen, das jahrzehntelang als das fortschrittlichste und aufgeklärteste in ganz Südamerika galt.

Die Wirtschaft dieses Wohlfahrtsstaates stützte sich auf die landwirtschaftlichen Produkte, die Uruguay nach Europa exportierte. Und solange die Weltmarktpreise für Wolle, Rindfleisch und Rindleder hoch genug blieben, lebte Uruguay im Wohlstand. Doch in den fünfziger Jahren des zwanzigsten Jahrhunderts sanken die Preise für diese Güter, und nun ging es mit Uruguay bergab. Arbeitslosigkeit und Inflation griffen um sich, die Unruhe in der Bevölkerung wuchs. Der Beamtenapparat war überbesetzt und unterbezahlt; Anwälte, Architekten und Ingenieure – einst die Oberschicht des Landes – klagten über Mangel an Aufträgen und sinkende Honorare. Viele sahen sich gezwungen, mit Nebenbeschäftigungen Geld zu verdienen. Nur die Besitzer großer Ländereien im Inneren waren ihres Wohlstandes noch sicher. Alle übrigen schlugen sich durch, so gut es eben ging, in einem Land, das wirtschaftlich stagnierte und von korrupten Beamten verwaltet wurde.

In dieser Atmosphäre entstand die erste und bemerkenswerteste Stadtguerilla-Organisation Amerikas, die Tupamaros. Sie verfolgten das Ziel, die Oligarchie zu stürzen, die Uruguay mit Hilfe der *Blanco*- und *Colorado*-Partei regierte. Anfangs hatten die Tupamaros Erfolg. Sie entführten Beamte und Diplomaten und infiltrierten die Polizei, die gegen sie eingesetzt wurde. Dann ließ die Regierung die Armee eingreifen, die mit äußerster Brutalität gegen Partisanen vorging und sie aus ihren kleinen Häusern vertrieb. Die Bewegung wurde unterdrückt; die Tupamaros füllten die Gefängnisse.

Schon Anfang der fünfziger Jahre bat eine Gruppe katholischer Eltern, die besorgt waren über atheistische Tendenzen unter den Lehrern an den staatlichen Schulen und unzufrieden mit dem Englischunterricht der Jesuiten, den irischen Zweig der Christian Brothers, einer katholischen Laienbrüdergenossenschaft für Jugenderziehung und Unterricht, in Montevideo eine Schule aufzumachen. Ihrer Bitte wurde entsprochen; fünf irische Laienbrüder kamen über Buenos Aires nach Montevideo und gründeten dort, im Vorort Carrasco, das Stella-Maris-College, eine Schule für neun- bis sechzehnjährige Jungen. Im Mai 1955 begann der Unterricht in einem Haus an der *Rambla* mit Blick auf den riesigen Himmel und das weite Meer.

Zwar sprachen die irischen Brüder nur gebrochen Spanisch, aber trotzdem eigneten sie sich für ihre neue Aufgabe ausgezeichnet. Uruguay mochte weit von Irland entfernt sein, doch es war wie dieses ein kleiner, von der Landwirtschaft geprägter Staat. Uruguayer nährten sich von Rindfleisch wie die Iren von Kartoffeln, und hier wie dort floß das Leben noch gemächlich dahin. Auch die Struktur jener Gesellschaftsschicht, der die Brüder in Uruguay dienten, war ihnen nicht unvertraut. In den freundlichen, modernen Villen unter den Pinienbäumen von Carrasco – dem elegantesten Vorort Montevideos – wohnten zumeist vielköpfige, festgefügte Familien. Selbst nachdem die Kinder aufgewachsen waren, lockerte sich ihre Beziehung zu den Eltern kaum. Die Zuneigung und den Respekt, die die

Jungen für ihre Eltern empfanden, übertrugen sie bereitwillig auf ihre Lehrer. Mit so wohlerzogenen Kindern hatten die Brüder keine Schwierigkeiten, und auf Bitten der Eltern verzichteten die Christian Brothers auf eines ihrer Haupterziehungsmittel: die körperliche Züchtigung.

In Uruguay war es üblich, daß junge Männer und Frauen selbst nach Abschluß der Schule bei ihren Eltern wohnten und erst auszogen, wenn sie heirateten. Oft fragten sich die Christian Brothers, woran es liegen mochte, daß inmitten einer vom Generationskonflikt zerrissenen Welt die Bürger von Uruguay – zumindest aber die Bewohner von Carrasco – vor solchen Konflikten verschont blieben. Es schien, als ob die ausgedörrte Weite Brasiliens im Norden und die trüben Fluten des Rio de la Plata im Süden und Westen das Ländchen auch gegen die Strömungen der Zeit abschirmten.

Nicht einmal die Tupamaros brachten Unruhe in das Stella-Maris-College. Die katholisch-konservativen Eltern schickten ihre Kinder zu den Christian Brothers, weil sie die traditionellen Methoden und die altmodischen Erziehungsziele dieses Ordens schätzten. Politischer Idealismus gedieh eher unter den Jesuiten, denen es darum ging, den Intellekt zu schulen, als bei den Zöglingen der Christian Brothers, die ihre Schüler in erster Linie charakterlich festigen wollten. Die Prügelstrafe, die sie auf Drängen der Eltern abschafften, war nicht ihr einziges Mittel zum Zweck; das zweite war der Rugbysport.

Rugby wurde und wird im Stella-Maris-College wie in Europa gespielt. Zwei je fünfzehn Mann starke Teams stehen einander auf dem Feld gegenüber. Sie tragen weder Sturzhelm noch Schutzpolsterung. Kein Spieler darf ausgewechselt werden. Ziel jedes Teams ist es, den ovalen Ball im gegnerischen Malfeld niederzulegen oder ihn über die Querlatte zwischen die beiden senkrechten Stangen des H-förmigen Mals zu treten. Man kann den Ball treten, tragen oder nach hinten abspielen; wenn ein Gegenspieler den Ball hat, darf man ihn behindern, rempeln und durch Griffe an den Beinen zu Fall bringen. Der Ballträger darf dem Angreifer dabei lediglich ausweichen oder ihn mit der Hand abwehren.

Bei Regelverstößen – wenn zum Beispiel der Ball nach vorn geworfen wird – pfeift der Schiedsrichter ab und ordnet ein

Gedränge an. Dabei formieren sich die Stürmer beider Mannschaften zu massiven Acht-Mann-Einheiten und drängen gegeneinander an. In der vordersten Reihe stehen je drei Stürmer – der mittlere ist der Hakler –, die einander mit den Armen umfassen und sich mit den Köpfen zwischen die Köpfe der Gegner beugen. Hinter den drei Mann der ersten Reihe stehen zwei Mann in der zweiten und drei Mann in der dritten Reihe, die sich stützend gegen ihre Vordermänner drücken.

Nun wirft der Gedrängehalbspieler der Mannschaft, die den Vorteil hat, den Ball in den Tunnel zwischen den beiden vordersten Reihen, wonach entweder der Hakler ihn nach hinten tritt oder die Stürmer ihre Gegner zurückdrängen, um mit den Füßen in Ballbesitz zu kommen. Sobald der Ball hinausgespielt ist, nimmt ihn der Gedrängehalb auf und versucht, ihn über den zweiten Halbspieler an die Dreiviertelspieler zurückzupassen, die dann einen neuen Angriff starten.

Es ist ein hartes Spiel – schön, wenn das technische Können ausreicht, brutal, wenn Anfänger am Werk sind. Gebrochene Beine und Nasenbeinbrüche sind nicht selten; jedes Gedränge ramponiert die Schienbeine, jedes Fassen des Ballträgers im Sprung erfordert große Anstrengung. Man braucht nicht nur enorme Kondition, um ein zwei mal vierzig Minuten schnelles Spiel mit nur zehn Minuten Pause in der Halbzeit durchzuhalten; mitentscheidend sind auch Selbstbeherrschung und Mannschaftsgeist. Der Mann, der den Ball ins Malfeld des Gegners bringt, ist nicht unbedingt der beste Spieler, sondern oft nur das letzte Glied in einer Kette gemeinsamer Aktionen.

Als die Christian Brothers in Uruguay ankamen, war Rugby dort so gut wie unbekannt; der Nationalsport – die nationale Leidenschaft – war Fußball. Außer dem Pro-Kopf-Verbrauch an Rindfleisch gab es nur einen Bereich, in dem Uruguay die großen Nationen der Welt übertrumpfte: den Fußball, in dem Uruguay zweimal – 1930 und 1950 – die Weltmeisterschaft gewann. Einen jungen Uruguayer aufzufordern, einen anderen Sport zu betreiben, ähnelte dem Versuch, ihn mit Brot und Kartoffeln zu füttern statt mit Fleisch.

Doch nachdem sie mit der Prügelstrafe eine der Säulen geopfert hatten, auf denen ihre Erziehung ruhte, waren die Christian Brothers nicht bereit, sich nun auch noch von der anderen zu trennen. Fußball, so argumentierten sie, sei ein Sport für verhätschelte Stars, Rugby hingegen werde die Jungen lehren, sich dem Team unterzuordnen, zu leiden, ohne zu klagen. Anfangs sträubten sich die Eltern, doch schließlich gaben sie nach, und im Laufe der Zeit begannen sie, die Meinung der Christian Brothers über die Vorzüge des Spiels zu teilen.

Ihre Söhne spielten es mit wachsender Begeisterung, und als die erste Generation die Schule hinter sich hatte, konnten sich viele der Absolventen weder vom Rugby noch vom Stella-Maris-College trennen. So beschlossen sie, einen Verein der Ehemaligen zu gründen, und 1965, zehn Jahre nach Gründung der Schule, setzten sie ihren Plan in die Tat um. Sie nannten sich Old Christians Club, und ihre Hauptbeschäftigung bestand darin, Sonntag nachmittags Rugby zu spielen.

Jahr für Jahr nahmen diese Spiele an Beliebtheit zu; sie kamen regelrecht in Mode. Jeden Sommer traten neue Ex-Schüler dem Old Christians Club bei und vergrößerten die Auswahl an Spielern für ein jeweils besseres Team.

Inzwischen war Rugby in Uruguay populär geworden, und die erste Mannschaft der Old Christians, mit dem irischen Kleeblatt auf dem Trikot, gehörte zu den besten des Landes. 1968 gewann sie die Landesmeisterschaft, und 1970 triumphierte sie zum zweitenmal. Mit dem Erfolg wuchs der Ehrgeiz. Die Old Christians überquerten den Rio de la Plata, um gegen argentinische Vereine anzutreten. 1971 gingen ihre Wünsche noch weiter: Sie wollten in Chile spielen. Um das zu ermöglichen und die Kosten in Grenzen zu halten, charterte der Club eine Maschine der uruguayischen Luftwaffe für den Flug von Montevideo nach Santiago. Um alle Plätze des Flugzeugs auszunutzen, verkauften die Spieler überzählige Tickets an Freunde und Schlachtenbummler. Ihre Reise wurde ein voller Erfolg. Sie traten gegen die chilenische Nationalmannschaft und gegen die erste Mannschaft der Old Boys Grange an – ein Spiel wurde gewonnen, eines verloren. Gleichzeitig genossen sie den kurzen Urlaub. Für viele war es die erste Auslandsreise; zum erstenmal sahen sie die schneebedeckten Gipfel und Gletscher der Anden. Sie waren so begeistert von der Reise, daß sie, kaum nach Montevideo zurückgekehrt, beschlossen, die Tour im folgenden Jahr zu wiederholen.

2

Am Ende der nächsten Saison stand es schlecht um ihren Plan. Überheblich geworden, hatte die erste Mannschaft der Old Christians im Kampf um die Landesmeisterschaft gegen ein schwächer eingeschätztes Team verloren; daraufhin erklärte ein Teil des Club-Vorstandes, die Mannschaft habe die Reise nach Chile nicht verdient. Außerdem fiel es dem Verein schwer, für die etwas mehr als vierzig Sitze in der Fairchild F-227, die er von der Luftwaffe gechartert hatte, Abnehmer zu finden. Der Charterpreis betrug 1600 US-Dollar. Wenn vierzig Plätze besetzt waren, kostete der Flug nach Santiago und zurück pro Mann 40 Dollar – weniger als ein Drittel des Preises für einen Linienflug. Je mehr Sitze leerblieben, desto mehr mußte jeder Passagier zahlen, und hinzu kamen ja noch die Kosten für den fünftägigen Aufenthalt in Chile.

Zeitweise sah es ganz danach aus, als werde die Reise abgeblasen. Nun versuchten alle, die fliegen wollten, Freunde, Verwandte und Kommilitonen zum Mitreisen zu überreden. Gründe für einen Chilebesuch gab es genug. Studenten der Volkswirtschaft, die ihre Studien ernstnahmen, reizte es, Präsident Allendes demokratischen Marxismus aus eigener Anschauung kennenzulernen; Vergnügungssüchtige lockte das süße Leben zum kleinen Preis. Denn der chilenische Escudo war schwach; auf dem schwarzen Markt bekam man für den Dollar einen guten Kurs, und als Sportler-Delegation brauchten die Old Christians ihr Geld nicht zum offiziellen Kurs umzutauschen. So köderten die Rugbyspieler ihre Freunde mit Visionen von hübschen und offenherzigen Chileninnen am Strand von Viña del Mar oder im Wintersport-Zentrum Portillo. Ein Junge überredete seine Mutter und seine Schwester mitzukommen, ein anderer seine älteren Vettern. An dem Tag, als das Geld der Luftwaffe übergeben werden mußte, hatten sie genügend Flugtickets verkauft, um die Kosten zu decken.

Am Donnerstag, dem 12. Oktober 1972, gegen sechs Uhr morgens, fanden sich die ersten Passagiere in kleinen Gruppen auf dem Carrasco-Flughafen zum Start der zweiten Chilereise der Old Christians ein. Ihre Eltern und Freundinnen hatten sie hingefahren, und die Wagen parkten unter Palmen vor dem Flughafengebäude, das, von weiten, gepflegten Rasenflächen umgeben, eher wie ein Clubhaus auf einem Golfplatz aussah. Trotz der frühen Morgenstunde und im Gegensatz zu ihren verschlafenen Gesichtern waren die Jungen elegant gekleidet, in Sportjacken und Hosen neuesten Stils. Aufgekratzt und erregt begrüßten sie einander. Auch die Eltern schienen einander alle zu kennen. Bald drängten sich fünfzig bis sechzig Leute in der Abflughalle. Jeder unterhielt sich mit jedem, alles lachte; es war, als würde jemand hier eine Party geben.

Inmitten des Tohuwabohus standen zwei schweigende, untersetzte Gestalten: Marcelo Pérez, der Mannschaftsführer der Old Christians, und Daniel Juan, der Präsident des Clubs, der gekommen war, um dem Team gute Reise zu wünschen. Pérez strahlte. Er hatte sich am meisten auf die Reise gefreut und am meisten unter der Enttäuschung gelitten, als sie abgesagt werden sollte. Auch jetzt noch, obwohl dem Start nichts mehr im Wege stand, krauste sich seine Stirn, sobald ein neues Problem auftauchte. Eines dieser Probleme war das Fehlen von Gilberto Regules. Der Junge war weder am Treffpunkt erschienen, wo seine Freunde ihn abholen wollten, noch war er zum Flughafen gekommen. Man rief bei ihm zu Hause an, doch er meldete sich nicht.

Marcelo wußte, daß sie nicht mehr lange auf ihn warten konnten. Sie mußten frühmorgens starten: Die Anden am Nachmittag zu überfliegen, war zu gefährlich. Denn um die Mittagszeit erwärmt sich die Luft in der argentinischen Ebene, steigt auf und trifft auf die Kaltluft in den Bergen; dadurch entstehen verheerende Turbulenzen. Die Fairchild war schon vom angrenzenden Militärstützpunkt herübergerollt und stand abflugbereit vor dem Flughafengebäude.

Die Jungen, die Marcelo umdrängten, schienen eine bunt zusammengewürfelte Gesellschaft zu sein – die jüngsten waren achtzehn, die ältesten sechsundzwanzig Jahre alt. Doch es verband sie mehr, als auf den ersten Blick ersichtlich war. Die meisten von ihnen gehörten dem Club an; und viele andere hatten das von Jesuiten geleitete Herz-Jesu-College in der Innenstadt Montevideos absoviert. Diejenigen, die nicht zur

Mannschaft zählten, waren Freunde, Verwandte der Freunde und Kommilitonen von der Universität, die viele der Old Christians jetzt besuchten: vorwiegend Jura-, Landwirtschafts-, Volkswirtschafts- und Architekturstudenten. Drei der Jungen studierten Medizin – zwei von ihnen spielten in der Mannschaft. Die Eltern einiger Jungen besaßen aneinandergrenzende Viehfarmen im Inneren des Landes, andere waren Nachbarn in Carrasco. Das war kein Zufall, denn sie alle gehörten derselben Gesellschaftsschicht und der gleichen Konfession an. Fast alle Jungen stammten aus reichem Elternhaus; und alle waren römisch-katholisch.

Doch nicht alle Passagiere, die sich am Schalter der uruguayischen Luftwaffe einfanden, waren Old Christians, Jesuiten-Zöglinge oder auch nur männlichen Geschlechts. Zu den Mitreisenden zählte eine rundliche Frau mittleren Alters, Señora Mariani, die den Flug bei der Luftwaffe gebucht hatte, um an der Hochzeit ihrer Tochter teilzunehmen, die in Chile einen politischen Flüchtling heiraten wollte. Hinzukamen zwei ältere Ehepaare und ein hochgewachsenes, zwanzigjähriges Mädchen namens Susana Parrado, die in der Schlange neben ihrer Mutter, ihrem Bruder Nando und ihrem Vater stand, der die drei zum Flugplatz gebracht hatte.

Nachdem sie ihr Gepäck aufgegeben hatten, gingen die vier Parrados ins Flughafenrestaurant, von dem man die Start- und Landebahnen überblickte, und bestellten Frühstück. Ein paar Tische weiter saßen zwei Volkswirtschaftsstudenten, ärmlicher gekleidet als die übrigen, so als wollten sie ihre soziale Überzeugung auch äußerlich dokumentieren. Besonders stark hoben sie sich von Susana Parrado ab, die einen nagelneuen, eleganten, pelzbesetzten Mantel aus Antilopenfell trug.

Ihre Mutter, Eugenia Parrado, stammte aus der Ukraine, und die beiden Kinder konnten ihre Herkunft nicht verleugnen. Susana und Nando waren beide hochaufgeschossen, hatten dunkelblondes Haar, blaue Augen und sanfte, rundliche, russische Gesichter. Keines von ihnen war eine Schönheit: weder Nando, ein schlaksiger, kurzsichtiger und etwas schüchterner Junge, noch Susana, die zwar frisch und jung aussah und eine hübsche Figur hatte, aber einen ernsten, fast strengen Zug im Gesicht trug.

Während sie ihren Kaffee tranken, wurden die Passagiere aufgerufen. Die Parrados, die beiden Sozialisten und alle anderen verließen das Restaurant und begaben sich in die Abflughalle, passierten die Paß- und Zollkontrolle und gingen nach draußen aufs Rollfeld. Vor ihnen stand die schneeweiß gestrichene Maschine, die sie nach Chile bringen sollte. Durch den Einstieg im vorderen Teil des Flugzeugrumpfs kletterten sie in die Kabine und ließen sich in die Sitze fallen, je zwei Sitze auf beiden Seiten des Mittelgangs.

Um 8.05 Uhr hob die Fairchild Nr. 571 der uruguayischen Luftwaffe von der Piste des Carrasco-Flughafens ab, mit vierzig Passagieren, fünf Mann Besatzung und Gepäck an Bord. Pilot und Kommandant der Maschine war Oberst Julio César Ferradas. Seit mehr als zwanzig Jahren diente er in der Luftwaffe und hatte 5117 Flugstunden auf dem Buckel. Neunundzwanzigmal hatte er die heimtückischen Anden überflogen. Sein Kopilot, Leutnant Dante Héctor Lagurara, war älter als Ferradas, besaß jedoch weniger Erfahrung. Einmal hatte er sich mit dem Schleudersitz aus einem Düsenjäger vom Typ T-33 retten müssen, und jetzt steuerte er die Fairchild unter den Augen Ferradas', um Erfahrung zu sammeln.

Die Maschine – eine zweimotorige Fairchild F-227 Turboprop – stammte aus den USA und war erst vor zwei Jahren von der uruguayischen Luftwaffe gekauft worden. Ferradas selbst hatte sie damals von Maryland, USA, nach Montevideo geflogen. Seitdem war die Maschine nur 792 Stunden in der Luft gewesen; nach flugtechnischen Maßstäben war sie so gut wie neu. Wenn die Piloten irgendwelche Bedenken hatten, so galten sie nicht der Zuverlässigkeit der Maschine, sondern den berüchtigten Turbulenzen in den Anden. Erst ein Vierteljahr zuvor war eine viermotorige Transportmaschine mit sechs Mann Besatzung – die Hälfte davon Uruguayer – in den Bergen spurlos verschwunden.

Laut Flugplan sollte Lagurara die Fairchild ohne Zwischenlandung von Montevideo über Buenos Aires und Mendoza nach Santiago fliegen, eine Strecke von knapp 1700 Kilometern. Die Reisegeschwindigkeit der Fairchild betrug rund 445 Stundenkilometer, die Flugzeit also etwa vier Stunden – in der letzten halben Stunde mußten die Anden überquert werden. Mit einem Start um acht Uhr früh hofften die Piloten, das Gebirge vor zwölf Uhr zu erreichen und so die gefährlichen Nachmittags-Turbulenzen zu vermeiden. Trotzdem dachten sie voller Sorge an die Hochgebirgs-Passage, denn das Andenmassiv ist zwar kaum 150 Kilometer breit, aber durchschnittlich gut 4000 Meter hoch. Manche Gipfel steigen bis auf 6000 Meter an, und der Aconcagua, nicht weit nördlich der Route Mendoza–Santiago, ist sogar 7014 Meter hoch und damit der höchste Berg des amerikanischen Kontinents, knapp 2000 Meter niedriger als der Mount Everest.

Die Fairchild mit ihrer maximalen Steighöhe von rund 6850 Metern konnte also die Anden nicht beliebig überqueren, sondern mußte vielmehr einen der Pässe durchfliegen, die entlang der Grenze zwischen Argentinien und Chile in das Gebirge einschneiden. Bei guter Sicht hatte man die Wahl zwischen vier Pässen – dem Juncal, der kürzesten Verbindung zwischen Mendoza und Santiago, den Nieves, dem Alvarado und dem Planchón. Bei schlechtem Wetter, wenn die Piloten auf Instrumentenflug angewiesen waren, mußten sie den Planchón-Paß nehmen, mehr als 250 Kilometer südlich von Mendoza. Denn für den Juncal ist bei Instrumentenflug eine Flughöhe von 8000 Metern vorgeschrieben – zu hoch für die Fairchild. Und für die Pässe Alvarado und Nieves gab es noch kein Funkleitsystem.

Was die Piloten fürchteten, war nicht so sehr die Gefahr, einfach an einem Berggipfel zu zerschellen, sondern das unberechenbare Wetter in den Anden. Heiße Aufwinde am Osthang des Gebirges dringen in die eisige Atmosphäre an der Grenze des ewigen Schnees vor, der zwischen 4000 und 5000 Metern beginnt. Gleichzeitig stößt der Wind vom Pazifik auf die Westflanke der Anden; durch schmale Täler eingeengt, steigert er sich zu Orkangeschwindigkeit und prallt schließlich auf die heißen und kalten Luftströme aus dem Osten. Wenn ein Flugzeug in die so entstehenden Turbulenzen gerät, kann es umhergewirbelt werden wie ein welkes Blatt im Herbststurm. Um die Wetterlage zu erkunden, rief Lagurara den Kontrollturm von Mendoza.

Unter den Passagieren war keinerlei Beunruhigung zu spüren. Die Jungen unterhielten sich, lachten, lasen in Comic-

Heften oder spielten Karten. Marcelo Pérez diskutierte Rugby-Taktik mit einigen Spielern; Susana Parrado saß neben ihrer Mutter, die an die Jungen in ihrer Nähe Bonbons verteilte. Hinter ihnen saß Nando Parrado mit seinem besten Freund, Panchito Abal.

Jeder wußte von der unzertrennlichen Freundschaft der beiden. Sie waren Kaufmannssöhne und arbeiteten beide in der väterlichen Firma – Parrado handelte mit Eisenwaren, Abal mit Tabak. Auf den ersten Blick schienen die Freunde kaum zueinander zu passen. Abal – blendend aussehend, charmant und reich – zählte zu den besten Rugbysportlern Uruguays und war als Dreiviertelspieler eine der Hauptstützen der Old Christians. Parrado hingegen wirkte unbeholfen und schüchtern, sah zwar nett aus, aber keineswegs besonders attraktiv, und stand im Sturm seiner Mannschaft beim Gedränge in der zweiten Reihe.

Was sie beide – außer Rugby und ihrem Geschäft – am meisten interessierte, waren Autos und Mädchen, und deshalb galten sie als Playboys. Wagen sind in Uruguay ungewöhnlich teuer, doch jeder von ihnen besaß einen – Parrado einen Renault 4 und Abal einen Mini-Cooper. Außerdem hatten sie Motorräder, mit denen sie nach Punta del Este brausten, um dort, mit ihren jeweiligen Mädchen auf dem Sozius, den Strand unsicher zu machen. Auch hierin schienen sie ungleiche Partner: Während sich die Mädchen darum rissen, mit Abal gesehen zu werden, war eine Verabredung mit Parrado weniger gefragt. Ihm fehlte der Glanz und betörende Charme seines Freundes; es gelang ihm nicht, mehr zu scheinen als zu sein. Bei Abal hingegen meinte man, hinter seiner leichten, charmanten Art verberge sich eine tiefe, geheimnisvolle Schwermut, die ihn, zusammen mit dem Ausdruck blasierter Langeweile, der gelegentlich über sein Gesicht huschte, unwiderstehlich machte. Abal revanchierte sich für die Bewunderung, die ihm die Frauen entgegenbrachten, indem er ihnen alle verfügbare Zeit widmete. Seine Größe, Körperkraft und Geschicklichkeit erlaubten es ihm, seltener zu trainieren als seine Mannschaftskameraden, und seine so geschonten Kräfte verwandte er auf seine Begleiterinnen, auf Autos, Motorräder, Kleidung und auf seine Freundschaft mit Nando Parrado.

Parrado besaß einen Vorteil gegenüber Abal, für den dieser gern alle anderen eingetauscht hätte: Er war in einem glücklichen Elternhaus aufgewachsen. Abals Eltern waren geschieden. Auch die Ehe, aus der Pancho stammte, war nicht ihre erste. Sowohl sein Vater als auch seine Mutter hatten Kinder aus früheren Ehen. Seine Mutter war sehr viel jünger als sein Vater; trotzdem hatte sich Abal entschlossen, zu seinem nunmehr über siebzigjährigen Vater zu ziehen. Noch immer litt er unter der Scheidung – seine romantische Melancholie hatte einen echten Kern.

Die Maschine flog über die endlosen argentinischen Pampas. Von den Fensterplätzen aus sah man einzelne grüne Rechtecke, bebaute Felder inmitten des Weidelandes, und hin und wieder viereckige, angepflanzte Waldstücke oder kleine, von Bäumen umgebene Häuser. Unmerklich wandelte sich die Landschaft; das satte Grün der Weiden verblaßte, der Boden wurde bräunlicher und trockener, während man sich dem Fuß der Berge näherte, die sich rechts von ihnen erhoben, Gestrüpp verdrängte das Gras; nur im Bereich von Quellen sah man noch kleine bebaute Felder.

Plötzlich türmten sich vor ihnen die Anden auf – ein gewaltiges, scheinbar unpassierbares Massiv, gekrönt von schneebedeckten Gipfeln, die aussahen wie die Zacken einer überdimensionalen Säge. Dieser Anblick wäre auch erfahrenen Reisenden auf den Magen geschlagen – ganz zu schweigen von den jungen Uruguayern, die größtenteils noch nie höhere Berge gesehen hatten als die kleinen Hügel zwischen Montevideo und dem Seebad Punta del Este. Während sie sich noch an den schwindelerregenden Anblick eines der unwirtlichsten, höchsten Berge der Welt zu gewöhnen suchten, kam plötzlich der Steward Ramirez aus dem Cockpit und erklärte über den Lautsprecher, die Wetterbedingungen in den Anden machten den Weiterflug unmöglich. Sie müßten in Mendoza zwischenlanden und dort warten, bis sich das Wetter besserte.

Die Jungen stöhnten vor Enttäuschung. Sie hatten nur fünf Tage in Chile vor sich und wollten keinen davon verlieren. Auch ihre wertvollen US-Dollar wollten sie in Chile ausgeben, nicht in Argentinien, wo sie einen schlechteren Kurs dafür bekamen. Doch da sich die Anden, die von einem Ende Südamerikas bis zum anderen reichten, nicht umgehen ließen, war nichts zu machen. Also legten sie die Sitzgurte an und klammerten sich an die Armlehnen, während die Fairchild denkbar hart auf der Piste von Mendoza aufsetzte.

Als die Maschine vor dem Flughafengebäude zum Stehen kam und Ferradas dem Cockpit entstieg, sprach ihn ein Dreiviertelspieler namens Roberto Canessa an und beglückwünschte ihn ironisch zu der Landung.

«Kein Grund, mir zu gratulieren», erwiderte Ferradas. «Das Lob verdient Lagurara.»

«Und wann kommen wir nach Chile?» fragte ein anderer Junge.

Der Oberst zuckte die Schultern. «Weiß ich auch nicht. Wir werden sehen, wie sich das Wetter entwickelt.»

3

Die Jungen folgten der Besatzung durch den Ausstieg und gingen über das Rollfeld zur Zollkontrolle im Flughafengebäude, hinter dem sich das Vorgebirge der Anden wie ein riesiges Kliff erhob. Vor den Bergen wirkte alles andere zwergenhaft – die Häuser, die Öltanks und die Bäume. Doch das störte die Jungen nicht weiter. Weder die bedrohlichen Kordilleren noch der ärgerliche Umtausch der Dollar in argentinische Pesos vermochten ihre Ferienstimmung zu dämpfen. Sie verließen das Flugplatzgelände und teilten sich in kleine Gruppen, die per Bus, per Taxi oder per Anhalter in die Stadt fuhren.

Es war Mittagszeit, und die Jungen verspürten Hunger. Seit dem Frühstück waren Stunden vergangen, manche hatten überhaupt nicht gefrühstückt, und an Bord der Fairchild gab es so gut wie nichts zu essen. Ein paar der Jüngsten gingen gleich ins nächste Restaurant, dessen Besitzer sich als Uruguayer entpuppte. Er freute sich so sehr, Landsleute zu treffen, daß er sie kostenlos bewirtete.

Andere machten sich auf die Suche nach einem billigen Hotel, fanden eins, mieteten sich dort ein und zogen wieder los, um sich die Stadt anzusehen. So ungeduldig sie auch auf den Weiterflug warteten, genossen sie trotzdem den Aufenthalt in Mendoza. Sie gehört zu den ältesten Städten Argentiniens, wurde schon 1561 von den Spaniern gegründet und strahlt auch heute noch den altmodischen Charme der Kolonialzeit aus. Weite, von Bäumen gesäumte Straßen durchziehen die Stadt. Selbst im ersten Vorfrühling war die Luft mild und trocken und geschwängert vom Duft der Frühlingsblumen, die in den öffentlichen Parks blühten. Im Stadtkern gibt es viele hübsche Läden, Cafés und Restaurants, und in der Umgebung wächst einer der besten Weine Südamerikas.

Die Parrados sowie Abal, Señora Mariani und die beiden älteren Ehepaare nahmen Zimmer in einem der besseren Hotels; doch trennten sie sich nach dem Mittagessen. Parrado und Abal sahen sich ein Autorennen außerhalb der Stadt an und gingen abends mit Marcelo Pérez ins Kino, wo der Film *Is was, Doc?* mit Barbara Streisand lief. Die Jüngeren lernten eine Gruppe argentinischer Mädchen kennen, die hier nach bestandenem Abitur Ferien machten, und gingen mit ihnen zum Tanzen. Manche kehrten erst um vier Uhr morgens ins Hotel zurück.

Daher schliefen viele bis spät in den nächsten Morgen hinein. Die Crew, die sie benachrichtigen sollte, sobald sie weiterfliegen konnten, meldete sich nicht, und so machten sie einen neuen Streifzug durch Mendoza. Einer der Jungen, Carlitos Páez, ein wenig hypochondrisch veranlagt, besorgte sich einen großen Vorrat Aspirin und Alka Seltzer. Andere gaben ihre letzten Pesos für Schokolade, Nougat und Gas-Patronen für ihre Feuerzeuge aus. Nando Parrado erstand ein paar rote Kinderschuhe für das Baby seiner älteren Schwester, und seine Mutter kaufte ein paar kleine Flaschen Rum und Likör für Freunde in Chile. Sie gab sie Nando zum Tragen, der sie in seine Flugtasche zwischen seinen Rugby-Dress stopfte.

Zwei der drei Medizinstudenten, Roberto Canessa und Gustavo Zerbino, setzten sich in ein Straßen-Café an einem baumbestandenen Boulevard und bestellten Frühstück: Pfirsichsaft, Hörnchen und Kaffee.

Kurz darauf, während sie noch ihren Kaffee tranken, sahen sie ihren Mannschaftskapitän Marcelo Pérez und die beiden Piloten auf sich zukommen.

«Hallo!» riefen sie Oberst Ferradas zu. «Geht's jetzt los?»

«Noch nicht», winkte Ferradas ab.

«Habt ihr Angst, oder was?» höhnte Canessa, der wegen seiner Dickköpfigkeit den Spitznamen «Musculo» trug.

Ferradas, der die hohe Stimme wiedererkannte, die ihm am Vortag zu der Landung «gratuliert» hatte, blickte ihn leicht irritiert an: «Wollen Sie, daß Ihre Eltern in der Zeitung lesen, daß fünfundvierzig Uruguayer in den Kordilleren verschollen sind?»

«Nein», erwiderte Zerbino. «Ich möchte, daß sie lesen: ‹Fünfundvierzig Uruguayer überfliegen die Kordilleren, koste es, was es wolle.›»

Lagurara und Ferradas lachten und gingen weiter. In Wirklichkeit fühlten sie sich gar nicht wohl in ihrer Haut, weniger wegen der Sticheleien der Jungen, als wegen des Dilemmas, in dem sie sich befanden. Nach den neuesten Meldungen besserte sich das Wetter in den Anden. Der Juncalpaß blieb für die Fairchild weiterhin unpassierbar, doch es gab eine gute Chance, daß der Himmel über dem Planchón bis zum frühen Nachmittag aufklarte. Allerdings mußten sie dann die Anden zu einer Tageszeit überfliegen, die als gefährlich galt, aber sie glaubten zuversichtlich, höher steigen zu können, als die Turbulenzen reichten. Die einzige Alternative war eine Rückkehr nach Montevideo (denn nach den Vorschriften durften ausländische Militärmaschinen nicht länger als vierundzwanzig Stunden auf argentinischem Boden bleiben), was nicht nur die Old Christians enttäuschen würde, sondern auch für die finanzschwache uruguayische Luftwaffe einen schweren Verlust bedeutete. Deshalb baten die Piloten nach langem Überlegen Marcelo Pérez, die Passagiere zu informieren, sie sollten sich um dreizehn Uhr auf dem Flugplatz einfinden.

Die Passagiere kamen pünktlich, doch als sie erschienen, fehlte von der uruguayischen Besatzung ebenso wie von den argentinischen Zollbeamten jede Spur. Gelangweilt lungerten die Jungen auf dem Gelände herum, fotografierten, stellten sich auf die Waage, versuchten einander mit dem Datum

Angst einzujagen – es war Freitag, der dreizehnte – und zogen Señora Parrado damit auf, daß sie im Frühling eine Wolldecke mit sich herumschleppte. Dann ertönten Rufe vom Eingang. Ferradas und Lagurara kamen in Sicht, schwer bepackt mit diversen Literflaschen voll Mendoza-Wein. Die Jungen neckten sie: «Alkoholiker!» rief einer, «Schmuggler!» ein anderer, und Canessa sagte mit beißendem Spott: «Seht euch bloß mal an, was wir für Piloten haben.»

Schon wieder gepiesackt zu werden, brachte Ferradas und Lagurara ein wenig aus der Fassung. Sie fühlten sich den Jungen gegenüber sowieso unsicher – auch deshalb, weil sie immer noch zögerten, zu fliegen, und fürchteten, man werde ihnen ihre Vorsicht als Unfähigkeit ankreiden.

Gerade in diesem kritischen Augenblick landete ein anderes Flugzeug auf der Piste. Es war ein alter, klappriger Transporter, der sich mit ungeheurem Getöse näherte und dessen Motoren dicke Rauchwolken ausstießen, als er ausrollte. Als der Pilot die Halle betrat, fragte Ferradas ihn um Rat.

Der Pilot kam soeben aus Santiago. Er war in heftige Turbulenzen geraten, meinte jedoch, der Fairchild könne nichts passieren, da sie ja mit den modernsten Navigationshilfen ausgerüstet sei. Er schlug sogar vor, Ferradas solle die kürzeste, kaum 240 Kilometer lange Route über den Juncalpaß nehmen.

Nun rang sich Ferradas zur Entscheidung durch: Er wollte fliegen – allerdings nicht über den Juncal, sondern die sicherere südliche Route über den Planchón-Paß. Begeistert klatschten die Jungen Beifall, als er seinen Entschluß bekanntgab. Jetzt brauchten sie nur noch auf die argentinischen Beamten zu warten, die ihre Pässe und das Gepäck kontrollieren mußten.

Währenddessen sahen sie zu, wie die vorsintflutliche Transportmaschine, knatternd und in Qualm gehüllt, wieder von der Piste abhob. Zwei der Old Christians wandten sich zu den beiden Mädchen um, die am letzten Abend mit ihnen ausgegangen waren und sie jetzt zum Flugplatz gebracht hatten. Grinsend sagten die Jungen: «Jetzt wissen wir, was für Flugzeuge ihr hier in Argentinien habt.»

«Jedenfalls ist unsere Maschine heil über die Anden gekommen», erwiderte eins der Mädchen bissig, «was eure nicht schaffen wird.»

4

Wieder saß Kopilot Lagurara am Steuer, als die Fairchild um 14.18 Uhr Ortszeit in Mendoza startete. Er nahm Kurs auf Chilecito und anschließend auf Malargüe, eine Kleinstadt auf argentinischer Seite unterhalb des Planchón-Passes. Die Maschine stieg auf 5500 Meter und flog mit Rückenwind, der Geschwindigkeiten zwischen vierzig und hundertzehn Stundenkilometern erreichte.

Das Land unter ihnen war verdorrt und kaum besiedelt, durchzogen von ausgetrockneten Flußbetten. Hier und da sah man Salzseen, an deren Ufern Bulldozer ihre Spuren hinterlassen hatten. Zur Rechten erhoben sich die Kordilleren: ein Vorhang von totem Fels, der bis zum Himmel reichte. Wenn schon die Hochebene unter ihnen unfruchtbar war, so wirkten die Berge noch lebensfeindlicher. Die braunen, grauen und gelblichen Felsen zeigten hier am Osthang der Anden nicht die geringste Spur von Vegetation, denn die Wolken, die vom Pazifik kamen, regneten sich an der Westflanke der Berge ab. Das bißchen Erde, das hier auf argentinischer Seite die Senken und Risse im Gestein füllte, war nicht mehr als vulkanischer Staub. Es gab keine Bäume, keine Sträucher, kein Gras. Bis auf den Schnee unterbrach nichts die Eintönigkeit der felsigen Hänge. Über 4000 Metern war es ewiger Schnee, doch zu dieser Jahreszeit lag er schon auf viel niedrigeren Höhen. Er ließ die Umrisse der Berge weicher erscheinen und war in den Tälern über dreißig Meter tief.

Die Fairchild verfügte nicht nur über einen automatischen Funkpeiler, im Fachjargon ADF *(Automatic Direction Finder)* genannt, sondern auch über ein wesentlich moderneres System, den UKW-Funkkompaß, genannt VOR *(Very High Frequency Omnidirectional Range)*. Es war deshalb nur eine Frage der Routine, die Bodenstation von Malargüe anzupeilen und auf dem Funkfeuer zu bleiben, bis sie die Stadt um 15.08 Uhr überflogen. Noch immer auf 5500 Meter Höhe, schwenkte das Flugzeug ein, um auf der Luftstraße G 17 die Kordilleren zu überfliegen. Lagurara schätzte, er werde den Planchón um

15.21 Uhr erreichen, jenen Punkt inmitten der Berge, wo die Luftkontrolle Mendoza von Santiago übernommen wurde. Kaum kam er in die Berge, da nahm ihm eine dichte Wolkendecke die Sicht nach unten. Doch das brauchte ihn nicht zu beunruhigen. Über den Wolken war die Sicht gut, und da das Hochgebirge tief verschneit war, hätte er sowieso keinen Anhaltspunkt gehabt, um die Paßhöhe des Planchón zu identifizieren. Nur eines änderte sich erheblich: Zuvor von mäßigem Rückenwind begünstigt, hatte er jetzt mit starkem Gegenwind zu kämpfen. Dadurch verringerte sich seine echte Reisegeschwindigkeit von 390 auf 330 Stundenkilometer.

Um 15.21 Uhr meldete Lagurara dem Kontrollturm von Santiago, er überfliege den Planchón und werde Curicó – eine Kleinstadt in Chile westlich der Anden – voraussichtlich um 15.32 Uhr passieren. Dann jedoch, nur drei Minuten später, rief die Fairchild erneut Santiago und meldete: «Überfliege Curicó, steuere Maipú an.» Das Flugzeug schwenkte um fast neunzig Grad und nahm Kurs nach Norden. Der Kontroll-Turm von Santiago akzeptierte Laguraras Angabe und wies ihn an, während des Anflugs auf den Pudahuel-Flughafen von Santiago auf 3000 Meter herunterzugehen. Um 15.30 Uhr rief Santiago erneut die Fairchild und fragte nach ihrer Höhe. Sie meldete «Höhe 150»; das hieß, ihr Höhenmesser zeigte nur noch 1500 Fuß (knapp 4600 Meter) an. Jetzt tauchte die Fairchild in die Wolken ein und wurde von Sturmböen geschüttelt. Lagurara schaltete die Leuchtschrift «Sitzgurte anlegen» und «Nicht rauchen» ein. Dann wandte er sich an Steward Ramirez, der Ferradas gerade eine Flasche Mate brachte, den bitteren Tee Südamerikas, und bat ihn, in die Kabine zu gehen und dafür zu sorgen, daß die widerborstigen Passagiere der Aufforderung Folge leisteten.

In der Kabine herrschte Ferienstimmung. Mehrere Jungen gingen im Mittelgang auf und ab und sahen mal links, mal rechts aus den Fenstern, um zwischen den Wolken einen Blick auf die Berge zu erhaschen. Sie waren in bester Laune; sie hatten ihren Rugbyball hervorgeholt, und einige warfen ihn sich in der Kabine über die Köpfe der anderen hinweg zu. Im hinteren Teil der Kabine spielte eine Gruppe Karten, und ganz hinten, vor der Bordküche, hatte sich der Steward mit dem Navigator Martinez bei einer Runde Truco die Zeit vertrieben, einem bridge-ähnlichen Kartenspiel. Während der Steward vom Cockpit nach hinten ging, um weiterzuspielen, forderte er die Jungen im Gang auf, sich hinzusetzen.

«Wir kommen in schlechtes Wetter», erklärte er. «Es wird ein wenig schaukeln, aber machen Sie sich keine Sorgen. Wir stehen in Verbindung mit Santiago. Wir werden bald landen.»

Nahe der Bordküche im hinteren Teil des Flugzeugs bat er vier Jungen, weiter vorn Platz zu nehmen. Dann setzte er sich dem Navigator gegenüber und nahm seine Karten auf.

Schlagartig verstärkten sich die Böen, als die Maschine in die nächste Wolkenbank eintauchte. Die Fairchild begann derartig zu schlingern, daß vielen Passagieren der Atem stockte. Manche versuchten Witze zu reißen, um ihre Nervosität zu verbergen. Einer ergriff das Mikrofon im Heck der Maschine und rief hinein: «Meine Damen und Herren, bitte legen Sie Ihre Fallschirme an. Wir landen jetzt in den Kordilleren.»

Doch niemand lachte. Denn in diesem Augenblick geriet die Maschine in ein Luftloch und sackte um mehr als hundert Meter ab. Roberto Canessa, den es kalt überlief, drehte sich zu Señora Nicola um, die neben ihrem Mann auf der anderen Seite des Mittelgangs saß, und fragte sie, ob sie Angst habe.

«Ja», sagte sie. «Ja, sehr.»

Hinter ihnen begann eine Gruppe von Jungen rhythmisch zu singen: «Conga, Conga, Conga», und Canessa, der seinen Mut zeigen wollte, nahm einen Rugbyball und warf ihn Dr. Nicola zu, der ihn seinerseits nach hinten weitergab.

Eugenia Parrado blickte von ihrem Buch auf. Durchs Fenster sah sie nichts als vorbeihuschende weiße Wolkenfetzen. Sie wandte sich zu Susana um und griff nach der Hand ihrer Tochter. Hinter ihnen waren Nando Parrado und Panchito Abal ins Gespräch vertieft. Parrado hatte nicht einmal seinen Sitzgurt angelegt; er dachte auch dann nicht daran, sich anzuschnallen, als die Maschine in einem zweiten Luftloch um weitere hundert Meter absackte. Die Fairchild fiel wie ein Stein. «Olé! Olé! Olé! Olé!» riefen die Jungen, die nicht aus den Fenstern sehen konnten. Die übrigen hielten den Atem an, denn beim zweiten Absacken kam das Flugzeug aus den Wolken, und was sich ihren Augen bot, war nicht das fruchtbare chilenische Tiefland viertausend Meter unter ihnen, sondern der gezackte Gipfel eines schneebedeckten Berges, keine fünf Meter von der Tragflächenspitze entfernt.

Verstört fragte ein Junge seinen Nachbarn: «Ist das normal, so nah vorbeizufliegen?»

«Ich glaube nicht», erwiderte der.

Mehrere Passagiere begannen zu beten. Einige klammerten sich an die Vordersitze in Erwartung des Aufpralls. Die Triebwerke heulten auf, und die ganze Maschine vibrierte, als Lagurara versuchte, das Flugzeug hochzureißen. Mühsam kletterte es höher, doch dann ertönte ein ohrenbetäubendes Krachen, als die rechte Tragfläche auf einen Berghang aufschlug. Sie brach sofort ab, wirbelte über den Rumpf und säbelte das Heck der Maschine ab. Der Steward und der Navigator mit ihren Spielkarten stürzten hinaus in den Schnee, gefolgt von drei Jungen, die, noch in ihren Sitzen festgeschnallt, durch das gähnende Loch gerissen wurden. Sekundenbruchteile später brach auch die linke Tragfläche nach hinten weg: einer der wirbelnden Propeller fraß sich in den Rumpf, bevor er zersplittert zu Boden fiel.

Die Kabine füllte sich mit Entsetzensschreien und Hilferufen. Ohne Tragflächen und Heck raste der Flugzeugtorso auf den Berg zu, doch statt daran zu zerschellen, machte er eine Bauchlandung auf einem Steilhang und rutschte wie ein Schlitten im tiefen Schnee abwärts.

Mit 350 bis 400 Stundenkilometern war der Torso aufgeschlagen, doch er brach nicht auseinander. Zwei weitere Jungen wurden am hinteren, offenen Ende aus der Kabine gesogen; die übrigen blieben im Rumpf. Aber während der Talfahrt verringerte sich die Geschwindigkeit so abrupt, daß die Sitze aus ihren Verankerungen gerissen und nach vorn geschleudert wurden. Passagiere wurden zwischen den Sitzen zerquetscht; Trümmer donnerten gegen die Trennwand zwischen der Kabine und dem vorderen Gepäckraum und drückten sie ein. Während die Luft aus der Druckkabine entwich, drang eisige Bergluft in den Rumpf ein. Die Handvoll Passagiere, die noch halbwegs klar denken konnte, wartete darauf, an einem Felsen zu zerschellen. Doch nichts geschah. Verletzungen zogen sich die meisten nur durch abgebrochene Metallteile der Sitze zu.

Als sie erkannten, daß ihnen von den Sitzen die größte Gefahr drohte, versuchten einige Jungen, ihre Gurte zu lösen und aufzustehen, doch nur Gustavo Zerbino gelang das. Er stellte sich in den Mittelgang, die Füße fest auf dem Boden, die Hände gegen die Decke gestemmt und schrie: «Jesus, Jesus, kleiner Jesus, hilf uns, hilf uns!»

Ein anderer Junge, Carlitos Páez, betete ein Ave Maria. Als die rechte Tragfläche abriß, hatte er das Gebet begonnen; während er die letzten Worte sprach, kam der Flugzeugrumpf zum Stillstand. Einen Augenblick herrschte Totenstille. Dann drangen allmählich Lebenszeichen überall aus dem wirren Trümmerhaufen in der Kabine – Stöhnen, Gebete und Hilferufe.

Während der Talfahrt spannte Canessa alle Muskeln an, um den erwarteten Aufprall abzufangen, und machte sich gleichzeitig auf den Tod gefaßt. Statt zu beten, versuchte er die Geschwindigkeit zu berechnen und die Wucht, mit der sie einen Felsen rammen würden. Dann plötzlich begriff er, daß die Maschine sich nicht mehr bewegte.

«Wir halten!» schrie er. Er wandte sich zu seinem Sitznachbarn um und fragte ihn, ob mit ihm alles in Ordnung sei. Als der Junge, der sich in einem schockartigen Zustand befand, nickte, ließ Canessa ihn vorerst allein, um seinem Freund Daniel Maspons zu helfen, sich aus seinem Sitz zu befreien. Anschließend begannen die beiden, sich um ihre Kameraden zu kümmern. Zuerst glaubten sie, sie seien als einzige unverletzt geblieben, denn von allen Seiten hörten sie Hilfeschreie, doch bald krochen andere aus den Trümmern hervor. Als erster tauchte Gustavo Zerbino auf, danach ihr Spielführer, Marcelo Pérez. Pérez' Gesicht hatte böse Quetschungen, und sein Körper schmerzte, doch als Mannschaftskapitän übernahm er sofort das Kommando. Er organisierte die Rettung derer, die zwischen Trümmern eingeklemmt waren, während zwei Medizinstudenten, Canessa und Zerbino, sich um die Verletzten bemühten.

Kaum war das Flugzeug zum Halten gekommen, da waren einige der Jungen durch das Heckloch ins Freie geflüchtet, da sie Benzin rochen und befürchteten, das Wrack könne explodieren oder Feuer fangen. Draußen sanken sie bis zur Hüfte im Schnee ein. Bobby Francois, der als erster draußen war, kletterte auf einen Koffer und zündete sich eine Zigarette an. «Wir sind erledigt», sagte er zu Carlitos Páez, der ihm gefolgt war.

Um sie erstreckte sich eine trostlose Einöde. Wohin sie auch sahen, lag Schnee, und im Hintergrund schlossen auf drei Seiten schroffe, graue Felswände das Blickfeld ab. Die Maschine lag auf einem sanft geneigten Hang, die Nase talwärts gerichtet, dorthin, wo sich erst in weiter Ferne Berge erhoben, teils von grauen Wolken verhüllt. Es war bitterkalt, und viele der Jungen standen in Hemdsärmeln im Schnee. Einige trugen Blazer, andere Sportjacken. Niemand war für winterliche Temperaturen ausgerüstet, und die paar verstreut umherliegenden Koffer enthielten sicher auch nur wenige zusätzliche Kleidungsstücke.

Während die Verunglückten den Berg nach verlorenen Koffern absuchten, entdeckte einer von ihnen eine Gestalt, die taumelnd den Hang herunterlief. Als sie näher kam, erkannten die Jungen einen ihrer Kameraden, Carlos Valeta. Sie riefen und winkten ihm zu, doch er lief in die falsche Richtung und schien sie weder zu hören noch zu sehen. Bei jedem Schritt sank er tief im Schnee ein, und nur der steil abfallende Hang erlaubte es ihm, überhaupt vorwärts zu kommen. Als den Jungen klar wurde, daß Valeta nicht auf das Wrack zusteuerte, schrien sie, so laut sie konnten, um sich bemerkbar zu machen. Zwei von ihnen, Páez und Storm, versuchten sogar, ihm entgegenzugehen, aber es war unmöglich, sich durch den Schnee vorzuarbeiten, vor allem bergauf. Hilflos mußten sie zusehen, wie Valeta weiter talwärts stolperte. Einen Augenblick lang schien es, als habe er sie gehört und käme auf das Wrack zu. Doch dann verlor er den Halt. Er stürzte und rutschte hilflos den Hang hinab, bis er schließlich im Schnee verschwand.

In der Kabine mühten sich die wenigen Jungen, die voll einsatzfähig waren, die Sitze beiseite zu zerren, zwischen denen so viele Verletzte eingeklemmt waren. In der dünnen Bergluft erforderte das doppelte Kraft und Energie, und selbst diejenigen, die nur Hautabschürfungen davongetragen hatten, fühlten sich noch wie gelähmt vom Schock.

Selbst nachdem man die Verletzten befreit hatte, konnte

man wenig für sie tun. Die beiden «Ärzte», Canessa und Zerbino (der dritte Medizinstudent, Diego Storm, war zu sehr vom Schock benommen), verstanden nicht allzuviel vom Fach. Zerbino hatte von seinen zwei Semestern Medizin eins auf die Pflichtfächer Psychologie und Soziologie verwenden müssen. Canessa studierte immerhin seit zwei Jahren, doch auch das war nur ein Viertel der Gesamtausbildung. Trotz alledem waren sich die beiden der Verantwortung voll bewußt, die sie aufgrund ihrer Kenntnisse trugen.

Canessa kniete nieder, um den zerquetschten Körper einer Frau zu untersuchen. Anfangs erkannte er sie nicht. Dann identifizierte er sie: Es war Eugenia Parrado, halb bei Bewußtsein, aber schwer verletzt. Blut troff von ihrer Stirn und floß in ihre Augen. Canessa wischte das Blut fort, damit sie wieder sehen konnte; dann legte er sie in der kleinen Ecke der Kabine, die nicht von Sitztrümmern bedeckt war, vorsichtig zu Boden.

Nahe bei ihr lag Abal. Er litt an einer tiefen Schädelwunde. Auch er war nur halb bei Besinnung, und als sich Canessa neben ihn kniete, um ihm soweit wie möglich Linderung zu verschaffen, faßte Abal seine Hand und flüsterte. «Bitte, laß mich nicht allein, bitte, laß mich nicht allein.» Doch so viele andere jammerten und riefen um Hilfe, daß Canessa nicht bei ihm bleiben konnte. Er bat Zerbino, sich um Abal zu kümmern, und ging weiter zu Parrado, der, aus seinem Sitz geschleudert, besinnungslos im vorderen Teil der Kabine lag. Sein Gesicht war zerschrammt und blutverkrustet, und Canessa hielt ihn für tot. Er beugte sich zu ihm und fühlte seinen Puls. Er spürte ihn, aber nur ganz schwach. Noch lebte Parrado, doch er schien im Sterben zu liegen, und da man nichts für ihn tun konnte, gab man ihn auf und behandelte ihn, als sei er schon tot.

Außer Eugenia Parrado waren im Rumpf des Flugzeugs nur zwei weitere Passagiere beim Absturz oder unmittelbar danach gestorben: Dr. Nicola und seine Frau. Beide waren, Seite an Seite, mit solcher Wucht nach vorn in den Gepäckraum geschleudert worden, daß sie auf der Stelle tot waren.

Vorerst ließ man die Leichen, wo sie waren, und die beiden Medizinstudenten konzentrierten sich darauf, die Lebenden zu versorgen. Sie verfertigten Bandagen aus den Schonbezügen der Sitze, doch die nützten nur in wenigen Fällen. Wie sollte man zum Beispiel Rafael Echavarren helfen? Der Wadenmuskel seines rechten Beines war abgetrennt und hatte sich um das Schienbein gewickelt. Der Knochen lag völlig frei. Zerbino packte den blutigen Muskel, zog ihn an den richtigen Platz zurück und umwickelte das Bein mit einem weißen Hemd.

Ein anderer Junge, Enrique Platero, wankte auf Zerbino zu – ein Stahlrohr ragte aus seinem Bauch. Zerbino schauderte, erinnerte sich jedoch an seine Lektionen in ärztlicher Psychologie, denenzufolge ein guter Arzt seinem Patienten vor allem Zuversicht einflößen muß. Deshalb sah er Platero gerade in die Augen und sagte so ruhig wie möglich: «Gut siehst du aus, Enrique.»

«Findest du?» fragte Platero. Und während er auf das Stück Stahl deutete, das in seinem Bauch steckte, fuhr er fort: «Und was sagst du dazu?»

«Mach dir darüber keine Gedanken», munterte Zerbino ihn auf. «Du bist kräftig genug. Komm, hilf mir mit diesen Sitzen.»

Wie betäubt folgte Platero der Aufforderung. Während er sich den zertrümmerten Sitzen zuwandte, ergriff Zerbino das Rohr, stemmte sich mit dem Knie gegen Plateros Bauch und zog. Das Stahlrohr kam heraus und mit ihm ein fünfzehn Zentimeter langes Stück Gewebe, das Zerbino für Plateros Darm hielt. Mit schreckgeweiteten Augen starrte Platero auf seine hervorquellenden Eingeweide, doch bevor er auch nur einen Klagelaut ausstoßen konnte, fuhr Zerbino ihn an: «Hör mal, Enrique, du meinst vielleicht, es ginge dir schlecht, aber hier sind genug andere, denen es viel dreckiger geht als dir, also sei kein Feigling. Komm und hilf mir. Binde das da mit einem Hemd ab, ich kümmere mich später darum.»

Wortlos tat Platero, wie ihn Zerbino geheißen hatte. Inzwischen kehrte Canessa zu Fernando Vázquez zurück, dem Jungen, der neben ihm gesessen hatte. Sein Bein, das Canessa anfangs für gebrochen hielt, war, wie sich nun herausstellte, völlig abgetrennt, durchschnitten von dem Propeller, der sich beim Absturz in den Rumpf gefressen hatte. Das Blut war aus der zerschnittenen Arterie geströmt: Fernando war tot.

Viele Passagiere hatten Beinverletzungen davongetragen,

als die Sitze nach vorn klappten, sich verbogen und aufeinandergepreßt wurden. Einer litt an einem dreifachen Beinbruch und schweren Brustverletzungen, doch war er bewußtlos. Qualen standen diejenigen aus, die bei Besinnung waren: Panchito Abal, Susana Parrado und, mehr als alle anderen, die Dame mittleren Alters, die niemand kannte: Señora Mariani. Ihre beiden gebrochenen Beine waren unter einem Stapel von Sitzen eingeklemmt. Vergeblich mühten sich die Jungen, sie zu befreien. Sie schrie und flehte um Hilfe, aber niemand hatte die Kraft, den Sitz zurückzubiegen, unter dem sie gefangen war.

Liliana Methol, die fünfte Frau im Flugzeug, lief mit verquollenem und blutverkrustetem Gesicht herum, doch alle ihre Verletzungen erwiesen sich als oberflächlich. Ihr Mann Javier, ein Vetter von Panchito Abal, war unverletzt, aber er litt an der Höhenkrankheit wie an einer schweren Grippe. Zwar unternahm er schwache Versuche, den Verwundeten zu helfen, aber Schwindel und Übelkeit setzten ihm so zu, daß er sich nur mit Mühe auf den Beinen hielt. Andere Passagiere, denen die dünne Bergluft weniger ausmachte, standen unter Schockeinwirkung. Ein Junge, Pedro Algorta, hatte das Gedächtnis verloren. Körperlich war er topfit und der schweren Arbeit gewachsen, die Sitze beiseite zu schieben, doch er begriff nicht, wo er sich befand oder was er tat. Ein anderer, durch einen Schlag auf den Kopf betäubt, machte mehrmals Anstalten, das Wrack zu verlassen und ziellos den Berg hinunterzulaufen.

Kurz nach halb vier Uhr nachmittags war die Maschine abgestürzt. Schon um diese Zeit schien die Bergwelt unter den tief hängenden Wolken wie in Dämmerung gehüllt, und gegen vier Uhr begann es zu schneien. Immer dichter fielen die Flocken, bis man nur noch wenige Meter weit sehen konnte. Trotz des Schneegestöbers ordnete Marcelo an, man solle die Verletzten nach draußen tragen, um ungehindert die Trümmer aus der Kabine schaffen zu können. Noch sah man das als vorübergehenden Notbehelf an: Alle Verunglückten waren überzeugt, die Fairchild sei inzwischen als vermißt gemeldet, und Rettungsmannschaften seien unterwegs.

Eins wußten sie: Sie würden die Suche wesentlich erleichtern, wenn sie mit dem Funkgerät Notsignale aussenden konnten. Das Funkgerät befand sich im Cockpit. Den Durchgang von der Kabine nach vorn blockierte ein Gewirr verbogener Sitze, doch aus der Pilotenkanzel vernahm man Lebenszeichen. Daher unternahm es einer der besonneneren Jungen, Moncho Sabella, die Piloten von draußen zu erreichen.

Sich durch den Schnee einen Weg zu bahnen, war kaum möglich, doch bald entdeckte er, daß er auf den Sitzpolstern gut über den Schnee zur Kanzel gelangen konnte. Die Nase der Fairchild hatte sich beim Aufprall wie eine Ziehharmonika zusammengefaltet, aber es war nicht schwer, einzusteigen und durch die Tür zum vorderen Gepäckraum ins Cockpit zu sehen.

Ferradas und Lagurara saßen noch immer in ihren Sitzen, halb zerquetscht zwischen der Kanzelrückwand und dem Armaturenbrett, dessen Instrumente tief in ihren Brustkorb gedrungen waren. Ferradas war tot, Lagurara indessen lebte und war bei Bewußtsein. Als er Sabella neben sich sah, flehte er ihn an, ihm zu helfen. Doch Sabella vermochte wenig für ihn zu tun. Er konnte Laguraras Körper nicht bewegen, aber da Lagurara um Wasser bat, tat er eine Handvoll Schnee in ein Taschentuch und hielt es ihm an den Mund. Dann versuchte er, das Funkgerät in Gang zu setzen, aber es blieb völlig tot; um jedoch die moralische Verfassung seiner Kameraden zu stärken, sagte er, als er zu ihnen zurückkam, er habe mit Santiago gesprochen.

Später gingen Canessa und Zerbino auf dem gleichen Weg wie Sabella zum Cockpit. Sie versuchten, das Armaturenbrett von Laguraras Körper wegzubiegen, aber es war unmöglich, es auch nur einen Zentimeter zu bewegen. Sie konnten nichts weiter tun, als das Sitzpolster aus der Rückenlehne zu entfernen und so den Druck auf seiner Brust etwas zu mindern.

Während sie sich noch abmühten, ihn zu befreien, murmelte Lagurara immer wieder: «Wir haben Curicó überflogen, wir haben Curicó überflogen.» Dann, als er begriff, daß es für ihn keine Rettung gab, bat er die Jungen, seinen Revolver zu holen, den er in seiner Reisetasche hatte. Die Tasche war nirgends zu entdecken; allerdings hätten Canessa und Zerbino ihm den Revolver auch dann nicht gegeben, wenn sie ihn gefunden hätten, denn als Katholiken konnten sie Selbstmord nicht gutheißen. Statt dessen fragten sie ihn, wie das Funkgerät zu bedienen sei. Nach Laguraras Anweisungen stellten sie die Wellenlänge auf der Skala ein, aber der Sender blieb tot.

Immer von neuem bettelte Lagurara, sie sollten ihm den Revolver geben; später verlangte er nach Wasser. Canessa kletterte aus dem Cockpit, holte eine Handvoll Schnee und schob ihn Lagurara in den Mund. Es half wenig; der Durst des Kopiloten war krankhaft und unstillbar. Blut sickerte aus seiner Nase; Canessa wußte, daß er nicht mehr lange zu leben hatte.

Nun machten sich die beiden «Ärzte» auf den Rückweg. Von Sitzpolster zu Sitzpolster hüpften sie zum hinteren Ende des Rumpfes und stiegen wieder in den dunklen, engen Tunnel, der vom Stöhnen und Schreien der Verletzten widerhallte. Diejenigen, die man aus den Trümmern hatte bergen können, lagen draußen im Schnee, während sich drinnen die Gesunden fieberhaft bemühten, verbogene Sitze loszubrechen und hinauszuschleppen, um den freien Raum in der Kabine zu vergrößern. Jede Minute zählte. Denn das Tageslicht nahm rapide ab. Um sechs Uhr war es fast dunkel; die Temperatur sank tief unter den Gefrierpunkt. Es gab keinen Zweifel: Heute würden die Retter nicht mehr kommen. Deshalb trug man die Verletzten wieder in die Kabine, und die zweiunddreißig Überlebenden bereiteten sich auf die Nacht vor.

5

In der Kabine gab es kaum genug Platz zum Stehen, geschweige denn zum Liegen. Die Bruchstelle hinten am Rumpf war gezackt und schräg, so daß das Wrack auf der linken Seite noch acht Fenster, auf der rechten Seite aber nur noch vier besaß. Der Kabinenrest – vom Cockpit bis zu dem gähnenden Loch am Ende – war nur sechs Meter lang und noch immer halbgefüllt mit einem Haufen verbogener, ineinander verhakter Sitztrümmer. Nur einen kleinen Raum, unmittelbar an der hinteren Öffnung, hatten die Verunglückten bislang vom Schrott gesäubert, und hierhin legten sie die Schwerverwundeten, unter ihnen Susana und Nando Parrado sowie Panchito Abal. An dieser Stelle lagen sie nahezu waagerecht, waren jedoch fast ungeschützt dem Schnee und dem eisigen Wind ausgesetzt, der durch die Öffnung pfiff. Marcelo Pérez hatte mit Hilfe eines muskulösen Flügelstürmers namens Roy Harley einen provisorischen Schutzwall aufgetürmt, bestehend aus allem, was ihnen gerade in die Hände fiel, vorwiegend aus Sitzen und Gepäckstücken. Aber die steifen Böen warfen den Schutzwall immer wieder um.

Pérez, Harley und eine Gruppe Unverletzter hockten sich zusammen neben die Verletzten an die Öffnung, tranken Wein, den die Piloten in Mendoza gekauft hatten, und bauten die Barriere ein ums andere Mal wieder auf. Die übrigen schliefen, so gut es ging, zwischen Sitzen und Leichen. So viele wie möglich, darunter Liliana Methol, zwängten sich in den winzigen Gepäckraum zwischen Cockpit und Kabine. Dort mochte es noch so eng und unbequem sein – doch war es bei weitem der wärmste Platz in der Maschine. Auch dort gingen die Flaschen mit Mendoza-Wein von Hand zu Hand. Einige Jungen trugen noch immer nichts über ihren kurzärmeligen Hemden, und sie gossen literweise Wein in sich hinein, um sich zu wärmen. Gleichzeitig klopften sie sich ab und massierten einander, um den Blutkreislauf in Gang zu halten. Sonst schien es keinen Schutz gegen die beißende Kälte zu geben, bis Canessa den ersten seiner brillanten Einfälle hatte. Während er die überall herumliegenden Sitze und Sitzpolster untersuchte, entdeckte er, daß die türkisfarbenen Sitzbezüge aus Nylon-Velours nur mit einer Art Reißverschluß an den Sitzen befestigt waren. Sie ließen sich ohne Schwierigkeiten abtrennen und hatten dann die Form kleiner Decken. Diese Decken waren nur ein kläglicher Notbehelf gegen Temperaturen weit unter dem Gefrierpunkt, aber sie waren in jedem Fall besser als gar nichts.

Mehr noch als unter dem Frost litten die Verunglückten unter der Panik und Hysterie, die in der engen, dunklen Kabine der Fairchild um sich griff. Jeder hielt seine eigenen Verletzungen für die schwersten und ließ seiner Verzweiflung freien Lauf. Ein Junge, der sich das Bein gebrochen hatte, schrie jedesmal, wenn ihm jemand zu nahe kam. Er behauptete, seine

Nachbarn stießen gegen sein Bein und täten ihm weh, und er verfluchte sie dafür. Als er allerdings selbst zum Eingang gehen wollte, um mit einer Handvoll Schnee seinen Durst zu löschen, kletterte er ohne Rücksicht auf deren Verletzungen über seine Kameraden hinweg. Marcelo Pérez tat, was er konnte, um ihn zu beruhigen. Gleichzeitig mußte Marcelo ständig begütigend auf Roy Harley einreden, der jedesmal, wenn der Schutzwall zusammenbrach, einen hysterischen Anfall bekam.

Ununterbrochen drangen aus dem Dunkel Stimmen voller Verzweiflung – Verletzte schluchzten, schrien, manche phantasierten im Delirium. Die im Gepäckraum Hockenden hörten durch die Wand Lagurara stöhnen. Dazwischen rief er: «Wir haben Curicó überflogen! Wir haben Curicó überflogen!» Er bat um Wasser und verlangte immer wieder nach seiner Pistole.

In der Kabine übertönten die Schreie der Señora Mariani alle anderen. Noch immer lag sie mit gebrochenen Beinen eingeklemmt unter den Trümmern. Einmal in der Nacht versuchten ein paar Jungen, sie zu befreien, doch es gelang nicht. Während sie an den Sitzen zerrten, wurde die Stimme der Señora schriller; laut jammerte sie, falls man sie bewege, werde sie sterben. Daraufhin gaben die Jungen auf. Zwei von ihnen, Rafael Echavarren und Moncho Sabella, nahmen ihre Hand, um sie zu trösten, doch sie schrie unvermindert weiter.

«Mein Gott, seien Sie doch ruhig», rief jemand aus dem Dunkel. «Sie sind nicht schlimmer dran als alle anderen.»

Ihr Wehklagen steigerte sich noch mehr.

«Halt die Schnauze», brüllte Carlitos Páez, «sonst komm' ich 'rüber und schlag' dir die Fresse ein!»

Sie stieß einen markerschütternden Schrei aus. Dann ermattete ihre Stimme. Plötzlich begann sie wieder, laut zu jammern – einer der Jungen, noch vom Schock benebelt, war auf dem Weg zum Eingang auf Señora Mariani getreten.

«Haltet ihn fest!» kreischte sie. «Haltet ihn fest, er will mich umbringen! Er will mich umbringen!»

Der «Mörder», Eduardo Strauch, wurde von seinem Vetter zu Boden gerissen, aber kurz darauf erhob er sich wieder und begann, über Sitze und Schlafende hinwegzukriechen, um sich einen wärmeren und bequemeren Platz zu suchen. Diesmal trat er auf das – außer Lagurara – einzige noch lebende Besatzungsmitglied, den Bordmechaniker Carlos Roque. Auch Roque glaubte, man wolle ihn ermorden, und mit militärischer Pedanterie forderte er den mutmaßlichen Attentäter auf, sich auszuweisen.

«Zeigen Sie mir Ihre Papiere!» bellte er. «Wer sind Sie? Weisen Sie sich aus!»

Als Eduardo, statt seinen Reisepaß vorzulegen, sich weiter über Roque hinweg zum Eingang vortastete, drehte der Bordmechaniker durch. «Helft mir!» heulte er. «Er ist wahnsinnig! Er versucht, mich umzubringen!» Und wieder wurde Eduardo Strauch von seinem Vetter auf seinen Platz zurückgezerrt.

In einem anderen Teil der Kabine stand auch jemand auf, Pancho Delgado, und humpelte zum Eingang. «Ich geh' nur mal eben zum Kiosk rüber und hole mir eine Coca-Cola», sagte er zu seinen Freunden.

«Dann bring mir eine Flasche Mineralwasser mit», rief Carlitos Páez ihm nach.

Trotz ihrer ungemütlichen, verkrampften Lage fielen einige Jungen in Schlaf. Doch die Nacht schien kein Ende zu nehmen. Immer von neuem hörte man Schmerzensschreie, wenn jemand über gebrochene Glieder stolperte, weil er sich am Eingang Schnee holen wollte, um den Durst zu löschen. Hin und wieder erhob sich lautstarker Protest gegen das Gejammer und die Selbstbemitleidung der Verletzten; Old Christians gerieten grundlos in Streit mit den Jesuitenschülern aus dem Herz-Jesu-College.

Diejenigen, die nicht schlafen konnten, kuschelten sich dichter aneinander, während der Wind durch den improvisierten Schutzwall und durch die anderen Löcher in der Außenhaut der Fairchild in die Kabine drang. Am härtesten betroffen waren die Jungen am Eingang – ihre Glieder wurden gefühllos vor Kälte, ihre Gesichter gekitzelt von den Schneeflocken, die durch die Öffnung hereinwirbelten. Die Unverletzten konnten wenigstens einander abklopfen und ihre Füße und Finger massieren, um den Blutkreislauf in Gang zu halten. Noch schlimmer erging es den beiden Parrados und Panchito Abal – sie hatten keine Möglichkeit, sich zu wärmen, und trotz ihrer schweren Verletzungen war nur Nando bewußtlos und spürte weder Schmerz noch Kälte. Abal flehte um Hilfe, die ihm niemand geben konnte: «Helft mir doch, bitte, bitte, helft mir. Es ist so kalt ...» Und Susana rief ständig nach ihrer toten Mutter: «Mama, Mama, Mama, komm, laß uns weggehen von hier. Laß uns nach Hause gehen.» Dann begann sie gedankenverloren ein Kinderlied zu singen.

Irgendwann im Laufe der Nacht kam Diego Storm, der dritte Medizinstudent, zu dem Schluß, daß Parrado, obwohl bewußtlos, weniger schwer verletzt zu sein schien als die anderen beiden. Deshalb zerrte er Parrado zu sich und seinen Freunden herüber, und gemeinsam mühten sie sich, ihn zu wärmen. Das gleiche für die beiden anderen zu tun, schien sinnlos.

Noch immer war es Nacht. Einmal glaubte Zerbino, durch eine Ritze im Schutzwall das fahle Licht der Dämmerung zu sehen. Er blickte auf seine Uhr – es war erst neun Uhr abends. Stunden später schreckten die Jungen in der Mitte der Kabine hoch: Vom Eingang her hörten sie eine Stimme, die in einer fremden Sprache redete. Einen Augenblick lang glaubten sie, die Retter seien da. Dann erkannten sie die Stimme: Es war Susana, die auf englisch betete.

6

Als am Samstag morgen, dem 14. Oktober, die Sonne aufging, war das Wrack der Fairchild halb mit Schnee bedeckt. Es lag in etwa 3800 Metern Höhe zwischen dem Vulkan Tinguiririca auf chilenischer und dem Cerro Sosneado auf argentinischer Seite. Zwar war die Fairchild etwa in der Mitte des Andenmassivs niedergegangen, aber eindeutig auf argentinischem Boden.

Das Wrack lag auf einem Abhang, seine eingedrückte Nase zeigte zum Tal, das nach Osten hin steil abfiel. Nach Norden, Westen und Süden erhoben sich unter einer tiefen Schneedecke riesige Berge. Ihre Steilhänge breiteten sich aus wie ein gewaltiger, unwirtlicher Wall. Hier und da durchbrach teils graues, teils rosa vulkanisches Gestein die Schneedecke, aber sonst gab es in dieser Höhe nichts – keinen Strauch, kein Kraut, keinen einzigen Grashalm. Das Flugzeug war nicht nur in den Bergen zerschellt, sondern auch in einer Wüste.

Als erste kletterten Marcelo Pérez und Roy Harley aus der Kabine. Mit beiden Händen stießen sie die Barrikade um, die sie in der vergangenen Nacht mit solcher Mühe aufgerichtet hatten. Der Himmel war bewölkt, aber es schneite nicht mehr. Der Schnee war verharscht; man konnte darauf gehen, ohne einzubrechen. Zögernd entfernten sich ein paar Jungen vom Wrack und nahmen die Gegend in Augenschein. Jetzt erst wurde ihnen vollends klar, wie hoffnungslos ihre Lage war.

Währenddessen begannen Canessa und Zerbino in der Kabine von neuem, die Verletzten zu untersuchen. Dabei mußten sie feststellen, daß drei weitere im Verlauf der Nacht gestorben waren. Panchito Abal lag bewegungslos auf Susana Parrado. Seine erfrorenen Füße waren schwarz angelaufen, und seine Glieder schon so steif, daß er ohne Zweifel tot war. Eine Zeitlang glaubten sie, auch Susana sei tot, denn sie gab kein Lebenszeichen von sich. Doch als sie Panchitos Leiche hochhoben, merkten sie, daß Susana lebte und bei Bewußtsein war. Auch ihre Füße waren von der Kälte blau-violett angelaufen, und wieder begann sie, der toten Mutter ihr Leid zu klagen. «Mama, Mama», weinte sie, «meine Füße tun mir weh. Sie tun mir so weh. Bitte, Mama, können wir nicht nach Hause gehen?»

Viel konnte Canessa für Susana nicht tun. Er massierte ihre halberfrorenen Füße, um die Durchblutung anzuregen, und wischte ihr behutsam das Blut aus den Augen. Sie hatte geglaubt, sie sei erblindet. Als Canessa die Blutkruste entfernte und sie wieder sehen konnte, war sie glücklich und dankte ihm für seine Bemühungen. Canessa indessen gab sich keinen Illusionen hin. Die Schnittwunden in ihrem Gesicht hielt er zwar für ungefährlich, aber er fürchtete, daß sie an inneren Verletzungen litt, und dagegen war er machtlos. Er besaß weder genügend Sachkenntnis, noch die Möglichkeit sie zu behandeln. Tatsächlich konnte er keinem der Verletzten wirksame Hilfe leisten. An Bord der Fairchild gab es keinerlei Medikamente außer denen, die Carlitos Páez in Mendoza gekauft hatte, sowie etwas Librium und Valium, das in einer Handtasche gefunden worden war. In den Trümmern fand Canessa nichts, womit sich Knochenbrüche schienen ließen, und so konnte er den Betroffenen lediglich den Rat geben, ihre gebrochenen Arme oder Beine in den Schnee zu legen, damit die Schwellung zurückging; später riet er ihnen, verstauchte Gliedmaßen zu massieren. Ständig kontrollierte er die Bandagen, die er aus Schonbezügen hergestellt hatte, aus Sorge, er habe sie vielleicht zu fest angelegt; denn er wußte, daß zu feste Bandagen in dieser extremen Kälte unter Umständen die Blutzufuhr hemmten.

Als er zu Señora Mariani kam, glaubte er, auch sie sei tot. Er hockte sich neben sie, um nochmals zu versuchen, die Sitze zu verrücken, die sie an den Boden fesselten. Plötzlich schrie sie gellend auf: «Faß mich nicht an! Faß mich nicht an! Du bringst mich um ...» So hielt er es für besser, sie in Ruhe zu lassen. Später am Morgen kehrte er wieder zu ihr zurück. Jetzt blickte sie teilnahmslos vor sich hin; sie schwieg. Und dann, gerade als er in ihre Augen sah, verdrehten sie sich, und sie hörte auf zu atmen.

Obwohl Canessa ein Jahr länger Medizin studiert hatte als Zerbino, brachte er es nicht über sich, jemanden endgültig für tot zu erklären. So überließ er es Zerbino, neben Señora Mariani niederzuknien und sein Ohr an ihre Brust zu legen, um zu horchen, ob ihr Herz noch schlug. Es stand still. Den anderen Jungen gelang es endlich, die Sitze beiseite zu schieben, sie legten einen Nylongurt aus dem Gepäcknetz um die Schultern der Toten und schleppten sie hinaus in den Schnee. Sie sagten Carlitos Páez, daß sie tot war, und er empfand Reue wegen der harten Worte in der letzten Nacht; er verbarg sein Gesicht in den Händen.

Gustavo Zerbino war es auch, der Enrique Platero untersuchte, aus dessen Bauch er am Vortag das Stahlrohr entfernt hatte. Er löste das als Verband dienende Hemd und sah, genau wie er befürchtet hatte, daß ein Stück Gewebe durch die Bauchdecke gedrungen war, das sich wie Knorpel anfühlte. Soviel er wußte, konnte es ein Stück des Darms oder der Magenwand sein. Da es blutete, band Zerbino es mit einem Stück Faden ab, um den Blutstrom zu stoppen. Er desinfizierte die Wunde mit Eau de Cologne und hieß Platero das Stück in seinen Bauch zurückschieben und den Verband wieder anlegen. Platero tat es, ohne mit der Wimper zu zucken.

Bei der Operation assistierte Liliana Methol. Obwohl ihr Gesicht von den beim Absturz erlittenen Prellungen noch immer geschwollen und blutunterlaufen war, mühte sie sich nach Kräften, den beiden «Ärzten» als Krankenschwester zur Hand zu gehen. Bisher hatte die zierliche, dunkelhaarige Frau ihr Leben ausschließlich ihrem Mann und ihren vier Kindern gewidmet. Vor der Heirat war ihr Mann Javier in einen Verkehrsunfall verwickelt worden. Damals stieß er auf seinem Motorrad mit einem Auto zusammen, stürzte und wurde anschließend von dem Wagen überrollt – er war mehrere Wochen bewußtlos und lag danach monatelang im Krankenhaus. Er behielt für immer eine Gedächtnisschwäche zurück, und auf dem rechten Auge blieb er blind.

Das war nicht der erste Schicksalsschlag, der ihn traf. Im Alter von einundzwanzig Jahren hatte seine Familie ihn nach Kuba und anschließend in die USA geschickt, wo er seine Kenntnisse als Tabak-Farmer und -Exporteur erweitern sollte. In der Stadt Wilson im Bundesstaat North Carolina stellte man fest, daß er an Tuberkulose litt. Die Krankheit war schon so weit fortgeschritten, daß er nicht nach Uruguay zurückkehren konnte. So verbrachte er die nächsten fünf Monate in einem Sanatorium in North Carolina.

Nach der Überführung mußte er in Montevideo weitere vier Monate das Bett hüten, doch hier konnte ihn wenigstens seine Verlobte Lilian besuchen. Er kannte sie seit seinem zwanzigsten Lebensjahr, und am 16. Juni 1960 heirateten sie. Ihre Flitterwochen verlebten sie in Brasilien. Aber seitdem waren sie nur noch ein einziges Mal ins Ausland gereist – in das Seengebiet im Süden Argentiniens. Mit dem Flug nach Chile wollten Javier und Liliana nachträglich ihren zwölften Hochzeitstag feiern.

Nach dem Absturz hatte Liliana erst bemerkt, daß Javier – fast als einziger der Verunglückten – schwer unter der Höhenluft litt. Er fühlte sich schwach und kämpfte ständig gegen Übelkeit. Seine Bewegungen waren langsam und schwerfällig, und er begriff nur mühsam, was um ihn herum vorging. Wenn er nach draußen wollte, mußte Liliana ihm den Weg zeigen, wenn er sich hinsetzte, mußte sie ihm sagen, was er tun sollte, und ständig mußte sie ihn mit ihrer Zuversicht ermuntern.

Auch die Jüngsten an Bord scharten sich um Liliana und ließen sich von ihr betreuen. Viele von ihnen waren unter zwanzig. Viele waren ihr ganzes Leben lang von Müttern und Schwestern umsorgt und bewundert worden, und jetzt, ängstlich und verzagt, suchten sie Schutz bei Liliana, der einzigen Frau außer Susana. Sie ging auf ihre Nöte ein, sie strahlte Geduld und Güte aus und sprach ihnen mit sanfter Stimme Mut zu. Als Marcelo und seine Freunde sie in der ersten Nacht drängten, im wärmsten Teil des Flugzeugs zu schlafen, nahm sie das ritterliche Angebot dankend an. Am folgenden Tag indessen erklärte sie ihnen ruhig, aber bestimmt, man solle sie genauso behandeln wie alle anderen. Zwar wäre es den Jüngeren, wie etwa Zerbino, lieber gewesen, wenn man auf Liliana besondere Rücksicht genommen und ihr als Frau wenigstens zum Schlafen einen eigenen Raum zugeteilt hätte, doch sie mußten einsehen, daß in dem engen Wrack eine Geschlechtertrennung nicht praktikabel war. Und von da an war sie ein Kumpel wie jeder andere.

Nun wandten sich die «Ärzte und ihre Krankenschwester» einem der jüngsten Mitglieder der Rugbymannschaft zu, Antonio Vizintín, Tintin genannt, der an einer Gehirnerschütterung zu leiden schien und den man im Gepäcknetz zur Ruhe gelegt hatte.

Erst jetzt, am Tag nach der Bruchlandung, sah man Blut aus seinem Jackenärmel tropfen. Als man Vinzintín fragte, was mit ihm los sei, versicherte er, ihm fehle nichts, denn er spürte keine Schmerzen. Liliana allerdings ließ sich nicht abwimmeln, sah genauer nach und stellte fest, daß sein Ärmel von Blut durchweicht war. Sie rief die beiden «Ärzte», die, als es ihnen nicht gelang, Tintin die Jacke auszuziehen, den Ärmel mit ihrem Taschenmesser abtrennten. Kaum zogen sie den tropfnassen Stoff fort, da quoll das Blut ungehindert aus einer durchschnittenen Vene. Sofort banden sie den Arm ab, um die Blutung zu stoppen; dann verbanden sie die Wunde so gut es ging. Vinzintín fühlte noch immer keinen Schmerz, war aber schon sehr schwach. Voller Zweifel, ob er überleben würde, legten Canessa und Zerbino ihn wieder in sein Netz zurück.

Ihr letzter Krankenbesuch führte sie in die Pilotenkanzel. Seit dem frühen Morgen hatten sie von Lagurara keinen Ton mehr gehört. Als sie sich mühsam einen Weg vom Gepäckraum ins Cockpit gebahnt hatten, bestätigte sich ihr Verdacht: Er war tot.

Mit Lagurara verloren sie den einzigen Mann, der ihnen hätte Tips geben können, was zu tun sei, um die Suche zu erleichtern, denn Roque, der letzte Überlebende der Besatzung, nützte ihnen wenig. Seit dem Absturz weinte er pausenlos und konnte seine Darmtätigkeit nicht mehr beherrschen. Daß er sich in die Hosen machte, wurde ihm überhaupt erst bewußt, wenn seine Nachbarn sich beschwerten und die Jungen ihm halfen, seine Hosen zu wechseln.

Trotzdem: Er gehörte der uruguayischen Luftwaffe an, und deshalb fragte Marcelo Pérez ihn, ob irgendwelche Notvorräte oder Leuchtkugeln an Bord seien. Roque verneinte. Daraufhin wollte Marcelo wissen, wie man das Funkgerät in Gang bringen könne. Roque erklärte, das Funkgerät werde von den Flugzeugbatterien gespeist, die sich im verschwundenen Heck befanden.

Da war also nichts zu machen. Marcelo allerdings glaubte so fest an eine baldige Rettung, daß ihn die Auskunft nicht weiter beunruhigte. Trotzdem kam man überein, die geringen Verpflegungsvorräte zu rationieren. Marcelo stellte eine Liste aller Lebensmittel zusammen, die man in der Kabine und in den geretteten Gepäckstücken gefunden hatte (ein Teil des Gepäcks war im verschollenen Heck verstaut). Da war der Wein, den die Piloten in Mendoza gekauft hatten. Fünf Literflaschen waren in der ersten Nacht getrunken worden; nur noch drei blieben übrig. Außerdem gab es an Bord: eine Flasche Whisky, eine Flasche Cherry Brandy, eine Flasche Crème de Menthe, eine Flasche Kirschlikör und eine weitere, halbausgetrunkene Taschenflasche Whisky.

An Nahrungsmitteln kamen zusammen: acht Tafeln Schokolade, fünf Tafeln Nougat, einige Karamelbonbons, die auf dem Kabinenboden umherlagen, ein paar Datteln und getrocknete Pflaumen, auch sie lose verstreut, ein Päckchen Cracker, zwei Dosen Muscheln, eine Dose Salzmandeln und je ein kleines Glas Pfirsich-, Apfel- und Brombeermarmelade. Das war nicht gerade reichlich für achtundzwanzig Menschen, und da sie nicht wußten, wie viele Tage sie noch auf die Rettung warten mußten, teilten sie die Verpflegung in möglichst viele Tagesrationen auf. Als Mittagessen gab es an diesem Tag eine Tafel Schokolade, die Marcelo in achtundzwanzig Teile zerschnitt, und für jeden eine Sprühdosen-Kappe voll Wein.

Am Nachmittag hörten sie Motorengeräusch. Ein Flugzeug überflog sie, aber wegen der Wolken sahen sie nichts. Wieder kam die Nacht überraschend schnell, doch diesmal waren sie besser vorbereitet. In der Kabine hatten sie mehr Platz geschaffen, hatten einen stabileren Schutzwall gegen Wind und Schnee errichtet – und sie waren weniger Menschen.

7

Am Sonntag morgen, dem 15. Oktober, war der Himmel zum erstenmal seit der Bruchlandung klar. Er war tiefblau, so blau, wie die Jungen aus dem uruguayischen Flachland noch nie einen Himmel gesehen hatten, und trotz ihrer mißlichen Lage waren sie beeindruckt von dem großartigen Panorama, das sich ihnen bot. Der Schnee war verharscht, Eiskristalle blitzten im intensiven Sonnenlicht. Die verschneiten Berge, von der Morgensonne beschienen, erstrahlten in blendendem Weiß. Entfernungen täuschten. In der dünnen, klaren Luft schienen die Gipfel ganz nahe zu sein.

Aufgrund des guten Wetters schöpften die Verunglückten neue Hoffnung, man werde sie am heutigen Tag retten oder zumindest in ihrem Talkessel entdecken. Doch vorerst mußten sie einige Probleme bewältigen, und damit befaßten sie sich jetzt systematischer als bisher. Was sie am dringendsten benötigten, war Wasser. Es erwies sich als schwierig, genügend Schnee zu schmelzen, um ihren Durst zu löschen; wenn man ihn einfach aß, wurde der Mund gefühllos vor Kälte. Sie fanden heraus, daß es besser war, Schneebälle zu machen und an ihnen zu saugen oder Schnee in eine Flasche zu stopfen und sie zu schütteln, bis der Schnee schmolz. Diese Methode indessen kostete nicht nur Zeit, sondern auch Kraft, und das so erzeugte Schmelzwasser reichte kaum für eine einzige Person. Man mußte an die Verletzten denken, die sich nicht selber helfen konnten: Nando, Susana und Vizintín, der nach Flüssigkeit lechzte, um das durch seine Armverletzung verlorene Blut zu ersetzen.

Schließlich entwickelte Adolfo Strauch ein Verfahren, mit dem sie größere Mengen Wasser produzieren konnten. Adolfo – genannt Fito – gehörte zu den Old Christians, spielte jedoch für einen anderen Rugby-Verein in Montevideo. Eduardo Strauch, sein zweifacher Vetter – ihre Väter waren Brüder, ihre Mütter Schwestern –, hatte ihn im letzten Augenblick überredet, ihn nach Chile zu begleiten. Die Strauchs waren im neunzehnten Jahrhundert aus Deutschland nach Uruguay eingewandert und dort in führende Positionen im Bankgewerbe und in der Seifenindustrie aufgestiegen. Fito und Eduardo entstammten einer Nebenlinie der Familie: Ihre Väter waren Juweliere und bis vor kurzem Geschäftspartner in Montevideo gewesen. Mütterlicherseits stammten die Jungen aus der bekannten uruguayischen Familie Urioste.

Beide Jungen waren blond und sahen gut aus. Deutlich sah man ihnen ihre deutsche Herkunft an. Eduardo trug sogar den Spitznamen «der Deutsche». Die beiden standen einander sehr nahe – fast wie Brüder, obwohl sie einander charakterlich wenig ähnelten. Eduardo, ein angehender Architekt, bereitete sich zielstrebig auf seinen Beruf vor und war weit gereist, auch nach Europa. Fito hingegen war scheu und entschlußlos. Zur Zeit studierte er Agronomie, weil er keine besondere Neigung zu etwas anderem verspürte und seine Familie eine Ranch besaß. Bis zu dieser Reise hatte er sein Heimatland noch nie verlassen.

Beim Absturz hatten beide Vettern das Bewußtsein verloren. Als sie aus ihrer Ohnmacht erwachten, waren sie so sehr vom Schock benommen, daß sie nicht wußten, wo sie waren. Fito versuchte sofort, die Maschine zu verlassen, und im Verlauf der ersten Nacht war es Eduardo gewesen, der sich davonmachen wollte und dabei erst über Señora Mariani, dann über Roque stolperte. Sie wurden von einem weiteren Vetter, der überlebt hatte, zurückgehalten. Es war Daniel Fernàndez, ein Sohn der Schwester ihrer Väter.

Am Sonntag hatte sich Fito genügend gefangen, um über das Problem der Wasserversorgung nachzudenken. Die Sonne strahlte, und im Laufe des Vormittags wurde es zusehends heißer. Die dünne Eisschicht, die sich in der Nacht auf dem Schnee bildete, begann zu schmelzen. Dabei kam Fito der Gedanke, man könne vielleicht die Sonnenenergie nutzbar machen. Auf der Suche nach einem Behälter für den Schnee entdeckte er in der Rückenlehne eines aus der Kabine geworfenen Sitzes ein rechteckiges Stück Aluminiumfolie, etwa sechzig Zentimeter lang und dreißig Zentimeter breit. Er zog es aus der Polsterung und formte daraus einen flachen Trichter. Dann bedeckte er die Folie mit Schnee und hielt den Trichter so, daß die Sonne hineinschien. Nach kurzer Zeit begann aus der unteren Öffnung Wasser zu tropfen, und allmählich füllte sich die Flasche, die Fito unter den Trichter hielt.

Da jeder Sitz so ein rechteckiges Stück Aluminium enthielt, fertigte er sogleich mehrere Schmelz-Trichter an. Sie in die Sonne zu halten, erforderte wenig Kraft, und so ernannte Marcelo all diejenigen, die zu schwach waren, um anstrengendere Arbeit verrichten, zu «Wassermachern». Marcelo hatte beschlossen, die Verunglückten in verschiedene Gruppen aufzuteilen. Er selbst wollte die Gruppen koordinieren und für die Verteilung der Essensrationen sorgen. Die erste Gruppe – das Ärzteteam – bestand vorerst aus Canessa, Zerbino und – als Hilfskraft – Liliana Methol. (Die Aufgabenverteilung blieb mehr oder weniger offen, weil Canessa sich weigerte, sich auf einen eng umgrenzten Aufgabenbereich festzulegen.) Eine zweite Gruppe war für die Kabine zuständig. Zu ihr gehörten einige der Jüngeren, darunter Roy Harley, Carlitos Páez und die Hauptpersonen in diesem Freundeskreis, Gustavo Nicolich, den sie «Coco» nannten. Sie mußten die Kabine sauberhalten, abends die Sitzpolster als Matratzen auf den Boden breiten und jeden Morgen die Sitzbezüge, die als Decken dienten, in der Sonne trocknen.

Die Wassermacher bildeten die dritte Gruppe. Schwierig für sie war nur, sauberen Schnee zu finden. Im näheren Umkreis des Wracks war der Schnee hellrot gefärbt vom Blut der

Toten und Verletzten und verschmutzt von Motoröl und Urin. Einige Meter weiter weg gab es sauberen Schnee in Hülle und Fülle. Doch tagsüber schienen diese paar Meter unüberwindlich – der Schnee war zu locker und zu tief. Und am frühen Morgen konnte man zwar auf der verharschten Oberfläche gehen, aber sie war zu hart, um sich in die Schmelztrichter füllen zu lassen. Deshalb kam man überein, nur noch zwei Plätze als Latrinen zu benutzen, einen dicht beim Eingang und einen zweiten neben dem Bugrad unterhalb des Cockpits.

Am Mittag gab Marcelo die Rationen aus. Jeder erhielt eine Sprühdosen-Kappe voll Wein und eine Messerspitze Marmelade. Zum Abendessen sollte eine Tafel Schokolade unter den achtundzwanzig Verunglückten aufgeteilt werden. Einige beschwerten sich; sie meinten, wenigstens zum Sonntag solle es eine etwas reichhaltigere Mahlzeit geben. Doch die Mehrheit stimmte Marcelo zu, der darauf drang, mit den Vorräten hauszuhalten.

Jetzt mußten sie auch noch einen zusätzlichen Mann verpflegen: Parrado, den man anfangs trotz schwachen Pulsschlags zu den Toten gerechnet hatte. Am Sonntag erwachte er aus der Bewußtlosigkeit, und als sie ihm das Blut aus dem Gesicht wuschen, stellten sie fest, daß es größtenteils von einer verhältnismäßig harmlosen Kopfverletzung herrührte. Obwohl er keinen Schädelbruch erlitten hatte, war er noch schwach und etwas verwirrt. Sein erster Gedanke galt seiner Mutter und seiner Schwester.

«Deine Mutter ist unmittelbar beim Absturz gestorben», erklärte ihm Canessa. «Ihr Leichnam liegt draußen im Schnee. Aber du darfst nicht daran denken. Du mußt Susana helfen. Reib ihr die Füße warm und hilf ihr beim Essen und Trinken.»

Susanas Zustand hatte sich verschlechtert. Ihr Gesicht war mit Schnittwunden und blauen Flecken übersät, aber noch besorgniserregender sahen ihre Füße aus: nach der ersten eisigen Nacht waren sie schwarz angelaufen. Meist war sie bei Besinnung, schien jedoch nicht zu begreifen, wo sie sich befand. In kurzen Abständen rief sie immer wieder nach ihrer Mutter.

Nando massierte ihre erfrorenen Füße, doch es nützte nichts mehr. Sie wurden nicht warm, und als Nando kräftiger rieb, löste sich die Haut unter seinen Fingern ab. Von nun an widmete er sich ganz seiner Schwester. Wenn sie Durst verspürte, hielt er ihr eine Mischung aus Schnee und Crème de Menthe und die kleinen Stücke Schokolade an die Lippen, die Marcelo für sie zurücklegte. Und als sie weinte: «Mama, Mama, ich möchte zur Toilette», erhob er sich und fragte Canessa und Zerbino um Rat.

Sie kamen zu ihr, und Nando sagte Susana, sie seien Ärzte.

«Oh, Herr Doktor», bat Susana, «ich möchte eine Bettpfanne haben.»

«Sie haben doch eine», beruhigte sie Zerbino. «Lassen Sie ruhig Wasser. Es ist schon in Ordnung.»

Kurz nach Mittag sahen die Jungen ein Flugzeug, das genau über sie hinwegflog. Es war eine Düsenmaschine, die in großer Höhe die Anden überquerte; trotzdem sprangen alle, die sich im Freien befanden, wie elektrisiert auf, winkten, schrien und versuchten, mit Metallstücken das ferne Flugzeug anzublinken. Einige weinten vor Freude.

Am Nachmittag tauchte am östlichen Horizont ein Turbopropflugzeug auf, das sie in westlicher Richtung überflog, viel niedriger als das vorige; kurz darauf überquerte eine Maschine vom gleichen Typ ihr Tal von Norden nach Süden. Beide Male winkten und schrien die Verunglückten, doch die Flugzeuge blieben auf ihrem Kurs, bis sie hinter den Bergen verschwanden.

Lange diskutierten die Jungen, ob man sie gesehen habe oder nicht, und um die Frage zu klären, wandten sie sich an Roque. Der Bordmechaniker versicherte mit Bestimmtheit, ein so tief fliegender Pilot müsse sie entdeckt haben.

«Warum ist er dann nicht über uns gekreist?» fragte Fito Strauch. «Warum hat er nicht wenigstens mit den Tragflächen gewackelt, um uns zu zeigen, daß er uns gesehen hat?»

«Unmöglich», erwiderte Roque. «Die Berge sind zu hoch für so ein Manöver.»

Die Skeptiker unter ihnen trauten Roques Urteilsvermögen nicht – er verhielt sich immer noch ziemlich irrational und manchmal kindisch, und sein Optimismus verstärkte noch ihre Zweifel. Einige fürchteten, der Rumpf der Fairchild, auf der

Oberseite weiß gestrichen und halb im Schnee begraben, sei vielleicht aus der Luft schwerer auszumachen, als sie dachten. Deshalb holten sie aus den Taschen der weiblichen Passagiere Lippenstifte und Nagellack und begannen, ein rotes SOS auf das Kabinendach zu malen. Doch nachdem sie das erste S fertig hatten, mußten sie einsehen, daß die Buchstaben viel zu klein werden würden, um einem Flieger aufzufallen.

Dann, um halb fünf, hörten sie alle das Brummen von Motoren – näher als je zuvor. Und plötzlich tauchte über einem Bergkamm ein kleiner Doppeldecker auf. Er hielt genau auf das Wrack zu. Wie besessen schwenkten sie die Arme und versuchten, mit ihren kleinen, reflektierenden Metallplatten den Piloten zu blenden. Jubel brach aus, als der Doppeldecker, während er sie überflog, mit den Tragflächen wackelte, so als wolle er ihnen signalisieren, er habe sie entdeckt.

Jetzt konnte nichts mehr die Jungen davon abbringen, zu glauben, was sie so gerne glauben wollten. Und während einige sich einfach in den Schnee setzten, um auf die Ankunft der Bergungshubschrauber zu warten, entkorkte Canessa eine Flasche Mendoza-Wein. Gemeinsam mit den von ihm betreuten Verletzten leerte er die Flasche zur Feier ihrer Rettung.

Bald darauf begann es zu dunkeln. Die Sonne versank hinter den Bergen, und die Luft kühlte sich rapide ab. Kein Laut durchbrach die Stille. Sie mußten sich damit abfinden: An diesem Abend würde man sie nicht mehr ausfliegen. Marcelo verteilte die Schokoladenration, und anschließend krochen die Verunglückten wieder in die Kabine. Einige eilten voraus, um sich günstige Schlafplätze zu sichern, möglichst weit vom Eingang entfernt. Marcelo beschwor die Kräftigeren, trotz der Kälte wie er am Eingang zu schlafen, aber einige weigerten sich, ihren Platz im wärmeren Gepäckraum aufzugeben. Sie sagten, wenn sie jede Nacht am Eingang schliefen, würden sie erfrieren.

An diesem Sonntag abend kam lange Zeit niemand mehr zur Ruhe. Sie sprachen von der Rettung. Einige meinten, die Hubschrauber würden am nächsten Morgen kommen; andere fürchteten, Helikopter könnten nicht hoch genug steigen, um sie zu erreichen, und deshalb würden die Bergungsmannschaften länger brauchen, vielleicht eine Woche, bis sie zu ihnen gelangten. Das war ein ernüchternder Einwand, und Marcelo machte Canessa bittere Vorwürfe, weil er so unüberlegt mit seinen Patienten eine ganze Flasche Wein geleert hatte. Einen Kameraden allerdings hätte man noch viel schärfer ins Gebet genommen, wenn man gewußt hätte, wer er war. Denn Marcelo hatte entdeckt, daß drei Tafeln Schokolade und eine Stange Nougat aus dem Kosmetikkoffer gestohlen worden waren, in dem sie die Vorräte aufbewahrten.

«Um Gottes willen», beschwor Marcelo den unbekannten Dieb, «siehst du denn nicht, daß du mit unserem Leben spielst?»

«Dieses Schwein versucht uns umzubringen», schimpfte Gustavo Nicolich.

Es war kalt und dunkel. Sie fielen wieder in Schweigen, und jeder Junge war seinen eigenen Gedanken überlassen. Parrado hielt Susana in seinen Armen, um ihr beim Schlafen mit seinem großen Körper soviel Wärme wie möglich zu geben. Er spürte, wie unregelmäßig ihr Atem ging. Zwischen keuchenden Atemzügen rief sie nach ihrer toten Mutter. Als es ihm gelang, in Susanas große Augen zu blicken, sah er darin die tiefe Traurigkeit, Qual und Verwirrung, die sie nicht in Worte zu fassen vermochte. Auch andere schliefen unruhig, ihre Hände in die behelfsmäßigen Decken gekrallt. Auf einer sechs Meter langen, knapp zweieinhalb Meter breiten Fläche zusammengepfercht, konnten sie nur schlafen, wenn sie sich paarweise eng aneinanderdrängten wie Ölsardinen, jeder mit dem Kopf am Fußende des Nachbarn, wobei die Füße des einen auf den Schultern des anderen lagen. Die Maschine war auf die Seite gekippt. Wer sich auf dem Boden ausstreckte, schlief wie auf einem Abhang mit dreißig Grad Gefälle; diejenigen, die sich für die umgekehrte Richtung entschieden, ruhten nur mit den Beinen auf dem Boden, lehnten mit dem Rücken gegen die Kabinenwand und lagen mit dem Gesäß auf der Garderobenablage, die sie heruntergerissen und schräg an die Wand gelehnt hatten, um den Winkel zwischen Boden und Wand abzuflachen.

Zwar schlief man auf den Sitzpolstern einigermaßen weich, aber der Raum war allzu beengt: Wenn einer seine Lage veränderte, mußten alle anderen mitmachen. Schon die geringste

Bewegung fügte denen, die sich ein Bein gebrochen hatten, unsägliche Schmerzen zu, und der arme Kerl, der sich kratzen oder zur Latrine gehen wollte, wurde von seinem Nachbarn mit einer Flut von Schimpfworten überschüttet. Oft drehte sich jemand im Schlaf um. Wenn er dabei seine Beine bewegte, konnte es passieren, daß er seinem Nachbarn ins Gesicht trat. Auch Schlafwandler gab es in der Gruppe. Hin und wieder erhob sich einer mit geschlossenen Augen, murmelte: «Ich geh' mal 'ne Coca-Cola holen», und tappte über die Liegenden hinweg auf die Tür zu.

Keiner reagierte gereizter auf solche Störungen als Roberto Canessa, den die Reue über den unbedachten Umtrunk plagte und der von Natur aus unbeherrscht und überempfindlich war. Psychologische Tests hatten vor vier Jahren ergeben, daß er zu Gewalttätigkeit neigte. Das war einer der Gründe, die seine Eltern dazu bewogen hatten, ihn Rugby spielen und Medizin studieren zu lassen: das harte Kampfspiel und die Chirurgie, so hofften sie, würden seine Aggressivität in nützliche Bahnen lenken. Jedesmal, wenn ein Junge vor Schmerz aufschrie, brüllte Canessa ihn an, er solle die Schnauze halten, obwohl er wußte, daß den Jungen keine Schuld traf. Die nächtlichen Störungen und seine eigene unbeherrschte Reaktion brachten ihn auf den Gedanken, eine Art Hängematte zu basteln, in der die Schwerverletzten, getrennt von den anderen, schlafen konnten.

Als er am nächsten Morgen seine Idee zur Sprache brachte, lachte man ihn aus. «Du bist ja bescheuert», sagten seine Kameraden. «Du wirst uns alle umbringen mit deiner Hängematte.»

«Laßt es mich doch wenigstens probieren», bat Canessa und machte sich zusammen mit Daniel Maspons auf die Suche nach geeignetem Material. Die Fairchild war so konstruiert, daß man die Sitze ausbauen und die Kabine als Frachtraum benutzen konnte. Zum Vertäuen von Stückgut gab es im Gepäckraum eine große Zahl von Nylonseilen, Netzen und Stangen. Sie ließen sich an diversen Stellen der Wand und der Decke der Kabine befestigen. Canessa und Maspons steckten zwei Metallstangen in die Halterungen an der Scheuerleiste auf der linken Seite der Kabine, spannten ein Netz zwischen ihnen und befestigten das andere Ende des Netzes mit Seilen an den

Halterungen auf der rechten Seite der Kabinendecke. Jetzt bildete das Netz eine Hängematte, die zwar vom Kabinenboden zur Decke gespannt war, aber aufgrund der Schräglage der Kabine waagerecht hing. Die Stangen blieben nicht parallel zueinander, aber die Hängematte war breit genug, daß darin zwei Verletzte ungestört schlafen konnten.

Dann stellte Canessa fest, daß sich die Tür, die früher den Gepäckraum von der Kabine trennte, ähnlich wie das Netz in der Kabine aufhängen ließ. Außerdem gelang es ihm, einen Doppelsitz freischwebend unter der Decke so zu vertäuen, daß er zwei weiteren Passagieren als Koje diente. In der folgenden Nacht schlief Platero auf der Tür, zwei Jungen mit gebrochenen Beinen legten sich auf die Sitz-Koje, und zwei Mann verbrachten die Nacht in der Hängematte. Die fünf Verletzten schliefen bequemer als bisher, und die übrigen wurden nicht mehr von ihren Schmerzensschreien gestört, dennoch ergab sich aus der Lösung dieses Problems ein neues. Zuvor wurden die Verletzten von ihren Nachbarn gewärmt; jetzt lagen sie allein und waren schutzlos dem eisigen Wind ausgesetzt, der in die Kabine blies. Sie froren erbärmlich. Man gab ihnen zusätzliche Decken, doch die waren kein Ersatz für die Körperwärme ihrer Freunde. Sie mußten wählen zwischen der schneidenden Kälte und den Schmerzen, die ihnen ihre unruhigen Freunde im Schlaf zufügten. Einer nach dem anderen entschied sich dafür, die hängenden Kojen zu verlassen, bis nur noch zwei Mann in der Hängematte blieben, Rafael Echavarren und Arturo Nogueira.

8

Am Montag morgen, dem vierten Tag, befanden sich einige der Schwerverletzten trotz der mangelhaften ärztlichen Versorgung auf dem Wege der Besserung. Viele litten noch unter starken Schmerzen, aber die Schwellungen gingen zurück, und offene Wunden begannen zu verheilen.

Vizintín, anfangs so schwach, daß Canessa und Zerbino fürchteten, er habe zu viel Blut verloren und könnte sterben, konnte jetzt, auf Zerbino gestützt, nach draußen gehen, um im Schnee zu urinieren. Sein Urin war dunkelbraun, woraus Zerbino schloß, sein Patient leide vielleicht an Hepatitis.

«Das hätte mir gerade noch gefehlt», knurrte Vizintín, als Zerbino ihm seine Befürchtung mitteilte, und humpelte zurück zu seinem Lager im Gepäckraum.

Parrado erholte sich erstaunlich schnell, obwohl er sich bei der Pflege Susanas verausgabte. Ihr schlechter Zustand entmutigte ihn keineswegs. Im Gegenteil: Je mehr er seine Kraft zurückkehren fühlte, desto stärker wurde sein Wille, aus den Bergen zu entkommen. Während die meisten seiner Kameraden nur von der Ankunft der Rettungsmannschaften träumten, wollte Parrado selbst aktiv werden und aus eigener Kraft einen Weg zurück in die Zivilisation finden. Er vertraute seine Gedanken Carlitos Páez an, der ebenfalls aufbrechen wollte.

«Unmöglich», meinte Carlitos. «Du würdest im Schnee erfrieren.»

«Nicht, wenn ich warm genug angezogen wäre.»

«Dann würdest du verhungern. Du kannst keine Berge übersteigen, wenn du nur ein Stückchen Schokolade und einen Schluck Wein im Bauch hast.»

«Dann schneide ich mir Fleisch aus einem der Piloten», erwiderte Parrado. «Die haben uns schließlich in die Scheiße geritten.»

Carlitos war nicht schockiert, denn er nahm den Vorschlag nicht ernst. Allerdings gehörte er zu denen, die sich mit wachsender Unruhe fragten, warum noch immer kein Bergungstrupp auftauchte. Jetzt waren vier Tage seit der Bruchlandung vergangen, und abgesehen von dem Doppeldecker, der mit den Tragflächen gewackelt hatte, als er sie am Vortag überflog, deutete nichts darauf hin, daß man jenseits der Berge überhaupt wußte, daß sie noch am Leben waren. Die Vorstellung, man könne sie aus der Luft nicht ausmachen oder man halte sie für tot, war so schrecklich, daß die meisten Verunglückten sich scheuten, auch nur daran zu denken. Sie klammerten sich an die Theorie, sie befänden sich zu hoch in den Kordilleren, um mit Hubschraubern herausgeholt zu werden, und deshalb müsse man auf dem Landweg zu ihnen vordringen. Daran glaubte vor allem Marcelo felsenfest und ebenso Pancho Delgado, ein Jurastudent, der auf seinem gesunden Bein durch den Schnee humpelte, sich fröhlich mit den anderen unterhielt und ihnen wortreich erklärte, Gott werde sie in ihrer schlimmen Lage nicht im Stich lassen.

Die meisten Jungen waren Delgado dankbar dafür, daß er ihnen die Angst nahm, die sie beschlich. Fast feindselig standen sie indessen der kleinen Gruppe von Pessimisten gegenüber – vor allem Canessa, Zerbino, Parrado, Eduardo und Fito Strauch –, die bezweifelten, daß Hilfe unterwegs war. «Wenn sie wissen, wo wir sind», gab Fito Strauch zu bedenken, «warum werfen sie dann keine Verpflegung ab?»

«Weil sie wissen, daß sie im Schnee versinken würde», erklärte Marcelo, «und wir nicht an sie herankämen.»

Keinem der Jungen war auch nur annähernd klar, wo sie sich befanden. In der Pilotenkanzel hatten sie Karten gefunden, die sie Stunde um Stunde studierten, während sie dicht zusammengedrängt im windgeschützten Cockpit kauerten. Keiner von ihnen konnte Flugnavigationskarten lesen, doch Arturo Nogueira, ein schüchterner, introvertierter Junge, der sich beide Beine gebrochen hatte, ernannte sich zum Kartenleser der Gruppe und entdeckte zwischen den vielen Städten und Dörfern schließlich Curicó. Sie erinnerten sich, daß der Kopilot Lagurara mehrmals gesagt hatte, sie hätten Curicó überflogen, und aus der Karte ging eindeutig hervor, daß Curicó westlich der Anden in Chile lag. Das hieß, sie mußten sich irgendwo in den letzten Ausläufern des Gebirges befinden. Die Nadel des Höhenmessers zeigte auf 2400 Meter. Westlich von ihnen, gar nicht weit entfernt, gab es zweifellos chilenische Dörfer.

Die Sache hatte nur einen Haken: Der Weg nach Westen wurde von gigantischen Bergen versperrt, und das Tal, in dem sie gefangensaßen, führte nach Osten – nach ihrer Meinung tiefer in die Kordilleren hinein. Wenn sie nur den Gipfel im Westen erklimmen könnten, dann, so glaubten sie fest, lägen zu ihren Füßen grüne Täler und chilenische Bauernhöfe.

Nur bis etwa neun Uhr morgens konnten sie sich auf dem Schnee frei bewegen. Wenn danach die Sonne schien, begann die verharschte Oberfläche zu schmelzen, und bald sanken sie bis zu den Hüften ein. Daher wagte bislang niemand, sich mehr als ein paar Schritte vom Wrack zu entfernen. Sie fürchteten, wie Valeta spurlos im tiefen Schnee zu versinken. Fito Strauch jedoch, ihr «Erfinder», machte eine großartige Entdeckung. Wenn sie die Polster aus den Sitzen unter ihre Schuhe banden, standen sie darauf wie auf Schneeschuhen. Es war etwas beschwerlich, damit zu gehen, aber es war immerhin möglich. Gleich nach dem ersten Versuch wollten er und Canessa zum Gipfel aufbrechen, nicht nur um herauszufinden, wie es auf der anderen Seite aussah, sondern auch um festzustellen, ob einige ihrer Freunde – in Fitos Fall ein weiterer Vetter – den Absturz überlebt hatten und vielleicht noch im Heck waren.

Es gab noch einen weiteren Anreiz. Roque hatte ihnen gesagt, im Heck der Maschine würden sie die Batterien finden, die sie für das UKW-Funkgerät brauchten. Außerdem mochten Gepäckstücke auf dem Hang verstreut sein, nahe der Spur, die das Wrack hinterlassen hatte und die noch deutlich sichtbar war. Vielleicht fanden sie zusätzliche Kleidungsstücke.

Auch Carlitos Páez und Numa Turcatti brannten – neben einigen andern – darauf, den Berg zu erstürmen, und so machten sich am Dienstag morgen, dem 17. Oktober, um sieben Uhr früh alle vier auf den Weg. Der Himmel war klar, aber um diese Zeit fror es Stein und Bein, und die Schneedecke war fest. Mit ihren stollenbesetzten Rugbyschuhen kamen sie recht gut voran. Canessa trug Handschuhe, die er aus einem Paar Socken genäht hatte.

Sie marschierten eine Stunde lang, ruhten sich aus und kletterten weiter. Die Luft war dünn, der Hang steil, und als die Sonne höher stieg, schmolz der Harsch. Jetzt mußten sie die Polster anlegen, die bald vom Schmelzwasser durchtränkt waren. Um nicht mit einem Schneeschuh auf den anderen zu treten, mußten sie breitbeinig gehen. Seit fünf Tagen hatte keiner von ihnen mehr als einen Bissen pro Mahlzeit gegessen, und bald riet Canessa zur Umkehr. Die anderen überstimmten ihn, und sie kämpften sich weiter den Hang hinauf. Kurze Zeit später sank Fito am Rand einer Spalte bis zur Taille ein. Der Schreck fuhr ihnen allen in die Glieder. Weit unter ihnen lag ihr Flugzeug, winzig in der endlosen Schneewüste; die Jungen, die das Wrack umstanden, sahen aus wie dunkle Punkte. Bis jetzt hatten die fünf noch keinen Koffer entdeckt; auch vom Heck war keine Spur zu finden.

«Es wird schwer sein, hier 'rauszukommen», brummte Canessa.

«Aber wenn wir nicht gerettet werden, müssen wir losmarschieren», beharrte Fito.

«Wir würden nie durchkommen», meinte Canessa. «Du siehst doch selbst, wie schlapp wir geworden sind ohne Essen.»

«Weißt du, was Nando zu mir gesagt hat?» bemerkte Carlitos zu Fito. «Er hat gesagt, wenn wir nicht gerettet würden, würde er einen der Piloten essen, um hier 'rauszukommen.» Er machte eine Pause; dann fügte er hinzu: «Seit er den Schlag auf den Kopf bekommen hat, ist er, glaube ich, nicht mehr ganz dicht.»

«Ich weiß nicht», murmelte Fito; sein ernstes Gesicht wirkte ganz ruhig. «Vielleicht ist das die einzige Möglichkeit, um zu überleben.»

Carlitos schwieg. Sie wandten sich um und begannen den Abstieg.

Alle fühlten sich vom Scheitern der Expedition tief bedrückt. In den folgenden Tagen mühte sich Liliana Methol mehr denn je, die Verängstigten zu trösten, und Pancho Delgado tat sein Bestes, um Optimismus zu verbreiten. Aber ein Tag nach dem anderen verging, ohne das geringste Zeichen, daß Retter nahten.

In der achten Nacht erwachte Parrado und spürte, daß Susana in seinen Armen kalt und still geworden war. Ihre Brust hob und senkte sich nicht mehr. Sofort preßte er seinen Mund auf den ihren, und mit tränenüberströmtem Gesicht blies er seinen Atem in ihre Lungen. Die anderen Jungen wurden wach und sahen zu und beteten, während Parrado versuchte, seine Schwester ins Leben zurückzuholen. Als er vor Erschöpfung aufgeben mußte, löste Carlitos Páez ihn ab. Aber es nützte alles nichts, Susana war tot.

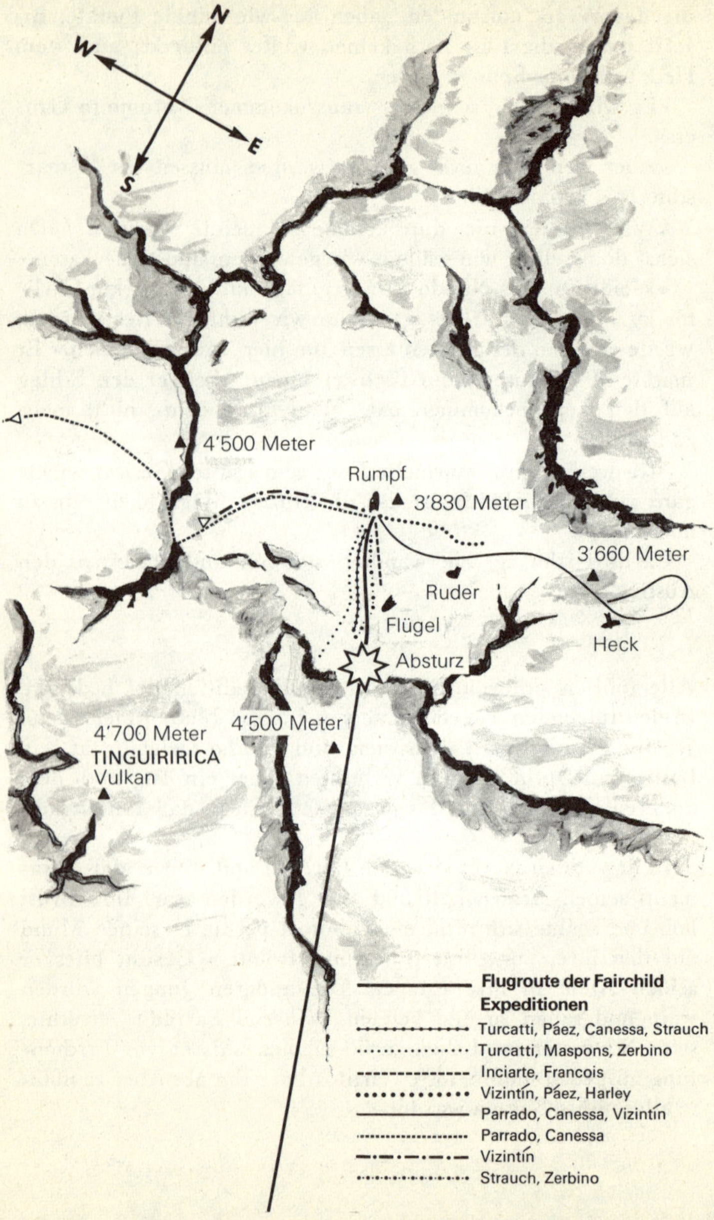
N
W
E
S
4'500 Meter
Rumpf
3'830 Meter
3'660 Meter
Ruder
Flügel
Heck
Absturz
4'500 Meter
4'700 Meter
TINGUIRIRICA
Vulkan
Flugroute der Fairchild
Expeditionen
Turcatti, Páez, Canessa, Strauch
Turcatti, Maspons, Zerbino
Inciarte, Francois
Vizintín, Páez, Harley
Parrado, Canessa, Vizintín
Parrado, Canessa
Vizintín
Strauch, Zerbino

Zweiter Teil

I

Als die Verbindung zwischen der uruguayischen Fairchild und dem Kontrollturm des Pudahuel-Flughafens von Santiago am Freitag nachmittag, dem 13. Oktober, abriß, handelte die Flugleitstelle Santiago sofort. Sie alarmierte den *Servicio Aereo de Rescate* (SAR), den Rettungsdienst der chilenischen Luftwaffe, dessen Hauptquartier sich auf Santiagos zweitem Flugplatz, Los Cerrillos, befand. Der Kommandeur des SAR war gerade nicht da. Deshalb beauftragte man zwei ehemalige Kommandeure, Carlos García und Jorge Massa, die Suche und das Rettungsunternehmen zu leiten. Diese beiden Offiziere der chilenischen Luftwaffe besaßen große fliegerische Erfahrung. Sie konnten alle Maschinen, die ihrem Kommando unterstanden, auch selbst fliegen – Maschinen der Typen Douglas C-47, DC-6, Twin Otter, die kleinen Cessnas und die mächtigen Bell-Hubschrauber.

Noch am gleichen Nachmittag startete eine DC-6 und begann die Suche entlang der Luftstraße von Curicó nach Angostura und weiter nach Santiago, von der aus sich die vermißte Fairchild zuletzt gemeldet hatte. Die besiedelten Gebiete nahe der Luftstraße wurden ausgelassen, denn wenn die Fairchild dort abgestürzt wäre, hätte man längst davon gehört. Statt dessen konzentrierte sich der DC-6-Pilot auf die bergigen Streckenabschnitte. Da er hier nichts entdeckte, verfolgte er die mutmaßliche Route der Uruguayer rückwärts und flog die Strecke zwischen Curicó und dem Planchón-Paß ab. Über dem Planchón wütete ein Schneesturm. Da man bei solchem Wetter nichts sehen konnte, kehrte die DC-6 unverrichteterdinge nach Santiago zurück.

Am folgenden Tag machten sich García und Massa an die genaue Analyse der verfügbaren Informationen: den Zeitpunkt des Abflugs der Fairchild aus Mendoza, den Zeitpunkt ihrer Meldung über Malargüe, ihre Reisegeschwindigkeit und ihre Abdrift durch den Gegenwind in den Anden. Dabei kamen die Kommandeure zu dem Schluß, die Fairchild könne unter keinen Umständen Curicó erreicht haben, als ihr Pilot meldete, er überfliege die Stadt. In Wirklichkeit war er nach ihrer Berechnung nicht über Curicó, sondern über dem Planchón gewesen, als er nach Norden abdrehte. Während er glaubte, von Curicó aus Angostura und Santiago anzusteuern, und im Anflug auf den Pudahuel-Flughafen seine Höhe verringerte, war er mit Nordkurs mitten in die Anden hineingeflogen, in das Gebiet zwischen drei Bergen, dem Vulkan Tinguiririca, dem Sosneado und dem Palomo. Mit großer Präzision steckten García und Massa auf ihrer Karte ein fünfzig mal fünfzig Zentimeter großes Quadrat ab, in dem die Uruguayer abgestürzt sein mußten. Dann ließen sie Suchflugzeuge aus Santiago starten, um das Planquadrat abzusuchen.

Die Schwierigkeiten lagen auf der Hand. Die Berge in diesem Gebiet sind zum Teil mehr als 4500 Meter hoch. Wenn die Fairchild dort irgendwo zerschellt war, so war sie bestimmt in eins der Täler gestürzt, die ihrerseits in gut 3500 Meter Höhe liegen und mit sechs bis dreißig Meter tiefem Schnee bedeckt waren. Da der Rumpf der Fairchild auf der Oberseite weiß gestrichen war, würde sie für Piloten, die die Gipfel überflogen, so gut wie unsichtbar sein. Sich indessen in die Turbulenzen unterhalb der Gipfelhöhe zu wagen, konnte nur zum Verlust weiterer Menschen und Maschinen führen. Doch genau das mußten sie riskieren. Man erwartete von ihnen, daß sie das gesamte Gebiet absuchten, und so blieb ihnen keine andere Wahl.

Von Anfang an hatten die SAR-Männer in der Zentrale auf dem Flugplatz Los Cerrillos wenig Hoffnung, daß irgend jemand einen Absturz mitten im Hochgebirge der Kordilleren überlebt haben könnte. Wie sie wußten, sank die Temperatur dort oben in dieser Jahreszeit nachts auf minus fünfunddreißig bis minus vierzig Grad Celsius. Sollten also ein paar Passagiere durch einen unwahrscheinlichen Zufall die Bruchlandung lebend überstanden haben, so wären sie sicherlich im Laufe der ersten Nacht in den Bergen erfroren.

Aufgrund einer internationalen Konvention ist jedoch das

Land, über dem ein Flugzeug vermißt wird, verpflichtet, zehn Tage lang nach dem Wrack zu suchen, und trotz der politischen und wirtschaftlichen Schwierigkeiten, mit denen Chile damals zu kämpfen hatte, mußte der SAR diese Pflicht erfüllen. Und außerdem trafen jetzt die ersten Verwandten der Passagiere in Santiago ein.

2

Für die zu Hause Gebliebenen begann mit der ersten Katastrophenmeldung nicht nur eine Zeit verzweifelter Angst, sondern auch eine Serie verwirrender Mißverständnisse. In den ersten Rundfunknachrichten hieß es, die Fairchild sei in Mendoza zwischengelandet – auch das war den Familienangehörigen völlig neu –, sei am folgenden Tag weitergeflogen und seitdem verschollen. Danach hüllten sich die offiziellen Stellen in Schweigen, und zahlreiche, einander widersprechende Berichte aus inoffiziellen Quellen füllten das Vakuum. Der Vater von Daniel Fernández wurde am Samstag, dem 14. Oktober, benachrichtigt, die Maschine sei «gefunden» worden – dabei wußte er zu diesem Zeitpunkt noch nicht einmal, daß sie vermißt wurde, denn er hatte am Vorabend kein Radio gehört. Andere hörten, die Jungen seien heil in Santiago angekommen und jetzt in ihrem Hotel. Ein weiteres Gerücht besagte, sie seien nicht in Santiago, sondern irgendwo im Süden Chiles gelandet.

Der Mittelsmann, der einen Teil dieser Meldungen in Montevideo erst verbreitete und später berichtigte, war ein Funkamateur namens Rafael Ponce de León, der in Carrasco wohnte. Sein Hobby hatte er von seinem Vater übernommen, der im Keller ihres Hauses diverse hochmoderne Apparaturen installiert hatte, darunter einen starken Sender vom Typ Collins KWM2. Rafael gehörte zu den Old Christians und war mit Marcelo Pérez befreundet. Er selbst war nur deshalb nicht nach Santiago geflogen, weil er seine im siebten Monat schwangere Frau nicht allein lassen wollte. Auf Marcelos Bitte hin hatte Rafael seinen Sender benutzt, um die Hotelzimmer in Santiago für die Rugbymannschaft zu buchen: Per Funk rief er einen Kollegen in Chile an, der ihn telefonisch mit dem Hotel verband. Das ging schneller und war billiger als ein Ferngespräch von Montevideo. Der Trick war nicht ganz legal, wurde aber toleriert.

Als Rafael am Abend des 13. Oktober erfuhr, die Fairchild sei in den Anden verschollen, hockte er sich sofort hinter sein Funkgerät. Er setzte sich mit dem Hotel *Crillon* in Santiago in Verbindung, das ihm sagte, die Old Christians seien eingetroffen. Als ihn spätere Berichte zweifeln ließen, ob diese Angabe stimme, sprach Rafael erneut mit dem *Crillon.* Jetzt teilte man ihm mit, nur zwei der Spieler seien dort – die beiden nämlich, die mit Linienmaschinen nach Santiago gekommen waren: der eine, Gilberto Regules, weil er die Fairchild verpaßt hatte; der andere, Bobby Jaugust, weil sein Vater Direktor der KLM in Montevideo war.

Kaum hatte er klargestellt, daß das Gerücht von der Ankunft der Mannschaft auf einer Fehlinformation beruhte, da klingelte das Telefon. Jetzt erzählte man ihm, die chilenische Verlobte eines der Verschollenen habe mit ihren zukünftigen Schwiegereltern, den Magris, gesprochen und gesagt, die Maschine sei in einer Kleinstadt im Süden Chiles gelandet, und alle Passagiere seien in Sicherheit. Nachdem er mit dem Gerücht aus dem Hotel *Crillon* schon einmal falsche Hoffnungen geweckt hatte, wollte Rafael diese neue Information erst einmal nachprüfen, und er kontaktierte den uruguayischen Geschäftsträger in Santiago, César Charlone. Dieser sagte ihm, er halte die Geschichte für unwahrscheinlich; nach amtlicher Darstellung werde die Maschine immer noch vermißt.

Inzwischen war die Geschichte, das Flugzeug sei aufgefunden worden, von den Magris zu einem Teil der betroffenen Familien durchgedrungen. Da Rafael fürchtete, sie könnten sich falsche Hoffnungen machen, beschloß er, diesem Gerücht bis zu seiner Quelle nachzugehen, nämlich zur Verlobten Guido Magris, María de los Angeles. Er nahm per Funk mit ihr Verbindung auf und fragte sie, ob die Geschichte wahr sei. María gestand, daß dies nicht der Fall sei. Señora Magri hätte am Telefon so deprimiert gewirkt, daß sie ihr diese Lüge erzählt habe. «Ich war so sicher, daß es gefunden würde», erklärte sie, «deshalb sagte ich ihr, es sei bereits gefunden worden.»

Rafael nahm ihre Worte auf Tonband auf und gab den Text des Bandes später am Abend an Radio Monte Carlo durch, damit ihn der Sender in den Nachrichten bringe. Erst lange nach Mitternacht stellte er sein Funkgerät ab, aber seine Arbeit war nicht vergeblich gewesen. Am nächsten Morgen um neun Uhr war das Gerücht tot. Das Flugzeug war nicht gefunden worden.

Carlos Páez' Vater, der bekannte Maler Carlos Páez Vilaró, war der erste, der im SAR-Hauptquartier auf dem Flugplatz Los Cerrillos eintraf. Er hatte die Unglücksnachricht in Carrasco von seiner geschiedenen Frau Madelón Rodríguez gehört – rein zufällig, als er am Freitag nachmittag seine Tochter bei ihr ablieferte, denn seit der Scheidung lebten die Kinder bei ihrer Mutter. Sofort zog er überall Erkundigungen ein – bei den zuständigen Behörden, bei dem uruguayischen Geschäftsträger in Santiago und bei einem uruguayischen Luftwaffenoffizier, den er persönlich kannte. Charlone, der Geschäftsträger, klang nicht sehr hoffnungsvoll. Und wenn der Luftwaffenoffizier den Fairchild-Piloten Ferradas als «den besten und erfahrensten» Piloten der uruguayischen Armee bezeichnete, so tröstete das Páez Vilaró wenig. Denn er wußte: Sein Freund und Ferradas waren die letzten beiden lebenden Piloten ihrer Generation; alle anderen waren bei Flugzeugunfällen umgekommen. Kurzentschlossen erklärte er Madelón, er werde die Jungen selber finden, und nahm am Samstag frühmorgens eine Linienmaschine nach Santiago.

Am Nachmittag des gleichen Tages flog er an Bord einer DC-6 der Luftwaffe die mutmaßliche Route der Fairchild ab. Als er wieder auf dem Flugplatz landete, war ein Verwandter eines anderen Jungen dort angekommen, und bis zum nächsten Tag stieg die Zahl uruguayischer Familienangehöriger in Santiago auf zweiundzwanzig.

Angesichts des Massenansturms gab Kommandeur Massa bekannt, Verwandte dürften nicht mehr an den Suchflügen teilnehmen. Deshalb sammelten sich die Uruguayer in César

Charlones Amtssitz. Dazu hörten sie die Nachricht, ein Bergmann namens Camilo Figueroa habe der chilenischen Polizei erzählt, er habe gesehen, wie die Fairchild hundertzehn Kilometer nordöstlich von Curicó im Gebiet von El Tiburcio brennend abgestürzt sei.

Am Montag, dem 16. Oktober, flogen García und Massa diese Zone ab. Während der Morgenstunden entdeckten sie nichts, doch am Nachmittag meldete ein Pilot aus dem Raum um El Tiburcio, er sähe in den Bergen Rauch aufsteigen. Nachforschungen ergaben indessen, daß der Rauch aus der Hütte eines Bergbauern kam.

Am gleichen Tag wurden Suchtrupps auf dem Landweg in Marsch gesetzt. Sie bestanden aus *Carabineros* (einer halbmilitärischen Polizeitruppe) und Mitgliedern des *Cuerpo de Socorro Andino,* der chilenischen Bergwacht, die aus Freiwilligen besteht und es sich zur Aufgabe gemacht hat, verunglückte Bergsteiger zu retten. Die Seilschaften starteten von Rancagua aus und drangen in das Gebiet zwischen dem Planchón-Paß und El Tiburcio vor. Doch am Nachmittag zwang sie ein Schneesturm zur Umkehr.

Wegen des miserablen Wetters mußten auch die Suchflugzeuge an den beiden folgenden Tagen, dem 17. und 18. Oktober, am Boden bleiben. Schneefall und dichte Wolken verhüllten das gesamte Suchgebiet. Entmutigt kehrten einige der Angehörigen nach Montevideo zurück. Die übrigen setzten sich zusammen und berieten, ob sie selbst eine Expedition in die Berge unternehmen sollten. Zwar unterstellten sie den Chilenen keineswegs mangelnden Einsatz, selbst eine zweite Maschine vom Typ Fairchild F-227, von der uruguayischen Luftwaffe nach Chile entsandt, wurde in Santiago durch das Wetter am Start gehindert. Aber sie wußten, daß die Zeit gegen sie arbeitete und daß die Experten nicht so recht an den Sinn ihrer Mission glaubten, weil sie es für unmöglich hielten, daß die Verunglückten noch lebten. «Ausgeschlossen», erklärte Kommandeur Massa gegenüber der Presse. «Und wenn doch noch jemand am Leben wäre, würde er im Schnee versinken.»

Páez Vilaró schmiedete eigene Pläne. In einem Geschäft in Santiago entdeckte er ein Werk mit dem Titel *Die Schneegebiete und Berge Chiles.* In dem Buch stand, das Gebiet des

Vulkans Tinguiririca und des Monte Palomo gehöre einem gewissen Joaquin Gandarillas. Páez Vilaró sagte sich, der Eigentümer des Landes kenne das Gelände sicherlich besser als jeder andere. Daher suchte er Joaquin Gandarillas auf, der ihn zwar freundlich empfing, ihm jedoch erklärte, sein riesiger Grundbesitz sei kürzlich im Rahmen der Bodenreform von der Regierung Allende verstaatlicht und, soweit nutzbar, an landlose Bauern verteilt worden. Nichtsdestoweniger kannte Gandarillas das Gebiet von früher her wie seine Westentasche, und ehe sie sich trennten, ließ er sich von Páez Vilaró überreden, am folgenden Tag mit ihm zum Vulkan Tinguiririca aufzubrechen.

Zuerst per Auto, dann zu Pferde, gelangten sie in zwei Tagen zum Westhang des Berges. Es hatte aufgehört zu schneien, doch der frische, unberührte Schnee machte nur noch deutlicher, wie verlassen diese Gegend war. Sie sahen weder Mensch noch Tier. Trotzdem starrte Páez Vilaró lange auf die immense Flanke des Berges und stieß einen Pfiff aus, als ob er hoffe, wie durch einen Zaubertrick werde sein Sohn ihn hören. Gedämpft vom Schnee, warf das Echo den langgezogenen Ton zurück. Dann war es still. Sie kehrten um.

Während Páez Vilaró auszog, selbst nach seinem Sohn zu suchen, nahmen einige der Daheimgebliebenen zu recht unkonventionellen Hilfsmitteln Zuflucht – unter ihnen seine geschiedene Frau Madelón.

Begleitet von Javier Methols Bruder, Juan José, besuchte sie am 16. Oktober einen alten Mann in Montevideo, einen berufsmäßigen Wünschelrutengänger, von dem es hieß, mit seinen hellseherischen Kräften vermöchte er mehr, als nur verborgene Wasseradern zu finden. Sie breiteten eine mitgebrachte Karte der Anden aus. Als der alte Mann den gegabelten Stock an beiden Enden faßte und über der Karte hin und her bewegte, begann dieser in der Nähe von Tinguiririca zu zittern und schlug deutlich aus, sobald er einen Punkt über dem Osthang des Berges erreichte, dreißig Kilometer von dem Höhenkurort Termas del Flaco entfernt.

Mit Rafael Ponce de Leóns Hilfe funkte ihre Tochter Páez Vilaró in Chile an und gab ihm die geographische Lage des

Punktes durch. Doch Páez Vilaró mußte sie enttäuschen. Der SAR, so berichtete er, habe die Gegend bereits sorgfältig abgesucht und nichts gefunden. Selbst wenn das Wrack dort läge, könne in dieser Höhe niemand so lange überleben.

Genau das wollte Madelón nicht hören, und sie verdrängte den Rutengänger aus ihrem Gedächtnis. Trotzdem wurde sie den Gedanken nicht los, ein Hellseher könne ihnen helfen. Schließlich ging sie zu einem uruguayischen Astrologen, Boris Cristoff, und fragte ihn, wer der beste Hellseher der Welt sei.

«Croiset», antwortete Cristoff ohne Zögern. «Gerard Croiset in Utrecht.»

Rosina Strauch, Fitos Mutter, schöpfte Mut aus einer anderen Quelle. Vor etwa zehn Jahren, so hatte sie gehört, war einer Gruppe von Kindern in Spanien die Jungfrau von Garabandal erschienen. Bisher hatte sich der Vatikan geweigert, die Echtheit der Erscheinung anzuerkennen. Um den Papst zu überzeugen, meinte Rosina, werde die Jungfrau sicherlich eines Tages Wunder vollbringen. Wenn sie das beabsichtigte, bot sich hier eine gute Chance. Darauf bauten Rosina und die Mütter zweier anderer Jungen und flehten im Gebet die Jungfrau von Garabandal um Hilfe an.

Viele indessen fanden sich bereits mit ihrem Verlust ab; von Gott erbaten sie nur noch die Kraft, ihr Schicksal zu ertragen, und sie beteten für die Seelen ihrer Söhne. Die Mutter von Carlos Valeta, dem Jungen, der gleich nach der Bruchlandung den Hang hinuntergelaufen und im Schnee versunken war, ließ als erste alle Hoffnung fahren. Denn schon am Freitagnachmittag hatte sie eine Vision gehabt: Sie sah ein Flugzeug abstürzen, dann das blutende Gesicht ihres Sohnes, dann sah sie ihn schlafen, und um halb sechs Uhr wußte sie, daß er tot war. Andere Eltern ließen sich von sachlichen Argumenten überzeugen: Nach einem Absturz tagelang in den Kordilleren weiterzuleben, war einfach unmöglich – daran war nicht zu rütteln.

Trotz alledem versammelten sich jeden Abend Verwandte, Freunde und Freundinnen der Jungen im Keller von Rafael Ponce de León und warteten verzweifelt auf eine neue Nachricht.

Am 19. Oktober nahm der SAR die Suche wieder auf. Sie wurde bis zum Mittag des 21. Oktober ohne Unterbrechung fortgesetzt. Gleichzeitig flogen argentinische Maschinen Sucheinsätze von Mendoza aus. Páez Vilaró und andere suchten unermüdlich das Gelände mit einer Cessna ab, die ihnen der Aero-Club von San Fernando lieh. Alle Bemühungen blieben umsonst; man fand keine Spur der Fairchild.

Seit Beginn der Suche waren nun acht Tage vergangen, von denen man zwei durch schlechtes Wetter verloren hatte. Täglich setzten SAR-Männer ihr Leben aufs Spiel, tonnenweise wurde teurer Treibstoff verbraucht, und das bei einem Unternehmen, das jeder vernünftige Mensch seit geraumer Zeit als nutzlos ansah. Deshalb erklärten die Kommandeure García und Massa am 21. Oktober um die Mittagsstunde: «Die Suche nach der uruguayischen Maschine 571 ist ergebnislos verlaufen und wird deshalb eingestellt.»

Dritter Teil

I

Am Morgen des neunten Tages trugen die Jungen Susana Parrados Leiche nach draußen und legten sie in den Schnee. Außer dem Wind drang kein Laut an die Ohren der Verunglückten, als sie mit unsicheren Schritten aus der Kabine kletterten; nichts bot sich ihren Augen als der ewig gleiche Anblick der monotonen Arena aus Schnee und Fels.

Mit dem wechselnden Licht änderte sich das Aussehen der Berge und die Stimmung der Landschaft. Früh am Morgen leuchteten die Gipfel in der Sonne, wirkten scharf umrissen und fern. Im Laufe des Tages wurden die Schatten länger, und die grauen, rötlichen und grünlichen Felsen nahmen die Gestalt lauernder Untiere oder zorniger Berggeister an, die drohend auf die Eindringlinge herabblickten.

Die Sitze aus der Kabine standen aufgereiht im Schnee wie Gartenstühle auf der Veranda eines Landhauses. Hierher setzten sich die Frühaufsteher, um Schnee zu Trinkwasser zu schmelzen und den Horizont mit den Augen abzusuchen. Jeder sah in den Gesichtern seiner Kameraden die Zeichen des rapiden körperlichen Verfalls. Diejenigen, die ihre Decken auslüfteten oder die Kabine säuberten, bewegten sich nur noch langsam und schwerfällig. Von der geringsten Anstrengung fühlten sie sich zu Tode erschöpft. Viele blieben sitzen, wo sie geschlafen hatten, teilnahmslos und bedrückt, und hatten keine Lust mehr, an die frische Luft zu gehen. Die psychische Belastung wurde zu einem immer größeren Problem.

Die älteren, unter ihnen Marcelo Pérez und Daniel Fernández, fürchteten, einige Jungen seien dem Zusammenbruch nahe. Das Warten zerrte an ihren Nerven. Sie stritten sich untereinander.

Marcelo tat, was er konnte, um mit gutem Beispiel voranzugehen. Er strahlte Optimismus aus und schlichtete unparteiisch

Differenzen. Vertrauensvoll sprach er von der baldigen Rettung und suchte das Team zum Singen zu animieren. Halbherzig stimmten sie *Oh my darling Clementine* an, aber zu weiteren Liedern reichte es nicht. Auch die Gutgläubigsten merkten allmählich, daß ihr Mannschaftsführer keineswegs so zuversichtlich war, wie er sich gab. Nachts packte auch ihn das heulende Elend. Dann dachte er an seine Mutter, die sich um ihn sorgte, an seinen Bruder, der sich auf der Hochzeitsreise in Brasilien befand, und an seine übrigen Angehörigen. Er suchte sein Schluchzen vor den Kameraden zu verbergen, doch wenn er einschlief, plagten ihn Alpträume, aus denen er schreiend erwachte. Sein Freund Eduardo Strauch mühte sich nach Kräften, ihn zu beruhigen, doch Marcelo litt unter dem Wahn, als Mannschaftskapitän und Initiator der Chile-Reise, sei er für die Katastrophe verantwortlich.

«Sei doch nicht verrückt», winkte Eduardo ab. «So darfst du das nicht sehen. Ich bin derjenige, der Gaston und Daniel Shaw überredet hat mitzukommen, und sie sind beide tot. Ich habe Daniel sogar angerufen, um ihn daran zu erinnern, pünktlich zu sein. Trotzdem fühle ich mich nicht schuldig an seinem Tod.»

«Wenn jemand verantwortlich ist», warf sein Vetter Fito ein, «dann ist es Gott. Warum hat er Gaston sterben lassen?» Gemeint war Gaston Costemalle, der beim Auseinanderbrechen des Flugzeugs aus der Öffnung gestürzt war. Er war nicht der erste Tote in seiner Familie; seine Mutter hatte bereits ihren Mann und einen anderen Sohn verloren.

«Warum läßt Gott uns so leiden?» klagte Fito. «Was haben wir verbrochen?»

«So einfach ist das nicht», belehrte ihn Daniel Fernández, der dritte der Vettern Strauch.

Zwei oder drei unter den siebenundzwanzig bauten mit ihrem Mut und ihrer vorbildlichen Haltung die Moral der Gruppe immer wieder auf. Echavarren, dessen zerfetzte Wade ihm furchtbare Schmerzen bereitete, war stets aufgeräumt und guter Laune. Zwar schrie er jedesmal auf, wenn jemand unversehens auf ihn trat, und verfluchte den Unglücksraben, aber anschließend bereinigte er die Atmosphäre sogleich mit einer höflichen Entschuldigung oder mit einem Scherz. Enrique Platero war tapfer und voller Energie, trotz seiner Bauchwunde, und Coco Nicolich brachte seine «Bande» morgens in Schwung, überredete sie, aufzustehen und die Kabine aufzuräumen, und trommelte sie danach zu Gesellschaftsspielen zusammen. Abends drang er in sie, zusammen mit Carlitos Páez den Rosenkranz zu beten.

Liliana Methol, nun die einzige Frau unter ihnen, spendete allen Verzagten Trost. Obwohl sie mit fünfunddreißig jünger war als die Mütter der Jungen, wurde sie doch von allen mit geradezu kindlicher Liebe behandelt. Gustavo Zerbino, erst achtzehn Jahre alt, nannte sie seine Patentante, und sie dankte es ihm – und den anderen – mit gütigen Worten und vorsichtigem Optimismus. Auch sie sah deutlich, daß die Jungen psychisch am Ende waren, und suchte nach Mitteln, sie vom Grübeln über ihre verzweifelte Lage abzulenken. Am Abend des neunten Tages versammelte sie die Jungen um sich und schlug vor, jeder solle eine Anekdote aus seinem Leben erzählen. Den meisten fiel nichts ein. Schließlich meldete sich Pancho Delgado und erzählte drei Geschichten, alle über seinen zukünftigen Schwiegervater.

Als er seine Verlobte kennenlernte, berichtete er, war sie erst fünfzehn, drei oder vier Jahre jünger als er. Bevor er sie das erste Mal besuchte, war er nicht sicher, wie ihre Eltern ihn wohl aufnehmen würden. Schon nach kurzer Zeit stieß Delgado versehentlich ihren Vater ins Schwimmbecken und verletzte ihn dabei am Bein; er schoß mit einem Gewehr ein faustgroßes Loch ins Dach des nagelneuen Familienautos, eines BMW 2002; schließlich half er dem Vater im Garten seines Hauses in Carrasco, Lampen für eine Party anzubringen, und setzte ihn dabei so unter Strom, daß der alte Herr fast gestorben wäre.

Seine Anekdoten wirkten wie Balsam auf die Jungen, die in der dumpfen, naßkalten Kabine herumsaßen und auf den Schlaf warteten, der nicht kommen wollte. Und dafür waren sie ihm dankbar. Doch als die anderen an die Reihe kamen, Geschichten zu erzählen, brachte keiner ein Wort heraus. Jeder hing seinen eigenen Gedanken nach.

2

Am Sonntag, dem 22. Oktober, wachten sie auf und erlebten ihren zehnten Tag in den Bergen. Als erste kletterten Marcelo und Roy Harley aus der Kabine. Roy hatte zwischen zwei Sitzen ein Transistorradio gefunden. Mit seinen geringen elektronischen Kenntnissen, die er sich angeeignet hatte, während er einem Freund beim Bau eines Hi-Fi-Gerätes half, brachte er das Radio wieder in Gang. In ihrem von hohen Bergen umgebenen Tal war der Empfang schlecht. Deshalb verfertigte Roy aus Kabeln der elektrischen Leitungen des Flugzeugs eine Antenne. Während er auf der Skala nach einem Sender suchte, hielt Marcelo den Antennendraht in die Luft und drehte ihn mal in die eine, mal in die andere Richtung. Bruchstückweise fingen sie verschiedene Sendungen aus Chile auf, aber keine Nachricht über den Stand der Suchaktion. Alles, was sie hörten, waren die eifernden Stimmen chilenischer Politiker, die sich mit dem Streik der Unternehmer gegen die sozialistische Regierung des Präsidenten Allende beschäftigten.

Nur wenige andere Jungen ließen sich draußen blicken. Der Hunger zeigte seine Wirkung. Stündlich wurden sie schwächer und teilnahmsloser. Wenn sie aufstanden, litten sie an Gleichgewichtsstörungen. Selbst wenn die Sonne sie wärmte, fröstelte ihnen, und ihre Haut wurde runzlig wie die alter Männer.

Ihre Nahrungsvorräte schmolzen dahin. Die Tagesration bestand aus einem Stückchen Schokolade, einem Schluck Wein und einem Teelöffel voll Marmelade oder Dosenfisch; sie aßen möglichst langsam, doch die Qual, zu kosten, ohne sich sättigen zu können, war für diese gesunden, athletisch gebauten Jungen größer als der Nährwert. Trotzdem teilten die Kräftigen ihr Essen mit den Schwachen, die Gesunden mit den Verletzten. Sie wußten nur zu genau, daß ihre Tage gezählt waren. Nicht so sehr, weil der Hunger an ihnen nagte, sondern weil sie spürten, wie ihre Kräfte schwanden. Man brauchte kein Arzt oder Fachmann in Ernährungsfragen zu sein, um vorherzusagen, wie es enden würde.

Die Jungen zermarterten ihr Hirn in der Hoffnung, neue

Nahrungsquellen aufzutun. Es schien unglaubhaft, daß in den Anden nichts, aber auch gar nichts wachsen sollte. Selbst niederste Pflanzen würden die Verpflegungslage ein wenig bessern. In der nächsten Umgebung des Wracks gab es nur Schnee, dreißig Meter tiefen Schnee. Wo der Boden freilag, dem Wind und der Sonne ausgesetzt, bestand er aus kahlen Felsen, auf denen die Jungen nur trockene Flechten fanden, die unter ihren Händen zerbröckelten. Sie kratzten sie von den Steinen und vermengten sie mit Schneematsch zu einer Paste. die bitter und widerwärtig schmeckte und keinen Nährwert besaß. Außer den Flechten gab es nichts. Einige durchwühlten die Sitzpolster, aber auch sie waren nicht mit Stroh gefüllt. Nylon und Schaumgummi halfen ihnen nichts.

Seit mehreren Tagen hatten einige der Jungen erkannt, daß, wenn sie überleben wollten, sie die Leichen derer essen mußten, die beim Absturz umgekommen waren. Es war eine grauenhafte Vorstellung. Die Toten lagen rings ums Wrack verstreut im Schnee, durch den harten Frost vor der Verwesung geschützt. Tiefgefroren sahen sie noch genauso aus wie zum Zeitpunkt ihres Todes, und der Gedanke, Fleisch aus ihren einstigen Freunden herauszuschneiden, war entsetzlich. Wenn sie indes ihre Lage nüchtern betrachteten, mußten sie die Möglichkeit immerhin ins Auge fassen.

Diejenigen, die zuerst daran dachten, sprachen miteinander darüber und weihten zögernd ihre engsten Freunde in ihre Überlegungen ein. So erweiterte sich der Kreis der Diskutierenden immer mehr. Canessa war es, der die Sache schließlich in aller Öffentlichkeit zur Sprache brachte. Überzeugend legte er dar, daß sie auf Rettungsmannschaften nicht mehr rechnen konnten, daß sie aus eigener Kraft hier herauskommen mußten, daß sie dazu ohne Nahrungsmittel zu schwach seien und daß es nichts zu essen gab außer Menschenfleisch. Seine medizinischen Kenntnisse kamen ihm zu Hilfe, als er mit seiner hohen, durchdringenden Stimme beschrieb, wie der Körper seine Reserven aufzehrte. «Jedesmal, wenn ihr euch bewegt», erklärte er, «verbraucht ihr einen Teil eures eigenen Körpers. Bald werden wir so schwach sein, daß wir nicht einmal mehr die Kraft haben werden, das Fleisch zu schneiden, das da vor unseren Augen liegt.»

Canessa argumentierte nicht nur vom Standpunkt reiner Zweckmäßigkeit. Er betonte, sie hätten die moralische Pflicht, sich mit allen verfügbaren Mitteln am Leben zu erhalten, und da Canessa als tiefreligiöser Mensch bekannt war, maßen die Gläubigsten unter den Zuhörern seinen Worten großes Gewicht bei.

«Es ist Fleisch», sagte er, «nichts weiter. Die Seelen haben den Körper verlassen und sind im Himmel bei Gott. Was hier übriggeblieben ist, das sind lediglich Kadaver, die man ebensowenig als Menschen betrachten kann wie das tote Fleisch von Rindern, das wir zu Hause essen.»

Mehrere pflichteten ihm bei. «Habt ihr nicht gesehen», erinnerte Fito Strauch die Schwankenden, «wieviel Kraft wir gebraucht haben, bloß um hundert Meter den Hang hinaufzuklettern? Denkt daran, wieviel mehr wir brauchten, um den Gipfel zu erreichen und dann auf der anderen Seite wieder abzusteigen! Das kann man nicht mit einem Schluck Wein und ein paar Krümeln Schokolade im Bauch.»

Daß er damit recht hatte, konnte niemand abstreiten.

Man berief eine Vollversammlung in der Fairchild ein. Hier diskutierten zum erstenmal alle Überlebenden die Frage, von der alles abhing: Sollten sie die Leichen der Toten verzehren, um zu überleben? Ja oder nein? Canessa, Zerbino, Fernández und Fito Strauch wiederholten nochmals ihre Argumente: Wenn sie nicht äßen, würden sie sterben. Sie seien moralisch verpflichtet, weiterzuleben, sich selbst und ihren Familienangehörigen gegenüber. Gott wolle, daß sie weiterlebten, und Er habe ihnen mit den Leichen ihrer Freunde das Mittel dazu gegeben. Hätte Gott nicht gewünscht, daß sie am Leben blieben, so hätte Er sie beim Absturz sterben lassen; sie täten Unrecht, das ihnen von Ihm geschenkte Leben jetzt wegzuwerfen, bloß weil sie zu zimperlich seien.

«Aber womit haben wir es verdient», fragte Marcelo, «daß Gott jetzt von uns verlangt, die Leichen unserer toten Freunde zu essen?»

Einen Augenblick lang geriet die Debatte ins Stocken. Dann wandte sich Zerbino an seinen Kapitän und stellte eine Gegenfrage: «Wie, meinst du, hätten *sie* darüber gedacht?»

Marcelo antwortete nicht.

«Eins weiß ich», fuhr Zerbino fort, «wenn meine Leiche euch helfen könnte, weiterzuleben, dann würde ich sicher wünschen, daß ihr sie benutzt. Und um das ganz klarzustellen, wenn ich tatsächlich sterbe und ihr mich nicht eßt, dann komme ich zurück von wo immer ich sein mag und trete euch ganz gewaltig in den Arsch.»

Dieses Argument beschwichtigte viele Zweifel. Denn wie schwer es dem einen oder anderen auch fallen mochte, das Fleisch eines Freundes zu essen, so stimmten sie in diesem Punkt doch alle Zerbino zu. Auf der Stelle schlossen sie einen Pakt: Wenn noch weitere von ihnen sterben mußten, so sollten ihre Leichen als Verpflegung dienen.

Marcelo scheute noch immer von der Entscheidung zurück. Er und seine schrumpfende Partei von Optimisten klammerten sich an die Hoffnung auf Rettung von außen, aber immer weniger Jungen teilten seinen Glauben. Ja, einige der Jüngeren, die zu den Pessimisten beziehungsweise Realisten, wie sie sich nannten, überliefen, verspürten sogar einen gewissen Groll gegen Marcelo Pérez und Pancho Delgado. Sie fühlten sich betrogen. Denn die Retter, deren Ankunft man ihnen so lange versprochen hatte, waren nicht eingetroffen.

Indes, Marcelo und Pancho standen nicht allein. Coche Inciarte und Numa Turcatti, beides kräftige, zähe Burschen, aber mit einem weichen Kern, erklärten ihren Kameraden, sie hielten die Absicht der anderen zwar nicht für unrecht, wüßten jedoch, daß sie selbst nicht mitmachen könnten.

Liliana Methol stimmte ihnen zu. Sie blieb ruhig wie immer, aber es fiel ihr schwer – wie vielen anderen auch –, bei diesem Thema ihre Gefühle zu beherrschen. Ihr Lebenswille war stark, die Sehnsucht nach ihren Kindern fast unerträglich, aber der Gedanke, Menschenfleisch zu essen, erfüllte sie mit Grauen. Sie verurteilte die anderen keineswegs; sie unterschied klar zwischen Sünde und persönlichem Widerwillen. Ein gesellschaftliches Tabu war nicht ein Gebot Gottes. «Aber solange es eine Rettungschance gibt», betonte sie, «solange wir noch *irgend etwas* zu essen haben, und wenn es nur ein Krümel Schokolade ist, solange kann ich es nicht tun.»

Javier Methol unterstützte seine Frau, wollte jedoch die anderen nicht daran hindern, zu tun, was sie für notwendig erachteten. Niemand meinte, Gott erwarte von ihnen, den Tod zu wählen. Alle Anwesenden waren überzeugt, es sei tugendhaft, weiterzuleben. Ihre toten Freunde zu essen, werde in keiner Weise ihr Seelenheil gefährden. Nur war es leichter zu entscheiden als zu handeln.

Sie hatten fast den ganzen Tag lang diskutiert, und am Spätnachmittag war ihnen klar, daß sie jetzt oder nie handeln mußten. Und doch blieben sie völlig reglos im Flugzeug sitzen. Schließlich stand eine Vierergruppe auf – Canessa, Maspons, Zerbino und Fito Strauch – und ging in den Schnee hinaus. Keiner wollte wissen, wer das Fleisch schneiden oder von welchem Leichnam es genommen würde.

Die meisten Leichen waren von Schnee bedeckt, aber das Gesäß eines der Toten ragte wenige Meter vom Flugzeug entfernt aus dem Schnee. Wortlos kniete Canessa vor dem Leichnam nieder, legte die Haut bloß und schnitt mit einer Glasscherbe in das Fleisch. Es war hart gefroren und ließ sich schwer schneiden, aber er ruhte nicht eher, bis er zwanzig Stückchen in Streichholzgröße von dem Körper weggeschnitten hatte. Dann stand er auf, ging zum Flugzeug zurück und legte die Stücke aufs Dach.

Im Flugzeug herrschte Stille. Die Jungen kauerten in der Fairchild. Canessa sagte ihnen, das Fleisch trockne auf dem Dach an der Sonne, und alle, die etwas davon wollten, sollten herauskommen und ein Stück essen. Keiner kam, und wieder nahm er es auf sich, seine Entschlossenheit zu beweisen. Er betete zu Gott, ihm zu helfen, das zu tun, was er als richtig erkannt hatte, und nahm dann ein Stück Fleisch in die Hand. Er zögerte. Obwohl er so felsenfest entschlossen war, lähmte ihn das Entsetzen. Er konnte seine Hand weder zum Mund führen, noch sinken lassen; der Ekel, der ihn erfüllte, lag im Widerstreit mit seinem eisernen Willen. Der Wille war stärker. Er hob die Hand, schob das Fleisch in den Mund und schluckte es.

Ein Gefühl des Triumphes überkam ihn. Mit seinem Bewußtsein hatte er ein uraltes, irrationales Tabu überwunden.

Noch am gleichen Abend kamen die Jungen in kleinen Gruppen aus dem Flugzeug und folgten seinem Beispiel. Zerbino legte sich einen Streifen auf die Zunge und schluckte, aber das

Stück blieb ihm in der Kehle stecken. Schnell schob er eine Handvoll Schnee in den Mund und spülte das Fleisch hinunter, Fito Strauch machte es ihm nach. Anschließend aßen auch Maspons, Vizintín und andere.

An diesem Abend schrieb Gustavo Nicolich – der zwanzigjährige, hochgewachsene Lockenkopf, der so viel dafür getan hatte, die Moral der Gruppe zu heben – an seine Verlobte.

«Meine liebste Rosina,

Ich schreibe an Dich im Flugzeug (das ist zur Zeit unser *petit hotel*). Gerade geht die Sonne unter, und es wird ziemlich kalt und windig, wie üblich zu dieser Abendstunde. Heute hatten wir herrliches Wetter – strahlende Sonne und große Hitze. Er erinnert mich an die Tage mit Dir am Strand – mit dem großen Unterschied, daß wir dann mittags zu Dir nach Hause zum Essen gingen, während ich jetzt draußen vorm Flugzeug festsitze, ohne einen einzigen Bissen Essen zu bekommen.

Obendrein war heute die Stimmung ziemlich gedrückt, und viele begannen den Mut zu verlieren (heute ist unser zehnter Tag hier), aber zum Glück hat der allgemeine Trübsinn nicht auf mich abgefärbt, weil mir schon der Gedanke daran, Dich wiederzusehen, ungeheure Kraft gibt. Ein weiterer Grund für die düstere Stimmung ist, daß unsere Lebensmittel bald aufgebraucht sind: Wir haben nur noch zwei kleine Dosen Meeresfrüchte, eine Flasche Weißwein und ein bißchen Cherry Brandy – für sechsundzwanzig Männer (das heißt, es sind auch Jungen dabei, die einmal Männer werden wollen) ist das so gut wie nichts.

Eins wird für Dich unvorstellbar sein – auch mir scheint es unglaublich –, daß wir nämlich heute angefangen haben, die Toten zu zerschneiden, um sie zu verzehren. Wir haben keine andere Wahl. Ich habe aus tiefstem Herzen zu Gott gebetet, daß dieser Tag niemals kommen möge, aber jetzt ist es soweit, und wir müssen uns damit abfinden. Dazu brauchen wir all unsere Courage und unseren Glauben. Glauben, weil ich zu dem Schluß gekommen bin, daß die Leichen da sind, weil Gott es so wollte. Und da das einzige, was zählt, die Seele ist, brauche ich keine besondere Reue zu empfinden;

und wenn der Tag käme und ich mit meiner Leiche jemandem das Leben retten könnte, würde ich es mit Freuden tun. Ich weiß nicht, wie es Dir, Mama, Papa oder den Kindern gehen mag; ihr ahnt nicht, wie traurig es mich macht, daran zu denken, daß Ihr unglücklich seid, und ich bitte Gott immer wieder, Euch zu trösten und uns die Kraft zu geben, die wir brauchen, um aus dieser Sache herauszukommen. Ich glaube, es wird bald für uns alle gut enden.

Ihr werdet einen Schock bekommen, wenn Ihr mich wiederseht. Ich bin verdreckt und etwas abgemagert, habe einen Bart, eine große Wunde am Kopf, eine weitere auf der Brust, die jetzt verheilt ist, und eine ganz kleine Schnittwunde, die ich mir heute bei der Arbeit in der Kabine zugezogen habe, außerdem noch viele kleine Schnitte an den Beinen und an der Schulter, aber trotz alledem geht es mir gut.»

3

Die ersten, die am nächsten Morgen aus der Öffnung des Flugzeugs schauten, sahen, daß der Himmel bedeckt war. Nur manchmal drang ein Sonnenstrahl durch die Wolken. Einige warfen scheue Blicke auf Canessa, Zerbino, Maspons, Vizintín, Eduardo und Fito Strauch. Nicht daß sie gedacht hätten, Gott werde sie in seinem Zorn erschlagen. Aber sie wußten von den Gauchos auf ihren Viehfarmen, daß man nie ein verendetes Tier essen soll, und sie fragten sich, ob es nicht vielleicht genauso gesundheitsschädlich sei, von einem toten Menschen zu essen.

Denen, die von dem Fleisch gegessen hatten, ging es jedoch gut. Allerdings hatte keiner von ihnen sehr viel gegessen, und so fühlten sie sich ebenso schwach wie alle anderen. Wie immer, erhob sich Marcelo als erster aus den Polstern.

«Komm», sagte er zu Roy Harley, «wir müssen Radio hören.»

«Es ist ja so kalt», jammerte Roy. «Kannst du das nicht mit jemand anderem machen?»

«Nein», erwiderte Marcelo. «Das ist dein Job. Komm!»

Widerstrebend holte Roy seine Schuhe von der Ablage herunter und zog sie über seine zwei Paar Socken. Vorsichtig erhob er sich, um seine dicht an ihn gedrängten Nachbarn nicht zu wecken, stieg über die am Eingang Schlafenden hinweg und kletterte hinter Marcelo hinaus ins Freie. Ein oder zwei andere folgten ihm.

Marcelo hielt bereits die Antenne in der Hand und wartete auf Roy, der den Apparat einschaltete und auf der Skala einen Sender zu suchen begann. Er stellte einen chilenischen Sender ein, der am Tag zuvor nichts als politische Propaganda gebracht hatte. Jetzt jedoch hörte er, während er das Radio an sein Ohr hielt, die letzten Worte eines Nachrichtenbulletins: «Der SAR hat darum gebeten, daß alle Zivil- und Militärflugzeuge, die die Kordilleren überfliegen, nach Spuren des Wracks der Fairchild Nummer fünf-sieben-eins Ausschau halten. Zuvor hatte der SAR die ergebnislos verlaufene Suche nach der uruguayischen Maschine eingestellt.»

Es folgten Meldungen über andere Ereignisse. Roy nahm das Radio von seinem Ohr. Er blickte Marcelo an und sagte ihm, was er gehört hatte. Marcelo ließ die Antenne fallen, vergrub sein Gesicht in den Händen und weinte verzweifelt. Die anderen Jungen, die sich um Roy versammelt hatten, begannen, als sie die Nachricht hörten, zu schluchzen und zu beten – ausgenommen Parrado, der schweigend auf die Berge starrte, die sich im Westen erhoben.

Gustavo Nicolich kam aus der Kabine. Als er ihre Gesichter sah, wußte er, was sie gehört hatten.

«Was sollen wir den anderen sagen?» fragte er.

«Wir dürfen es ihnen nicht erzählen», flüsterte Marcelo. «Laßt wenigstens sie weiter hoffen.»

«Nein», erwiderte Nicolich. «Wir müssen es ihnen sagen. Sie müssen wissen, was los ist, auch das Schlimmste.»

«Ich kann es nicht, ich kann es nicht», schluchzte Marcelo in seine Hände hinein, die noch immer sein Gesicht bedeckten.

«Ich sage es ihnen», stieß Nicolich mit dumpfer Stimme hervor. Dann drehte er sich um und stapfte zum Eingang.

Er kletterte durch die Lücke zwischen den aufgestapelten Koffern, hockte sich in den Eingang des dämmrigen Tunnels und sah die traurigen Gesichter an, die sich ihm zuwandten.

«Hört mal, Jungs», rief er. «Gute Nachrichten. Wir haben es gerade im Radio gehört. Sie haben die Suche abgeblasen.»

Totenstille senkte sich über die dichtgedrängte Schar. Langsam wurde ihnen die Hoffnungslosigkeit ihrer Lage bewußt.

Sie weinten.

«Verdammt noch mal», schrie Páez aufgebracht, «was heißt hier ‹gute Nachrichten›?»

«Das heißt», konterte Nicolich, «daß wir uns jetzt daranmachen, hier aus eigener Kraft 'rauszukommen.»

Mit seiner Courage verhinderte dieser eine Junge, daß seine Kameraden unter dem neuerlichen Schlag völlig zusammenbrachen. Nur einigen Optimisten, die bisher fest mit der Rettung gerechnet hatten, gelang es nicht, sich zu fangen. Die Pessimisten hingegen, die zum Teil ebensowenig an die Möglichkeit glaubten, aus dieser Gegend zu entkommen, wie sie zuvor an die Ankunft der Retter geglaubt hatten – die Pessimisten nahmen die Hiobsbotschaft ruhig auf; genau das hatten sie erwartet. Marcelo indessen war von nun an ein gebrochener Mann. Anordnungen, die er als Führer der Gruppe gab, klangen hohl und mechanisch; seine Augen wirkten leblos. Auch Delgado machte eine Wandlung durch. Seine Beredsamkeit und Zuversicht lösten sich in Luft auf. Er sah keine Chance, die Berge zu überwinden, die ihnen den Weg versperrten, und zog sich still in einen Winkel zurück. Von den einstigen Optimisten fand nur Liliana noch die Kraft, zu hoffen und den Verzagten Trost zu spenden. «Macht euch keine Sorgen», munterte sie die Jungen auf. «Wir kommen hier schon heraus. Man wird uns finden, wenn der Schnee schmilzt ...» Dann, als sie daran dachte, wie wenig Nahrungsmittel sie noch besaßen, außer dem Fleisch der Toten, fügte sie hinzu: «... oder wir gehen nach Westen.»

Zu entkommen – von diesem Gedanken waren die neuen Optimisten wie besessen. Es irritierte sie, daß sich das Tal, in dem sie gefangen saßen, nach Osten hin öffnete, während sich im Westen die Berge wie eine Mauer vor ihnen auftürmten, doch zumindest Parrado ließ sich dadurch nicht abschrecken.

Kaum erfuhr er, daß man nicht mehr nach ihnen suchte, da verkündete er seine Absicht, sofort nach Westen zu marschieren, notfalls allein. Nur mit äußerster Mühe hielten ihn die anderen zurück. Noch vor zehn Tagen hatte er im Sterben gelegen. Wenn man Leute in die Berge schickt, dann andere, die körperlich in besserer Verfassung waren als ausgerechnet er. «Wir müssen uns das in Ruhe überlegen», sagte Marcelo, «und gemeinsam handeln. Nur so können wir überleben.»

Noch hatte Marcelos Wort genügend Gewicht, um von der Mehrheit akzeptiert zu werden. Und Parrados Mannschaftsgeist reichte aus, sich dem Beschluß der anderen zu beugen. Aber er war nicht der einzige, der darauf drängte, einen zweiten Stoßtrupp loszuschicken, bevor sie alle noch schwächer wurden. Dieser Trupp mußte entweder den Kamm des Berges erreichen, um herauszufinden, wie es auf der anderen Seite aussah, oder er mußte das Heck finden.

Man kam überein, unverzüglich eine Gruppe der Kräftigsten in Marsch zu setzen, und schon eine gute Stunde nach der niederschmetternden Radiomeldung brachen Zerbino, Turcatti und Maspons auf. Ihre Freunde sahen ihnen nach, wie sie sich langsam den Berg hinaufarbeiteten.

Unterdessen gingen Canessa und Fito Strauch erneut zu der Leiche, die sie am Vortag geöffnet hatten, und schnitten weitere Fleischstücke vom Knochen ab. Denn die auf dem Kabinendach ausgelegten Streifen waren sämtlich gegessen worden. Sie ließen sich in luftgetrocknetem Zustand nicht nur leichter hinunterschlucken; jetzt fanden sie auch mehr Abnehmer, weil es keine Hoffnung auf Rettung von außen mehr gab. Viele, die gestern noch gezögert hatten, griffen nach der Rundfunkmeldung zu. Zum ersten Mal aß Nando Parrado Menschenfleisch. Daniel Fernández nahm ebenfalls ein Stück, auch wenn es einer gewaltigen Willensanstrengung bedurfte, seinen Ekel zu überwinden. Einer nach dem anderen zwangen sie sich, das Fleisch ihrer Freunde zu nehmen und hinunterzuschlucken. Manche brauchten nur ihren instinktiven Widerwillen niederzukämpfen, andere mußten sich entscheiden zwischen ihrem Gewissen und der Vernunft.

Einige brachten es nicht über sich: Liliana und Javier Methol, Coche Inciarte und Pancho Delgado. Marcelo Pérez indessen schaffte es. Und nachdem er sich einmal zu diesem Schritt entschlossen hatte, machte er allen Einfluß geltend, den er noch besaß, um andere zu überreden, es ebenfalls zu tun. Aber keines seiner Argumente beeindruckte die Verunglückten so tief wie die Worte Pedro Algortas. Pedro war einer der Jungen, die in betont abgerissener Kleidung am Flughafen erschienen waren, so als ob sie ihre Verachtung für die bürgerlichen Werte demonstrieren wollten. Beim Absturz hatte er einen Schlag auf den Kopf erhalten und das Gedächtnis verloren. Was am Tag der Katastrophe geschah, konnte er nie rekonstruieren. Algorta sah zu, wie Canessa und Fito Strauch das Fleisch in Streifen schnitten. Er schwieg bis zu dem Augenblick, als man ihm ein Stück anbot, Er ergriff es, schluckte es und sagte dann: «Es ist wie die heilige Kommunion. Als Christus starb, gab er uns seinen Leib, auf daß wir das geistige Leben empfingen. Mein Freund hat uns seinen Leib gegeben, damit wir körperliches Leben empfangen.»

Dieser Gedanke half Coche Inciarte und Pancho Delgado, zum erstenmal davon zu essen, und Marcelo griff ihn sofort dankbar auf, um damit die letzten Unschlüssigen zu überreden, seinem Beispiel zu folgen und sich am Leben zu erhalten. Einer nach dem anderen aß; zum Schluß blieben nur noch zwei, die sich standhaft weigerten: Liliana und Javier Methol.

Jetzt, da es feststand, daß sie sich vom Fleisch der Toten nähren würden, gingen einige der kräftigeren Jungen daran, die Leichen mit Schnee zu bedecken, während die Schwachen und Verletzten sich auf ihre Sitze hockten, Aluminium-Trichter in die Sonne hielten und Wassertropfen in leeren Weinflaschen auffingen. Eine weitere Gruppe räumte die Kabine auf, und Canessa begann, nachdem er genug Fleisch für den Tag geschnitten hatte, seine Visite bei den Verletzten. Mit dem Zustand der meisten konnte er zufrieden sein. Fast alle oberflächlichen Wunden heilten allmählich, keine hatte sich entzündet. Die Schwellungen gebrochener Gliedmaßen klangen ab, und sowohl Alvaro Mangino als auch Pancho Delgado konnten zum Beispiel bereits, wenn auch nur unter großen Schmerzen, aufstehen und humpelnd die Kabine verlassen. Arturo Nogueira ging es weniger gut; wenn er hinaus wollte, mußte er kriechen und sich mit den Armen vorwärtsziehen. Wirklich ernst war nur Rafael Echavarrens Zustand; sein Bein zeigte die ersten Anzeichen von Brand.

Enrique Platero, dem man das Stahlrohr aus dem Bauch entfernt hatte, sagte zu Canessa, er fühlte sich ausgezeichnet, allerdings sei das aus der Wunde hervorgetretene Stück seiner Eingeweide immer noch sichtbar. Behutsam löste der «Arzt» das Rugbytrikot, das Platero als Verband benutzte, und sah sich die Sache an. Die Wunde heilte gut, aber tatsächlich ragte das unidentifizierbare Gewebe weiterhin aus der Öffnung. Ein Teil war abgestorben, und Canessa meinte, wenn er das tote Gewebe abschnitte, könne er vielleicht den Rest leichter unter die Haut zurückschieben.

«Aber was ist das, was da heraushängt?» fragte Platero.

Canessa zuckte die Schultern. «Ich weiß es nicht», antwortete er. «Wahrscheinlich ist es ein Teil der Magenwand, aber falls es der Darm ist, und ich schneide es auf, dann bist du hinüber. Du kriegst eine Bauchfellentzündung ...»

Platero zögerte keinen Augenblick. «Tu, was du tun mußt», sagte er und legte sich zurück auf die Tür.

Canessa bereitete die Operation vor. Als Skalpell standen eine Glasscherbe und eine Rasierklinge zur Wahl. Um das Instrument zu sterilisieren, mußte die eisige Höhenluft ausreichen. Canessa desinfizierte die Wundfläche mit Eau de Cologne und schnitt behutsam ein kleines Stück des abgestorbenen Gewebes mit der Glasscherbe weg. Platero spürte nichts, aber das knorpelige Etwas ließ sich noch immer nicht in die Haut zurückschieben. Mit wachsender Vorsicht schnippelte Canessa weitere Stücke ab und kam dabei dem lebenden Gewebe immer näher, während die Angst in ihm hochstieg, er könne unversehens den Darm öffnen. Aber er hatte Glück. Schließlich versuchte er nochmals, das Stück nach innen zu drücken, und jetzt klappte es.

«Soll ich die Wunde nähen?» fragte Canessa seinen Patienten. «Ich muß dich darauf hinweisen, daß wir nur einfaches Nähgarn haben.»

«Mach dir keine Mühe», winkte Platero ab, stemmte sich mit den Ellenbogen hoch und besah sich die Wunde. «Das ist doch wunderbar so. Mach den Verband wieder herum, das genügt.»

Canessa legte den Hemden-Verband so fest wie möglich an; Platero schwang sich von der Tür und stand auf. «So», sagte er, «jetzt kann ich auf eine Expedition gehen. Und wenn wir nach Montevideo zurückkommen, mache ich dich zu meinem Hausarzt. Einen besseren könnte ich nirgends finden.»

Draußen vor dem Wrack folgte Carlitos Páez dem Beispiel Gustavo Nicolichs und schrieb an seinen Vater, seine Mutter und seine Schwester. Zum Schluß schrieb er an seine Großmutter:

«Du glaubst gar nicht, wie sehr ich an Dich gedacht habe, weil ich Dich liebhabe, Dich verehre, weil Du schon viele Schicksalsschläge in Deinem Leben erlitten hast und ich nicht weiß, wie Du diesen ertragen wirst. Du, Buba, hast mich viele Dinge gelehrt, aber das wichtigste war der feste Glaube an Gott. Mein Glaube ist jetzt so stark geworden, wie Du es Dir gar nicht vorstellen kannst ... Du sollst wissen, daß Du die liebste Großmutter der Welt bist, und ich werde immer an Dich denken, solange ich lebe ...»

4

Zerbino, Turcatti und Maspons folgten der Spur des Flugzeugs den Berg hinauf. Alle zwanzig bis fünfundzwanzig Schritte mußten sie anhalten und warten, bis ihr Herzschlag ruhiger wurde. Der Hang schien fast senkrecht zu sein; sie mußten sich mit bloßen Händen im Schnee festkrallen. So überstürzt waren sie losmarschiert, daß sie glatt vergessen hatten, sich für die Klettertour auszurüsten. Sie trugen nur Segeltuchschuhe oder Mokassins, dazu Oberhemden, Pullover und leichte Sommerjacken und -hosen. Alle drei waren kräftig gebaute, durchtrainierte Rugbyspieler, aber seit elf Tagen hatten sie kaum gegessen.

Die Luft war an diesem Nachmittag nicht so kalt. Während sie aufwärts kletterten, schien die Sonne auf ihre Rücken und wärmte sie. Nur ihre Füße, die ständig im eisigen Schneematsch einsanken, schmerzten. Nach ein paar Stunden entdeckte Zerbino einen Felsen, an dem Schmelzwasser heruntertropfte. Er warf sich zu Boden, um zu trinken. Auf dem Felsen sah er eine ihm unbekannte Art von Flechten. Er steckte sie in den Mund, aber sie schmeckten wie Erde. Weiter stiegen sie, bis sie um sieben Uhr abends feststellen mußten, daß sie erst die Hälfte der Strecke zum Gipfel zurückgelegt hatten. Die Sonne war untergegangen, und das Dämmerlicht verblaßte. Sie hockten sich hin und hielten Rat. Eins war ihnen klar: die Kälte würde Stunde um Stunde zunehmen, und wenn sie hier oben kampierten, mußten sie damit rechnen zu erfrieren. Wenn sie andererseits jetzt aufgaben und den Hang hinunterschlitterten, war die ganze Mühe umsonst gewesen. Das Leben aller siebenundzwanzig hing davon ab, daß sie zum Gipfel kamen oder das Heck fanden, in dem die Batterien waren. Deshalb einigten sie sich darauf, am Berg zu übernachten und einen Felsvorsprung zu suchen, unter dem sie sich verkriechen konnten.

Etwas weiter aufwärts stießen sie auf eine kleine, schneefreie Erhebung mit einigen überhängenden Felsen. Vor den Felsen schichteten sie lose Steine zu einem Windschutz auf, und als der letzte helle Streifen am Himmel verschwand, legten sie sich schlafen. Kaum war es dunkel, da brach die klirrende Kälte über sie herein, und in den dünnen Kleidern fühlten sie sich so, als seien sie nackt. Von Schlaf konnte keine Rede sein. Mit Fäusten und Füßen bearbeiteten sie einander, um den Blutkreislauf in Gang zu halten; jeder bat seine Partner, ihm ins Gesicht zu schlagen, bis ihre Lippen vor Kälte erstarrten und sie kein Wort mehr herausbrachten. Keiner von ihnen hielt es für möglich, die Nacht zu überleben. Als schließlich die Sonne im Osten aufging, sahen sie sich verblüfft das nicht mehr erwartete Schauspiel an. Langsam stieg die Sonne höher und begann sie zu wärmen. Sie rissen sich die durchnäßten Hosen, Hemden und Socken vom Leib und wrangen sie aus. Dann verschwand die Sonne hinter einer Wolke, und so zogen sie ihre nassen Sachen schon wieder an und machten sich auf den Weg.

Hin und wieder rasteten sie und warfen einen Blick zurück auf das Wrack der Fairchild. Jetzt war es nur noch ein winziger Fleck im Schnee, der sich bei oberflächlicher Betrachtung in nichts von den zahllosen Felsvorsprüngen unterschied und nur zu identifizieren war, wenn man seine Position genau kannte. Das rote S, von den Jungen auf das Kabinendach gemalt, war unsichtbar, und nun begriffen die drei, warum man vergeblich nach ihnen gesucht hatte: Man konnte das Flugzeug aus der Luft einfach nicht ausmachen. Doch diese Erkenntnis war nicht das einzige, was sie bedrückte. Je höher sie stiegen, desto mehr schneebedeckte Gipfel tauchten hinter den Bergkämmen auf. Nichts deutete darauf hin, daß sie sich in den Ausläufern der Kordilleren befanden. Allerdings vermochten sie nur nach Norden und Osten zu sehen. Noch immer versperrte der Berg, den sie bestiegen, die Sicht nach Süden und Westen, und sie schienen seiner Spitze kaum näher zu kommen. Jedesmal, wenn sie glaubten, sie seien oben, mußten sie feststellen, daß sie nur einen Grat erreicht hatten; der eigentliche Gipfel türmte sich hoch über ihnen, fern wie eh und je.

Schließlich wurden ihre Anstrengungen belohnt. An einem dem Hauptgipfel vorgelagerten Grat bemerkten sie abgebrochene Felszacken, und dann sahen sie, überall verstreut, verbogene Metalltrümmer: Teile der abgerissenen Tragfläche. Oberhalb davon, auf einem kleinen Plateau, steckte ein Sitz aus der Kabine kopfüber im Schnee. Mit großer Mühe zogen sie ihn heraus und entdeckten, festgeschnallt im Sitz, die Leiche eines ihrer Freunde. Sein Gesicht war schwarz. Möglich, daß entzündetes Benzin ihn verbrannt hatte.

Sorgfältig untersuchte Zerbino den Toten und nahm seine Brieftasche an sich, ebenso seinen Personalausweis sowie eine Kette mit geweihten Medaillons, die er um den Hals trug. Das gleiche tat er, als sie auf die Leiche der drei anderen Old Christians und der beiden Besatzungsmitglieder stießen, die beim Aufprall aus dem Heck der Maschine gerissen worden waren.

Zerbino, Turcatti und Maspons zählten die hier gefundenen Toten und ihre Freunde unten beim Wrack; insgesamt kamen sie auf vierundvierzig Menschen. Einer fehlte. Dann erinnerten sie sich an jene Gestalt, die am ersten Nachmittag taumelnd den Hang hinuntergelaufen war und schließlich im tiefen Schnee versank: Carlos Valeta. Jetzt stimmte die Zahl – sechs Leichen auf dem Plateau, elf Tote beim Wrack, Valeta, vierundzwanzig Überlebende in der Fairchild und sie selbst, die drei auf der Bergtour. Damit war der Verbleib aller fünfundvierzig Verunglückten geklärt.

Noch immer waren sie nicht am Gipfel, aber über ihnen konnten sie keine Spur weiterer Wrackteile oder des Hecks entdecken. So kletterten sie den Hang wieder hinunter und folgten dabei abermals der Rinne, die das Wrack in den Schnee gegraben hatte. Auf einer Felsplatte, die aus dem Steilhang herausragte, sichteten sie einen der Motoren. In majestätischer Pracht breitete sich vor ihnen die Bergwelt aus, und das blendende, vom Schnee reflektierte Sonnenlicht zwang sie, die Augen zusammenzukneifen, während sie das furchteinflößende Panorama betrachteten. Alle drei trugen Sonnenbrillen, aber bei Zerbinos Brille war der Steg angebrochen, und da sie ihm immer wieder auf die Nasenspitze rutschte, gewöhnte er sich daran, über den Brillenrand hinwegzuschauen. Aus den Sitzen, die sie auf dem Plateau fanden, hatten sie die Polster herausgetrennt, die ihnen jetzt als behelfsmäßige Schlitten dienten. Im Zickzack rutschten sie den Hang hinunter, von einem Trümmerstück zum nächsten, auf der Suche nach irgendwelchen Überbleibseln, die ihnen von Nutzen sein konnten. Dabei entdeckten sie die Heizungsanlage der Maschine, das Klosett und Bruchstücke des Hecks, aber das Heck selbst war nirgends auszumachen. Als sie eine allzu abschüssige Passage erreichten, verließen sie die Spur der Fairchild und machten einen Umweg. Mittlerweile war Zerbino nahezu schneeblind geworden. Unsicher tastete er sich vorwärts; zeitweilig mußten ihn seine Kameraden an der Hand führen. «Ich bin der Meinung», äußerte Maspons, während sie sich dem Wrack näherten, «wir sollten den anderen nicht erzählen, wie hoffnungslos es aussieht.»

«Nein», stimmte Turcatti ihm zu. «Es wäre unsinnig, sie noch mehr zu entmutigen.» Nach einer kurzen Pause schaute er Maspons fragend an: «Übrigens – wo ist dein Schuh geblieben?»

Maspons blickte auf seine Füße und sah verblüfft, daß er einen seiner Schuhe bei der Kletterei verloren hatte. Seine Füße waren von der Kälte so gefühllos geworden, daß er es erst jetzt bemerkte.

Voll Freude begrüßten die vierundzwanzig Zurückgebliebenen ihre drei Kameraden, doch ihre Hochstimmung schlug abrupt ins Gegenteil um, als sie erfuhren, das Heck sei nicht zu finden, und sie erkannten, wie schwer angeschlagen die Heimkehrer waren. Alle drei humpelten auf ihren halberfrorenen Füßen, und nach der Nacht am Berg sahen sie aus wie Vogelscheuchen. Zerbino war so gut wie blind. Unverzüglich half man ihnen in die Kabine, legte sie auf die Polster und brachte ihnen große Fleischstücke, die sie heißhungrig hinunterschlangen. Dann träufelte Canessa ihnen Collyrium-Tropfen in ihre tränenden Augen. Canessa hatte sie in einem Koffer gefunden und meinte, sie würden ihnen guttun. Die Tropfen brannten wie Feuer, doch die Patienten waren Canessa dankbar, denn so hatten sie wenigstens das Gefühl, daß man sich um sie bemühte. Anschließend bandagierte Zerbino sein Gesicht mit einem Rugbytrikot. Zwei Tage behielt er das Hemd vor den Augen; dann nahm er es probeweise ab. Noch immer konnte er lediglich Hell und Dunkel voneinander unterscheiden. Deshalb trug er das Trikot weiterhin wie einen Gesichtsschleier, um seine Augen vor der Sonne zu schützen. Er aß sogar unter dem Schleier, und seine Blindheit machte ihn täglich nervöser und aggressiver. Er wurde unausstehlich.

Auch die Füße der Bergsteiger sahen schlecht aus, vom Frost gerötet und geschwollen. Behutsam wurden sie von ihren Freunden massiert. Niemand konnte sich darüber hinwegtrösten, daß drei ihrer robustesten Kameraden schon bei diesem kaum vierundzwanzigstündigen Ausflug beinahe ums Leben. gekommen waren, und so sank ihre Hoffnung wieder einmal auf den Nullpunkt.

5

An einem der folgenden Tage hüllte sich die Sonne in Wolken; die Wassermacher konnten ihre Schmelztrichter nicht benutzen. Deshalb kehrten sie zu ihrer alten Methode zurück, Schnee in Flaschen zu stopfen und sie zu schütteln. Von diesem mühseligen Verfahren zermürbt, sannen Roy Harley und Carlitos Páez auf Abhilfe. Mit ein paar leeren Coca-Cola-Kisten, die sie im Gepäckraum des Flugzeugs aufgetrieben hatten, machten sie ein Feuer. Dann hielten sie die Aluminiumfolie über die Flamme, und bald tropfte Wasser in die Flaschen. Nach kurzer Zeit waren alle Flaschen gefüllt.

Noch glühte das verkohlte Holz; jemand kam auf den Gedanken, ein Stück Fleisch auf der heißen Folie zu kochen. Nur kurze Zeit ließ er das Stück auf der Folie, aber schon die leicht gebräunte Oberfläche besserte den Geschmack ungemein – jetzt war es zarter als Rindfleisch und schmeckte beinahe genauso.

Der Geruch lockte weitere Jungen an, und Coche Inciarte, der rohes Fleisch zutiefst verabscheute, fand es in gekochtem Zustand recht annehmbar. Auch Roy Harley, Numa Turcatti und Eduardo Strauch fiel es leichter, ihren Horror zu überwinden, wenn das Fleisch angebraten war; nun konnten sie sich einbilden, sie äßen Steak.

Canessa und die Vettern Strauch indessen hielten es für falsch, das Fleisch zu rösten, und da sie eine gewisse Autorität besaßen, ließen sich viele von ihnen überzeugen. «Ihr wißt doch», sagte Canessa im überlegenen Ton des Fachmanns, «daß Eiweiß bei Temperaturen über vierzig Grad Celsius abzusterben beginnt. Um den Nährwert des Fleisches zu erhalten, müßt ihr es roh essen.»

«Und wenn ihr es bratet», fiel Fernández ein, während er auf die kleinen Stücke herabsah, die auf der Folie brutzelten, «schrumpft das Fleisch zusammen. Ein Großteil des Nährwertes verdampft einfach.»

Harley und Inciarte blieben unbeeindruckt, denn was nützte ihnen das nahrhafteste rohe Fleisch, wenn sie es nicht fertigbrachten, es zu essen. Aber dem Braten waren sowieso Grenzen gesetzt, denn es gab zu wenig Brennmaterial – sie besaßen nur drei Kisten –, und die stürmischen Winde machten es allzuoft unmöglich, draußen im Schnee ein Feuer zu entzünden.

Im Laufe der nächsten Tage, in denen Eduardo Strauch seine Kräfte schwinden fühlte und fast zum Skelett abmagerte, überwand er schließlich unter dem Druck seiner beiden Vettern seinen Ekel und verzehrte rohes Fleisch. Harley, Inciarte und Turcatti vermochten ihren Widerwillen nie abzuschütteln, aber getrieben von dem Entschluß, weiterzuleben, zwangen sie sich, das notwendige Minimum hinunterzuwürgen. Die beiden einzigen, die bislang keinen Bissen angerührt hatten, waren die ältesten Passagiere, Liliana und Javier Methol. Während die Zeit verstrich und die fünfundzwanzig jungen Männer sichtlich wieder zu Kräften kamen, wurden die Eheleute, die sich von den kläglichen Resten Schokolade, Wein und Marmelade ernährten, immer hinfälliger.

Voller Sorge beobachteten sie die beiden Todgeweihten. Wieder und wieder flehte Marcelo sie an, trotz ihrer Abneigung mitzuessen. Er versuchte es mit jedem Argument, vor allem mit den christlichen Überlegungen Pedro Algortas: «Betrachtet es doch als heilige Kommunion. Nehmt es, als sei es der Leib und das Blut Christi, denn diese Nahrung hat Gott uns gegeben, weil Er will, daß wir weiterleben.»

Geduldig hörte ihm Liliana zu, aber jedesmal schüttelte sie still den Kopf. «Es ist ganz in Ordnung, wenn du es tust, Marcelo, aber ich kann es nicht, ich kann es einfach nicht.» Eine Weile folgte Javier ihrem Beispiel. Er litt unvermindert unter der Höhenkrankheit und wurde von Liliana fast wie ein Kind gepflegt. Manchmal zogen sie sich zurück, um allein zu sein. Dann sprachen sie von ihrem Zuhause in Montevideo, suchten sich auszumalen, was ihre Kinder wohl gerade täten, und fragten sich besorgt, ob die kleine Marie Noël, erst drei Jahre alt, vielleicht nach ihrer Mutter weinte oder ob ihre zehnjährige Tochter Maria Laura sich womöglich vor den Hausaufgaben drückte.

Javier versuchte, seine Frau zu beruhigen; sicherlich, meinte er, seien Lilianas Eltern inzwischen in ihr Haus gezogen, um die Kinder zu betreuen. Sie unterhielten sich über die beiden Alten, und Liliana schnitt die Frage an, ob sie nicht nach ihrer

Heimkehr ihre Eltern bitten könnten, ganz zu ihnen zu ziehen. Bei dem Vorschlag blickte Liliana ihren Mann ein wenig ängstlich an, denn schließlich hat nicht jeder Ehemann Lust, mit seinen Schwiegereltern unter einem Dach zu wohnen. Doch Javier lächelte und sagte spontan: «Natürlich. Warum haben wir nicht längst daran gedacht?»

Sie machten Pläne, einen Anbau zu errichten, um es Lilianas Eltern zu ermöglichen, ganz für sich zu leben. Liliana sorgte sich, daß sie sich das finanziell nicht leisten könnten oder daß ein Anbau den Garten verschandeln würde, aber Javier wußte alle Bedenken zu zerstreuen. Bei diesen Zukunftsplänen indessen zerrann seine Entschlossenheit, kein Menschenfleisch anzurühren, und als ihm Marcelo am nächsten Morgen ein Stück anbot, nahm Javier es und würgte es mit großer Anstrengung hinunter.

Nun stand nur noch Liliana abseits. So nahe sie dem Tode auch sein mochte, stets blieb sie heiter und gelassen. Sie schrieb einen kurzen Brief an ihre Kinder, in dem sie ihnen versicherte, wie sehr sie sie liebte. Unermüdlich kümmerte sie sich um ihren Mann, dem es gesundheitlich noch schlechter ging als ihr. Manchmal klang ihre Stimme ein wenig gereizt, weil er sich, geschwächt durch die Höhenkrankheit, derart langsam und unbeholfen bewegte, aber im Angesicht des Todes wurde ihre Beziehung eher noch enger als zuvor. Sie waren ein Herz und eine Seele, in den Bergen ebenso wie einst in Montevideo, und ihre jetzige, verzweifelte Lage vertiefte ihre Bindung. Das gemeinsame Leid brachte sie einander näher, und wenn sie von ihren Kindern sprachen, die sie vielleicht nie wiedersehen würden, weinten sie nicht nur vor Kummer, sondern auch vor Glück. Denn was sie jetzt vermißten, machte ihnen klar, wie schön ihr Leben gewesen war.

Eines Abends, kurz vor Sonnenuntergang, während die siebenundzwanzig Überlebenden sich einer nach dem anderen vor der Kälte in die Kabine flüchteten, sah Liliana ihren Mann an und sagte ihm, wenn sie heimkehrten, möchte sie noch ein Kind von ihm haben. Es müsse der Wille Gottes sein, denn warum habe er sie sonst am Leben gelassen.

Javier war überglücklich. Er liebte seine Kinder und hatte sich immer gewünscht, noch mehr zu haben. Als er indessen seine Frau anblickte, sah er durch den Tränenschleier vor seinen Augen, wie makaber ihr Wunsch unter den derzeitigen Umständen war. Nach mehr als zehn Hungertagen war Lilianas Körper ausgelaugt. Ihre Wangen waren eingefallen, ihre Augen lagen tief in ihren Höhlen, nur ihr Lächeln wirkte sanft und heiter wie einst. Zögernd sagte er zu ihr: «Liliana, wir müssen den Tatsachen ins Auge blicken. Nichts von alledem wird geschehen, wenn wir nicht überleben.»

Sie nickte: «Ich weiß.»

«Gott will, daß wir überleben.»

«Ja, Er will, daß wir überleben.»

«Und es gibt nur eine Möglichkeit.»

«Ja, es gibt nur eine Möglichkeit.»

Wankend vor Schwäche schleppten sich die beiden zu der Gruppe von Jungen zurück, die Schlange standen, um in die Kabine zu kriechen.

«Ich habe es mir überlegt», sagte Liliana zu Marcelo. «Ich werde das Fleisch essen.»

Marcelo ging zum Kabinendach und zog ein kleines Stück Fleisch herunter, das dort in der Sonne getrocknet war. Liliana nahm das Stück und zwang sich, es zu schlucken.

Vierter Teil

I

Schon nach acht Tagen hatten die Chilenen ihre Suche nach der Fairchild eingestellt – obwohl sie an zweien dieser Tage wegen des schlechten Wetters nicht fliegen konnten. Als die Nachricht in Montevideo bekannt wurde, waren die Eltern der Verschollenen entsetzt, denn einige von ihnen glaubten nach wie vor, ihre Söhne seien am Leben. Sie waren bitter enttäuscht von den Chilenen, die sich so schnell geschlagen gaben, und empört über ihre eigene Regierung, die so wenig unternommen hatte. In Chile verkündete Páez Vilaró, er werde weitersuchen; in Carrasco setzte sich Madelón Rodríguez mit Gerard Croiset in Verbindung.

Gerard Croiset, geboren 1910 als Sohn holländisch-jüdischer Eltern, war praktisch als Analphabet aufgewachsen. 1945 entdeckte ihn ein Mann namens Willem Tenhaeff, der sich mit der systematischen Erforschung des Hellsehens befaßte. 1953 erhielt Tenhaeff an der Universität von Utrecht eine Professur für Parapsychologie, ein bis dahin noch nirgends anerkanntes Fach, und der bemerkenswerteste der rund vierzig Hellseher, die mit ihm zusammenarbeiteten, war Croiset.

Croisets erstaunlichste Fähigkeit war, Vermißte zu finden, und zu diesem Zweck wurde er häufig von der Polizei konsultiert, sowohl in Holland als auch in den USA. Um den Gesuchten aufzuspüren, mußte Croiset entweder einen Gegenstand in die Hand nehmen, der dem Vermißten gehörte, oder mit jemandem sprechen, der mit dem Fall zu tun hatte; anschließend beschrieb er das Bild oder die Abfolge von Bildern, die dabei vor seinem geistigen Auge auftauchten. Besonders gut standen seine Erfolgschancen, wenn der Fall einem Ereignis ähnelte, das er selbst erlebt hatte. Wenn also beispielsweise ein vermißtes Kind in einem Kanal ertrunken war, fiel es ihm leichter, es zu entdecken, weil er selbst einmal als Kind um ein

Haar ertrunken wäre. Er nahm niemals Geld für seine Dienste, und wenn er Leuten half, die lediglich nach abhandengekommenen Wertgegenständen fahndeten, versagten seine Kräfte häufig.

Jeder Fall, an dem er arbeitete, wurde von Professor Tenhaeff nachgeprüft, und im Laufe von fast zwanzig Jahren, in denen Croiset Hunderte von Malen eingeschaltet wurde, hatte er erstaunlich viele Erfolge.

Madelón fuhr zur niederländischen Botschaft in Montevideo und rief mit Hilfe eines Dolmetschers, den man ihr dort zur Verfügung stellte, das Institut für Parapsychologie in Utrecht an. Unglücklicherweise hatte sich Gerard Croiset einer Operation unterziehen müssen und lag im Krankenhaus. Als sie ihren Gesprächspartner anflehte, trotzdem mit ihm sprechen zu dürfen, verband er sie schließlich mit dem vierunddreißigjährigen Sohn, Gerard Croiset jr., in Enschede, der über ähnliche Fähigkeiten wie sein Vater zu verfügen schien. Mit Hilfe des Dolmetschers bat Croiset jr. sie, ihm eine Karte der Anden zu schicken.

Unverzüglich ließ Madelón eine Flugnavigationskarte des Gebiets an ihn abgehen, auf der die Luftstraßen in Chile und Argentinien eingezeichnet waren. Pfeile markierten die Route der Fairchild bis zum Planchón-Paß, den man mit einem Fragezeichen versah.

Als sie das nächste Mal mit dem jungen Croiset telefonierte, berichtete er ihr, er habe mit dem Flugzeug Kontakt aufgenommen. Nach seiner Darstellung war folgendes geschehen: Mitten in den Anden versagte eins der Triebwerke; die Maschine verlor an Höhe. Der Pilot hatte das Flugzeug nicht selber geflogen, aber der Kopilot, der das Gelände von früheren Flügen her kannte, erinnerte sich an ein Tal, in dem er glaubte, notlanden zu können. Deshalb schwenkte er nach links (nach Süden) oder möglicherweise nach rechts (nach Norden) und stürzte am Ufer eines fünfundsechzig Kilometer vom Planchón entfernten Sees ab. Dort lag jetzt die Maschine «wie ein Wurm» mit eingedrückter Nase. Die Piloten konnte Croiset nicht mehr sehen, aber er sah Leben. Es gab Überlebende.

Madelón wußte, daß auch ein japanischer Hellseher, der in der argentinischen Stadt Córdoba wohnte, erklärt hatte, die

Maschine sei nach Süden geflogen. Damit schien die These untermauert, das Wrack müsse südlich, nicht nördlich des Planchón zu finden sein. Auf dem schnellsten Weg fuhr sie zu Rafael Ponce de León.

Auch ihn hatte die Meldung von der abgeblasenen Suche erschüttert. Seitdem stand sein Entschluß fest: Solange auch nur einige der Eltern noch hofften, ihre Söhne wiederzufinden, wollte er ihnen mit seinem ganzen Netz von Verbindungen behilflich sein. Deshalb hatte er zahlreiche chilenische Funkamateure gebeten, sich für alle Eventualitäten bereitzuhalten. Sobald Madelón bei ihm eintraf, machte er sich an die Arbeit. Über einen seiner chilenischen Partner erreichte er Páez Vilaró. Aufgeregt berichtete Madelón ihm von ihrem Gespräch mit Gerard Croiset jr.

Wie ein Lauffeuer verbreitete sich die Nachricht von der Vision des Holländers unter den Angehörigen der Verschollenen. Obwohl viele von ihnen, vor allem die Väter der Jungen, skeptisch blieben, schickten sie eine Drei-Mann-Delegation zum Oberbefehlshaber der uruguayischen Luftwaffe. Die drei überreichten dem Luftwaffenchef eine Petition, in der sie ihn baten, eine uruguayische Maschine nach Chile zu entsenden, um in den Bergen im Raum von Talca, einer knapp zweihundertfünfzig Kilometer südlich von Santiago gelegenen Stadt, nach der Fairchild zu suchen. Die Petition wurde abgelehnt.

Auch dem Maler Páez Vilaró gab Croisets Vision neuen Auftrieb. Magie hatte stets größeren Eindruck auf ihn gemacht als wissenschaftliche Erkenntnisse. Außerdem kannte er mittlerweile das Gebiet um die Vulkane Tinguiririca und Palomo, in dem, wie der SAR meinte, das Wrack lag; er wußte, daß er dort, im Hochgebirge, keine Suchaktion starten konnte. Croiset hingegen lokalisierte die Absturzstelle in den Ausläufern der Kordilleren, im Mittelgebirge. Hier stellten sich ihm keine unüberwindlichen Schwierigkeiten in den Weg.

Ohne lange zu überlegen, machte sich Páez Vilaró nach Süden auf, und schon am nächsten Morgen, am Sonntag, dem 22. Oktober, kreiste er über den Bergen um Talca in einem Flugzeug, das ihm der Aero-Club von San Fernando überlassen hatte.

In den folgenden Tagen entfaltete er eine hektische Aktivität. Zuerst stellte er eine Liste aller Chilenen zusammen, die Privatflugzeuge besaßen, und ließ sich von den Piloten beraten, worauf ihm jeder von ihnen seine Hilfe anbot. Jetzt hätte er dreißig Maschinen gleichzeitig einsetzen können. Nur wegen des bedenklichen Treibstoffmangels in Chile zögerte er, die Hilfsangebote anzunehmen. Er wußte, daß ein Pilot, der eine Stunde lang mit ihm durch die Berge flog, dabei seine Treibstoffration für einen ganzen Monat opferte. Und doch taten das viele für ihn, ohne eine Entschädigung zu erwarten – obwohl die meisten überzeugt waren, die Jungen seien längst tot.

Anschließend spannte er sämtliche Funkamateure für sich ein, die Rafael von Carrasco aus per Funk um Unterstützung gebeten hatte. Viele von ihnen stellten Páez Vilaró nicht nur ihre Sender, sondern auch ihre Autos und Kleidung zur Verfügung. Jedesmal, wenn er in die Berge fuhr, folgte ihm ein Citroën 2 CV, aus dem lange, schwankende Antennen ragten, die aussahen wie die Fühler einer Heuschrecke. Von dem Wagen aus konnte er jederzeit Rafael in Montevideo anfunken und, über Rafael, jeden Ort der Welt.

Der Funkwagen kam ihm gut zustatten, denn es hielt ihn nicht lange in Talca. Sobald Madelón Rodriguez und die Mutter Diego Storms in Talca eintrafen, um ihn zu entlasten, machte er sich auf und durchstreifte die Berge. Es genügte ihm nicht, daß ihm nur die reichen Chilenen mit ihren Privatflugzeugen halfen. Er wollte auch den ärmsten Schafhirten im gottverlassensten Andental für die Suche mobilisieren. In allen Dörfern, durch die er kam, erkundigte er sich, ob jemand ein Flugzeug habe abstürzen sehen, und er hörte sich viele faszinierende Erzählungen an, die indes mit der Sache nichts zu tun hatten. Jeden, den er ausfragte, lud er zu einem Glas Wein oder einer Tasse Kaffee ein. Zeitweise buchte er Zimmer in vier verschiedenen Hotels gleichzeitig, für den Fall, daß ihn die Fahndung in irgendeine dieser Gegenden führte. Längst war ihm das Geld ausgegangen, aber die Besitzer der Kneipen und Hotels bewirteten ihn teils kostenlos, teils ließen sie sich zum Dank von ihm ein Bild malen – auf einen Teller, eine Serviette oder ein Tischtuch.

Bald war er weit und breit bekannt. Wenn er in einem Dorf

auftauchte, riefen die Bauern: «Da kommt der Verrückte, der nach seinem Sohn sucht», und schon strömte das Volk zusammen. Páez Vilaró störte es nicht, als verrückt zu gelten; deutlich genug spürte er das Unwirkliche, das Geisterhafte seiner Mission – ein Heer von Menschen, die unter dem Kommando eines holländischen Sehers ausschwärmten, um nach einem Flugzeug zu suchen. Die einfachen Bauern hielten *ihn* für einen Zauberer, weil er eine Polaroid-Kamera bei sich trug und damit in Windeseile Menschen abbilden konnte, die noch nie eine Fotografie gesehen hatten.

Per Flugzeug und zu Fuß durchkämmte er tagelang die Gegend, die fünfundsechzig Kilometer südlich der Luftstraße über den Planchón lag. Doch es war vergebens. Daraufhin bat er Rafael per Funk, nochmals Croiset anzurufen und ihn zu ersuchen, seine Vision detaillierter zu beschreiben. Rafael sprach mit Croiset, und von nun an stand der Hellseher Nacht für Nacht um zwei Uhr auf, nahm Rafaels Anrufe entgegen und ließ Bilder der Anden vor seinem geistigen Auge vorbeiziehen.

Es gelang ihm, weitere Einzelheiten zu liefern, aber was er sah, betraf vorwiegend den Flug der Maschine und weniger die Absturzstelle. Bruchstückweise erzählte er von einem dicken Mann – wahrscheinlich dem Piloten –, der an einer Lebensmittelvergiftung litt, das Steuer dem Kopiloten übergab und das Cockpit verließ. Er trug einen Blazer und fingerte an seiner Brille herum. Dann setzte das Triebwerk aus, und der Kopilot nahm Kurs auf einen Strand, vielleicht am Meer, vielleicht am Ufer eines Sees, an den er sich von früher erinnerte. Er entdeckte einen See – oder genaugenommen eine Gruppe von drei Seen – und versuchte zu landen, aber die Maschine zerschellte am Fuß eines Berges. Dort lag das Wrack, halbverdeckt von einer überhängenden Felsspalte. In der Nähe erhob sich ein Berg «ohne Gipfel», und Croiset sah Gefahr. Er nahm jetzt kein Leben mehr in der Maschine wahr, doch das hieß unter Umständen nur, daß die Jungen das Wrack verlassen und in der Nähe Unterschlupf gefunden hatten.

Jedesmal, wenn sie zusätzliche Informationen erhielten, brachen Páez Vilaró und seine chilenischen Freunde von neuem in die Berge auf, und im Laufe der Zeit begannen mehr und mehr Menschen an Croisets Vision zu glauben. Madelón fuhr nach Santiago und überredete den SAR, Flugzeuge in das Gebiet um Talca zu entsenden. Der Befehlshaber der in Talca stationierten Truppen, schickte eine Patrouille zum Cerro Picazo, einem Vulkan, auf den die Beschreibung des Berges «ohne Gipfel» paßte, und dort forschten die chilenischen Soldaten fünf Tage lang in eisiger Kälte nach dem Wrack der Fairchild. Eine Gruppe Priester stieg ebenfalls in die Berge und begann eine als «Gebet der Hoffnung» bezeichnete, dreitägige Suche in einer schwer zugänglichen Gebirgsgegend.

Nichts kam dabei heraus, und da es äußerst gefährlich war, das Gebirge im Tiefflug abzusuchen, stellte der SAR seine Aktion wieder ein. Nur Hubschrauber konnten tief genug fliegen, um ein unter überhängenden Felsen verborgenes Wrack auszumachen oder Verunglückte zu entdecken, die unter Bergkiefern lagerten. Und zu einer Zeit, in der es in Chile nicht einmal Seife oder Zigaretten zu kaufen gab, gehörte schon eine gesunde Portion Gottvertrauen dazu, gleich Hubschrauber anzufordern.

Madelón besaß dieses Gottvertrauen, und sie beschloß, sich direkt an den Staatspräsidenten Salvador Allende zu wenden und ihn zu bitten, ihr den zu seinem persönlichen Gebrauch bestimmten Helikopter zu überlassen. Doch bevor sie ihren Entschluß in die Tat umsetzen konnte, erzählte ihr ein Bekannter, er kenne jemanden, der kleine Hubschrauber vercharterte, die zur Schädlingsbekämpfung in der Landwirtschaft und beim Montieren von Kabeln auf Hochspannungsmasten eingesetzt wurden. Binnen zehn Minuten war alles geregelt: Sobald diese Helikopter wieder zur Verfügung standen, würden sie für Madelón fliegen – zum Spottpreis von zehn Dollar pro Stunde.

Inzwischen, am Nachmittag des 28. Oktober, kamen Páez Vilaró und Rafael zu dem Ergebnis, daß sie alle Möglichkeiten, Croisets Hinweisen nachzugehen, ausgeschöpft hatten. Nur Hubschrauber konnten jetzt noch weiterhelfen.

2

Am Sonntag, dem 29. Oktober, dem Todestag von Marcelo Pérez' Vater, lud Marcelos Mutter Estela die Eltern aller Verunglückten zu sich ein. Die Versammlung sollte noch am gleichen Nachmittag stattfinden. Viele kamen, nicht nur Eltern, sondern auch Brüder, Schwestern und Verlobte oder Freundinnen der Old Christians.

Der Tisch in Estelas geräumigem Wohnzimmer war bedeckt mit Spezialkarten der in Frage kommenden Andengebiete; Kreise und Linien markierten die Bezirke in der Umgebung von Talca, die Páez Vilaró schon abgesucht hatte. Auf dem Büfett hatte jemand ein Häufchen Pilze ausgeschüttet, Pilze, die in den Kordilleren wachsen und von denen sich die Jungen jetzt vielleicht ernährten.

Die Gäste waren in düsterer Stimmung. Von dem Optimismus, der sie eine Woche zuvor beflügelt hatte, als sich die Nachricht von Croisets Vision verbreitete, war nichts mehr zu spüren. Die allgemeine Unruhe und der hektische Ton der Gespräche zeigten deutlich, daß viele Frauen – und vor allem die jungen Mädchen – einem Nervenzusammenbruch nahe waren. Andere hockten wie betäubt in ihren Sesseln und gaben sich ganz ihrer Verzweiflung hin.

Estela eröffnete die Versammlung: «Ich habe Sie hierhergebeten, weil ich finde, daß wir etwas unternehmen müssen. Wir können nicht einfach hier in Montevideo herumsitzen und warten ...»

«Páez Vilaró sucht noch», sagte eine Stimme aus dem Hintergrund.

«Ja», erwiderte Estela bitter, «*ein* Mann in einem ganzen Gebirge.»

«Ich wüßte wirklich nicht, was man sonst tun könnte», setzte sich einer der Väter zur Wehr.

Ein Mädchen zischte voller Verachtung: «Mir scheint, Páez Vilaró ist der einzige Vater, den all diese Jungen haben. Kein Mensch hilft ihm ...» Sie machte eine Pause. Dann stieß sie hervor: «Sollen vielleicht wir Frauen nach Chile gehen?»

Ein Sturm brach los. Alle redeten durcheinander, protestierten, machten Vorschläge. Als der Lärm verebbte, wandte sich der Anwalt und Geschäftsmann Jorge Zerbino zu Luis Surraco, einem Arzt, und erklärte: «Ich fahre nach Chile. Willst du mitkommen, Luis?»

Dr. Surraco, dessen Tochter mit Roberto Canessa verlobt war, verstand mehr als die meisten von Topographie. Deshalb beugte er sich über die Karten und beschrieb den Umstehenden, wo Zerbino und er suchen könnten. Die Mehrheit versteifte sich darauf, sie sollten sich an Croisets Angaben halten. Der Hellseher hatte inzwischen zusätzliche, bruchstückhafte Informationen geliefert, und obwohl Zerbino und Surraco den Wert der Visionen bezweifelten, stimmten sie zu. Denn sie wußten nur zu genau, daß ihre Expedition weniger dem Zweck diente, die Jungen zu finden, als der Beruhigung ihrer Frauen zu Hause. So beschlossen sie, sich auf das Gebiet um Talca zu konzentrieren.

Sobald sich die Versammlung auflöste, setzte sich Rafael Ponce de León per Funk mit Páez Vilaró in Verbindung. «Zerbino und Surraco kommen nach Chile», verkündete er. «Sie wollen Ihnen helfen.»

Doch Páez Vilaró setzte seiner Stimmung einen Dämpfer auf. «Sie sollten sich nicht die Mühe machen», sagte er mutlos.

Rafael war verwirrt. Wie war es möglich, daß Páez Vilaró, nachdem er halb Chile mobilisiert hatte, nun ihr Hilfsangebot ablehnte?

«Bist du allein?» fragte der Maler.

«Ja», erwiderte Rafael.

«Es muß unter uns bleiben», erklärte Páez Vilaró mit müder, schleppender Stimme, «aber die Sache ist aussichtslos. Ich habe alle Hoffnung verloren, daß ich sie finde, meine Jungen. Ich suche immer noch nach ihnen, mit dem Kruzifix in der einen Hand und dem Tierkreis in der anderen, aber ich glaube nicht mehr, daß sie noch am Leben sind.»

Eine Pause trat ein, dann sagte Rafael: «Komm zurück, Carlos. Alle würden es verstehen, wenn du zurückkämst.»

«Nein», erwiderte Páez Vilaró. «Madelón glaubt immer noch, daß sie leben. Ich kann ihr nicht die letzte Hoffnung rauben.» Durchs Mikrofon hörte Rafael den Maler schluchzen.

Rafael berichtete Dr. Zerbino und Dr. Surraco am nächsten Tag von diesem Gespräch, doch die beiden wollten sich nicht entmutigen lassen. Sie sprachen über Funk mit Páez Vilaró und sagten ihm, daß sie bereits Plätze für einen Flug nach Chile gebucht hätten, und Páez Vilaró widersprach nicht länger. «Kommen Sie nur», sagte er mit seiner gewohnten Herzlichkeit. «Ich erwarte Sie.»

Die Angehörigen, die um das Funkgerät versammelt waren, fühlten sich wie elektrisiert. Hilfe, gute Ratschläge, Geld und Kartenmaterial wurden Zerbino und Surraco von allen Seiten aufgedrängt. Die Väter von Daniel Shaw und Roy Harley legten einen Fonds an, um die Suche zu finanzieren, und Spenden kamen selbst von Männern wie Seler Parrado, die vom Tod ihrer Söhne überzeugt waren. Kaum jemanden hatte die Katastrophe so schwer getroffen wie Parrado. Er war vollkommen verzweifelt. Nicht nur hatte er seine Frau verloren, an der er so sehr hing, sondern gleichzeitig zwei seiner Kinder, Susana und Nando. Sein ganzes Leben lang hatte er geschuftet, um ein Geschäft aufzubauen, getrieben von dem Wunsch, die Zukunft seiner Familie zu sichern. Jetzt waren sie tot. Seine einzige noch lebende Tochter war zu ihm gezogen, um ihn zu betreuen, aber der lebendige Funke, der bisher in Seler Parrados Augen geblitzt hatte, war erloschen. Er sah keinen Sinn mehr darin, weiterzumachen. Er fühlte sich wie abgestorben, als er Nandos Suzuki-Motorrad an einen Jungen verkaufte, der einst sein Freund gewesen war. Trotzdem empfand er das Bedürfnis, seinen Beitrag zu dem Fonds zu leisten.

Am Abend verbreitete der Rundfunk die Meldung, in diesem Winter seien in den Anden die schwersten Schneefälle seit Menschengedenken niedergegangen, und deshalb werde der SAR die Suche nach dem Wrack der Fairchild nicht wie angekündigt im Januar, sondern erst im Februar wiederaufnehmen. Die Nachricht schreckte weder Zerbino noch Surraco. Ihre Koffer waren gepackt. Ihre Maschine ging am nächsten Tag.

Begleitet von einem Mann namens Guillermo Risso, einem Freund von Gaston Costemalle, flogen Dr. Zerbino und Dr. Surraco am 1. November nach Santiago. Dort trafen sie mit Madelón und Señora Storm zusammen, die sich auf dem Weg von Talca nach Córdoba in Argentinien befanden, wo sie den japanischen Hellseher überreden zu können hofften, mit ihnen nach Santiago zu kommen. Die beiden Frauen berichteten den Neuankömmlingen, wie es zur Zeit in Talca stand, und am Nachmittag setzten Zerbino, Surraco und Risso ihre Reise in einem Mietwagen fort. Mittlerweile hatte sich die politische Lage in Chile weiter zugespitzt; die Feinde der Regierung Allende bestreuten die Ausfallstraßen um Santiago mit Nägeln, um den Verkehr lahmzulegen. Die drei Uruguayer hatten eine Reifenpanne nach der anderen, doch trotz aller Verzögerungen fuhren sie unverdrossen weiter ihrem Ziel entgegen.

Páez Vilaró erwartete sie inzwischen im Gefängnis. Am Morgen hatte er ein Kraftwerk überflogen, und die örtliche Polizei, die in der allgemeinen Krisenstimmung offenbar die Übersicht verlor, kam zu dem Schluß, Páez Vilaró und sein junger uruguayischer Begleiter, ein Freund der Jungen, seien Spione. Man behandelte sie rücksichtsvoll: Páez Vilaró durfte mit Ponce de León Verbindung aufnehmen, dem er klarzumachen suchte, in welcher Klemme er steckte, ohne die Dinge beim Namen zu nennen. Denn er fürchtete, den Frauen einen Schock zu versetzen, die, wie er wußte, Rafaels Sender umlagerten. «Ich sitze hier an einem Fenster», sagte er, «vor dem viele kleine Stäbe angebracht sind ... Die Aussicht ist wunderschön, genau wie der Blick, den man von der Punta Garreta aus hat ...» (Punta Garreta ist das Zentralgefängnis von Montevideo.)

Bis zum späten Nachmittag indessen fand die Polizei heraus, daß Páez Vilaró kein Agent einer ausländischen Macht war, sondern lediglich «der Verrückte, der nach seinem Sohn sucht». So wurden die beiden Uruguayer gerade rechtzeitig entlassen, um Zerbino, Surraco und Risso willkommen zu heißen. Gleich nach ihrer Ankunft machte Páez Vilaró eine Rundfahrt mit ihnen, auf der sie voller Überraschung feststellten, wie umfassend und gut organisiert das Rettungsunternehmen war, das er leitete. Am Abend sprachen sie durch die Vermittlung Ponce de Leóns in Montevideo mit Croiset in Utrecht, der einen neuen Anhaltspunkt für sie bereithielt: In dem See, an dessen Ufer das Flugzeug zerschellt sei, läge eine Insel.

Páez Vilaró erinnerte sich, daß er auf einem früheren Hubschrauberflug solch einen See gesichtet hatte, rund hundert Kilometer von Talca entfernt. Dorthin flog er am folgenden Tag erneut und suchte das Gelände zur Rechten zweier «Berge ohne Gipfel» ab, des Cerro Azul und des Cerro Picazo. Sein Pilot flog durch Schluchten und tief in Bergkessel hinein, doch ohne jeden Erfolg.

Am darauffolgenden Tag wollten die Uruguayer das gleiche Gebiet noch einmal abgrasen, aber der Helikopter mußte nach Santiago zurückkehren. «Da drüben ist sowieso nichts zu holen», meinte der Pilot beim Abschied. «Wenn die Maschine in so einer Gegend abgestürzt ist, dann ist sie längst im Schnee verschwunden.» Doch sie ließen sich nicht entmutigen. Unter Dr. Surracos Leitung bastelten sie ein Relief von der Umgebung des Sees; dann überredeten sie zwei erfahrene Bergsteiger, sie in die Gegend zu führen.

Abends sprachen sie wie immer mit Rafael in Carrasco und erfuhren, eine der Informationen Croisets sei falsch übersetzt worden. Die Fairchild läge links von einem «Berg ohne Gipfel» und nicht, wie es in der Übersetzung hieß, rechts von ihm.

Früh am Morgen des nächsten Tages, es war der 3. November, brachen sie mit ihren beiden Bergführern auf und fuhren nach Vilches, einem etwa sechzig Kilometer von Talca entfernten Städtchen. Dort teilten sie sich in zwei Gruppen und marschierten los.

Die Väter waren nicht so durchtrainiert wie ihre Söhne; die Kletterei, die Kälte und das Gewicht ihrer Rucksäcke machten ihnen schwer zu schaffen. Beide Gruppen stiegen auf verschiedenen Wegen zum Cerro del Peine auf, doch als sie den Gipfel erreichten, konnten sie keine zehn Meter weit sehen. Eingehüllt von dichten Wolken begannen sie den Abstieg nach Vilches. Keuchend kletterten sie über riesige Felsblöcke und stützten sich auf ihre Bergstöcke, wenn ihnen am steilen Hang die Knie weich wurden.

Auf dem Rückweg kamen sie an der Laguna del Alto vorbei; sie durchkämmten die felsigen Ufer nach Spuren des Wracks. Umsonst.

Am 7. November waren sie wieder in Vilches, und am 8. November traf auch ihr Hubschrauber, der in Santiago nicht mehr gebraucht wurde, wieder ein. In den frühen Morgenstunden überflog der Pilot den Monte Despalmado; am Nachmittag suchte er das Gebiet um den Quebrada del Toro ab, in dem angeblich ein Bergbauer gehört hatte, wie ein Flugzeug auf den Boden prallte. Die Uruguayer warteten in Vilches auf das Ergebnis der Flüge. Doch es gab nichts Neues zu berichten.

Am 9. November kehrte die Gruppe nach Talca zurück und war am 10. in Santiago. Die Uruguayer berichteten dem SAR von ihren Unternehmungen, doch die Männer vom Luftrettungsdienst blieben unbeeindruckt. Sie wiederholten, sie würden ihre Suche erst nach Beginn der Schneeschmelze wiederaufnehmen – «Ende Januar vielleicht, oder Anfang Februar» – und dann im Gebiet des Vulkans Tinguiririca.

Am gleichen Tag erfuhr Ponce de León in Montevideo, Croiset habe eine Zeichnung vom Absturzgebiet angefertigt und eine ausführlichere Beschreibung als die, die er telefonisch durchgeben konnte, auf Tonband aufgenommen. Das Päckchen mit Tonband und Skizze werde am Mittag des folgenden Tages mit der Linienmaschine der KLM in Montevideo eintreffen.

Einige Zeit vor der Landung versammelte sich eine Gruppe von Angehörigen auf dem Flughafen Carrasco, um das Paket in Empfang zu nehmen. Denn am Nachmittag gab es eine Flugverbindung nach Santiago, und die Angehörigen wollten Croisets Skizzen kopieren und sein Tonband überspielen, bevor sie die Originale mit dem Nachmittagsflug an Páez Vilaró, Zerbino und Surraco nach Santiago sandten.

Zu dem Empfangskomitee gehörten der niederländische Konsul und der Vater von Bobby Jaugust, eines Mitglieds der Old Christians, der Chef der KLM-Niederlassung in Uruguay war. Es erwies sich als nützlich, daß sie diese beiden Männer mitgebracht hatten. Denn Croisets Päckchen kam nicht einzeln als Luftfracht, sondern steckte irgendwo in einem der beiden Postsäcke aus Europa. Mit Hilfe des KLM-Chefs und des Konsuls erwirkten sie die Genehmigung, die Postsäcke öffnen und durchsuchen zu lassen, und schließlich hielten sie das Päckchen in Händen. Ein Team machte sich daran, die Skizzen zu kopieren, während ein anderes das Tonband überspielte.

Anschließend wurden die Originale mit einer SAS-Maschine nach Santiago geschickt. Sobald sie Croisets Text übersetzt hatten, informierten sie Páez Vilaró per Funk, zu welchem Schluß sie gekommen waren: Aus allen Einzelheiten der Skizzen und der Beschreibung ging klar hervor, an welchem See das Wrack lag – an der Laguna del Alto in den Ausläufern der Kordilleren bei Talca.

Die drei Männer in Santiago ließen sich nicht so leicht überzeugen. Nach tagelanger Suche im Andenvorland konnten sie den Wert der Informationen Croisets besser beurteilen. Mit dem, was er sagte, war großenteils wenig anzufangen.

Ihm zufolge war die Maschine an einem Strand abgestürzt, entweder an der Küste oder an einem Seeufer. In der Nähe stand die Hütte eines Schäfers und nicht weit davon lag ein Dorf, mit weißen Häusern im mexikanischen Stil, in dessen Umkreis im Jahre 1876 eine Schlacht stattgefunden hatte. Croiset sah Buchstaben und Ziffern auf dem Flugzeug – ein N und ein Y und die Zahl 3002. Auch die Zahl 1036 ging ihm durch den Kopf; vielleicht bedeutete sie, daß sich die Maschine in 1036 Metern Höhe über dem Meeresspiegel befand.

Die Nase des Flugzeugs war eingedrückt; es war sanft wie ein Insekt niedergegangen und hatte beide Tragflächen verloren. Der Rumpf war von den übrigen Teilen der Maschine getrennt, doch Croiset konnte seine Hoheitszeichen nicht erkennen, vielleicht weil es zu dunkel war unter der Felsplatte, die das Wrack überschattete. Auch Leben konnte er in dem Flugzeug nicht entdecken; niemand sah aus den Fenstern.

Seine Skizzen waren bruchstückhaft. Sie enthielten zwar ein Dreieck, das genaue Entfernungen angab, aber es fehlte jeder geographische Bezugspunkt. Das Ganze wirkte wie ein Gemisch aus Magie und technischen Daten, das zumindest Surraco unerträglich fand. «Das ist völlig unwissenschaftlich», schnaubte er. «Wir jagen einem Phantom nach. Wenn wir schon irgendwo suchen, dann sollten wir es im Gebiet um den Vulkan Tinguiririca tun. Da müßte das Flugzeug sein, jedenfalls deutet alles, was wir bisher wissen, darauf hin.»

Zerbino pflichtete ihm bei. Er fand es unsinnig, nach Talca zurückzukehren, und da sie nicht in der Lage waren, ins Hochgebirge vorzudringen und die Hänge des Tinguiririca abzusuchen, buchte er für sich und Surraco Plätze in der Linienmaschine, die am nächsten Tag nach Montevideo flog.

Páez Vilaró zögerte noch. Zwar hegte er große Zweifel, was Croiset anging, aber er brachte es nicht übers Herz, Madelón und die anderen Frauen zu enttäuschen, die ihre ganze Hoffnung auf ihn setzten. Deshalb erklärte er Zerbino und Surraco, er werde noch einen oder zwei Tage länger in Chile bleiben, und während sie nach Uruguay reisten, fuhr er noch einmal nach Talca. Von dort aus unternahm er eine letzte Exkursion zur Laguna del Alto. Auch diesmal fand er nichts.

Kurz bevor die Jungen nach Chile geflogen waren, hatte sich Páez Vilaró für Mitte November zu einer Reise nach Brasilien verpflichtet. Jetzt war es soweit. In wenigen Tagen erwartete man ihn in São Paulo. Deshalb machte er sich reisefertig. Länger als einen Monat suchte er nun schon nach der Fairchild, und auch jetzt gab er noch nicht auf. Er sorgte dafür, daß andere während seiner Abwesenheit die Suche fortsetzen konnten. Er ließ im Namen der Eltern mehrere tausend Flugblätter drucken, die demjenigen, der Hinweise gab, die zur Auffindung der Fairchild führten, eine Belohnung von 300 000 Escudos versprachen. Er ebnete den Weg für Estela Pérez, die ihn in Talca ablöste, und bevor er abfuhr, gab er den Schulkindern in Talca Geld, damit sie in ihrer Schule eine Fußballmannschaft aufbauten, die sich Old Christians nennen sollte.

Am 16. November kehrte Páez Vilaró nach Montevideo zurück.

Fünfter Teil

I

Der siebzehnte Tag, der 29. Oktober, verlief recht gut für die verunglückten Passagiere der Fairchild. Nach wie vor litten sie unter Kälte und Nässe, waren schmutzig und hungrig, und einige hatten starke Schmerzen; aber in den letzten paar Tagen hatten sie offenbar doch ein gewisses Maß an Ordnung in das Chaos gebracht. Die verschiedenen Gruppen, die Fleisch abschnitten, kochten, Schnee schmolzen und die Kabine säuberten, arbeiteten reibungslos, und die Verletzten schliefen etwas bequemer in den Hängematten. Was noch wichtiger war – sie hatten begonnen, die Tauglichsten auszuwählen, die an der Expedition über die Anden teilnehmen und Hilfe holen sollten. Ihre Stimmung war optimistisch.

Um zwölf Uhr mittags aßen sie; um halb fünf ging die Sonne hinter den Bergen im Westen unter, und es wurde sofort bitterkalt. Sie stellten sich in Zweierreihen auf und kletterten in der Reihenfolge, in der sie schliefen, in den Flugzeugrumpf; Juan Carlos Menéndez, Pancho Delgado, Roque, der Bordmechaniker, und Numa Turcatti kamen als letzte, da diesmal sie am Eingang schlafen mußten.

Jeder zog beim Eintreten die Schuhe aus und stellte sie ins Gepäcknetz auf der rechten Seite. Sie hatten an diesem Tag beschlossen, das zur Regel zu machen, um die Kissen und Decken vor dem Naßwerden zu schützen. Danach krochen sie paarweise auf die zugeteilten Plätze.

Obwohl es erst Spätnachmittag war, schlossen einige die Augen und versuchten zu schlafen. Vizintín hatte eine schlechte Nacht hinter sich und war entschlossen, es sich so warm und bequem wie möglich zu machen. Er durfte die Schuhe anbehalten, da er in der Hängematte der Kälte ausgesetzt war. Draußen blies ein heftiger Wind, so daß durch jedes Loch und jeden Spalt eisige Luft hereindrang. Er hatte sich eine stattliche

Anzahl von Kissen und Decken aus den Bezügen, die sie zusammengenäht hatten, gesichert und mummte sich darin bis über den Kopf ein.

Carlitos Páez betete laut den Rosenkranz, und einige Jungen unterhielten sich leise miteinander. Gustavo Nicolich teilte Roy Harley seine Hoffnung mit, daß, falls er stürbe, jemand den Brief, den er geschrieben hatte, seiner Braut überbringen würde. «Und wenn wir alle draufgehen», sagte er, «finden sie vielleicht das Wrack und den Brief und geben ihn ihr. Sie fehlt mir sehr, und es tut mir so leid, daß ich mich so wenig um sie gekümmert habe. Und um ihre Mutter.» Nach kurzem Schweigen fügte er hinzu: «Es gibt so viele Dinge, die man bereut ... Ich hoffe, daß ich die Chance habe, das alles wiedergutzumachen.»

Das Dämmerlicht wurde noch schwächer; ein paar sanken in Halbschlaf, sie atmeten regelmäßiger, was wiederum andere einlullte. Canessa blieb wach und versuchte, mit seiner Mutter in Montevideo telepathisch Verbindung aufzunehmen. Er sah sie deutlich vor sich und flüsterte immer wieder eindringlich, unhörbar für die anderen: «Mama, ich lebe, ich bin am Leben ...» Schließlich döste auch er ein.

Im Flugzeug herrschte jetzt Stille, doch Diego Storm konnte wegen seiner schmerzhaften Rückenwunde nicht schlafen. Er lag zwischen Javier Methol und Carlitos Páez auf dem Boden, aber je länger er in dieser unbequemen Stellung verharrte, desto fester war er davon überzeugt, daß es auf der anderen Seite des Flugzeugs besser wäre. Er blickte hinüber und bemerkte, daß Roy Harley noch wach war. Er fragte ihn, ob er den Platz tauschen wolle. Roy willigte ein, und sie zwängten sich aneinander vorbei.

Roy legte sich auf den Boden, das Gesicht mit einem Hemd zugedeckt, und dachte an das, was Nicolich gesagt hatte, als er plötzlich ein leises Beben spürte und einen Augenblick später das Klirren von herunterfallendem Metall hörte. Dieses Geräusch ließ ihn aufspringen –, und er stand bis zur Hüfte im Schnee. Als er das Hemd von den Augen riß, bot sich ihm ein entsetzlicher Anblick. Das Flugzeug war fast ganz voller Schnee. Die Barrikade am Eingang war eingestürzt und unter den Schneemassen begraben; die am Boden Schlafenden waren samt Kissen und Decken verschwunden. Rasch beugte sich Roy nach rechts, wo Carlitos geschlafen hatte. Er schaufelte sein Gesicht frei, dann den Oberkörper, aber noch immer konnte sich Carlitos nicht selber befreien. Es knirschte, als der Schnee zusammensackte, und in der bitteren Kälte gefror die Oberfläche sofort zu Eis.

Roy ließ von Carlitos ab, weil er andere Hände aus dem Schnee herausragen sah. Er war verzweifelt; als einziger schien er in der Lage zu sein, zu helfen. Er grub Canessa aus dem Schnee, schob sich dann nach vorn und schaufelte Fito Strauch frei. Aber die Minuten verstrichen, und viele blieben begraben. Oben, von einer Hängematte aus, hatte Vizintín zu buddeln begonnen, Echavarren jedoch konnte sich nicht rühren, und Nogueira war zwar frei, aber offenbar durch den Schock gelähmt.

Roy kroch mit aller Kraft zum Eingang und zwängte sich durch die verbliebene kleine Öffnung. Er erkannte sofort, daß er den Schnee unmöglich wieder herausschaufeln konnte, und krabbelte in die Kabine zurück. Dort sah er, daß Fito Strauch, Canessa, Páez und Moncho Sabella frei waren und im Schnee gruben.

Fito Strauch hatte sich mit Coche Inciarte unterhalten, als die Lawine auf sie herabstürzte. Ihm war sofort klar, was geschehen war, und er setzte sich gegen die Last des Schnees zur Wehr, ohne sich jedoch auch nur um Zentimeter in irgendeine Richtung bewegen zu können. Er resignierte und fand sich mit seinem Ende ab; denn selbst wenn er dem Schicksal entkommen könnte, wäre er wohl der einzige, und so war es vielleicht besser, zu sterben, als allein in der Einsamkeit der Anden zu überleben. Dann hörte er Stimmen, und Roy Harley packte seine Hand. Als Roy sich zu seinem Gesicht vorarbeitete, gab Fito seinem Vetter Eduardo durch ein Loch im Schnee ein Zeichen, er solle ruhig bleiben, langsam atmen und nach Marcelo fragen. Danach verspürte er einen heftigen Schmerz im Zeh: Inciarte hatte ihn gebissen. Er war also ebenfalls am Leben.

Fito war befreit. Eduardo kletterte aus demselben Loch heraus, und Inciarte tauchte durch einen kleinen Schacht, den er gegraben hatte, auf, gefolgt von Daniel Fernández und Bobby

Francois. Sie alle begannen sofort, mit bloßen Händen im Schnee zu graben und zunächst nach Marcelo zu suchen. Als sie jedoch sein Gesicht freilegten, sahen sie, daß er bereits tot war.

Fito arbeitete nun hart, um sich zu den Lebenden durchzugraben. Er organisierte auch die anderen, von denen manche so benommen waren, daß sie nicht wußten, was sie taten. Auch als ihn Seitenstechen zum Ausruhen zwang, spornte er die anderen weiter an und überwachte die verschiedenen Gruppen, damit jene, die eben ein Loch aushoben, den Schnee nicht wieder in einen schon gegrabenen Schacht warfen.

Nando Parrado lag in der Mitte des Flugzeugs, Liliana Methol zu seiner Linken und Daniel Maspons zu seiner Rechten. Er sah und hörte nichts, stellte aber plötzlich fest, daß kalte Schneemassen auf ihm lasteten und ihn lähmten. Er bekam keine Luft, doch er hatte im *Reader's Digest* gelesen, daß man unter Schnee leben könne, und versuchte es daher mit vorsichtigen Atemzügen. Das setzte er mehrere Minuten lang fort, aber das Gewicht auf seiner Brust wurde immer drückender, Schwindel packte ihn, und er erkannte, daß er kurz vor dem Sterben war. Er dachte nicht an Gott oder an seine Familie, sondern sagte sich: «Okay, ich sterbe also.» Und dann, als seine Lungen zu platzen drohten, wurde der Schnee von seinem Gesicht gekratzt.

Coche Inciarte hatte die Lawine zuerst gesehen und sie dann gehört – ein Rauschen, gefolgt von tiefer Ruhe. Er lag unbeweglich da, einen Meter Schnee über sich und Fitos Zehe im Gesicht: er biß hinein. Nur so konnte er feststellen, ob Fito lebte, oder ihm mitteilen, daß er am Leben war. Die Zehe bewegte sich.

Die Schneedecke über ihm sackte ein, und ihr Gewicht drückte ihm die Blase leer. Er konnte weder atmen noch sich bewegen. Er wartete und spürte dann, wie der Zeh von seinem Gesicht weggezogen wurde. Nach erbittertem Kampf gegen den Schnee konnte er durch denselben Schacht schlüpfen.

Carlitos Páez war bis zur Taille von Roy freigeschaufelt worden, konnte sich aber immer noch nicht rühren, bis Fito ausgebuddelt war und ihm den Schnee von seinen Beinen wegschaufelte. Er begann sofort nach seinen Freunden Nicolich und Storm zu suchen, aber der Schnee ließ seine Hände erstarren. Er wärmte sie rasch mit seinem Gasfeuerzeug auf und buddelte weiter, aber als er Nicolich fand und dessen Hand ergriff, war sie kalt und leblos und erwiderte den Druck nicht.

Zum Klagen blieb keine Zeit. Carlitos schaufelte sofort den Schnee von Zerbinos Gesicht und befreite dann Parrado. Darauf drehte er sich um und grub sich zu Diego Storm vor, wobei der weggekratzte Schnee auf Parrado fiel, der ihn heftig verfluchte. Er arbeitete vorsichtiger, doch alles nützte nichts: Diego war tot, als er ihn fand.

Für Canessa kam die Lawine wie das Magnesiumblitzlicht einer alten Kamera. Auch er wurde unter ihr begraben, gefangengehalten, er rang nach Luft und war wie Parrado weniger von Panik als von Neugier besessen. Gut, dachte er bei sich, bis hierher bin ich also gelangt, und nun werde ich erfahren, wie Sterben ist. Endlich werde ich wissen, was hinter all diesen abstrakten Begriffen wie Gott und Fegefeuer, Himmel und Hölle steckt. Ich habe mich immer gefragt, wie die Geschichte meines Lebens enden würde – nun, jetzt bin ich beim letzten Kapitel. Doch kurz vor der letzten Seite des Buches berührte ihn eine Hand; er ergriff sie, und Roy Harley grub einen Schacht, um seinen Lungen Luft zu machen.

Sobald er sich bewegen konnte, suchte Canessa nach Daniel Maspons. Er fand seinen Freund wie schlafend daliegen. Aber er war tot.

Die Schneedecke über Zerbino ließ einen kleinen Hohlraum, der es ihm ermöglichte, einige Minuten lang zu atmen. Wie Canessa und Parrado betete er weder zu Gott noch bereute er seine Sünden; doch trotz dieser inneren Gelassenheit und Ruhe rebellierte sein Körper gegen den Tod. In dem Augenblick, in dem die Lawine herabstürzte, hatte er einen Arm hochgerissen und mit dieser Abwehrbewegung einen Spalt im Schnee geschaffen, durch den Luft in seine Lungen gelangte.

Über sich hörte er die rauhe Stimme von Carlitos Páez rufen: «Bist du's, Gustavo?»

«Ja!»

«Gustavo Nicolich?»

«Nein, Gustavo Zerbino.»

Carlitos ging weiter.

Später rief eine andere Stimme zu ihm hinab: «Alles in Ordnung?»

Zerbino erwiderte: «Ja, ich bin okay. Rette jemand anders.» Dann wartete er in seinem Grab, bis die anderen Zeit hatten, ihn auszubuddeln.

Roque und Menéndez waren durch die einstürzende Barrikade getötet worden, doch ein Teil dieser behelfsmäßigen Wand rettete das Leben zweier anderer, die gleich daneben schliefen. Numa Turcatti und Pancho Delgado waren unter der gerundeten Tür, dem ehemaligen Notausstieg des Flugzeugs, der sich in der Seitenwand befand, eingeschlossen, hatten aber unter der gekrümmten Oberfläche genügend Luft zum Atmen. Auf diese Weise konnten sie sechs bis sieben Minuten weiterleben. Sie machten sich durch Geräusche bemerkbar, und so kamen Inciarte und Zerbino ihnen zur Hilfe. Der Schnee war dort, am Ende des Flugzeugs, sehr tief, und Inciarte bat Arturo Nogueira, der von seiner Hängematte aus zusah, ihnen zu helfen. Nogueira rührte sich weder, noch sagte er etwas, sondern verharrte wie in Trance.

Pedro Algorta, der immer noch unterm Schnee begraben war, hatte nur soviel Luft, wie in seinen Lungen war. Er spürte, daß er alsbald sterben würde, doch das Bewußtsein, daß sein Körper nach dem Tod den anderen helfen würde zu überleben, erfüllte ihn mit einer Art Ekstase. Es war, als ob er schon an den Pforten des Himmels sei. Dann wurde der Schnee von seinem Gesicht weggeschaufelt.

Javier Methol hatte die Hand durch den Schnee stecken können, aber als die anderen versuchten, ihn zu befreien, schrie er ihnen nur zu, sie sollten zuerst Liliana ausgraben. Javier konnte seine Frau mit den Füßen spüren und befürchtete, sie würde ersticken; aber er war außerstande, ihr zu helfen. «Liliana, streng dich an!» rief er, «halte durch. Ich komme zu dir.» Er wußte, daß sie eine bis zwei Minuten ohne Luft existieren konnte, doch das Gewicht der um ihn herum Grabenden preßte den Schnee immer fester auf sie. Zudem waren sie instinktiv bestrebt, zuerst ihren eigenen Freunden zu helfen, und dann denen, deren Hände sie aus der Schneedecke ragen sahen. Diejenigen, die wie Javier Luft bekamen oder wie Liliana überhaupt nicht zu sehen waren, ließen sie warten.

Javier bat Liliana unentwegt, durchzuhalten, Vertrauen zu haben, langsam zu atmen. Schließlich wurde er von Zerbino befreit, und sie gruben gemeinsam nach Liliana. Als sie sie fanden, war sie tot. Von Kummer überwältigt, brach Javier weinend auf dem Schnee zusammen. Sein einziger Trost bestand in der festen Überzeugung, daß sie, die ihm auf Erden so viel Liebe und Halt gegeben hatte, jetzt vom Himmel herab über ihn wachen würde.

Javier war nicht allein im Schmerz, denn als sich die Lebenden auf den wenigen Metern Raum zusammendrängten, die ihnen zwischen Flugzeugdach und vereistem Schneeboden geblieben waren, stellten sie fest, daß einige ihrer liebsten Freunde unter ihnen begraben lagen. Marcelo Pérez war tot, desgleichen Carlos Roque und Juan Carlos Menéndez, die von der eingestürzten Wand zermalmt worden waren; Enrique Platero, dessen Bauchwunde endlich geheilt war; Gustavo Nicolich, der sie mit seinem Mut nach der Rundfunkmeldung vor der Verzweiflung bewahrt hatte; Daniel Maspons, Canessas bester Freund, und Diego Storm, der zur «Bande» gehört hatte. Acht waren unter dem Schnee gestorben.

Die Verhältnisse, denen sich die neunzehn Überlebenden gegenübersahen, waren nicht so schrecklich, daß sie nicht alle tiefen Schmerz über den Tod ihrer Freunde empfunden hätten. Einige wünschten, lieber auch vom Schnee erstickt worden zu sein, als ohne ihre Gefährten unter derartigen körperlichen und seelischen Qualen weiterleben zu müssen. Dieser Wunsch wäre beinahe erfüllt worden, denn eine zweite Lawine stürzte etwa eine Stunde nach der ersten auf das Flugzeug, doch da der Eingang bereits blockiert war, ging der größte Teil über die Fairchild hinweg. Dabei wurde allerdings die Öffnung verschüttet, durch die Roy Harley nach draußen und wieder hinein gekrochen war. Die Fairchild war vollständig unter Schneemassen begraben.

Bei Anbruch der Nacht waren die Überlebenden durchnäßt, eingezwängt und ohne schützende Kissen, Schuhe oder Decken der bitteren Kälte preisgegeben. Es war kaum Platz zum Sitzen oder Stehen; sie lagen in einem Knäuel durcheinander und massierten sich gegenseitig, um die Blutzirkulation aufrechtzuerhalten. Dabei hatten sie keine Ahnung, welche Arme und Beine zu wem gehörten. Sie schaufelten Schnee aus der Mitte der Kabine an die beiden Enden, um mehr Platz zu schaffen; Roy Harley grub mit den Vettern Strauch und Parrado ein Loch, in dem vier Mann sitzen und einer stehen konnte. Wer jeweils stehen mußte, sprang auf die Füße der Sitzenden, um sie so vor dem Erfrieren zu bewahren.

Die Nacht war endlos. Nur Carlitos konnte schlafen, und auch nur jeweils kurze Zeit. Die anderen blieben wach, bewegten Finger und Zehen und rieben Gesichter und Hände aneinander, um sich warm zu halten. Nach etlichen Stunden zeigte sich eine weitere Gefahr: die spärliche Luft wurde schal und stickig. Einige fühlten sich wegen des Sauerstoffmangels matt. Harley drang zum Eingang vor und versuchte, einen Luftschacht zu graben, konnte jedoch nicht bis nach oben langen; außerdem war der Schnee dort zu hartem Eis gefroren, so daß er mit bloßen Händen sowieso nicht hätte durchstoßen können. Darauf nahm Parrado eine der Stahlstangen, die zum Bau der Hängematten benutzt worden waren, und bohrte sie durchs Kabinendach. Er arbeitete beim Schein von fünf Feuerzeugen; die anderen sahen ängstlich zu, denn sie hatten keine Ahnung, ob die Schneedecke über ihnen dreißig Zentimeter oder drei Meter hoch war. Nachdem er die Stange durchgestoßen hatte und sie weiter hochschob, spürte Parrado, daß sie ungehindert ins Freie glitt, und als er sie in die Kabine zurückzog, blieb ein Loch, durch das er den schwachen Schimmer von Mond und Sternen sehen konnte.

So warteten sie auf den Tagesanbruch, und schließlich wich die klamme Schwärze im Flugzeug einem blassen, trübseligen Licht, als die Sonne im Osten aufging und ihre Strahlen durch den Schnee herunterdrangen. Sobald sie sehen konnten, was sie taten, überlegten sie, wie sie aus ihrem Grab herauskommen konnten. Über ihnen war zuviel Schnee, als daß sie sich beim Eingang hätten durchschaufeln können, aber über dem Cockpit schien er dünner zu liegen, und sie sahen, daß Licht durch das Fenster drang. Canessa, Sabella, Inciarte, Fito Strauch, Harley und Parrado begannen, einen Stollen zum Cockpit zu graben. Es war voll von vereistem Schnee, den sie mit bloßen Händen wegräumen mußten, dabei wechselten sie sich ab. Dann zwängte sich Zerbino, der dicke Sachen trug und die Kälte besser als manche der anderen aushalten konnte, an den Leichnamen der Piloten vorbei und gelangte zum Fenster, das wegen der Schräglage des Flugzeugs zum Himmel hinaufsah. Er versuchte, es zu öffnen, doch der Schnee lastete zu schwer darauf, und so kam er wieder nach unten. Danach probierte es Canessa, auch er ohne Erfolg. Als nächster bemühte sich Roy, und er stieß schließlich die Scheibe heraus.

Er schob den Kopf hinaus ins Tageslicht. Es war etwa acht Uhr früh, aber wegen des bedeckten Himmels dunkler als gewöhnlich. Schneewolken umwirbelten ihn. Er war warm angezogen, mit Wollmütze und wasserdichter Jacke, doch der starke Wind blies ihm Schnee in die Augen und brannte beißend auf der Haut.

Er ließ sich ins Cockpit hinunter und rief den anderen zu: «Hat keinen Sinn. Draußen tobt ein Blizzard.»

«Versuch, die Fenster freizuschaufeln!» brüllte jemand.

Roy zog sich wieder hoch und kletterte diesmal aus dem Flugzeug heraus. Der Rumpf hinter ihm war vollständig mit Schnee bedeckt. Es war unmöglich zu erkennen, wo die Fenster sein mochten; er befürchtete, vom Dach abzurutschen, wenn er sich weiterbewegte, und dann hilflos im Schnee zu versinken. Er kletterte durch das Fenster zurück zu den anderen.

Der Blizzard tobte den ganzen Tag über, die Flocken drangen durch den Stollen, vorbei an den Leichen der Piloten, die noch immer in ihren Sitzen eingeklemmt waren. Mit der dünnen Schicht Schnee, die sich bildete, löschten einige ihren Durst. Andere brachen festere Klumpen aus dem älteren Schnee.

Es war der 30. Oktober und Numa Turcattis fünfundzwanzigster Geburtstag. Sie schenkten ihm eine Extrazigarette und formten einen Geburtstagskuchen aus Schnee. Numa war weder Old Christian noch Rugbyspieler, sondern Jesuitenschüler und zog Fußball vor. Von seiner untersetzten Statur und seinem ruhigen Wesen ging große Kraft aus. Viele hätten es ihm an seinem Geburtstag gern hübscher gemacht, doch statt dessen war er es, der sie aufmunterte. «Wir haben das Schlimmste überstanden», erklärte er. «Von jetzt ab kann es nur besser werden.»

An diesem Tag taten sie nichts weiter, als Schnee zu lutschen und darauf zu warten, daß der Sturm sich legte. Sie sprachen viel über die Lawine. Manche, wie Inciarte, meinten, die besten unter ihnen seien gestorben, weil Gott sie am meisten liebte, andere jedoch vermochten keinen Sinn darin zu erkennen. Parrado äußerte sich entschlossen über seine Absichten. «Sobald es zu schneien aufhört, gehe ich», sagte er. «Wenn wir hier noch länger warten, werden wir alle von der nächsten Lawine getötet.»

«Das glaube ich nicht», meinte Fito. «Das Flugzeug ist verschüttet. Die zweite Lawine ist über das Dach hinweggegangen. Folglich sind wir für den Augenblick hier sicher. Wenn wir jetzt losgehen, besteht die Möglichkeit, daß uns draußen eine Lawine erwischt.»

Sie hörten Fito respektvoll zu, weil er unmittelbar nach der Lawine die Ruhe bewahrt hatte; auch jetzt zeigte er keine Spur von Hysterie, die bei einigen deutlich erkennbar war.

«Es gibt keinen Grund, weshalb wir nicht besseres Wetter abwarten sollten», fuhr er fort.

«Aber wie lange?» fragte Vizintín, der ebenfalls aufbrechen wollte.

«Ich erinnere mich, daß mir ein Taxifahrer in Santiago erzählt hat, am 15. November hört der Schnee auf und der Sommer fängt an», sagte Algorta.

«Bis zum 15. November», meinte Fito, «sind es noch gut zwei Wochen. Es lohnt sich, so lange zu warten, wenn sich dadurch unsere Chancen erhöhen.»

Dagegen konnte niemand etwas einwenden.

«Und um die Zeit müßte Vollmond sein», fuhr er fort. «Das würde bedeuten, daß ihr nachts gehen könnt, wenn der Schnee hart ist, und bei Tag schlafen. Da ist es dann wärmer.»

An jenem Tag aßen sie nichts, und als sie sich nachts zusammendrängten und zu schlafen versuchten, beteten sie alle mit Carlitos den Rosenkranz. Er hatte am folgenden Tag, dem 31.

Oktober, seinen neunzehnten Geburtstag. Was er sich nächst einer Buttercremetorte oder einem Himbeer-Milkshake am meisten gewünscht hätte, war ein Wetterumschwung. Aber als er am nächsten Morgen den Schacht zum offenen Fenster hinaufkletterte, sah er, daß es genauso heftig schneite. Er kam zurück und prophezeite den anderen: «Wir werden drei Tage schlechtes Wetter haben und danach drei mit Sonnenschein.»

Die bittere Kälte, zusammen mit ihren nassen Sachen, zehrte an ihren Kräften. Sie hatten zwei Tage nichts gegessen und verspürten gewaltigen Hunger. Die Leichen der beim Absturz Umgekommenen blieben draußen im Schnee begraben; so schaufelten die Vettern einen von der Lawine Erstickten frei und schnitten vor aller Augen Fleisch herunter. Zuvor hatten sie es entweder gekocht oder zumindest in der Sonne getrocknet; jetzt aber gab es keine Alternative; sie aßen es roh, wie es vom Knochen kam. Viele nahmen aus Hunger größere Stücke, die sie kauen und schmecken mußten. Es fiel ihnen allen unendlich schwer, und einige brachten es überhaupt nicht fertig, Fleisch vom Leichnam eines Freundes zu essen, der zwei Tage zuvor noch mit ihnen gelebt hatte.

Roberto Canessa und Fito Strauch argumentierten mit ihnen. Fito zwang sogar Eduardo dazu, Fleisch zu essen. «Du mußt es. Sonst wirst du sterben. Aber wir brauchen dich lebendig.» Doch der physische Abscheu war bei Eduardo Strauch, Inciarte und Turcatti so stark, daß weder Argumente noch Zureden fruchteten. Das hatte zur Folge, daß sich ihr körperlicher Zustand rapide verschlechterte.

Am 1. November war Allerheiligen und der Geburtstag von Pancho Delgado. Wie Carlitos prophezeit hatte, schneite es jetzt nicht mehr. Sechs Jungen kletterten hinaus aufs Dach, um sich in der Sonne zu wärmen. Canessa und Zerbino schaufelten den Schnee von den Fenstern, um mehr Licht zu schaffen, und Fito, Eduardo Strauch und Daniel Fernández schmolzen Schnee zu Trinkwasser, während Carlitos eine Zigarette rauchte und an seine Familie dachte; sein Vater und seine Schwester hatten ebenfalls Geburtstag. Wenn Gott ihn bei dem Absturz und vor der Lawine gerettet hatte, konnte das nur geschehen sein, um ihn wieder mit seinen Angehörigen zu vereinen. Die Nähe Gottes in der stillen Landschaft bestärkte seine Überzeugung.

Als die Sonne hinter einer Wolke verschwand, wurde es gleich wieder kalt. Die sechs Jungen kletterten zurück in die Fairchild. Sie konnten jetzt nichts weiter tun, als warten.

2

In den folgenden Tagen blieb das Wetter klar. Es schneite kaum, und diejenigen der neunzehn Überlebenden, die noch mehr Kraft und Energie besaßen, konnten einen zweiten Stollen durch das Heck der Fairchild nach draußen graben. Sie benutzten dazu Schaufeln aus Metallstücken oder aus Kunststoff, die aus dem Flugzeugrumpf herausgebrochen hatten. Damit hackten sie den harten Schnee weg, wobei sie Gegenstände wiederfanden, die in der Lawine verlorengegangen waren. So stieß beispielsweise Páez auf seine Rugbystiefel.

Sobald der Stollen fertig war, konnten sie darangehen, den Schnee und die darunter begrabenen Leichen aus der Kabine zu schaffen. Der Schnee war wie Stein und ihre Werkzeuge unzulänglich. Die Toten, steifgefroren in der Haltung ihrer verzweifelten Gegenwehr, ließen sich schwer von der Stelle bewegen. Einige hatten die Arme schützend vor das Gesicht erhoben – wie die Opfer des Vesuvausbruchs in Pompei. Manche konnten sich nicht überwinden, die Leichen zu berühren, vor allem nicht die ihrer nahen Freunde. Deshalb banden sie jeweils einen der langen Gepäckgurte aus Nylon um die Schultern des Toten und zogen ihn heraus.

Die nahe dem Eingang Verschütteten wurden dort gelassen, eingeschlossen in die Eiswand, die die Lebenden vor einer neuen Lawine schützte. Sie waren die Nahrungsreserve für den Fall, daß die Toten, die sie gerade herausgeschafft hatten, durch eine weitere Lawine oder einen schweren Blizzard verschüttet werden sollten. Denn die beim Absturz ums Leben Gekommenen waren jetzt völlig unter der Schneedecke begraben. Aus demselben Grund deponierten sie, wenn sie abends hineingingen, Gliedmaßen oder einen Rumpfteil in der «Veranda», für den Fall, daß das Wetter es ihnen am nächsten Tag unmöglich machte, nach draußen zu gehen.

Es dauerte acht Tage, bis sie das Flugzeug wieder mehr oder weniger bewohnbar gemacht hatten; an beiden Enden blieb jedoch eine Schneewand, und sie lebten auf engerem Raum als zuvor – obwohl sie nun weniger waren. Viele dachten mit leisem Bedauern an die ruhigen Tage vor der Lawine zurück. «Damals dachten wir, wir wären schlecht dran, aber welcher Luxus und Komfort, verglichen mit dem hier ...» Einen einzigen Vorteil hatte die Lawine gebracht: Sie hatten zusätzliche Sachen zum Anziehen, denn die Toten konnten entkleidet werden. In der Überzeugung, daß Gott ihnen helfen würde, wenn sie sich selbst halfen, nahmen die Überlebenden nicht nur die Arbeiten in Angriff, die ihre unmittelbare Existenz erträglicher machen konnten, sondern schmiedeten auch Pläne und trafen Vorbereitungen für ihren endgültigen Ausbruch.

Bevor die Lawine über sie hereingebrochen war, hatten sie beschlossen, daß sich eine Gruppe der Stärksten nach Chile aufmachen sollte. Zunächst hatte es Meinungsverschiedenheiten gegeben zwischen denen, die einem größeren Team bessere Chancen einräumten, und anderen, die nur für drei bis vier Mann plädierten. Als ihnen in den Wochen nach dem Absturz und insbesondere während der stürmischen Tage nach der Lawine klarwurde, daß jede Expedition schwierige Verhältnisse antreffen würde, setzte sich die zweite Gruppe mit ihren Argumenten durch. Sie wollten vier oder fünf Teilnehmer auswählen. Die sollten größere Fleischrationen und die besten Plätze zum Schlafen erhalten und von der täglichen Arbeit befreit sein, so daß sie, wenn der Sommer schließlich einsetzte und der Schnee Ende November zu schmelzen begann, kräftig, gesund und tauglich für ihren Marsch nach Chile wären.

Das erste Kriterium bei der Auswahl der Teilnehmer war ihre körperliche Verfassung. Einige, die bei dem Absturz unversehrt geblieben waren, hatten seitdem zu leiden gehabt. Gustavo Zerbinos Augen waren nach seiner Kletterpartie nicht vollständig wiederhergestellt. Inciarte hatte schmerzhafte Geschwüre am Bein. Sabella und Fernández waren zwar gesund genug, aber keine Spieler und daher weniger in Form als die erste Mannschaft der Old Christians. Eduardo Strauch, ursprünglich kräftig, war durch den Abscheu gegen das Essen von Menschenfleisch geschwächt, den er unmittelbar nach der Lawine empfunden hatte. Zur Wahl standen nur noch Parrado, Canessa, Harley, Páez, Turcatti, Vizintín und Fito Strauch. Ihre Begeisterung für diese Kandidatur war recht unterschiedlich. Parrado war so entschlossen zu entkommen, daß er auch allein gegangen wäre, wenn man ihn nicht gewählt hätte. Auch Turcatti wollte unbedingt zu den Teilnehmern gehören; er konnte auf zwei frühere Expeditionen verweisen, die von seiner körperlichen und seelischen Ausdauer zeugten. Die Jüngeren vertrauten fest darauf, daß mit ihm der Erfolg des Unternehmens gesichert wäre.

Canessa besaß mehr Phantasie als mancher andere. Er sah die Gefahr und Mühsal voraus, die das Ganze mit sich bringen würde, hielt es jedoch für seine Pflicht, wegen seiner außergewöhnlichen Kraft und anerkannten Erfindungsgabe mitzugehen. Auch Fito Strauch meldete sich eher, weil er sich dazu verpflichtet fühlte, als aus dem echten Wunsch, die relative Sicherheit der Fairchild zu verlassen. Doch in seinem Fall entschied sozusagen die Natur: Acht Tage nach der Lawine bekam er so schwere Hämorrhoiden, daß er nicht teilnehmen konnte.

Die drei übrigen, Páez, Harley und Vizintín, wollten alle mitgehen, aber man hielt sie zwar für kräftig genug, hegte jedoch im Hinblick auf ihre seelische Verfassung etliche Zweifel. Und so wurde beschlossen, daß sie eine eintägige Probeexpedition unternehmen sollten. Seit der Lawine hatten sie bereits einige kleinere Vorstöße in die Umgebung des Flugzeugs gewagt. Francois und Inciarte waren den Berg hundert Meter hinaufgeklettert und hatten alle zehn Schritte eine Zigarettenpause eingelegt. Turcatti war mit Algorta zur Tragfläche gestiegen, er hatte weniger Energie aufgebracht und mehr Erschöpfung gezeigt als zuvor. Die Abneigung gegen rohes Fleisch schwächte auch ihn.

Páez, Harley und Vizintín brachen am Morgen des siebten Tages nach der Lawine um elf Uhr auf, um ihre Fähigkeiten zu erproben. Sie wollten das Tal bis zu dem großen Berg gegenüber durchqueren, für eine Tagesexpedition ein erreichbar erscheinendes Ziel.

Jeder hatte zwei Pullover, zwei Hosen und Rugbystiefel an. Die Schneedecke war gefroren, so daß sie mühelos talwärts kamen; wo der Hang für den direkten Weg zu steil war, gingen sie im Zickzack abwärts. Sie trugen nichts bei sich, was sie hätte behindern können. Nachdem sie anderthalb Stunden unterwegs waren, stießen sie auf die Hintertür des Flugzeugs. Weiter unterhalb lag einiges aus der Bordküche verstreut: zwei leere Aluminiumbehälter für Kaffee und Coca-Cola, ein Abfalleimer und ein Glas Pulverkaffee, leer bis auf Bodensatz. Die drei füllten es sofort mit Schnee, schmolzen ihn, so gut sie konnten, und tranken das Wasser mit Kaffee-Aroma. Dann leerten sie den Abfallkübel aus und entdeckten zu ihrem Entzücken ein paar Bonbonreste, die sie gewissenhaft untereinander teilten und im Schnee sitzend lutschten. Diese wenigen Augenblicke waren sie förmlich in Ekstase. Obwohl sie weitersuchten, fanden sie nur noch eine Gasflasche, eine zerbrochene Thermosflasche und etwas Mate. Sie füllten den Tee in die Thermosflasche und nahmen sie mit, als sie ihren Weg fortsetzten.

Nachdem sie weitere zwei Stunden abgestiegen und durch das Tal gewandert waren, wurde ihnen allmählich klar, daß Entfernungen im Schnee täuschen und sie dem gegenüberliegenden Berg nur wenig näher waren als beim Aufbruch. Zudem wurde das Gehen immer schwieriger: die Mittagssonne hatte die Schneedecke geschmolzen, und sie sanken jetzt bis zu den Knien ein. Um drei Uhr beschlossen sie, zum Flugzeug zurückzukehren. Doch als sie ihre Spur zurückverfolgten, spürten sie bald, wieviel mühevoller es war, bergauf zu klettern. Der Himmel hatte sich bedenklich bezogen, es schneite leicht, und die Flocken wirbelten im Wind um sie herum.

Sie kamen wieder zu dem Glas Pulverkaffee und erfrischten sich mit dem leicht nach Kaffee schmeckenden Wasser. Roy und Carlitos meinten, die zwei Behälter aus der Bordküche könnten ihnen zur Wasserbereitung nützlich sein, nahmen sie hoch, fanden sie zu schwer und ließen sie wieder fallen. Vizintín jedoch hielt sich an dem großen Abfalleimer fest und benutzte ihn als eine Art Stütze, um sich bergauf zu stemmen.

Der Aufstieg wurde nun außerordentlich schwierig. Sie versanken immer noch bis zu den Knien im Schnee, die Hänge waren steiler, aus den kurzen Schneegestöbern wurde dichter

Schneefall, und alle drei waren müde. Roy und Carlitos standen kurz vor einer Panik. In den verschwommenen Dimensionen der schneebedeckten Landschaft hatten sie jedes Gefühl dafür verloren, wie nah oder wie weit sie vom Flugzeug entfernt waren. Der Berghang war wellig, und auf jedem kleinen Kamm erwarteten sie, die Fairchild zu sehen – vergeblich. Ihre Stimmung sank mit jeder Enttäuschung. Roy begann zu weinen, und Carlitos brach schließlich im Schnee zusammen. «Ich kann nicht weiter», erklärte er, «ich kann nicht, ich kann nicht. Laßt mich hier. Geht ihr weiter. Laßt mich hier – zum Sterben ...»

«Los, komm schon, Carlitos», beschwor ihn Roy unter Tränen. «Um Gottes willen, geh weiter. Denk an deine Familie ... deine Mutter ... deinen Vater ...»

«Ich kann nicht, ich kann nicht mehr weiter ...»

«Steh auf, du Feigling», sagte Vizintín. «Wenn wir hierbleiben, erfrieren wir alle drei.»

«Also gut, ich bin eben ein Weichling, ein Feigling. Ich geb's zu. Geht ihr doch weiter.»

Aber sie ließen ihn nicht im Stich und bombardierten ihn mit einem Gemisch aus Zureden und Beschimpfungen, was Carlitos schließlich wieder auf die Füße brachte. Sie kletterten weiter, erreichten einen neuen Kamm, und immer noch war die Fairchild nicht in Sicht.

«Wie weit ist es noch?» fragte Carlitos. «Wie weit denn noch?»

Kurz darauf brach er abermals im Schnee zusammen.

«Geht weiter», ächzte er, «ich komme gleich nach ...»

Auch diesmal ließen ihn Vizintín und Harley nicht im Stich und überschütteten ihn wieder mit Beleidigungen und flehentlichen Bitten, bis er aufstand und durch den blendenden Schnee mühselig weiterstapfte.

Unmittelbar nach Sonnenuntergang erreichten sie die Fairchild. Die anderen waren bereits hineingegangen und erwarteten sie voll Sorge. Als die drei völlig erschöpft durch den Stollen ins Flugzeug stolperten, Carlitos und Roy in Tränen, war allen klar, daß der Versuch schwer gewesen war und einige versagt hatten.

«Es war unmöglich», erklärte Carlitos. «Es war unmöglich,

ich bin zusammengeklappt, wollte sterben und hab' wie ein Baby geflennt.»

Roy zitterte, weinte und sagte kein Wort.

Vizintíns kleine, dicht zusammenstehende Augen waren ganz trocken. «Es war hart», äußerte er, «aber machbar.»

So wurde Vizintín zum vierten Expeditionsteilnehmer, Carlitos zog nach der Erfahrung auf dem Probemarsch seine Kandidatur zurück, und Roy hörte von Parrado, er könne nicht mitgehen, weil er zuviel weine, worauf Roy in Tränen ausbrach. Er war jedoch nur enttäuscht, weil er dachte, Fito würde dazugehören. Er kannte ihn seit Kindertagen und fühlte sich an seiner Seite sicher. Als Fito Hämorrhoiden bekam und ausschied, war Roy durchaus zufrieden, unter den Zurückbleibenden zu sein.

Sobald die vier ausgewählt waren, rückten sie zur Kriegerkaste auf, deren besondere Aufgabe ihnen besondere Privilegien eintrug. Ihnen war alles gestattet, was ihre körperliche oder seelische Verfassung fördern konnte. Sie aßen mehr Fleisch als die anderen und suchten sich die Stücke aus, die sie bevorzugten. Sie schliefen, wo, wie und so lange sie wollten. Man erwartete nicht mehr von ihnen, daß sie sich an der täglichen Arbeit des Fleischschneidens und der Flugzeugsäuberung beteiligten, was Parrado und, in geringerem Maß, Canessa allerdings weiterhin taten. Und ebenso wie in physischer wurden sie in psychischer Hinsicht verwöhnt. Abends betete man für ihre Gesundheit und ihr Wohlergehen, und jedes Gespräch in ihrer Hörweite war voller Optimismus. Wenn Methol die Ansicht äußerte, das Flugzeug befinde sich inmitten der Anden, vergewisserte er sich erst, daß keiner der Expeditionsteilnehmer in der Nähe war. Wurde dieses Thema überhaupt mit ihnen erörtert, so lag Chile nur ein bis zwei Meilen jenseits des Berges.

Es war vielleicht unvermeidlich, daß die vier bis zu einem gewissen Grad ihre Vorzugsstellung ausnutzten und daß dies Groll auslöste. Sabella mußte Canessa sein zweites Paar Hosen opfern; Francois hatte nur ein Paar Socken, während Vizintín sechs besaß. Fettbrocken, die irgendein Hungriger sorgfältig vom Schnee gereinigt hatte, wurden von Canessa mit den

Worten requiriert: «Ich brauche das zur Stärkung, und wenn ich mich nicht stärke, kommt ihr nie hier raus.» Parrado jedoch nützte seine Position nicht aus; ebensowenig Turcatti. Beide arbeiteten so schwer wie zuvor und zeigten sich gleichermaßen ruhig, herzlich und optimistisch.

Die Expeditionsteilnehmer waren nicht die Führer der Gruppe, sondern eine Kaste für sich, durch ihre Privilegien und Tätigkeiten von den anderen abgesondert. Sie hätten sich zu einer Oligarchie entwickeln können, wäre nicht ihre Macht durch das Triumvirat der Strauch-Vettern unter Kontrolle gehalten worden. Von all den Untergruppen aus Freunden und Verwandten, die vor der Lawine existiert hatten, war ihre als einzige intakt am Leben geblieben. Die «Bande» der Jüngeren hatte Nicolich und Storm verloren; Canessa war jetzt ohne Maspons, Nogueira ohne Platero, Methol ohne seine Frau. Tot war auch Marcelo, der Führer, den ihnen die Außenwelt vererbt hatte.

Die enge Beziehung zwischen Fito Strauch, Eduardo Strauch und Daniel Fernández gab ihnen einen unmittelbaren Vorteil allen anderen gegenüber: nämlich Widerstand zu leisten – zwar nicht dem körperlichen, aber dem seelischen Leiden, das ihre Isolierung in den Bergen verursachte. Außerdem besaßen sie Eigenschaften wie Realismus und praktischen Sinn, die in ihrer grausamen Lage viel nützlicher waren als die Beredsamkeit von Pancho Delgado oder das sanfte Wesen von Coche Inciarte. Der Ruf, den sie, insbesondere Fito, in der ersten Woche erworben hatten, weil sie sich widrigen Tatsachen stellten und unangenehme Entscheidungen trafen, hatte ihnen die Achtung jener gewonnen, deren Leben dadurch gerettet worden war. Fito, der jüngste der drei, genoß den größten Respekt, und zwar nicht nur wegen seiner vernünftigen Ansichten, sondern wegen der Art, wie er die Bergung der von der Lawine Verschütteten im Augenblick der höchsten Panik überwacht hatte. Sein Realismus, zusammen mit seinem starken Glauben an ihre Rettung, ließ viele ihre Hoffnungen in ihn setzen; Carlitos und Roy schlugen vor, ihn anstelle von Marcelo zum Führer zu machen. Doch Fito lehnte die angebotene Auszeichnung ab. Es bestand kein zwingender Grund, den Einfluß der Vettern Strauch zu institutionalisieren.

Von all der schwierigen Arbeit war ihre die schwerste und unangenehmste – Fleisch aus den Körpern ihrer toten Freunde zu schneiden. Selbst so harte Burschen wie Parrado oder Vizintín konnten es nicht über sich bringen. Die Leichen mußten erst aus dem Schnee ausgegraben und dann in der Sonne aufgetaut werden. Die Kälte konservierte sie genauso, wie sie im Augenblick des Todes gewesen waren. Offengebliebene Augen schlossen sie, denn in das Fleisch eines Freundes unter dessen starrem Blick zu schneiden, war fast unmöglich, mochten sie auch noch so überzeugt davon sein, daß die Seele den Körper seit langem verlassen hatte.

Die Strauchs und Fernández schnitten, häufig von Zerbino unterstützt, große Fleischstücke aus einem Körper; diese wurden dann einer anderen Gruppe gereicht, die sie mit Rasierklingen zerkleinerte. Diese Arbeit wurde weniger gescheut, denn wenn das Fleisch einmal abgetrennt war, konnte man leichter vergessen, was es eigentlich war.

Das Fleisch wurde strikt rationiert, was wiederum die beiden Strauchs und Daniel Fernández übernahmen. Die Grundration, die mittags ausgegeben wurde, bestand aus einer kleinen Handvoll, etwa einem halben Pfund. Doch man hatte sich geeinigt, daß diejenigen, die arbeiteten, mehr bekommen konnten, weil sie ja Energie verbrauchten. Die Expeditionsteilnehmer erhielten beinahe soviel, wie sie wollten. Ein Körper mußte stets verzehrt sein, bevor sie sich an den nächsten machten.

Es war notwendig für sie geworden, nahezu jeden Körperteil zu essen. Canessa wußte, daß die Leber Vitamine speicherte; daher nahm er sie für sich und redete den anderen zu, es ihm gleichzutun, bis sie für die Expeditionsteilnehmer reserviert wurde. Nachdem sie ihren Abscheu gegen die Leber überwunden hatten, war es leichter, zum Herzen, zu den Nieren und Eingeweiden überzugehen. Für Uruguayer war das weniger ungewöhnlich, als es vielleicht für einen Europäer oder Nordamerikaner gewesen wäre, denn in Uruguay ist es üblich, bei einem *asado* die Eingeweide oder Lymphdrüsen eines Stiers zu essen. Die losgelösten Fettschichten wurden in der Sonnc getrocknet, bis sich eine Kruste bildete, und dann von allen gegessen. Dieser Energiespender war zwar nicht so beliebt wie das Fleisch, aber ebensowenig rationiert wie die verschiedenen älteren Leichenteile, die im Schnee herumlagen und die sich jeder dörren konnte. Das half, die Mägen der Hungrigen zu füllen, da ja nur die Expeditionsteilnehmer sich am Fleisch satt essen durften. Die anderen gierten ständig nach mehr, waren sich jedoch klar darüber, wie wichtig es war, das Vorhandene zu rationieren. Ausgelassen wurden nur Lungen, Haut, Kopf und Genitalien.

Das waren die Regeln; doch es entwickelte sich nebenbei ein inoffizielles System von stillschweigend geduldeten kleinen Diebereien der Strauchs. Daher war die Arbeit des Zerteilens größerer Fleischstücke so beliebt; hin und wieder konnte man dabei eine Scheibe in den Mund stecken. Jeder tat das, auch Fernández und die Strauchs, und niemand sagte etwas, solange es nicht zu weit ging. Wenn auf jedes zehnte Stück für die anderen eins kam, das in den eigenen Mund wanderte, so war das mehr oder weniger normal. Mangino setzte dieses Verhältnis mitunter auf eins zu fünf oder sechs herab und Páez sogar auf eins zu drei; aber sie taten es nicht heimlich und hörten sofort auf, wenn die anderen sie beschimpften.

Dieses System war wie eine gute Verfassung: in der Theorie fair – und flexibel genug, um die Schwächen der menschlichen Natur zu berücksichtigen. Es ging jedoch zu Lasten derer, die entweder nicht arbeiten konnten oder wollten. Echavarren und Nogueira waren durch ihre gebrochenen, geschwollenen, eitrigen und brandigen Beine ans Flugzeug gefesselt und konnten sich nur gelegentlich aus ihrer Hängematte nach unten schleppen und ins Freie kriechen, um sich zu entleeren und Schnee zu Trinkwasser zu schmelzen. Ausgeschlossen, daß sie Fleisch schnitten oder im Schnee Reste suchten. Delgados Bein war ebenfalls gebrochen, und Inciartes Bein eiterte. Methol litt immer noch unter der Höhenkrankheit, Francois und Roy Harley waren bis zu einem gewissen Grade verkrüppelt, nicht körperlich, sondern was ihren Willen betraf. Sie hätten arbeiten können, aber der Schock des Absturzes oder, in Harleys Fall, das durch die Lawine und die mißglückte Probeexpedition ausgelöste Trauma hatten anscheinend jede Entschlußfähigkeit zerstört. Sie hockten einfach in der Sonne.

Die Arbeitenden empfanden wenig Mitgefühl denen gegenüber, die sie für Parasiten hielten. Unter derart extremen Verhältnissen erschien Lethargie kriminell. Vizintín meinte, wer nicht arbeite, solle überhaupt nichts zu essen bekommen. Die anderen waren sich darüber klar, daß sie ihre Gefährten am Leben erhalten mußten, sahen aber keinen Grund, darüber hinaus mehr zu tun. Ebenso hart beurteilten sie die Drückeberger. Manche waren der Auffassung, Nogueiras Beine seien gar nicht gebrochen, und er bilde sich die Schmerzen, die er spürte, nur ein. Auch Delgado verdächtigten sie, er übertreibe die Schmerzen in seinem gebrochenen Oberschenkel. Letzten Endes hatte sich ja Mangino ebenfalls das Bein gebrochen und arbeitete trotzdem beim Fleischschneiden mit. Methols Höhenkrankheit oder Francois' erfrorenen Füßen schenkten sie wenig Beachtung. Als Folge davon fanden die «Parasiten» zusätzliche Rationen nur in den Reserven ihrer eigenen Körperzellen.

Einigen fiel es weiterhin schwer, rohes Menschenfleisch zu essen. Während die anderen inzwischen auch Leber, Herz, Nieren und Eingeweide ohne Ekel essen konnten, verschmähten Inciarte, Harley und Turcatti immer noch das rote Fleisch der Muskeln. Nur gekocht fanden sie es leicht eßbar; und jeden Morgen sah Inciarte zu Páez hinüber, der dieses Ressort innehatte, und fragte: «Carlitos, kochen wir heute?»

Carlitos antwortete dann: «Keine Ahnung. Das hängt vom Wind ab.»

Denn sie konnten nur bei klarem Wetter ein Feuer anzünden. Aber es spielten noch andere Faktoren eine Rolle. Der Holzvorrat war begrenzt; als sie sämtliche Coca-Cola-Kisten verbrannt hatten, gab es nur noch dünne Holzleisten, die einen Teil der Innenwand des Flugzeugs bildeten. Außerdem war Canessas Argument zu bedenken, daß Proteine bei zu hohen Hitzegraden verlorengehen, und ebenso Fitos Einwand, beim Braten schrumpfe das Fleisch zusammen, und so bliebe weniger zu essen. Daher wurde, je nach Wetter, nur ein- bis zweimal wöchentlich gekocht, und bei diesen Gelegenheiten hielten sich die weniger Anspruchsvollen zurück, so daß die anderen mehr bekamen.

3

In den zehn Tagen zwischen der Wahl der vier Expeditionsteilnehmer und dem 15. November, dem erhofften «Frühlingsanfang», machten die neunzehn Überlebenden sowohl als Gruppe wie auch als Einzelwesen eine Wandlung durch.

So hatte sich beispielsweise Parrado, vor dem Absturz ein einfältiger, schüchterner Möchtegern-Playboy, jetzt zum Helden entwickelt. Sein Mut, seine Kraft und Selbstlosigkeit machten ihn zum Beliebtesten von allen. Er war stets am entschlossensten, den Bergen und der Kälte zu trotzen und in bewohnte Gegenden aufzubrechen; daher setzten die Jüngeren, Schwächeren oder weniger Bestimmten ihr ganzes Vertrauen in ihn. Er tröstete sie auch, wenn sie weinten, und übernahm viele der eintönigen Arbeiten, von denen er als Expeditionsteilnehmer offiziell befreit war. Niemals schlug er eine Aktion vor, ohne gleichzeitig aufzustehen und sie in die Tat umzusetzen. Und als eines Nachts die Schutzwand im heftigen Sturm teilweise einstürzte, war es Parrado, der aus den Decken hervorkroch, um sie wieder aufzubauen. Er kehrte so eiskalt zurück, daß die rechts und links von ihm Schlafenden ihn klopfen und massieren mußten, damit sein Blutkreislauf wieder in Gang kam. Als jedoch eine halbe Stunde später die Schutzwand wieder einstürzte, stand Parrado abermals auf und reparierte den Schaden.

Er hatte nur zwei schwache Stellen. Die erste war seine Entschlossenheit zu entkommen. Hätte er seinen Willen durchgesetzt, wäre er unmittelbar nach der Lawine ohne richtige Vorbereitung aufgebrochen. Anderen gegenüber hatte er Geduld, den Verhältnissen gegenüber jedoch nicht; er war außerstande, die Lage so objektiv zu beurteilen wie Fito Strauch. Wenn die anderen ihn hätten gehen lassen, als er es wollte, hätte er nicht überlebt.

Seine zweite Schwäche war die Gereiztheit, die Roy Harley in ihm hervorrief. Es erbitterte ihn, daß jemand, der körperlich fit und kräftig war, ständig heulte; andere jedoch, die ihre jammervolle Lage auf ähnliche Weise fertiggemacht hatte, fanden hauptsächlich bei Parrado Trost. Er war schlicht, warmherzig, aufrichtig, optimistisch und gutmütig. Selten, wenn überhaupt, fluchte und schimpfte er, deshalb war er auch ein bevorzugter Schlafgefährte.

Nach Parrado war Numa Turcatti der allgemein Beliebteste. Von Anfang an hatte er sich mit seinem kleinen, muskulösen Körper in den Dienst der gemeinsamen Sache gestellt. Die Expeditionen vor der Lawine hatten ihn geschwächt, und als Algorta mit ihm zur Tragfläche geklettert war, bemerkte er, daß Numa nicht mehr die gleiche Energie zeigte. Auch seine Abneigung gegen rohes Fleisch bestand weiter. Da er vor dem Abflug aus Montevideo nur wenige von den anderen gekannt hatte, war es ein Beweis für seine Stärke, Einfachheit und den vollständigen Mangel an Bösartigkeit, daß er so von ihnen geliebt und geachtet wurde. Alle meinten, wenn er und Nando einen Vorstoß unternähmen, würde er gelingen.

Die beiden anderen Expeditionsteilnehmer riefen nicht dieselben Gefühle hervor. Man erkannte an, daß Canessa gute Ideen gehabt hatte, etwa die Fertigung der Decken und Hängematten, mit denen die Verhältnisse im Flugzeug wesentlich verbessert worden waren. Er wußte Bescheid über Eiweiß und Vitamine und hatte sich nachdrücklich dafür eingesetzt, daß sie sich vom Fleisch der Toten ernährten. Andererseits hatte sein medizinisches Renommee, das bei der Operation von Platero beachtlich gewesen war, gelitten, nachdem er eines der Geschwüre an Inciartes Bein aufgeschnitten und die Infektion sich daraufhin verschlimmert hatte.

Es war Canessas Persönlichkeit, die es erschwerte, mit ihm zu leben. Er war nervös und verkrampft, bekam bei dem geringsten Anlaß Wutanfälle, stieß mit seiner Fistelstimme lautstarke Flüche und Beschimpfungen aus. Manchmal war er tapfer und selbstlos, häufiger jedoch ungeduldig und stur. Seinen Spitznamen «Musculo» hatte er nicht wegen seiner körperlichen Kraft, sondern wegen seiner Sturheit erhalten. Auf dem Rugbyfeld bedeutete das exzentrisches Spiel; im Flugzeug, daß er über sämtliche schlafende Gefährten hinwegstieg und sich da hineinzwängte, wo es ihm beliebte. Er tat, was er wollte, und niemand konnte ihn daran hindern. Nur Parrado hatte einigen Einfluß auf ihn. Die Strauchs hätten eine gewisse Kontrolle ausüben können, aber sie wollten sich nicht mit einem der Expeditionsteilnehmer verfeinden.

Vizintín war nicht so bestimmt und dominierend wie Canessa, aber noch egozentrischer, und er besaß nicht dessen ausgleichende Eigenschaften wie Erfindungsgabe und Geschicklichkeit. Bei der Probeexpedition hatte er Mut gezeigt, nach der Rückkehr aber benahm er sich verzogen und kindisch. Er stritt mit jedem, vor allem mit Inciarte und Algorta; seine einzige Arbeit bestand darin, daß er Schnee für sich schmolz und ein paar Kleinigkeiten erledigte, die ihn interessierten; er machte für alle Expeditionsteilnehmer Fäustlinge aus Sitzbezügen und etliche Sonnenbrille nach Fitos Modell. Nachts weinte er.

Canessa war der einzige, der unbeschränkte Gewalt über Vizintín hatte, geliebt aber wurde er von Mangino. Es war, als hätten die drei empfindlichsten und aggressivsten Jungen – alle neunzehn Jahre alt – eine kleine Gewerkschaft gebildet. Mangino fühlte sich isoliert; wie Turcatti hatte auch er nur wenige der anderen Jungen vorher gekannt; daher hatte er jetzt auch keine Hemmungen, ihnen zu sagen, sie sollten sich zum Teufel scheren. In den Tagen nach dem Absturz war er egoistisch und hysterisch gewesen, arbeitete aber trotz seines gebrochenen Beins mehr für die Gruppe als die meisten, und einige der anderen – insbesondere Canessa und Eduardo Strauch – empfanden ihm gegenüber Beschützergefühle.

Bobby Francois war ein anderer Fall; bei ihm galt seine Jugend als Entschuldigung für seine Fehler, an erster Stelle seine Lethargie. Ihm fehlte anscheinend jeder angeborene Selbsterhaltungstrieb; von dem Augenblick an, als er sich nach dem Absturz in den Schnee gesetzt und mit der nonchalanten Bemerkung «Da haben wir den Salat» eine Zigarette angezündet hatte, benahm er sich, als sei das Überleben nicht der Mühe wert. Er war schon vor dem Abflug träge gewesen – sein Spitzname war «Fatty» –, hier aber war Faulheit selbstmörderisch. Sich selbst überlassen wäre er zweifellos gestorben. Er arbeitete nicht, sondern saß in der Sonne und schmolz Schnee zu Trinkwasser, wenn er dazu gezwungen wurde. Sonst hockte er nur da und rieb sich die Füße, die durch die Lawine schwere Erfrierungen abbekommen hatten. Rutschte ihm nachts die Decke weg, raffte er sich nicht einmal dazu auf, sie wieder zurückzuziehen; das tat ein anderer. Einmal mußte Daniel Fernández ihm die Füße massieren, um Brand zu verhüten.

Es kam eine Zeit, da die Vettern so wütend über Bobbys Lethargie wurden, daß sie ihn zur Arbeit zwingen wollten. Sie erklärten ihm, wenn er nichts täte, bekäme er auch nichts zu essen. Bobby zuckte bloß die Achseln, blickte mit seinen schönen großen Augen traurig zu ihnen hoch und sagte: «Ja, das ist nur gerecht.» Aber er tat an jenem Morgen so wenig wie zuvor, und bei der mittäglichen Essensverteilung stellte er sich nicht mit seinem Teller in der Schlange an. Es schien ihm gleichgültig zu sein, ob er lebte oder starb, und er war es durchaus zufrieden, daß die anderen die Entscheidung für ihn trafen. Dazu waren sie natürlich nicht bereit. Ihr Versuch war gescheitert, Bobby erhielt jedenfalls seine Ration.

Von den älteren, kräftigen Jungen verhielt sich Eduardo Strauch ebenso wie Parrado freundlich gegenüber den jungen, schwachen: zu Mangino, Francois und Moncho Sabella. Zwar war Moncho nicht verletzt, doch schwächer als die meisten anderen und von Natur aus nervös. Er hatte sich zur Zeit des Unglücks bewährt – Nicolich war der Ansicht, er habe ihm das Leben gerettet –, und er hätte sich ihnen gerne durch Mut und harte Arbeit als ebenbürtig erwiesen, doch es fehlte ihm einfach an Kräften. Und so wurde er zu einem der Statisten, die in der Sonne saßen, rauchten, schwatzten und Schnee schmolzen, während andere im Mittelpunkt der Bühne standen.

Auch Javier Methol gehörte zu den Statisten. Er war ständig benommen, da die Höhenkrankheit ihm weiterhin zu schaffen machte. Er redete viel, stotterte aber und beendete seine Sätze nie. Die anderen, die alle mindestens zehn Jahre jünger waren als er, betrachteten ihn als komische Figur. Sie nannten ihn «Dumbo», weil er ihnen erzählt hatte, daß dies als Kind sein Spitzname gewesen war, und lachten ihn aus, wenn er schwerfällig durch den Schnee stapfte.

Außerdem spielten sie ihm Streiche, auf die er willig einging. Er übertrieb seinen Zustand noch, weil er wußte, daß es die Jungen amüsierte und sie bei Laune hielt. Zum Beispiel gab einer von ihnen vor, noch nie ein Sahnetörtchen gegessen zu haben, worauf Methol mit einer ausführlichen, detaillierten Beschreibung dieses Backwerks begann.

War er dann am Ende der Beschreibung angelangt, sagte ein anderer Junge zu ihm:

«Wovon redest du, Dumbo?»

«Ich beschreibe ein Sahnetörtchen.»

«Ein Sahnetörtchen. Was ist denn das?»

«Was, das weißt du nicht? Also, es ist rund, ungefähr so groß ...» und begann mit einer zweiten Beschreibung. War er dann auch damit zu Ende, meldete sich ein dritter Junge und behauptete ebenfalls, noch nie ein Sahnetörtchen gegessen zu haben.

Methols Spezialität war es, Öl von Fettstückchen wegzuschaben, es zu sammeln, und als Abführmittel zu benutzen. Er war auch verantwortlich für das Schleifen der Messer, die er entweder an anderen Messern oder an Felsstücken wetzte. Er stellte erst für Canessa, dann für sich selbst Sonnenbrillen her, und zwar aus Plastik und Zelluloid, die aus dem Cockpit stammten. Dabei bemerkten die Jungen, daß er aus dem Material nur eine Linse schnitt. Dies war für sie der erste Hinweis, daß er nur auf einem Auge sah.

Methol pflegte die Jungen zu trösten, wenn sie unglücklich waren. Das tat auch Coche Inciarte, dem die Gruppe ebensoviel Zuneigung entgegenbrachte wie Parrado und Turcatti. Die beiden waren jedoch Expeditionsteilnehmer und standen deshalb etwas über den anderen, während Coche ihre Schwächen verstand, weil er selbst schwach war. Er hatte hin und wieder gearbeitet, bis er sich die Infektion am Bein zuzog; danach tat er nichts mehr. Es war ihm gleichgültig, daß er eine kleinere Portion bekam, denn er mochte das Fleisch nicht, wenn es roh war. Er dachte nie ernsthaft über ihre kritische Situation nach, sondern verbrachte den Tag mit Träumereien von seinem Leben in Montevideo. Zwar entrüsteten sich die anderen oft über seine Untätigkeit, aber sie hatten ihn zu gern, um wütend auf ihn zu sein. Er hatte einen sehr offenen, ehrlichen Charakter: gütig, sanft, friedlich und humorvoll. Niemand konnte seinem lauteren, lächelnden Blick widerstehen, auch wenn es der Zweck dieses Blickes war, eine Zigarette oder ein zusätzliches Stück Fleisch zu erbetteln.

Pancho Delgado wiederum war zwar kein geringerer Parasit als Inciarte, besaß aber nicht dessen Vorteile: ein offenes Wesen und die alte Freundschaft mit Fito Strauch. Er verfügte über eine beachtliche Beredsamkeit und Charme und war mit Hilfe dieser Gaben bislang gut durchs Leben gekommen. So hatte er beispielsweise die Sartoris, die zunächst so gegen seine Verlobung mit ihrer Tochter gewesen waren, umgestimmt durch Blumensträuße und Geschenke für die Kinder, die er stets bei seinen Besuchen mitbrachte.

Auf dem Berg gab es keine Blumen, und Charme und Beredsamkeit waren unter so extremen Verhältnissen keine gefragten Eigenschaften. Tatsächlich kehrte sich die Eloquenz, die Pancho gezeigt hatte, jetzt gegen ihn. Die anderen verziehen ihm seinen leichtfertigen Optimismus nicht. Er war einer der ältesten und hätte soviel Verstand haben sollen zu wissen, daß man Hoffnungen nicht ohne guten Grund erweckte. Als er ihnen daher erklärte, er könne wegen seines Beins nicht arbeiten, glaubten ihm einige nicht und qualifizierten ihn als Drückeberger ab.

Eine gefährliche Stimmung. Wenn eine Gruppe unter Streß steht, sucht sie nach einem Sündenbock, und Pancho bot sich dafür geradezu an. Er war kein Old Christian. Sein einziger Freund von früher war Numa Turcatti, dessen noble Art ihn nicht erkennen ließ, was vor sich ging. Alle anderen, die sich nicht tüchtig ins Zeug legten, waren irgendwie geschützt: Methol durch seine Verfassung, Mangino, Sabella, Harley und Francois durch ihre Jugend, Inciarte durch seine Gutmütigkeit. Zudem spiegelte Inciarte nicht vor, etwas anderes zu sein als das, was er war, während Delgado bereits die Mentalität eines Rechtsanwalts hatte. Er spielte im Leben, als ginge es um Poker, erkannte aber nicht, daß er in diesem Augenblick schlechte Karten hatte. Sein Blatt war so schwach, weil er Hunger hatte und weil er, nahezu allein unter den neunzehn, weder selber klauen noch auf Freunde oder Beschützer zählen konnte, die es für ihn taten. Eine Situation, die noch schlimmer werden sollte.

Die Wirkung der Probeexpedition auf Roy Harley und Carlitos Páez war ganz anders, als man hätte erwarten sollen. Roy, der eine bessere Leistung vollbracht hatte als Carlitos, baute sichtlich ab. Daß er als Teilnehmer für den Ernstfall abgelehnt wurde, gab ihm das Gefühl, er habe seine Gefährten enttäuscht, und das wirkte sich so bald nach dem Tod seines Freundes Nicolich ebenso lähmend auf seine Psyche aus, wie es ein Knochenbruch physisch getan hätte. Er wurde labil, weinte, wenn ihn jemand scharf anredete, und sprach mit hoher, greinender Stimme wie ein launisches Kind. Außerdem war er faul und egoistisch und konnte nur durch Flüche und Beschimpfungen dazu gebracht werden, überhaupt etwas zu tun.

Bei Carlitos wiederum war es genau umgekehrt. Der verwöhnte Weichling und Feigling wurde zunehmend verantwortungsbewußt und arbeitete immer schwerer. Er half nicht nur beim Fleischschneiden, sondern übernahm auch die Aufgabe, abends den Eingang zuzumachen.

Carlitos besaß durchaus negative Eigenschaften. Er war herrschsüchtig, zänkisch und klaute mehr als jeder andere; dennoch wirkte sich sein Persönlichkeitswandel einmalig auf die Moral der Gruppe aus. Obwohl er der jüngste war, erinnerte er mit seiner untersetzten Statur und der rauhen Stimme an einen riesigen Teddybär. Seine Denkweise war naiv, seine Diktion großspurig und sein Verhalten oft unverantwortlich – so verlor er dauernd Feuerzeuge und Messer im Schnee –, und trotzdem zauberte der bloße Gedanke an Carlitos hier genau wie in Montevideo ein Lächeln auf alle Lippen. Das lag weniger an seinen Witzen, sondern an der komischen Wirkung seiner gesamten Persönlichkeit. Eine wichtige Gabe, da ja sonst kaum etwas Erheiterndes existierte.

Carlitos Páez gehörte zur zweiten Rangstufe im Machtgefüge. Mit Algorta und Zerbino bildete er die Hilfstruppe von Daniel Fernández und den Vettern Strauch. Sie waren die Unteroffiziere, die von oben Befehle erhielten und sie nach unten weitergaben. Besonders Gustavo Zerbino neigte dazu, den Älteren zu schmeicheln und die Jüngeren zu tyrannisieren, obwohl er selber mit neunzehn Jahren einer der Jüngsten in der Gruppe war. Er war gütig, aber verkrampft. Wie Canessa regte er sich leicht übermäßig auf und geriet in hysterische Wut, etwa wenn jemand seinen Platz gegenüber Daniel Fernández einnahm. An ihn schloß er sich besonders an. Wenn Fernández ihn um eine seiner Hosen bat, gab er sie ihm; tat Vizintín dasselbe, fuhr ihn Zerbino an: «Scher dich zum Teufel, du dreckiger Kerl. Such dir doch selber eine.»

Gemeinsam mit Fernández übernahm Zerbino die Verantwortung dafür, das Geld und die Dokumente der Toten einzusammeln und aufzubewahren. Außerdem ging er sämtlichen Verstößen nach wie beispielsweise nächtlichen Ruhestörungen. Dafür wurde er manchmal «der Detektiv» genannt. Vor dem Absturz war sein Spitzname «Ohr» gewesen, der jedoch in «Caruso» geändert wurde, als sich bei einem Gespräch über Essen herausstellte, daß Zerbino noch nie *cappelletti alla Caruso* – eine Art Ravioli mit einer Soße, die nach dem Tenor Enrico Caruso benannt wird – gegessen hatte und nicht einmal wußte, was das war. Sein freundliches, einfaches Wesen machte es leicht, ihn aufzuziehen. Mitunter lachten die anderen ihn aus, weil er am späten Abend oder frühen Morgen Sonne und Mond nicht unterscheiden konnte. Außerdem war er durch und durch pessimistisch. Wenn Fito ihn hinausschickte, nach dem Wetter zu sehen, kehrte er stets mit der Antwort zurück: «Es ist bitterkalt, und ein Blizzard ist im Anzug.»

Dann wandte sich Fito an Carlitos und sagte: «Geh du mal nachschauen, Carlitos.» Und Carlitos, ein Optimist, kam zurück und berichtete: «Es schneit ein bißchen, aber das wird nicht lange dauern. In einer halben Stunde haben wir einen klaren blauen Himmel.»

Pedro Algorta war in einer Heldenrolle kaum vorstellbar. Den Kriterien zufolge, die bei einigen den Lebensmut sinken ließen, hätte er der erste sein müssen, der zusammenbrach. Seine Ausbildung hatte er zwar mit den anderen im Stella-Maris-College begonnen, sie aber in Santiago und Buenos Aires fortgesetzt (weil sein Vater dorthin versetzt wurde), und er kannte daher die neunzehn anderen nur wenig. Von seinen zwei Freunden war einer, Felipe Maquirriain, tot, und der andere, Arturo Nogueira, lag aktionsunfähig und verbittert in seiner Hängematte.

Algorta hatte mehrere Eigenschaften, die ihn von den übrigen hätten absondern können. Er war schüchtern, introvertiert und Sozialist, sie dagegen temperamentgeladen, extravertiert und konservativ. In Uruguay hatte er für die *Frente Amplio* gearbeitet, eine Art Volksfront, die sich bei den kürzlichen Präsidentschaftswahlen erstmals den Wählern präsentiert hatte. Daniel Fernández und Fito Strauch wiederum gehörten beide dem *University National Movement* (MUN) an, das Wilson Ferreira (einen liberalen *Blanco*) unterstützte. Eduardo Strauch war ein Anhänger von Batlle (einem konservativen *Colorado),* während Carlitos Páez für den reaktionären *Blanco* General Aguerrondo votiert hatte.

Ein weiterer Nachteil für Algorta war seine Gedächtnislücke. Er konnte sich immer noch nicht erinnern, was in den Tagen vor dem Absturz geschehen war. Einmal lief er voller Freude im Flugzeug herum, als Inciarte ihm erzählte, eine argentinische Mannschaft habe die Fußballmeisterschaft gewonnen, was überhaupt nicht stimmte. Bedenklicher war, daß Algorta restlos vergessen hatte, aus welchen Motiven er nach Chile wollte. Sein Interesse hatte nicht nur den preiswerten volkswirtschaftlichen Lehrbüchern oder dem Studium des lateinamerikanischen Sozialismus aus erster Hand gegolten, sondern vielmehr einem Mädchen namens Anna Luisa, das er kennengelernt hatte, als er in Santiago lebte. Damals hatte er sie zu lieben geglaubt, aber dazwischen lagen anderthalb Jahre, in denen sie sich nicht gesehen hatten, und ihr Briefwechsel konnte ihre Gefühle nicht auf dem Grad halten, den er sich ersehnt hatte. Sein Ziel war es gewesen, ihre Beziehung auf die eine oder andere Weise zu regeln, jetzt jedoch hatte er vergessen, daß sie überhaupt existierte. Tatsächlich war einer der Gründe, weshalb er jetzt nach Montevideo zurückkehren wollte, der, sich dort eine Freundin zu suchen.

Sein Verstand war rege genug, ihn erkennen zu lassen, daß er arbeiten mußte, um zu überleben, und seine Anstrengungen fanden die Billigung der Vettern, insbesondere von Fito. Algorta fühlte sich weiterhin ein wenig ausgeschlossen – vor allem, weil er sich nicht am Gespräch beteiligen konnte, das sich so häufig um Landwirtschaft drehte –, aber doch nicht so sehr, daß er sich ernstlich isoliert fühlte.

Die drei, die diese kleine Gemeinde regierten, Eduardo und Fito Strauch und Daniel Fernández, unterschieden sich als Individuen nicht nennenswert von den anderen. Sie beherrschten die Gruppe durch ihre vereinte Kraft, wobei sie sich gegenseitig bestärkten.

Daniel Fernández zum Beispiel war nach Methol der älteste

der Überlebenden und sich der Verantwortung bewußt, die ihm das auferlegte. Für sein Alter von sechsundzwanzig Jahren war er reif; er arbeitete schwer, um die Kabine in Ordnung zu halten, die Dokumente einzusammeln und die Verteilung von Feuerzeugen und Messern zu kontrollieren. Er massierte Bobby Francois die erfrorenen Füße (deshalb versprach Bobby, sein Sklave zu sein, wenn sie nach Montevideo zurückkehrten) und ermahnte Canessa, nicht an Coches infiziertem Bein herumzudoktern. Wenngleich vom Temperament her schüchtern, redete Daniel gern und erzählte Geschichten. Er war ruhig, verantwortungsbewußt und fair. Die einzigen Eigenschaften, die ihm fehlten, waren körperliche Kraft und persönliches Durchsetzungsvermögen.

Eduardo Strauch hatte zwar den Spitznamen «der Deutsche», war aber in vielen Punkten weniger deutsch als seine beiden Vettern. Er glich seiner Mutter – einer Urioste – und war von kleinerer Statur als Fito. Er hatte ein gewinnendes Auftreten und ein angenehmes Äußeres. Vielleicht war er durch seine Reisen in Europa weltgewandter und aufgeschlossener als die anderen. Im allgemeinen gab er sich ruhig, konnte jedoch auch in leidenschaftliche Wut geraten. Er neigte zur Herrschsucht – insbesondere Páez gegenüber –, aber genau wie Fito begegnete er den jüngeren, provozierenderen Gefährten wie Mangino, Sabella und Francois mit Freundlichkeit.

Fito Strauch war leichter erregbar als Eduardo, flößte der Gruppe aber mehr Vertrauen ein. Wenn sie über ihre mißliche Lage Betrachtungen anstellten, war seine Meinung immer die positivste, sein Urteil das klarste. Außerdem kam ihm das Verdienst zugute, die Sonnenbrillen erfunden zu haben, die sie brauchten, um ihre Augen gegen das blendende Licht zu schützen. Er holte dafür zunächst sämtliche Sonnenblenden aus dem Cockpit, die aus getöntem Plexiglas bestanden, schnitt jeweils zwei kleine Kreise heraus und nähte sie in eine Fassung aus Plastik. Dazu verwendete er den Deckel eines Ordners, der den Flugplan enthielt.

Fito war gleichfalls nicht frei von Schwächen. Mangino reizte ihn ebenso wie Daniel Fernández. Abends, wenn sie sich zum Schlafen hinlegten, stritt er sich oft mit Eduardo. Einmal wurde er so wütend auf Algorta, weil dieser nachts auf ihn gerollt war, daß er aufsprang und ihn anschrie: «Du bringst mich um, du bringst mich um!» Algorta schlug kurz die Augen auf und sagte: «Aber Fito, was fällt dir ein ...» und schlief dann weiter.

4

Das System, das sich entwickelt hatte, funktionierte gut. Wie in der Verfassung der Vereinigten Staaten gab es Kontrollen, Gegenkontrollen und damit eine ausbalancierte Gewaltenteilung. Die Vettern Strauch mit ihren Hilfstruppen grenzten die Macht der Expeditionsteilnehmer ein und umgekehrt. Beide Gruppen respektierten einander, und beide handelten mit dem stillschweigenden Einverständnis aller.

Zwei unter ihnen konnten wegen der Verletzungen, die sie bei dem Absturz erlitten hatten, in der Gruppe keine Rolle spielen – Rafael Echavarren und Arturo Nogueira. Beide schliefen in der Hängematte, die Canessa gemacht hatte, und verließen das Flugzeug nur selten. Das Gehen bereitete ihnen zu heftige Schmerzen, und sich in den Schnee hinauszuschleppen, überstieg beinahe die ihnen verbliebene Kraft.

In bezug auf Hintergrund und Temperament waren die zwei durch und durch verschieden: der einundzwanzigjährige Nogueira war ein linker Student der Volkswirtschaft, Echavarren ein konservativer Milchfarmer. Ihre Wertbegriffe gingen weit auseinander, und es war unwahrscheinlich, daß sie sich auf ihrem Schmerzenslager näherkamen, denn bei Nacht verursachte schon die leiseste unwillkürliche Bewegung des einen dem anderen Höllenqualen.

Rafael Echavarren, von baskischer Abstammung, war von offenem, tapferem Wesen. Sein Bein befand sich in erschreckendem Zustand; der weggerissene Wadenmuskel war zwar wieder an seinen Platz geschoben worden, aber die Wunde eiterte. Noch schlimmer wurde sein Zustand dadurch, daß er nachts weder das Bein noch die Füße bewegen konnte; daher verfärbten sich die Zehen zunächst purpurrot und dann schwarz, als sie Frostbeulen bekamen. Bei Tag bat er die anderen, den Blutkreislauf wieder in Gang zu bringen. «*Patroncito*», sagte er zu Daniel Fernández, «würdest du mir wohl die Beine massieren? Sie sind so taub, daß ich sie überhaupt nicht mehr spüre.» Und wenn Daniel fertig war, sagte Rafael: «Ich verspreche dir, Fernández, wenn ich hier rauskomme, kriegst du von mir bis an dein Lebensende so viel Käse, wie du haben willst.»

Seine Entschlossenheit, dem Schicksal zu entrinnen, war unerschütterlich. Jeden Morgen sagte er zu sich: «Ich bin Rafael Echavarren, und ich schwöre, ich werde zurückkehren.» Wenn jemand vorschlug, er solle einen Brief an seine Eltern oder seine Verlobte schreiben, antwortete er: «Nein, ich erzähle ihnen alles, wenn ich zurückkomme.» Diese Zuversicht machte ihn bei den anderen beliebt; ebenso seine Offenheit und Ehrlichkeit. Stieß einer gegen sein Bein, fluchte und schimpfte er und entschuldigte sich gleich darauf. Er brachte sie zum Lachen, indem er eine leere Bonbonschachtel verspeiste, und unterhielt sie mit der Schilderung, wie er auf seiner Farm Käse zubereitete.

Sein Zustand verschlechterte sich. Das Bein war dick vereitert, und die schwarze Haut über dem brandigen Fleisch reichte von den Zehen bis zum Spann. Eines Morgens bat er die ganze Gruppe um Aufmerksamkeit; seine Stimme klang fest und optimistisch wie immer, als er ihnen mitteilte, daß er sterben werde. Sie widersprachen, doch er blieb dabei. Er sage ihnen das, weil er wolle, daß die Überlebenden seiner Familie seine letzten Wünsche übermittelten, und zwar solle sein Motorrad an seinen Verwalter und sein Jeep an seine Verlobte gehen. Die anderen protestierten abermals, und am folgenden Tag war seine Untergangsstimmung verflogen. Er gehörte wieder zu den Zuversichtlichsten.

Arturo Nogueira befand sich in besserer körperlicher Verfassung als Echavarren, psychisch jedoch war er am schlimmsten von allen dran. Schon vor dem Unglück war er ein spröder, schwieriger Mensch gewesen – sogar seiner Familie gegenüber verschlossen und schweigsam. Seine Verlobte, Inés Lombardero, hatte es als einzige verstanden, ihn dieser Introvertiertheit zu entreißen. Sie hatte selber viel durchgemacht – einer ihrer Brüder war mit zwei anderen Jungen ertrunken, als ihr Kanu vor der Küste von Carrasco kenterte, und ihre Eltern hatten sich scheiden lassen. Bei Arturo fand sie Trost.

Daneben kannte er nur noch eine Leidenschaft, die Politik. Sein ausgeprägter Sinn für Gerechtigkeit machte ihn zu einem militanten Idealisten – manchmal Sozialisten, manchmal sogar Anarchisten. Die römisch-katholische Kirche hatte er mehr oder minder zugunsten seiner politischen Utopien aufgegeben. Wie Zerbino hatte er auf Geheiß der Jesuiten in den Slums von Montevideo gearbeitet, jetzt war er aber davon überzeugt, daß Armut und Unterdrückung mit radikaleren Lösungen beseitigt werden müßten.

Er lag im Flugzeug, seine großen grünen Augen blickten starr aus dem abgezehrten Gesicht, auf dem Kinn sproß ein kleiner Bart. Es gab eine Zeit, in der er ein gewisses Interesse an ihrer Misere – vor allem an ihrer genauen Position in den Anden – bekundet und die Rolle des Kartographen übernommen hatte. Doch als die Tage verstrichen, schwand seine Zuversicht, und die Landkarten wurden beiseite gelegt. Er erinnerte sich, als Kind vorausgeahnt zu haben, daß er mit einundzwanzig Jahren sterben würde. Zu Parrado äußerte er, daß er sich über seinen bevorstehenden Tod durchaus im klaren sei.

Schlimmer als diese Verzweiflung war seine Isolierung innerhalb der Gruppe. Den anderen gegenüber war er verletzend und launenhaft, und niemand machte sich unter den herrschenden Umständen die Mühe, diesen Abwehrpanzer zu durchdringen. Sein einziger enger Freund war Pedro Algorta, der jedoch selber von Isolierung bedroht und nicht in der Lage war, Arturo gegen dessen Willen zu integrieren.

Sein Widerstand den anderen gegenüber hatte weitgehend politische Motive. Er und Echavarren stritten sich scheinbar über Decken und die Lage ihrer Füße, aber die unterschwellige Divergenz in ihren Anschauungen brachte eine bittere, scharfe Note in diese Auseinandersetzungen. Einmal kam es zu einem Ausbruch, als Páez die anderen mit Geschichten von seinem Vater unterhielt. Er erzählte, daß Páez Vilaró mit Gunther Sachs in Afrika gewesen war und daß Gunther Sachs sie mit Brigitte Bardot in Punta Ballena besucht hatte.

«He, Arturo, was hältst du denn davon?» fragte Canessa.

«Das interessiert mich alles nicht», antwortete Arturo. «Ich bin Sozialist.»

«Du bist kein Sozialist, sondern ein Dummkopf», sagte Canessa. «Hör doch auf, den harten Burschen zu spielen.»

«Ihr seid alle Oligarchen und Reaktionäre», entgegnete Arturo gereizt, «und ich lehne es ab, in einem Uruguay zu leben, in dem eure materialistischen Wertbegriffe regieren – besonders deine, Páez!»

«Ich hör' überhaupt nicht zu», sagte Carlitos.

«Du magst Sozialist sein», sagte Inciarte, vor Empörung stotternd, «aber außerdem bist du Mensch, und genau das zählt hier oben.»

«Kümmere dich nicht um sie», sagte Algorta zu Nogueira. «Das ist doch alles so unwichtig.»

Nogueira verstummte, und später sagte er zu Páez, daß er seine Worte bedaure.

Selbst wenn die Sonne schien, blieb Nogueira im Flugzeug. Er fing Wasser auf, das durch ein Loch im Dach tropfte, oder Algorta, Canessa und Zerbino brachten ihm Wasser von draußen. Sie sprachen mit ihm über seine Angehörigen und versuchten, ihn dazu zu bringen, nach draußen zu gehen, weil sie argwöhnten, seine Beinverletzungen seien eingebildet. Aber was die Freunde auch unternahmen, um ihn aufzumuntern, es nutzte alles nichts.

Im Flugzeug war es kalt, dunkel und feucht. Wer drinnen blieb, atmete nur diese dumpfe Luft. Nogueira wurde schwächer, und erst nach einer Woche merkten die anderen, daß er seine Fleischration nicht gegessen hatte. Darauf brachte Algorta sie ihm und steckte ihm die kleinen Stücke in den Mund.

Fito Strauch und Parrado wurde schließlich klar, daß die Isolierung Nogueira umbringen würde. Parrado kam herein, um mit ihm zu reden. «Möchtest du hierbleiben?» fragte er ihn. «Hierbleiben» war ihre Umschreibung für den Tod.

«Ich weiß, daß es so kommt», antwortete Arturo.

«Das ist Quatsch», widersprach Nando. «Zum Geburtstag von Inés hol' ich dich hier raus. Du wirst schon sehen.»

Als sie sich eines Abends zum Schlafen hinlegten, fragte Arturo, ob er den Rosenkranz vorbeten könne. Sie waren einverstanden, und Páez reichte ihm seinen Rosenkranz. Arturo betete zu Gott – für ihre Angehörigen, ihr Vaterland, für ihre toten Freunde und für die Anwesenden. In seiner Stimme lag so viel Gefühl, daß die anderen achtzehn – von denen manche im Rosenkranzbeten ein Mittel zum Einschlafen sahen wie das Schafezählen – plötzlich Achtung und Zuneigung für Nogueira empfanden. Als er den Rosenkranz beendet hatte, schwiegen alle; man hörte nur ihn in der Hängematte weinen. Pedro blickte zu ihm hinauf und fragte nach dem Grund. «Weil ich Gott so nahe bin», erwiderte Arturo.

Unter seinen Habseligkeiten befand sich die Kleiderliste, die er vor dem Kofferpacken gemacht hatte. Er holte sie hervor und schrieb auf die Rückseite mit kraftloser Schrift einen Brief, der an seine Eltern und an seine Verlobte gerichtet war.

«In Situationen wie dieser vermag auch der Verstand die unendliche, absolute Macht Gottes über die Menschen nicht zu erfassen. Ich habe niemals so gelitten wie jetzt – körperlich und moralisch –, und trotzdem habe ich niemals so sehr an ihn geglaubt. Körperlich ist das Tortur – Tag um Tag, Nacht um Nacht – mit einem gebrochenen Bein und geschwollenem Knöchel, und der andere ist genauso geschwollen. Moralisch und physisch, weil Du nicht da bist und ich mich danach sehne, Dich zu sehen ... und Dich ebenso zu umarmen wie meine geliebte Mama und Papa, denen ich sagen möchte, daß mein Verhalten ihnen gegenüber Unrecht war ... Kraft. Das Leben ist hart, aber wert, gelebt zu werden. Selbst das Leiden. Mut.»

Einen Tag darauf wurde Arturo noch schwächer und fieberte. Pedro Algorta stieg hinauf in die Hängematte, um neben ihm zu schlafen und ihm ein wenig Wärme zu geben. Sie unterhielten sich über seine Familie, über Inés, über die Examen, die sie zusammen machen würden, und über Fußballspiele, die sie am Bildschirm gesehen hatten. Er sprach unzusammenhängend, und später phantasierte er. «Sieh doch, da kommt der Milchwagen. Hier ist der Bauer mit der Milch. Schnell, mach die Tür auf.» Er phantasierte weiter – vom Milchwagen, dann von einem Eiswagen, von Inés und von einem sonntäglichen Mittagessen mit seinen Angehörigen. Hohes Fieber schüttelte ihn. Plötzlich fuhr er hoch und versuchte, nach unten auf die Schlafenden zu klettern. Pedro umklammerte ihn, doch Arturo schrie, Páez und Echavarren wollten ihn umbringen. Pedro hielt ihn fest und versetzte ihm einen Schlag, so daß er auf die Hängematte zurückfiel. Später nahm er aus dem Arzneivorrat Librium und Valium und gab es seinem Freund.

Am folgenden Tag lag Arturo weiter halb im Koma, halb im Fieberwahn. In der Nacht war es so kalt, daß sie ihn aus der Hängematte herunterholten und auf den Boden betteten. Er war jetzt ruhiger und schlief in Pedros Armen ein. So starb er.

Methol und Zerbino versuchten, ihn mit künstlicher Beatmung wiederzubeleben, aber Pedro war klar, wie sinnlos es war. Er weinte, und tags darauf nahm er, bevor der Leichnam in den Schnee hinausgetragen wurde, Arturos Jacke und Mantel an sich.

5

Nogueiras Tod war für alle ein Schock. Er widerlegte die These, daß, wer der Lawine entronnen war, zum Leben bestimmt sei. Sie mußten rauskommen, das wurde zur zwingenden Notwendigkeit, und sie konnten es kaum noch erwarten, daß die Expeditionsteilnehmer aufbrachen; doch eisiger Wind und Schneetreiben hielten sie noch tagelang im Flugzeug fest.

In den Nächten nach der Lawine hatten sie zunächst in keiner besonderen Ordnung geschlafen. Wer abends als erster hereinkam, bekam den wärmsten Platz. Später entwickelten sie ein strengeres System, das gerechter sein sollte. Daniel Fernández und Pancho Delgado holten die Kissen vom Dach herunter, die sie in der Sonne getrocknet hatten, und breiteten sie auf dem Boden aus. Wenn gegen halb sechs die Sonne hinter den Bergen verschwunden war und es plötzlich kalt wurde, stellten sie sich in der Reihenfolge auf, in der sie schlafen sollten.

Als erster kam Inciarte (jedoch ohne seinen Schlafpartner Páez); dann Fito und Eduardo; danach Daniel Fernández und Gustavo Zerbino, sofern sie nicht an der Reihe waren, bei der Tür zu schlafen. Die weitere Reihenfolge war nicht so genau festgelegt. Canessa schlief, wo er wollte, und neben ihm für gewöhnlich Parrado. Francois und Harley blieben beieinander. Javier Methol schlief mit Mangino zusammen, Algorta mit Turcatti oder Delgado, und Sabella mit Vizintín. Dem Paar, das als letztes hineinging, blieb der kälteste Platz an der Tür; als allerletzter jedoch kam Carlitos, der die Aufgabe hatte, allabendlich den Eingang zu verbarrikadieren. Das war der Ausgleich dafür, daß er im wärmsten Teil des Wracks neben Inciarte liegen durfte.

Er war ihr *tapiador*, der «Maurer»; doch seinen Platz beim Cockpit mußte er mit einer weiteren Pflicht bezahlen, nämlich den Plastikkrug, den sie als Nachttopf benutzten, durch ein Loch nach draußen zu entleeren. Eine umständliche Aufgabe, denn das Gefäß war oft zu klein für die jeweilige Blase und mußte ein zweites oder sogar ein drittes Mal zurückgereicht werden; ein größerer, geeigneterer Behälter war jedoch nicht vorhanden. Zudem rief dauernd jemand danach, da sie häufig fünfzehn Stunden hintereinander im Flugzeug eingesperrt waren. Die meisten waren so rücksichtsvoll, vor dem Hereinkommen zu urinieren und den Topf im Bedarfsfall gegen neun Uhr zu benutzen, wenn der Mond hereinschien – und sie erst beim Einschlafen waren. Es gab jedoch einige – an erster Stelle Mangino –, die regelmäßig gegen drei oder vier Uhr früh aufwachten und Carlitos um den Topf baten. Einmal wurde er so ärgerlich, daß er vorgab, ihn nicht finden zu können, und Mangino mußte in die Kälte hinaus; ein andermal verlangte Carlitos für seine Dienste eine Extrazigarette.

Dann versuchten sie, ein zweites «Depot» beim Eingang zu schaffen, stellten jedoch fest, daß der Urin zusammen mit dem schmelzenden Schnee in die Kabine zurücksickerte. Trotzdem fiel es den am Eingang Schlafenden schwer, nachts um den Topf zu bitten, denn beim Herüberreichen wurden alle geweckt. Diese Hemmung hatte auch Algorta, als er einmal mit voller Blase aufwachte. Deshalb beschloß er, an die Schneewand zu urinieren. Am nächsten Morgen sah er bei Tageslicht, daß alles auf ein Brett mit Fettvorräten gegangen war. Er sagte nichts.

Das Innere des Wracks wurde zunehmend schmutziger, und zwar nicht nur vom Urin, sondern auch von den Fett- und Knochenresten, die auf dem Boden herumlagen. Deshalb gaben sie eine neue Regel aus: es durften keine Knochen mehr ins Flugzeug mitgebracht werden, und das Fett war jeden Tag wieder nach draußen zu schaffen. Trotzdem blieb der Schnee an beiden Endes des Wracks dreckig, und nur die Kälte verhinderte, daß es bestialisch stank.

Das Schlafen war schwierig. Sie lagen so dicht zusammengepfercht, daß jede Bewegung eines einzelnen von allen anderen mitvollzogen werden mußte; dabei rutschten jedesmal die dünnen Zudecken herunter. Außerdem plagte sie die begreifliche Furcht vor einer neuen Lawine. Ständig hörten sie draußen seltsame Geräusche – das Grollen des Vulkans Tinguiririca oder Lawinen, die irgendwo in den Bergen heruntergingen. Steine lösten sich von den Felsen und polterten talwärts. Einmal traf einer das Wrack, gerade als sie zu schlafen versuchten; Inciarte und Sabella sprangen auf in der Annahme, eine neue Lawine habe die Fairchild getroffen. Sie waren ständig in Alarmbereitschaft. Methol schlief im Sitzen, ein Rugbyhemd über den Kopf gezogen, um sich mit der Atemluft etwas zu wärmen. Wenn er dann einschlief, kippte er nach vorn oder fiel zur Seite, was seinen jeweiligen Nachbarn störte und ärgerte.

Durch solche Gereiztheit wurden die einzigen Streitigkeiten ausgelöst, die zur offenen Auseinandersetzung führten. Alle beschimpften sich gegenseitig, weil der eine einem anderen den Fuß ins Gesicht bohrte oder eine Decke stahl, doch handgreiflich wurden sie nur selten. Canessa und Vizintín waren in dieser Hinsicht am unbeherrschtesten. Sie nützten ihren Status als Expeditionsteilnehmer ungehemmter aus als die anderen: sie schliefen, wie und wo es ihnen paßte. Allerdings hüteten sie sich, mit Parrado, Fernández oder den Strauchs aneinanderzugeraten. Einmal legte Vizintín sich hin, den einen Fuß in Harleys Gesicht, da dieser nicht zur Seite rücken wollte. Harley bat ihn, er möge den Fuß wegnehmen; ohne Erfolg. Darauf schob er ihn weg, und Vizintín trat ihn. Roy geriet in Wut und wäre auf Vizintín losgegangen, wenn Daniel Fernández nicht dazwischengegangen wäre. Ein andermal erhielt Turcatti einen Fußtritt von Vizintín; Numa, normalerweise überaus gutmütig, wurde rabiat und schrie ihn an: «Du Dreckskerl, ich rede nie wieder mit dir, solange ich lebe ...» Inciarte ergriff Turcattis Partei: «Du Hurensohn, nimm dein Bein weg, oder ich schlag dir die Fresse ein ...» Vizintín erklärte beiden, sie sollten sich zum Teufel scheren, und wiederum griff Fernández vermittelnd ein und bat sie, sich abzuregen.

Inciarte bekam auch mit Canessa Streit, der die Hand hob, um ihn zu schlagen. «Wenn du das tust, brech' ich dir das Genick», drohte Inciarte – ein stolzes Wort für einen, der jetzt zu den Schwächsten zählte. Es genügte jedoch, und Canessa besann sich eines Besseren. Die Auseinandersetzung endete wie die meisten anderen ebenso schnell, wie sie begonnen hatte; es gab weitere Tränen, Umarmungen, und sie beteuerten sich nochmals gegenseitig, daß sie bestimmt nie entkommen würden, wenn sie nicht zusammenhielten.

Streit, Drohungen, Flüche und Beschwerden waren auch die einzige Möglichkeit, den starken Frustrationen, die sich in ihnen gestaut hatten, ein Ventil zu verschaffen. Wenn zum Beispiel jemand gegen Echavarrens Bein stieß, schrie er übermäßig laut und reagierte so die bohrenden Schmerzen ab, unter denen er die ganze Zeit gelitten hatte. Viele fühlten sich wohler, wenn sie Vizintín kräftig anbrüllten oder Canessa einen «Hurensohn» nannten. Seltsam war, daß manche – insbesondere Parrado – überhaupt nie stritten.

Eines Nachts träumte Coche Inciarte, daß er im Haus seines Onkels in Buenos Aires auf dem Fußboden schliefe. Mangino lag neben ihm und streifte sein verletztes Bein. Im Traum begann Coche ihn zu treten; dann hörte er Schreien und erwachte. Fito und Carlitos rüttelten ihn an den Schultern, und Mangino neben ihm war in Tränen aufgelöst. Sein Traum war Wirklichkeit geworden – nur daß er sich nicht im Haus seines Onkels in Buenos Aires befand, sondern im Wrack einer Fairchild inmitten der Anden.

6

Vor dem Schlafen unterhielten sie sich miteinander. Es gab verschiedene Themen – etwa Rugby, das die meisten spielten, oder Agronomie, was die meisten studierten; aber irgendwie endete jedes Gespräch beim Essen. Was ihnen bei der täglichen Nahrung fehlte, das machten sie in der Phantasie wett, und wenn sich jeder seine eigenen Tafelfreuden zur Genüge ausgemalt hatte, mußten die anderen herhalten. So konnte Echavarren mit seiner Milchfarm ihnen von Käse erzählen – wobei er die Herstellung bis ins einzelne schilderte und die Beschaffenheit jeder Sorte derart leidenschaftlich beschrieb, daß sich viele schließlich fragten, warum sie sich nicht auch mit Milchwirtschaft befaßten.

Sie wollten solche Gespräche möglichst lange hinausziehen und jedem Gelegenheit geben, sein Gedächtnis nach den geringsten Details zu erforschen; deshalb unterteilten sie das Thema in verschiedene Kategorien. Zuerst mußte jeder ein Gericht beschreiben, das daheim zubereitet wurde, und dann etwas, das er selber kochen konnte. Danach kam die Spezialität der jeweiligen Verlobten, darauf das exotischste Mahl, das sie je verzehrt hatten, anschließend ihr Lieblingspudding, dann ein ausländisches Gericht, ein ländliches und am Ende das Ausgefallenste, was sie überhaupt gegessen hatten.

Nogueira hatte sie vor seinem Tod mit Meringen und *dulce-de-leche* bekannt gemacht, einer dicken, süßen Soße aus Milch und Zucker, die geschmacklich ein Mittelding zwischen Kondensmilch und Karamelcreme ist. Harley dachte sich als Wintergericht Erdnüsse und *dulce-de-leche* mit Schokolade aus; und für den Sommer Erdnüsse und Eiscreme aus *dulce-de-leche*. Algorta konnte nicht selber kochen, bot aber dafür die *paella*, die sein Vater gelegentlich zubereitete, und die *gnocchi* seines Onkels. Parrado steuerte *barenkis* bei, die seine ukrainische Großmutter fabrizierte, und beschrieb denen, die das nicht kannten, die kleinen, mit Käse, Schinken und Kartoffelbrei gefüllten Eierkuchen haargenau. Vizintín, der den Sommer immer am Meer nahe der brasilianischen Grenze verbrachte, schilderte eine *Bouillabaisse,* und Methol meinte, nach ihrer Rückkehr müsse Vizintín ihm zeigen, wie man sie zubereitet.

Numa Turcatti hörte diesem Gespräch zu. «Methol ...» begann er.

«Wenn du mich Methol nennst, gebe ich dir keine Antwort.»

Turcatti war ebenso förmlich wie schüchtern. «Javier», sagte er, «wenn *du* die Bouillabaisse machst, laden *Sie* mich dann dazu ein?»

«Mach' ich», versprach Methol und lächelte über das Du im ersten Satzteil und das Sie im zweiten.

Methol war der Fachmann in Essensfragen. Als Ältester hatte er die größte kulinarische Erfahrung; und als sie begannen, eine Liste aller Restaurants, die sie in Montevideo kannten, aufzustellen, und zwar mit der jeweiligen Spezialität, wußte er die meisten. Inciarte schrieb die Liste in ein Notizbuch, das Nicolich gehört hatte, und als das letzte Restaurant mit seiner bescheidenen Spezialität *(cappelletti alla Caruso)* eingetragen war, zählten sie achtundneunzig.

Später veranstalteten sie einen Wettbewerb: wer konnte sich das beste Menü samt Weinen ausdenken. Doch inzwischen bereiteten ihnen diese Phantasiefestessen mehr Qualen als Vergnügen. Es deprimierte sie, wenn sie aus ihren Schlemmerträumen in die Realität zurückkehren mußten, die aus rohem Fleisch und Fett bestand. Außerdem befürchteten sie, daß die dabei ausgelösten Verdauungssäfte Magengeschwüre verursachen würden. Daher kamen sie überein, nicht mehr vom Essen zu sprechen. Nur Methol machte weiter.

Doch sie mochten ganz bewußt beschließen, dieses Thema aus ihren Gedanken zu streichen, über ihre Träume hatten sie keine Kontrolle. Carlitos träumte von einer Orange, die über ihm in der Luft hing. Er langte nach ihr, konnte sie aber nicht erreichen. Ein andermal träumte er, eine fliegende Untertasse schwebe über dem Wrack. Eine Treppe wurde heruntergelassen, und eine Stewardeß kam heraus. Er bat sie um einen Erdbeer-Milkshake, bekam aber nur ein Glas Wasser, in dem eine Erdbeere schwamm. Er ging an Bord der fliegenden Untertasse und landete auf dem Kennedy-Flughafen in New York, wo seine Mutter und Großmutter ihn abholen sollten. Er durchquerte die Halle und kaufte eine Dose Erdbeer-Milkshake, doch sie war leer.

Harley träumte, er wäre in einer Bäckerei, wo Kekse aus dem Ofen geholt wurden. Er versuchte, dem Bäcker mitzuteilen, daß sie oben in den Anden seien, konnte sich ihm aber nicht verständlich machen.

Mit Vorliebe dachten sie an ihre Angehörigen und sprachen über sie. Aus diesem Grund schaute Carlitos so gern den Mond an; der Gedanke, daß seine Mutter und sein Vater in Montevideo denselben Mond betrachteten, tröstete ihn. Es gehörte zu den Nachteilen seines Platzes im Wrack, daß er nicht aus dem Fenster sehen konnte; einmal hielt Fito jedoch zum Dank für den hinübergereichten Nachttopf einen Taschenspiegel hoch, damit Carlitos darin seinen geliebten Mond bewundern konnte.

Eduardo erzählte Fito von seiner Europareise, oder die zweifachen Vettern sprachen über ihre Familien; doch dabei hörten sie häufig ein rhythmisches Schnüffeln, was ihnen verriet, daß Daniel Fernández neben ihnen zu schluchzen begonnen hatte. Der Gedanke an daheim war zu schmerzlich, und es gelang den meisten, ihn auszuschalten – eine notwendige Schutzmaßnahme, ohne die sie ihre geistige Gesundheit gefährdet hätten.

Sonst gab es wenig Gesprächsthemen. Die meisten interessierten sich lebhaft für uruguayische Politik, hüteten sich aber nach Nogueiras Ausbruch, irgend etwas zu erörtern, woran sich Konflikte entzünden konnten. Als sie beispielsweise im Radio hörten, der «rote» Politiker Jorge Batlle sei wegen Kritik an der Armee verhaftet worden, machte Daniel Fernández – ein «Weißer» – vor Begeisterung einen Luftsprung; Roberto Canessa und Eduardo Strauch hatten jedoch bei den kürzlichen Präsidentschaftswahlen für Batlle gestimmt.

Das unverfänglichste Gesprächsthema war die Landwirtschaft, denn viele arbeiteten bereits als Farmer oder Rancher, einige bereiteten sich darauf vor, oder es gab in der Familie eine Farm oder Ranch. Páez, Francois und Sabella hatten Grundbesitz im gleichen Teil des Landesinnern, und Inciarte wie auch Echavarren betrieben Milchfarmen.

Pedro Algorta fühlte sich gelegentlich ausgeschlossen, weil er nichts von derartigen Fragen verstand. Als sie das erkannten, versuchten sie, ihn einzubeziehen. Sie planten eine «Regionale Genossenschaft für landwirtschaftliche Experimente», in der Pedro für die Kaninchen verantwortlich sein sollte. Auf einem Grundstück, das Carlitos in der Coronilla besaß, wollten sie alle in nebeneinander liegenden Häusern zusammenleben, die Eduardo Strauch entwerfen sollte.

Diese Genossenschaft beschäftigte sie ungemein, insbesondere Methol, der gemeinsam mit Parrado das Restaurant führen sollte. Eines Abends beugte sich Methol vor dem Einschlafen zu Daniel Fernández hinüber und erkundigte sich, ob es ihm etwas ausmachen würde, ein wenig wegzurücken, da er eine persönliche Frage an Zerbino habe. Fernández erfüllte die Bitte – wobei er die ganze Reihe der liegenden Gefährten durcheinanderbrachte – und Methol flüsterte Zerbino ins Ohr, ob er nicht die Kassenführung des Restaurants übernehmen würde.

Der Plan für die Genossenschaft war durchaus ernst gemeint, aber das Restaurant war der schwache Punkt; bald sprachen sie weniger über Methoden der Viehmast oder der Getreideveredlung, dafür aber um so mehr über Kiebitzeier und Spanferkel, die dort serviert werden würden. Nicht weniger schwierig war es, das Thema Essen auszusparen, wenn sie Pläne für die Partys schmiedeten, die sie nach der Rückkehr mit ihren Verlobten feiern wollten. Daß sie dazu keine Außenstehenden einladen würden, war keine Frage.

Wenn sie an ihre Verlobten oder Freundinnen dachten oder von ihnen sprachen, so taten sie das stets auf saubere, respektvolle Weise. Sie brauchten Gott viel zu sehr, als daß sie ihn durch obszöne Gedanken und Reden beleidigt hätten. Der Tod war ihnen zu nahe, deshalb wollten sie auch nicht in Gedanken sündigen. Zudem schien ihnen jegliches sexuelle Bedürfnis abhandengekommen zu sein, was zweifellos der Kälte und ihrem geschwächten Zustand zuzuschreiben war. Manche waren sogar etwas beunruhigt, die unzureichende Ernährung könnte sie impotent machen.

Deshalb gab es keine sexuelle Frustration im physischen Sinne, doch es war ein starkes emotionales Bedürfnis vorhanden, an den Lebenspartner zu denken. Die Briefe von Nogueira und Nicolich waren mehr an ihre Verlobten als an ihre Eltern gerichtet. Diejenigen, die Bräute hatten – Daniel Fernández, Coche Inciarte, Pancho Delgado, Rafael Echavarren, Roberto Canessa, Alvaro Mangino –, dachten intensiv und voller Zuneigung an sie. Wie schon gesagt, hatte Pedro Algorta das Mädchen, das in Santiago auf ihn wartete, vergessen und brannte darauf, nach Uruguay zurückzukehren, um eine Freundin zu finden. Zerbino war nicht verlobt, erzählte aber den anderen von einem Mädchen, das er kennengelernt hatte und das sie auf der Stelle zu seiner Braut ernannten.

Trotz ihrer extremen Situation diskutierten sie kaum über Leben und Tod. Inciarte, Zerbino und Algorta – die politisch progressivsten der achtzehn Überlebenden – sprachen einmal über die Beziehung zwischen religiösem Glauben und politischer Verantwortung. Bei anderer Gelegenheit unterhielten sich Pedro Algorta und Fito Strauch über Existenz und Wesen Gottes. Pedro war bei den Jesuiten in Santiago gut ausgebildet worden und konnte die philosophischen Theorien von Marx oder Teilhard de Chardin erläutern. Fito und er waren Skeptiker: beide glaubten nicht, daß Gott über das Schicksal jedes einzelnen wache. Für Pedro war Gott die Liebe, die zwischen zwei oder mehreren Menschen existierte, und somit besaß Liebe eine allumfassende Bedeutung.

Carlitos versuchte, sich an diesem Gespräch zu beteiligen – er hatte seine eigenen Vorstellungen von Gott –, doch Fito und Pedro erklärten ihm, er sei zu schwer von Begriff und könne daher der Diskussion nicht folgen. Carlitos revanchierte sich am nächsten Tag, als Pedro fluchte, weil ihm jemand ins Gesicht oder auf sein Brett mit Fett trat: «Warum sagst du so schreckliche Sachen, Pedro? Ich dachte, Liebe ist alles.»

Zu lesen gab es nichts außer ein paar Comics. Niemand spielte mehr, sang Lieder oder erzählte Anekdoten. Gelegentlich wurde ein derber Witz über Fitos Hämorrhoiden gerissen, und sie lachten, als Coche Inciarte sich hochreckte, um etwas vom Gepäcknetz zu holen und dabei mit dem Gesicht eine leblose Hand streifte, die sie mitgenommen hatten für den Fall, daß nachts jemand Hunger bekam. Mitunter witzelten sie über das Essen von Menschenfleisch – «Wenn ich in Montevideo zum Metzger gehe, will ich aber vorher probieren» – und über den möglichen eigenen Tod – «Wie würde ich mich wohl in einem Eisblock ausmachen?» Sie, insbesondere Carlitos, erfanden Wörter oder veränderten Endungen und schufen Redewendungen und Slogans, um ihre Moral zu stärken oder eine nackte Wahrheit zu äußern, die klarer zu formulieren sie nicht über sich bringen konnten. «Der Verlierer bleibt» hieß, daß der Schwache sterben würde, und das war die äußerste Formulierung, zu der sie sich bereitfanden. «Ein Mensch, der kämpft, stirbt niemals», erklärten sie. Oder: «Wir haben die Kälte besiegt»; und immer aufs neue wiederholten sie die einzige Tatsache, von der sie wußten, daß sie stimmte: «Im Westen liegt Chile.»

Das war schließlich ihre Hauptbeschäftigung und das zentrale Thema – ihr Ausbruch. Die Expedition wurde bis ins letzte durchgeplant, die Ausrüstung der Teilnehmer erörtert, entworfen und hergestellt. Man diskutierte gemeinsam über die Route. Es bestand nie der geringste Zweifel daran, daß die vier für sie alle handelten und die Instruktionen der Mehrheit befolgen würden. Die praktischer veranlagten Jungen überlegten, wie sie die Füße gegen die Kälte isolieren könnten; die Träumer überlegten, was sie tun würden, wenn sie nach Chile kämen, und beschlossen, ihre Eltern in Montevideo anzurufen, ihnen mitzuteilen, daß sie am Leben wären, und dann den Zug nach Mendoza zu nehmen. Möglicherweise fanden sie in Montevideo einen Journalisten, der sich für ihre Erlebnisse interessierte, auch daran dachten sie. Ferner planten sie, ein Buch zu schreiben, für das Canessa den Titel *Vielleicht morgen* vorschlug, da sie ständig hofften, daß sich am folgenden Tag etwas Besonderes ereignen würde. Wenn der Mond gegen neun Uhr am Horizont verschwunden war, hörten sie auf zu reden und legten sich zum Schlafen zurecht. Carlitos begann den Rosenkranz zu beten, regelmäßig zuerst für seine Mutter, seinen Vater und den Weltfrieden. Danach kamen Inciarte oder Fernández mit dem zweiten Geheimnis, und Algorta, Zerbino, Harley oder Delgado teilten sich in den Rest. Die meisten glaubten an Gott und daran, daß sie ihn brauchten. Sie fanden großen Trost darin, zur Mutter Gottes zu beten, als könne sie besser verstehen, wie sehr sie sich danach sehnten, zu ihren Angehörigen zurückzukehren. Manchmal sprachen sie das *Ge-*

grüßet seist du, Maria und empfanden sich dabei als die «armen, verstoßenen Kinder Evas», und das Tal, in dem sie gefangen waren, war das «Jammertal». Sie hatten ständig Angst vor einer neuen Lawine, vor allem, wenn es draußen stürmte; und als es eines Nachts besonders toste, beteten sie einen Rosenkranz zur Jungfrau, sie möge sie beschützen. Als sie fertig waren, hatte sich der Sturm gelegt.

Fito blieb skeptisch. In seinen Augen war der Rosenkranz eine Schlaftablette – etwas, wodurch die Gedanken von bedrückenden Themen abgelenkt wurden und der durch seine Monotonie einlullte. Die anderen kannten seine Einstellung und machten sie sich eines Abends zunutze. Die Erdstöße des Vulkans Tinguiririca hatten das Flugzeug zittern lassen, und die ganze gräßliche Angst war wieder da, daß dadurch die hohen Schneemassen über ihnen in Bewegung geraten und eine Lawine auslösen könnten, die sie für immer unter sich begrub. Sie drückten Fito den Rosenkranz in die Hand und sagten ihm, er solle beten. Der Skeptiker war ebenso verschreckt wie die Gläubigen. Er betete den Rosenkranz und erflehte eindringlich, daß sie vor dem Vulkan bewahrt bleiben möchten; als er fertig war, hatte das Grollen aufgehört.

7

Es gab zwei weitere Probleme, die sie unausgesetzt beschäftigten. Das erste waren die Zigaretten. Parrado, Canessa und Vizintín rauchten als einzige nicht. Zerbino hatte zwar früher nicht geraucht, es sich aber hier oben angewöhnt. Alle übrigen waren starke Raucher, und als Folge der Belastung durch die Verhältnisse, unter denen sie lebten, hätten alle gern noch mehr als ihr übliches Quantum geraucht.

Sie waren gut mit Zigaretten eingedeckt. Javier Methol und Pancho Abal hatten beide für eine Tabakfabrik gearbeitet und wußten, daß in Chile Mangel an Tabakwaren herrschte; sie hatten stangenweise uruguayische Zigaretten mitgenommen.

Trotzdem hatten sie sie rationiert. Jeder mußte mit einer Zwanzigerpackung zwei Tage auskommen, und die meisten brachten genügend Selbstbeherrschung auf, die zehn Zigaretten über den Tag zu verteilen. Die Willensschwachen jedoch – vor allem Inciarte und Delgado – rauchten ihr Päckchen am ersten Tag auf und hatten dann am zweiten nichts mehr. Ihre einzige Chance bestand also darin, sozusagen um Vorschuß zu bitten oder von den sparsamen Gefährten Zigaretten zu schnorren. Sie versuchten es mit allen Tricks: Delgado etwa pochte bei Sabella auf seine Freundschaft mit dessen Bruder, und Inciarte wollte Algorta nach der Rückkehr zu einem erlesenen Dinner einladen.

Die erste Zigarette des Tages rauchten sie gleich nach dem Aufwachen im Flugzeug. Dann versuchte einer, einen anderen in den Schnee hinauszulocken.

«Sieht hübsch aus draußen, warum gehst du nicht raus?»

«Und warum *du* nicht?»

Schließlich stand einer auf, suchte seine Schuhe, rieb sie gegeneinander, um sie aufzutauen, zog sie an und räumte dann die Koffer und Kleidungsstücke weg, mit denen Carlitos am Vorabend den Eingang verrammelt hatte. Wenn die Sonne schien, nahm jeder ein paar Kissen mit, um sie auf dem Dach zu trocknen. Da sie sich nie auszogen oder die Sachen wechselten, sondern immer nur noch mehr überzogen, mußten sie sich auch selber trocknen. Die Decken wurden auf die Hängematten geschichtet, und wer als letzter die Kabine verließ, mußte sie reinigen.

Im Laufe des Vormittags gingen die Vettern an die Arbeit und schnitten Fleischstücke von einem Körper, während andere die hartgefrorene Schneedecke ausnutzten, um nach verstreuten Fettbrocken und Fleischabfall zu suchen. Oder sie gingen zu einer Grube an der Vorderseite des Wracks und bemühten sich, ihren Darm zu entleeren.

Das war ihr zweites großes Problem. Ihre Ernährung – rohes Fleisch, Fett und geschmolzener Schnee – verursachte schwere chronische Verstopfung. Es verstrichen Tage und schließlich Wochen, ohne daß sich selbst bei heftigster Anstrengung ein Erfolg zeigte. Einige begannen zu befürchten, daß ihre Eingeweide platzen würden, und versuchten mit allen

Mitteln, ihren Darm zu erleichtern. Zerbino benutzte einen kleinen Stock, um den Stuhl herauszuprockeln, und Methol – der mit am meisten litt – schluckte als Laxativ Öl, das er aus dem Fett preßte. Carlitos verwandte dieses Öl dazu, für sich und Fito, der es bei seinen Hämorrhoiden besonders schwer hatte, eine Abführsuppe zu kochen.

Eine scheußliche Situation, die jedoch auch ihre komische Seite hatte. Sie begannen Wetten darüber abzuschließen, wer als letzter Stuhlgang haben würde. Einmal hockte Moncho Sabella im Schnee und ächzte: «Ich kann nicht, ich kann nicht.» Vizintín lachte ihn aus: «Du kannst nicht, du kannst nicht . . .» Darauf strengte sich Sabella noch mehr an, hatte Erfolg und warf das steinharte Ergebnis nach seinem Peiniger.

Javier Methol war unter den letzten. Tag um Tag saß er über einem Kissen, zählte sein Geld, wartete, daß seine Bemühungen zum Ziel führten, und als es endlich glückte, verkündete er allen seinen Triumph, und sie applaudierten. Als er in der folgenden Nacht klagte, er fühle sich nicht recht wohl, schrien sie ihn nieder. «Halt den Mund! Du hast geschissen, also halt die Klappe.»

Die Konkurrenz näherte sich dem Ende. Nach achtundzwanzig Tagen auf dem Berg konnte Páez den Darm entleeren; Delgado nach zweiunddreißig, und der letzte, Bobby Francois, nach vierunddreißig.

Die Ironie des Schicksals wollte es, daß dieser akuten Verstopfung eine epidemische Diarrhöe folgte. Nach ihrer Diagnose kam das davon, daß sie zuviel Fett aßen; sie konnte allerdings auch durch ihre unzureichende Ernährung verursacht worden sein. Algorta litt nicht darunter und schrieb seine Immunität den Knorpeln zu, die er im Gegensatz zu den meisten verzehrte.

Es war schlimm, daß dies noch zu all ihren sonstigen Leiden hinzukam. Eines Nachts mußte Canessa plötzlich austreten und fand draußen ein halbes Dutzend Gestalten im Mondlicht hocken. Diese Szene deprimierte ihn besonders – sie bedeutete in seinen Augen das Ende von allem –, und er ging danach, obwohl er weiterhin unter Durchfall litt, nie mehr ins Freie, sondern entleerte seinen Darm auf einer Decke in ein Rugbyhemd. Das machte die anderen wütend, aber Canessa war boshaft und stur, und sie konnten nichts dagegen tun. Carlitos vor allem schäumte vor Zorn, weil er einmal zufällig ein Hemd aufhob, um den Eingang abzusichern, und feststellte, daß es mit Canessas Kot bedeckt war.

Sabella hatte den schwersten Anfall. Es dauerte einige Tage, und er wurde zunehmend schwächer, bis er schließlich eines Nachts zu delirieren begann. Das alarmierte die anderen. Canessa riet ihm, nicht so viel zu essen – und vor allem kein Fett. Sabella war jedoch für Konsequenz. Er hatte jeden Tag zehn Schritte als Leibesübung gemacht und war überzeugt davon, daß auch nur einer weniger den Anfang eines unaufhaltsamen Verfalls bedeuten würde. Aus dem gleichen Grund hielt er es für gefährlich, sich Nahrung zu versagen, aber als die Vettern sahen, daß er weiterhin aß, strichen sie seine Ration und sperrten ihn im Flugzeug ein.

Am folgenden Tag ging Sabella hinaus, um seinen Darm zu entleeren, und kehrte mit der Nachricht zurück, seine Diarrhöe sei geheilt. Doch er hatte nicht mit Zerbino gerechnet, der als Doktor und Detektiv das Beweisstück dieser «Heilung» untersucht hatte. Er verpetzte Sabella bei den anderen, die ihn ohne seine Fettration zurückschickten.

So sehr er auch diese Behandlung verübelte, sie erwies sich doch als wirksam. Er genas von seiner Diarrhöe und kam später wieder einigermaßen zu Kräften.

8

Die Atmosphäre in der Fairchild wurde erregt und erwartungsvoll, als der fünfzehnte November näherrückte. Immer wieder diskutierten sie darüber, wer als erster seine Eltern anrufen würde und wie lässig sie ihre Rettung bagatellisieren wollten. Auch von den Fleischpasteten, die sie bei ihrem Rückweg in Mendoza kaufen würden, war ausführlich die Rede. Von dort sollte es in einem Bus nach Buenos Aires gehen und dann per Schiff über den Rio de la Plata. Während sie im Geist jede Station der Reise durchgingen, überlegten sie, was sie jeweils essen würden. Daß Buenos Aires einige der besten Restaurants der Welt hatte, war ihnen bekannt, und sie hofften nur, daß, wenn sie erst einmal auf dem Schiff wären, sie sich die Mägen voll genug geschlagen hätten und daran denken könnten, Geschenke für ihre Angehörigen zu kaufen.

Die Expeditionsteilnehmer beschäftigten sich mehr mit den praktischen Problemen, denen sie gegenüberstanden – vor allem mit dem Schutz gegen die Kälte. Jeder brachte drei Hosen, ein Sporthemd, zwei Pullover und einen Mantel zusammen. Sie besaßen die drei besten Schneebrillen. Vizintín hatte die des Piloten und trug auch dessen Flughelm. Canessa bastelte Rucksäcke aus Hosen: Er band Nylongurte an beide Beinenden, legte sie über die Schultern und zog sie durch die Gürtelschlaufen. Vizintín fertigte sechs Paar Fausthandschuhe aus den Sitzbezügen.

Sie wußten von früheren Vorstößen, daß das Kernproblem war, ihre Füße gegen die Kälte zu isolieren. Sie besaßen zwar Rugbystiefel – Vizintín hatte dem widerstrebenden Harley die festen Schuhe abgeschwatzt, die Nicolich von seiner Braut geschenkt worden waren –, aber keine dicken Socken. Dann kamen sie auf die Idee, ihre Füße mit einer Extraschicht Fett und Haut von den Toten zu schützen. Wenn sie zwei Einschnitte machten – einen in der Mitte des Ellbogens, den anderen in der Mitte des Unterarms –, die Haut samt der subkutanen Fettschicht abzogen und das untere Ende zunähten, ergab das eine primitive Art von Socken, wobei die Ellbogenhaut genau über die Ferse paßte.

Den einzigen Rückschlag erlitten sie, als sich der Zeitpunkt des Abmarsches näherte: Jemand trat auf Numas Bein, und die Quetschung begann zu eitern. Numa tat das jedoch als Bagatelle ab, und zunächst machte sich niemand ernstliche Sorgen. Ihre Gedanken galten mehr der Route, die sie nehmen sollten, denn bei der Bestimmung ihrer Position und damit der einzuschlagenden Richtung standen sie vor zwei widersprüchlichen Anhaltspunkten. Aus den letzten Worten des Piloten wußten sie, daß sie Curicó überflogen hatten, daß Curicó in Chile lag, daß Chile im Westen war. Genauso wußten sie aber auch, daß jedes Wasser zum Meer fließt; und der noch intakte Flugzeugkompaß zeigte, daß das Tal, in dem sie sich befanden, nach Osten verlief.

Es gab nur eine Antwort, die anscheinend allen Kriterien genügte: das Tal führte im Bogen um die Berge im Nordosten herum und dann in einer Kehre zurück nach Westen. Unter dieser Voraussetzung planten die vier, dem Tal zu folgen, obwohl das hieß, daß sie sich von Chile entfernten. Die Berge hinter ihnen waren so gewaltig, daß eine Besteigung nicht in Frage kam. Sie konnten nur nach Osten gehen, um nach Westen zu gelangen.

Am Morgen des 15. November wachten die Jungen früh auf und halfen den Expeditionsteilnehmern, ihre Ausrüstung anzulegen. Draußen schneite es, aber um sieben Uhr waren die vier aufgebrochen. Parrado nahm einen der kleinen roten Schuhe mit, die er für seinen Neffen gekauft hatte, und ließ den anderen im Flugzeug hängen. Er würde zurückkommen, um ihn zu holen, erklärte er den anderen. Er war schneller wieder da, als sie dachten: Das Schneetreiben wurde so heftig, daß sie nach drei Stunden zurückkehrten.

An den folgenden zwei Tagen war denkbar schlechtes Wetter mit starkem Sturm und einem Blizzard. Pedro Algorta, der ihnen erzählt hatte, am fünfzehnten finge der Sommer an, wurde eine Zeitlang zur Zielscheibe ihrer Enttäuschung und Feindseligkeit. Und in den nächsten Tagen des Wartens verschlechterte sich der Zustand von Turcattis Bein. Er hatte jetzt zwei hühnereiergroße Furunkel, die Canessa aufschnitt, um den Eiter herauszuholen. Das Gehen war für Numa äußerst schmerzhaft, doch als Canessa ihm sagte, er könne unmöglich mit, wurde Numa wütend. Beharrlich versicherte er, er sei sehr wohl dazu imstande, aber allen war klar, daß er sie nur aufhalten würde, und Numa mußte die Mehrheitsentscheidung akzeptieren. Am Morgen des 17. November, einem Freitag, erwachten sie nach fünf Wochen auf dem Berg bei klarem blauem Himmel. Jetzt konnte sie nichts mehr zurückhalten. Sie packten ihre Rucksäcke voll mit Leber und Fleisch (in Rugbysocken gestopft), mit einer Flasche Wasser, Sitzbezügen und der Reisedecke, die Señora Parrado mitgebracht hatte.

Die anderen gaben ihnen das Geleit. Als Parrado, Canessa und Vizintín hinter der ersten Geländewelle verschwunden waren, schlossen sie Wetten ab, wann die drei in zivilisierte Gegenden gelangen würden. Alle waren fest davon überzeugt, in drei Wochen in Montevideo zu sein, weil sie die Party, die sie an Parrados Geburtstag am 9. Dezember feiern wollten, bereits im Detail geplant hatten (einschließlich des Gerichtes, das jeder mitbringen sollte). Aber alle nahmen an, daß die drei viel früher in Chile eintreffen würden. Algorta rechnete mit dem kommenden Dienstag; Turcatti und Francois mit Mittwoch. Sechs wetteten auf den Donnerstag – von Mangino, der auf zehn Uhr früh setzte, bis zu Carlitos, der auf fünfzehn Uhr dreißig tippte. Harley, Zerbino und Fito Strauch entschieden sich für den Freitag; Echavarren und Methol für den Samstag. Und Moncho Sabella, der Pessimistischste, schätzte, sie würden am Sonntag in acht Tagen um zwanzig nach zehn die Zivilisation erreichen.

9

Canessa führte die Expedition an. Als Schlitten benutzte er die eine Hälfte eines Samsonite-Koffers. Darauf waren die vier mit Fleisch gefüllten Rugbysocken, die Wasserflasche und die Kissen gepackt, die als Schneeschuhe dienen sollten, wenn die Sonne die vereiste Schneedecke auftaute. Als nächster folgte Vizintín, wie ein Packesel beladen mit allen Decken, und Parrado bildete die Nachhut.

Sie kamen schnell in Richtung Nordosten vorwärts. Sie gingen bergab, und ihre Rugbystiefel griffen gut auf dem vereisten Schnee. Canessa gewann immer mehr Vorsprung; nach zwei Wegstunden hörten Parrado und Vizintín ihn rufen und sahen dann, daß er ihnen zuwinkte. Er war auf einem Schneekamm stehengeblieben. Als sie ihn einholten, sagte er: «Ich hab' eine Überraschung für euch.»

«Was denn?» erkundigte sich Parrado.

«Das Heck.»

Parrado und Vizintín erreichten die Anhöhe des kleinen Schneehügels; hundert Meter vor ihnen lag das Heck der Fairchild. Es hatte beide Tragflächen verloren, der Kegel selber aber war intakt. Was sofort ihr Interesse erregte, waren die in der Umgebung verstreuten Koffer. Sie stürzten darauf zu, öffneten sie und durchwühlten ihren Inhalt. Es war, als hätten sie einen Schatz gefunden: Es gab Jeans, Pullover, Socken und Panchito Abals Skiausrüstung. In seinem Koffer entdeckten sie überdies eine Schachtel Schokolade, aus der sie sofort jeder vier Stücke aßen, doch dann beschlossen sie, den Rest zu rationieren.

Nun zogen die drei die schmutzigen Sachen aus und suchten sich die wärmsten Stücke, die sie finden konnten. Canessa und Parrado streiften die Socken aus Menschenhaut ab und warfen sie weg. Es gab jede Menge prächtiger Wollsocken, und jeder nahm drei Paar, Vizintín sogar vier, um Nicolichs Stiefel, die ihm zu groß waren, auszufüllen. Außerdem nahm er die Wollmütze, die zu Abals Skiausrüstung gehörte, und Parrado die Stiefel.

Dann kletterten sie ins Heck und fanden in der Bordküche ein Paket Zucker und drei Fleischpasteten aus Mendoza, die sie sofort verschlangen. Den Zucker hoben sie für später auf. Hinter der Bordküche war ein großer, dunkler Gepäckraum, in dem weitere Koffer lagen. Sie öffneten alle, zogen die Kleidungsstücke heraus und verstreuten sie auf dem Boden. In einem entdeckten sie eine Flasche Rum und in anderen viele Stangen Zigaretten.

Sie suchten nach den Batterien, die sich, wie ihnen der Bordmechaniker Roque gesagt hatte, hinten im Heck befanden, und entdeckten sie durch eine kleine Luke an der Außenseite. Außerdem stießen sie auf weitere Coca-Cola-Kisten und Comic-Hefte, mit denen sie ein Feuer machten. Canessa briet etwas von dem mitgenommenen Fleisch, während Vizintín und Parrado weiter im Heck herumstöberten. Sie fanden noch ein paar verschimmelte Sandwiches in Plastikbeuteln, packten sie aus und brachen die genießbaren Teile ab. Dann aßen sie das Fleisch, das sie gebraten hatten, und beschlossen die Mahlzeit mit einem Löffel Zucker, den sie, mit Chlorophyll-Zahnpasta vermischt, in einem kräftigen Schuß Rum auflösten. Noch nie im Leben hatte ihnen ein Pudding so köstlich gemundet.

Die Sonne verschwand hinter den Bergen, und es wurde kalt. Vizintín und Parrado holten alle Kleidungsstücke herein und breiteten sie auf dem Boden des Gepäckraums aus. Canessa suchte inzwischen nach den Drähten, die von den Batterien ausgingen, und montierte sie an eine Glühbirne, die er in der Bordküche gefunden hatte. Doch als er sie einschaltete, brannte sie durch. Er probierte es mit einer anderen, und diesmal hatten sie Licht. Dann kletterten die drei in den Gepäckraum, verrammelten den Eingang mit Koffern und Kleidungsstücken und legten sich auf den Boden. Dank des Lichts konnten sie vor dem Einschlafen Comics lesen. Nach den beengten Verhältnissen oben im Wrack war es hier herrlich warm und komfortabel. Um neun Uhr schaltete Canessa die Birne aus. Sie hatten gut gegessen und schliefen jetzt tief.

Am nächsten Morgen schneite es leicht. Trotzdem beluden sie den Kofferschlitten, packten ihre Rucksäcke und gingen das Tal hinunter in Richtung Nordosten. Zu ihrer Linken sahen sie einen gewaltigen Berg; ihrer Schätzung nach würden sie drei Tage brauchen, ihn zu umwandern – bis zu der Stelle, wo sich das Tal ihrer Meinung nach westwärts wandte.

Es hörte auf zu schneien, der Himmel wurde klar, und gegen elf Uhr wurde es sehr heiß. Die Sonne brannte ihnen auf den Rücken und, vom Schnee reflektiert, ins Gesicht. Ab und zu blieben sie stehen, um eine Hose oder einen Pullover auszuziehen, was sie jedoch viel Energie kostete. Es war fast ebenso lästig, die Sachen zu schleppen wie sie anzuhaben.

Gegen Mittag gelangten sie zu einem kahlen Felsen, über den ein kleines Rinnsal floß, beinahe schon ein Bach. Sie beschlossen, hier zu rasten und sich zum Schutz gegen die Sonne ein Zelt aus den Decken und Metallstöcken zu bauen, die sie bei sich hatten. Danach aßen sie etwas Fleisch, und Vizintín trank von dem Wasser, das jedoch brackig aussah und auch so schmeckte. Die beiden anderen schmolzen sich lieber etwas Schnee.

Als sie dort im Schatten lagen, betrachteten sie unverwandt das riesige Bergmassiv vor ihnen. Bei diesen Ausmaßen ließ sich die Entfernung unmöglich abschätzen. Veränderte sich die

Beleuchtung, schien es weiter zurückzuweichen, und der ferne Schatten, von wo das Tal möglicherweise eine Schleife nach Westen machte, noch mehr. Je eingehender Canessa sich mit diesem Bild beschäftigte, desto skeptischer wurde er, was ihre Marschroute betraf. Soweit er sehen konnte, verlief das Tal kontinuierlich nach Osten – folglich führte sie jeder Schritt, den sie taten, weiter hinein in die Anden. Aber an jenem Nachmittag sagte er den beiden anderen nichts davon.

Sie waren müde, die Sonne brannte heiß, doch kaum war sie hinter den Bergen im Westen untergegangen, sank die Temperatur auf den Gefrierpunkt. Daher beschlossen sie, hier zu übernachten. Sie schaufelten eine Grube im Schnee, die ihnen etwas Schutz geben sollte, legten sich hinein und hüllten sich in die mitgenommenen Decken.

Es war eine herrliche, klare Nacht. In dieser Höhe sahen sie Millionen und aber Millionen Sterne hell funkeln. Es war absolut windstill. Ihre Situation hätte beneidenswert sein können, wäre es nicht so kalt geworden; denn im Laufe der Nacht sank die Temperatur immer tiefer, und die drei begannen zu erstarren. Kleider und Decken halfen kaum. Verzweifelt legten sie sich aufeinander – Vizintín unten, Parrado in der Mitte, Canessa oben. So wärmten sie sich zwar mit ihren Körpern, schliefen aber sehr wenig.

Als die Sonne am nächsten Morgen aufging, waren Canessa und Parrado wach. «Es ist hoffnungslos», sagte Canessa. «Noch eine solche Nacht überleben wir nicht.»

Parrado stand auf und blickte nach Nordosten. «Wir müssen weiter», meinte er. «Sie verlassen sich auf uns.»

«Wenn wir tot im Schnee liegen, nützen wir ihnen nichts.»

«Ich gehe weiter.»

«Sieh doch mal.» Canessa wies auf den Berg. «Da gibt es keinerlei Öffnung. Das Tal führt nicht nach Westen. Wir gehen nur immer weiter in die Anden hinein.»

«Das kann man nie wissen. Wenn wir weitergehen . . .»

«Mach dir doch nichts vor.»

Parrado sah abermals nach Nordosten und entdeckte dort nichts, was ihn ermutigt hätte. «Was schlägst du denn vor?» fragte er.

«Laß uns zum Heck zurückgehen», antwortete Canessa.

«Wir bauen die Batterien aus und bringen sie zum Flugzeug. Roque hat doch gesagt, daß wir mit den Batterien das Funkgerät in Gang bringen können.»

Parrado schaute sehr skeptisch. Er wandte sich an Vizintín, der inzwischen aufgewacht war. «Was meinst du, Tintin?»

«Keine Ahnung. Ich schließe mich allem an, was ihr zwei entscheidet.»

«Aber was sollten wir deiner Meinung nach tun? Weitergehen?»

«Vielleicht.»

«Oder sollen wir versuchen, das Funkgerät in Gang zu kriegen?»

«Ja. Vielleicht sollten wir das tun.»

«Was denn nun?»

«Ist mir egal.»

Parrado wurde wütend auf Vizintín und seine Unschlüssigkeit. Er bemühte sich mit allen Mitteln, ihn zu irgendeiner Stellungnahme zu bewegen. Schließlich schlug sich Vizintín auf Canessas Seite, als dieser sagte: «Wenn wir schon in einer klaren Nacht beinahe erfroren sind, dann überlegt euch mal, was bei Sturm passiert. Das wäre doch glatter Selbstmord.»

Sie machten sich auf den Rückweg zum Heck, und obwohl es erheblich schwieriger war, das Tal hinaufzuklettern, als abwärts zu gehen, erreichten sie es am frühen Nachmittag. Völlig erschöpft ließen sie sich auf den mit Kleidern bedeckten Fußboden des Gepäckraums fallen. Eine höchst luxuriöse Behausung – tagsüber waren sie vor der Sonne geschützt und nachts gegen die Kälte. Es war so behaglich und angenehm, daß sie dazu verleitet wurden, die nächsten beiden Tage zu bleiben. Mittlerweile aber wurden ihre Fleischvorräte knapp, so daß sie beschlossen, zur Fairchild zurückzukehren. Canessa und Vizintín kletterten durch die kleine Luke in den Teil des Hecks, in dem sich die Batterien befanden, bauten sie aus und stemmten sie zu Parrado hinaus. Vizintín stellte außerdem fest, daß die großen Röhren, die zum Heizungssystem gehörten, mit einem sechzig Zentimeter breiten und einen guten Zentimeter dicken Isoliermaterial umkleidet waren, das aus Plastik und einer Kunstfaser bestand. Er schnitt mehrere Streifen davon ab, da er meinte, das könnte ein gutes Jackenfutter abgeben.

Die Batterien wurden auf den Schlitten geladen, und sie versuchten, ihn zu ziehen, doch sie waren so schwer, daß er sich nicht vom Fleck rührte. Da sie beim Aufstieg bis zu fünfundvierzig Grad steile Hänge zu bewältigen hatten, wurde ihnen sofort klar, daß sie die Batterien unmöglich bis zur Fairchild transportieren konnten. Das entmutigte sie jedoch nicht, da Canessa ihnen versicherte, sie könnten das Funkgerät leicht aus dem Cockpit ausbauen und zum Heck hinunterschaffen.

Anstelle der Batterien packten Canessa und Vizintín andere Sachen auf den Schlitten und stopften ihre Rucksäcke voll mit warmen Kleidern für die anderen und dreißig Stangen Zigaretten, während Parrado in die Bordküche zurückging und mit Nagellack über das Spülbecken schrieb: «Geht weiter rauf. Achtzehn sind noch am Leben.» Diese Botschaft hinterließ er noch an zwei anderen Stellen des Hecks und benutzte dabei die säuberlichen Druckbuchstaben, die er gelernt hatte, als er im väterlichen Geschäft Schachteln mit Muttern und Schrauben beschriftete. Canessa kam in die Bordküche, um den Arzneikasten, den sie dort gefunden hatten, herauszuholen. Er enthielt viele verschiedene Medikamente, darunter Kortison, das geeignete Mittel zur Linderung des Asthmas, unter dem Sabella und Zerbino litten.

Als die beiden wieder herauskamen, stellten sie fest, daß Vizintín auf den Kofferschlitten getreten war und ihn kaputtgemacht hatte. Parrado wurde wütend. Er verfluchte Vizintín und beschimpfte ihn wegen seiner Ungeschicklichkeit, aber Canessa konnte den Schaden beheben. Schließlich brachen sie auf und stapften in ihren Schneeschuhen über den weichen, tiefen Schnee zur Fairchild.

10

Die Stimmung der Zurückgebliebenen hatte sich während ihrer Abwesenheit gehoben. Zuerst empfanden sie das Gefühl ungeheurer Erleichterung, weil endlich etwas zu ihrer Rettung unternommen wurde. Sie waren alle völlig überzeugt davon, daß die drei Hilfe auftreiben würden. Zudem hatten sie es jetzt bequemer. Es gab mehr Platz zum Schlafen und ohne Canessa und Vizintín weniger Spannungen.

Einige vermißten die drei Gefährten. Mangino beispielsweise war nun ohne Canessas Schutz. Andererseits brauchte er ihn mittlerweile auch weniger nötig, da sich sein verzogenes Gehabe etwas gelegt hatte. Er ertrug sein gebrochenes Bein ein bißchen gelassener und war dadurch ein erträglicherer Schlafgefährte. Seinem Partner Methol, der ihm einmal gereizt erklärt hatte, wäre er sein Vater, dann würde er ihn verprügeln, vertraute er jetzt seine Gewissensbisse an. «Ich war immer so verwöhnt. Hier oben wird einem erst klar, wie abscheulich man früher war. Ich habe meinen Bruder mit Fußtritten traktiert, wenn er mich geärgert hat, oder die Suppe weggeschüttet, wenn sie mir nicht schmeckte. Hätte ich jetzt nur diese Suppe . . .»

Sie spürten alle, daß sie durch eine läuternde Erfahrung hindurchgegangen waren. Delgado, Turcatti, Zerbino und Fito Strauch diskutierten einmal, daß sie eine Art Fegfeuer durchmachten. Sie dachten an die vierzig Tage, die Christus in der Wüste verbracht hatte. Und da nun vierzig Tage seit dem Flugzeugabsturz vergangen waren, hatten sie das sichere Gefühl, daß ihre Qual bald enden würde; als ob sie beweisen wollten, daß ihre Leiden bessere Menschen aus ihnen gemacht hatten, strengten sie sich mehr denn je an, sich nicht miteinander zu streiten und freundlich zueinander zu sein. Verglichen mit dem starken Band, das ihr gemeinsames Ziel zwischen ihnen knüpfte, waren ihre Streitigkeiten gewiß nie ernsthaft. Besonders wenn sie abends zusammen beteten, spürten sie eine beinahe mystische Verbundenheit, nicht nur miteinander, sondern auch mit Gott. Sie hatten ihn in ihrer Not angerufen und fühlten nun seine Nähe. Manche von ihnen waren sogar soweit, die Lawine als ein Wunder zu betrachten, das ihnen mehr Nahrung gebracht hatte.

Diese Verbindung bestand nicht nur mit Gott, sondern auch mit den Freunden, die gestorben waren und deren Körper sie nun aßen, um zu überleben. Jene Seelen waren in den Himmel berufen worden, weil ihr Werk auf Erden getan war, aber alle, die am Leben waren, wären glücklich gewesen, mit den Toten zu tauschen. Nicolich und Algorta waren beide bereit gewesen, zu sterben und ihre Körper den Freunden zu vermachen – dieser, während er beinahe unter dem Schnee erstickte, jener, ehe die Lawine niederging. Wie Turcatti zu den drei anderen bei jenem Gespräch über Christi Qualen in der Wüste gesagt hatte, waren auch ihre Lebensbedingungen auf dem Berg so furchtbar, daß alles andere einem solchen Leben vorzuziehen gewesen wäre – selbst der Tod.

Numa Turcattis Stimmung und Zustand verschlechterten sich weiter. Er war nach wie vor bitter enttäuscht, daß sie ihm nicht erlaubt hatten mitzugehen, und seine Wut kehrte sich nicht gegen die anderen, sondern gegen sich selbst. Er verachtete seine Schwäche und wollte offenbar seinen Körper dafür strafen, daß er ihn im Stich gelassen hatte. Da er nicht mehr zu den Expeditionsteilnehmern gehörte, war seine Ration jetzt nicht größer als die der anderen, trotzdem aß er sie nicht auf. Er hatte gegen das rohe Fleisch stets Widerwillen empfunden und es nur zu sich genommen, um Kräfte zu sammeln. Ohne diesen zwingenden Grund kehrte sein ganzer Ekel wieder, und er war nicht gewillt, für sich selber das zu tun, wozu er allen zuliebe bereit gewesen war. Daher ließ er das Fleisch liegen, und wenn die Strauchs ihn zwangen, es zu essen, versteckte er es rund um sich.

Das schwächte ihn natürlich und machte ihn weniger widerstandsfähig gegen das Gift in seinem Bein. Durch Canessas Eingriff war zwar der Eiter abgezogen worden, aber die Infektion verschlimmerte sich. Das benutzte er als Vorwand, immer weniger für die anderen oder für sich zu tun. Er schmolz nur noch für sich selber Schnee und bat andere, ihm eine Decke zu reichen, die er durchaus selber hätte holen können. Sein psychischer Verfall war stärker als seine physische Schwäche. Einmal bat er Fito, ihm beim Aufstehen zu helfen. Fito lehnte das mit der Begründung ab, das könne er doch ohne weiteres allein, und tatsächlich erhob sich Turcatti kurz darauf vom Boden und humpelte ins Flugzeug.

Nicht daß er wütend auf die Gruppe war, er war wütend auf sich selber, aber er ließ seinen Zorn an ihnen aus, als wolle er sagen: «Ihr habt ganz recht, ich bin schwach und nutzlos, aber wartet nur ab, dann werdet ihr schon sehen, wie schwach und nutzlos ich wirklich sein kann.»

Rafael Echavarren war genau das Gegenteil. Psychisch blieb er stark, doch allmählich wurden seine physischen Leiden immer größer. Das verletzte Bein war jetzt schwarz und gelb von Brand und Eiter, und da er nicht mehr ins Freie gehen konnte, mußte er ständig die dumpfe Luft in der Fairchild atmen, was seine Lungen angriff und ihm Atembeschwerden verursachte.

Oben in der Hängematte war es kalt; Fernández versuchte, ihn für die Nacht auf den Boden hinunterzuschaffen, doch das bereitete Rafael zu große Schmerzen, und er kehrte lieber in die Hängematte zurück. Eines Nachts begann er dann zu phantasieren. «Wer will mit mir in den Laden gehen und Brot und Coca-Cola holen?» fragte er. Dann rief er «Papa, Papa, komm rein. Wir sind hier drin . . .»

Nach einer Weile ging Páez zu ihm und sagte: «Nachher kannst du erzählen, was du willst, aber jetzt wirst du mit mir beten . . . ‹Gegrüßet seist du, Maria, voller Gnaden, der Herr ist mit . . .›»

Echavarren schaute Páez mit weitgeöffneten, starren Augen an, und seine Lippen begannen langsam die Worte des Gebets zu wiederholen. Für diese kurze Zeitspanne, die sie brauchten, um das *Gegrüßet seist du, Maria* und ein *Vaterunser* zu sprechen, war er bei klarem Bewußtsein. Danach kehrte Páez auf seinen Schlafplatz Inciarte gegenüber zurück, und Echavarrens unzusammenhängende Fieberphantasien gingen weiter.

«Wer kommt mit mir in den Laden?»

«Ich nicht, danke!» riefen sie zurück; oder «Laß uns damit bis morgen warten.» Sie waren restlos abgehärtet gegen das ganze Grauen. Bald hörte er auf, im Delirium zu reden; es war nur noch das rasselnde Geräusch seines mühsamen Atmens zu vernehmen. Später wurde es schneller und endete dann. Zerbino und Páez sprangen auf und machten Wiederbelebungsversuche. Páez setzte die künstliche Beatmung eine halbe Stunde lang fort, den übrigen war jedoch nach wenigen Minuten klar, daß Rafael Echavarren tot war.

Echavarrens Tod deprimierte sie zutiefst. Er erinnerte jeden daran, daß auch er sterben könnte. Fito lag da, aus seinen Hämorrhoiden sickerte Blut, und er war ängstlicher, verschreckter und einsamer als je zuvor. Doch gerade weil er spürte, daß auch er dem Tod nahe war, fühlte er sich zugleich Gott näher und betete zu ihm für sein Seelenheil und für das Wohlergehen aller anderen.

Was seine Stimmung am nächsten Morgen wieder hob – ebenso wie die der übrigen vierzehn –, war der Gedanke, daß die Expeditionsteilnehmer vielleicht gerade in diesem Augenblick Hilfe gefunden hatten; daß er noch vor Einbruch der Nacht ein Hubschraubergeschwader hören und dann sehen würde. Doch alles, was er gegen Abend hörte, war der Schrei dessen, der als erster die drei Gestalten erspähte. Und als Fito zusah, wie sie sich bergauf schleppten und stolperten, verwandelte sich seine ganze fromme Hoffnung in Wut – Gott hatte nur Hoffnungen in ihnen erweckt, um sie dann zu vernichten. Die Rückkehr der drei war der Beweis dafür, daß sie in der Falle saßen. Er wollte brüllen wie ein Verrückter und in den Schnee hinauslaufen, stand aber da mit den anderen und schaute zu. In ihren Gesichtern malte sich bittere Enttäuschung und tiefe Verzweiflung.

Canessa kam als erster, Parrado und Vizintín folgten. Als er in Hörweite war, schrie er mit seiner durchdringenden Stimme: «Hallo, Jungens, wir haben das Heck gefunden ... alle Koffer ... Kleider ... und Zigaretten ...» Als er die Fairchild erreichte, drängten sie sich um ihn und hörten, was passiert war. «Auf diesem Weg hätten wir's nie geschafft», sagte Canessa. «Das Tal macht keine Schleife, es geht nach Osten. Aber wir haben das Heck und die Batterien gefunden. Wir brauchen bloß den Sender zu nehmen und runterzuschaffen ...»

Angesichts dieses ungestümen Optimismus hoben sich ihre Lebensgeister. Sie weinten und umarmten die drei. Dann drängten sie sich um den Schlitten, um die Hosen, Strickjacken und Socken zu holen, während Pancho Delgado die Zigaretten in seine Obhut nahm.

Sechster Teil

I

Am gleichen Tag, an dem die erste Expedition die Fairchild verließ, flogen Madelón Rodriguez und Estela Pérez nach Chile zurück. Mit ihnen kamen Ricardo Echavarren, Rafaels Vater – Juan Manuel Pérez, Marcelos Bruder – und Paul Rodríguez Escalada, der erfahrenste Pilot der Pluna, der uruguayischen Luftfahrtgesellschaft, und ein Vetter von Madelón. Die beiden Strauchs wollten sich ursprünglich ebenfalls anschließen, aber man hatte ihnen wegen ihres hohen Blutdrucks davon abgeraten.

Madelón hatte sich über Surracos Skepsis gegenüber Croiset jr. geärgert und wollte unbedingt beweisen, daß er im Irrtum war. Sie und Estela Pérez waren jetzt ebenso zuversichtlich, daß ihre Söhne noch lebten, wie nach dem Verschwinden des Flugzeugs vor sechsunddreißig Tagen. Die Männer in ihrer Begleitung glaubten weniger fest daran, Überlebende zu finden, hielten es aber für wichtig, genau festzustellen, was mit der Fairchild passiert war.

Am 18. November kamen sie nach Talca und begannen ihre Nachforschungen in der Umgebung des Descabezado Grande. Als erstes mieteten sie ein Flugzeug und unternahmen mehrere Erkundungsflüge über dem Gebiet. Am Laguna del Alto sahen sie ein Terrain, das fast haargenau mit der Skizze übereinstimmte, die Croiset ihnen geschickt hatte. Sie flogen wieder nach Talca, mieteten Führer und Pferde, ritten zurück und erkundeten das Gelände genauer. Die Pferde waren darauf trainiert, die schmalen Bergpfade mit den seitlichen Steilhängen hinaufzuklettern, die Uruguayer jedoch mußten sich die Augen verbinden, um nicht schwindlig zu werden. Als sie sich ihrem Ziel näherten, entdeckten sie einen weiteren Anhaltspunkt, der zu Croisets Vision paßte: ein Schild mit der Aufschrift «Gefahr». Außerdem gab es den See und den Berg mit dem abgeplatteten Gipfel. Sie schienen endlich nahe daran zu sein, die Fairchild zu finden, und trotzdem stimmte sie das nicht fröhlich. Denn es gab zwar in dem Tal etwas Vegetation und damit Überlebenschancen, aber es war nur einen Tagesmarsch von Talca entfernt.

Sie fanden nichts und kehrten nach Talca zurück, wo ihnen ein holländischer Bergsteiger sagte: «Möglich, daß Sie das Wrack irgendwo entdecken, aber dann inmitten eines Geierschwarms.»

Die meisten Leute, mit denen sie sprachen, teilten diese Ansicht. César Charlone, der uruguayische Geschäftsträger in Chile, schien wenig Zutrauen zu ihrem Unternehmen zu haben. Als die Gruppe am 25. November nach Santiago zurückkam, erklärte er, es sei ihm zu peinlich, die chilenische Regierung zu bitten, ihnen die obligatorische Umwechslung von zehn Dollar täglich zum offiziellen Kurs in die Landeswährung zu erlassen. Madelón Rodríguez und Estela Pérez waren wütend. Vor dem Abflug aus Montevideo hatten sie sich extra im uruguayischen Außenministerium vergewissert, daß Charlone angewiesen worden war, um diese Befreiung nachzusuchen.

Die offenstehende Summe betrug fünfhundertfünfzig Dollar, was die beteiligten Familien nicht bankrott gemacht hätte, aber die beiden standesbewußten Frauen wurden zornig. Estela Pérez, die aus einer exklusiven Familie der *Blancos* stammte (sie war die Kusine des *Blanco*-Führers Wilson Ferreira), hatte nicht vor, sich von einem *Colorado* düpieren zu lassen. Sie eilte schnurstracks mit Madelón ins chilenische Außenministerium, wo sie von Außenminister Clodomiro Almeyda persönlich empfangen wurden, der sie anhörte und danach sofort einen Brief schrieb, der sie von dem Zwangsumtausch befreite.

Nachdem das geregelt war, konnten die fünf nach Montevideo zurückkehren, was sie am 25. November taten. Páez Vilaró war inzwischen nach Brasilien gefahren, und seit dem Verschwinden der Fairchild wurde zum erstenmal in Chile nicht nach ihr gesucht. Aber vor der Abreise hatten sie die Flugblätter, auf denen eine Belohnung von 300 000 Escudos geboten wurde, über den Bergen von Talca abgeworfen. Sie erhofften sich davon Erfolg; sonst blieb ihnen nichts, als zu beten.

Es glaubten jetzt nur noch wenige an den jungen Croiset, und um diese Zeit telefonierte Ponce de León zum letztenmal mit ihm. Erst kürzlich hatte er geäußert, wenn er das Flugzeug nun sehe, sei es leer; die Mütter hatten das so ausgelegt, daß ihre Söhne auf der Suche nach Hilfe wären. In Rafael jedoch wuchs allmählich die Überzeugung, daß dies bedeute, sie seien alle tot. Wann immer er Croiset früher zugesetzt hatte, antwortete dieser stets, er habe den Kontakt verloren. Als er diesmal mit Croiset sprach, erinnerte Rafael ihn an seine Worte – daß das Flugzeug jetzt leer sei – und erklärte ihm, wie die Mütter das interpretierten. «Ich bin allerdings anderer Meinung», fuhr er fort. «Für mich heißt das, sie sind tot ...»

«Das können Sie nicht mit Sicherheit behaupten», widersprach Croiset am Telefon in Utrecht.

«Hören Sie, es ist niemand hier, der mit einem der Jungen verwandt ist, also sagen Sie mir klipp und klar, was Ihrer Ansicht nach mit ihnen ist.»

Nach einer Pause, in der nur das Pfeifen und Knacken in der Leitung zu hören war, antwortete Croiset: «Ich persönlich glaube ... jetzt ... daß sie tot sind.»

Damit endete ihr Kontakt zu Gerard Croiset jr. Trotzdem hatten die, denen schließlich der Glaube an seine hellseherischen Fähigkeiten abhanden gekommen war, den Glauben an das Überleben ihrer Söhne nicht verloren. Sie wandten sich jetzt immer mehr Gott und der Kirche zu. Rosina und Sarah Strauch beteten weiterhin inständig zur Jungfrau von Garabandal, und Madelón kniete jeden Nachmittag mit ihrer Mutter und ihren zwei Töchtern in ihrem Haus in Carrasco nieder, um den Rosenkranz zu beten. Oft gesellten sich Susana Sartori, Rosina Machitelli und Inés Clerc zu ihnen – drei der Verlobten, die an die Rückkehr ihrer künftigen Ehemänner glaubten.

Doch während sie übernatürliche Kräfte um Hilfe anriefen, suchten sie zugleich nach einer natürlichen Erklärung für das Schicksal des Flugzeugs. Robertos Mutter, Mecha Canessa, kam mit der Idee, die Fairchild sei möglicherweise von den Tupamaros entführt worden und stehe jetzt auf einem geheimen Flugplatz in Südchile, irgend jemand warte den geeigneten Zeitpunkt für eine Lösegeldforderung ab. In der politisch unsicheren Situation, in der sich Uruguay und Chile damals befanden, erschien dieser Gedanke sogar plausibel, und so durchleuchtete man den politischen Hintergrund der beiden Piloten. Wie sich herausstellte, gehörten jedoch beide der Rechten an. Daß einer der jungen Leute das Flugzeug entführt haben könnte, zog man nicht in Betracht; also blieb Señora Mariani. Die Tatsache, daß sie zur Hochzeit ihrer Tochter mit einem politischen Flüchtling nach Chile geflogen war, wurde zunächst ungeheuer aufgebauscht. Aber so groß auch der Wunsch nach einer neuen Theorie war – schließlich erschien ihnen die Vorstellung, daß diese korpulente, angejahrte Frau das Flugzeug gekapert haben sollte, doch zu absurd.

Am 1. Dezember berichtete eine Zeitung in Montevideo, die uruguayische Luftwaffe wolle ein Flugzeug nach Chile schicken, das in der Umgebung des Vulkans Tinguiririca nach der Fairchild suchen solle. Eine offizielle Bestätigung dafür gab es nicht. Ermutigt durch diesen Artikel, fragten die Mütter in Montevideo ihre Ehemänner, weshalb man nicht sofort ein uruguayisches Flugzeug losschicken könne statt in zwei Monaten, wie es der SAR vorhatte.

Am 5. Dezember trafen Zerbino, Canessa, Surraco sowie Fernández, Echavarren, Nicolich, Eduardo Strauch und Rodríguez Escalade mit dem Oberkommandierenden der uruguayischen Luftwaffe, Brigadegeneral Pérez Caldas, zusammen. Sie legten ihm einen ausführlichen Bericht über ihre eigenen Nachforschungen in der Umgebung von Talca vor, erklärten ihm jedoch, daß sie nicht mehr an die Visionen von Croiset glaubten. Die Suche müsse sich auf das Gebiet um den Tinguiririca konzentrieren. Als Privatleute hätten sie jedoch nicht die Mittel dazu.

Pérez Caldas ließ einen untergeordneten Offizier kommen, der am gleichen Tag aus Santiago zurückgekehrt war, wo er mit dem SAR an einer technischen Untersuchung des Absturzes gearbeitet hatte. Er bestätigte, daß vor Februar nichts unternommen werden könne. Der Winter hatte in den Anden die schwersten Schneefälle der letzten dreißig Jahre gebracht. Das Flugzeug müsse restlos verschüttet sein, und für die Passagiere gäbe es keinerlei Überlebenschance.

Pérez Caldas wandte sich den acht Männern zu in der Erwartung, daß sie diese Beurteilung der Lage akzeptierten.

Doch obwohl sie innerlich alle eine Suche für zwecklos hielten, beharrten sie darauf, daß sie stattfinden müsse. Sie schilderten die seelische Verfassung der Mütter und Bräute, und Pérez Caldas wurde schwankend. Schließlich traf er seine Entscheidung. «Sie haben Ihr Anliegen vorgebracht, meine Herren», sagte er und erhob sich. «Und ich habe meinen Entschluß gefaßt. Die Luftwaffe von Uruguay wird Ihnen ein Flugzeug zur Verfügung stellen.»

Die letzte Suchaktion lief an.

2

Die Nachricht, daß eine speziell ausgerüstete C-47 der uruguayischen Luftwaffe tatsächlich auf die Suche nach der Fairchild geschickt werden sollte, löste bei den Eltern neuen Optimismus aus. Viele Väter meldeten sich freiwillig zur Teilnahme an der Expedition. Páez Vilaró war noch immer in Brasilien, aber obwohl die Luftwaffe neben der Besatzung nur fünf Passagiere zuließ, stand fest, daß er dazugehören würde. Des weiteren Ramón Sabella, dem jedoch sein Arzt davon abriet. Als die vier anderen Begleiter von Páez Vilaró wurden Rodríguez Escalada und die Väter von Roberto Canessa, Roy Harley und Gustavo Nicolich bestimmt. Aber nicht nur sie waren an dem Unternehmen beteiligt: die Familien Methol, Maquirriain, Abal, Parrado, Valeta und viele andere steuerten Geld und Rat bei, während Rafael Ponce de León wieder die Verbindung mit den Funkamateuren in Chile aufrechterhielt.

Am 8. Dezember traf sich eine Gruppe von Eltern, darunter die Teilnehmer an der Aktion, auf der Basis Nummer 1 der Luftwaffe, um sich mit dem Piloten der C-47, Major Ruben Terra, zu beraten und Pläne für die Suche auszuarbeiten. Am gleichen Tag kehrte Páez Vilaró aus Brasilien zurück und versicherte, daß er trotz seines starken Mißtrauens gegenüber den Flugzeugen der uruguayischen Luftwaffe doch mitkommen würde.

Während des folgenden Tages fuhren sie mit den Reisevorbereitungen fort, und am 10. Dezember trafen mittags noch einmal alle Eltern, Verwandten und Verlobten mit den Teilnehmern an der Suchaktion in dem geräumigen, maurischen Bungalow der Nicolich zusammen. Zwei erfahrene uruguayische Piloten waren ebenfalls dazu gebeten worden; das gesamte vom chilenischen SAR, der uruguayischen Luftwaffe und den Eltern gesammelte Material wurde auf dem Tisch ausgebreitet. Dr. Surraco erläuterte an Hand von Landkarten, weshalb er und andere jetzt davon überzeugt seien, daß die Fairchild zwischen dem Tinguiririca und dem Sosneado abgestürzt sein müsse. Niemand zog das in Zweifel. Von den Bergen um Talca und Vilches war nicht mehr die Rede; Vernunft hatte über die Hellseherei gesiegt.

Die Zusammenkunft dauerte bis zum Abend. Danach gingen die beiden Ehepaare Strauch zu den Harleys, wo sie bis in die tiefe Nacht hinein über die Suchaktion sprachen, in die sie so viel Hoffnung setzten. Am Schluß wandte sich Roy Harley mit den Worten an Rosina Strauch: «Hören Sie zu. Ich werde die Anden Meter um Meter durchkämmen, bis ich die Jungen finde. Aber ich bitte Sie auch um eins. Wenn wir diesmal scheitern, müssen Sie akzeptieren, daß keine Hoffnung mehr besteht. Kommen wir erfolglos zurück, dürfen wir uns keine Illusionen mehr machen.»

Am nächsten Morgen, dem 11. Dezember, um sechs Uhr startete die C-47 nach Santiago. An Bord befanden sich der Pilot, Major Ruben Terra, vier Mann Besatzung sowie Páez Vilaró, Harley, Nicolich und Rodríguez Escalada. Selbst um diese frühe Stunde hatten sie viele Eltern zum Flugplatz begleitet.

Die C-47 war eine Militärtransportmaschine. Es gab keine bequemen Sitze, und die fünf Männer in mittleren Jahren mußten sich auf Seitenbänken einrichten. Außerdem machte sie ungeheuren Krach, aber sie waren alle durchaus zufrieden, da sie zum erstenmal seit dem Verschwinden der Fairchild die Mittel zur Verfügung hatten, die höchsten Andengipfel abzusuchen. Laut uruguayischen Presseberichten war die C-47 eigens für diese Expedition ausgerüstet worden; jedenfalls gab es die für einen Flug in so großer Höhe erforderlichen Sauerstoffgeräte sowie eine Druckkabine. Als sie das Mündungsgebiet des Rio de la Plata überflogen, las Páez Vilaró in einer Zeitung einen Artikel über die Suchaktion. Hin und wieder sah er auf, ob er die «Spezialausrüstung von außergewöhnlicher Präzision» erblicken könne, die darin erwähnt wurde; und als er zu einem Absatz kam, der von der großartigen Leistungsfähigkeit der uruguayischen Luftwaffe sprach, reagierte er einigermaßen gereizt. Schließlich war dies ziemlich das erste, was sie seit dem Verschwinden der Fairchild unternommen hatte, um nach fünf ihrer eigenen Leute zu suchen.

Er fragte sich, was der Pilot wohl von dem Artikel halten mochte, und ging nach vorn ins Cockpit. Beim Eintreten registrierte er, daß sie das argentinische Ufer der Flußmündung erreicht hatten und gerade Buenos Aires überflogen.

«Haben Sie das gesehen?» rief er Ruben Terra zu und schwenkte die Zeitung mit dem Artikel.

«Ja», entgegnete der Major.

«Was denken Sie darüber?»

«Sehr ordentlich und fair.»

Anscheinend hatte der Pilot das leichte Achselzucken von Páez Vilaró bemerkt, denn er fuhr fort: «Mir ist beispielsweise einmal einer der Motoren ausgefallen, und ich konnte mit einem noch landen . . .»

Kaum hatte er das gesagt, da schlingerte das Flugzeug plötzlich und begann zu vibrieren. Páez Vilaró schaute nach hinten zur Tragfläche und sah genau das, was Major Ruben Terra geschildert hatte: Der Propeller des Steuerbordmotors kam zum Stillstand.

Erschrocken schrie er dem Piloten zu. «Na, da hätten wir ja den gleichen Salat.»

Sie machten eine Notlandung auf dem Militärflughafen von El Palomar, wo Ruben Terra in Montevideo telegraphisch einen Ersatzmotor orderte. Seine Passagiere aber wollten nicht warten, bis er eintraf und in die C-47 eingebaut wurde. Sie mieteten also eine leichte Maschine, die sie zum Flughafen Ezeiza bringen sollte, und erreichten dort ein Linienflugzeug der LAN Chile nach Santiago. Gegen sieben Uhr abends kamen sie an und fuhren direkt zum Hauptquartier des SAR in Los Cerrillos.

«Was?» sagte Kommandeur Massa, als Páez Vilaró und seine Begleiter vor ihm standen. «Sie sind wieder hier? Das ist der ungeeignetste Moment, mit der Suche zu beginnen. Wir haben Ihnen doch gesagt, daß wir Sie benachrichtigen, wenn es soweit ist . . .»

Seine Verwirrung war durchaus begründet. Ein in den Anden verschollenes Flugzeug war keine Seltenheit, daß aber jemand zwei Monate später danach suchte, war dagegen höchst ungewöhnlich. Man hatte nicht einmal so lange nachgeforscht, als eine DC-3 der amerikanischen Luftwaffe 1968 abgestürzt war. Aber hier stand eine Gruppe uruguayischer Bürger vor ihm, die einfach in sein Büro kam und sich nicht abwimmeln ließ.

«Sagen Sie mir eins, Kommandeur», begann Roy Harley, «wie stehen die Chancen, daß die Fairchild sich in den Bergen verflogen hat und im Schnee notgelandet ist?»

«Mit etwas Glück zwei zu tausend.»

«Eins zu tausend genügt uns», meinte Harley.

Die Uruguayer verhandelten nun über den Einsatz von Hubschraubern des SAR. Massa hörte sich ihre Vorschläge zwar höflich an, konnte sie jedoch nicht akzeptieren. «Sie verstehen das nicht», erklärte er. «Es ist äußerst gefährlich, mit Hubschraubern in die Kordilleren zu fliegen. Ich kann nicht das Leben meiner Piloten riskieren, ohne wenigstens einen konkreten Beweis dafür zu haben, daß das Wrack an einer bestimmten Stelle liegt. Falls Sie irgendeinen solchen Beweis haben, geben Sie ihn mir, dann werde ich entsprechend handeln. Aber bis dahin . . . ich bedauere.»

Die fünf Männer kehrten mit nichts als dieser halbherzigen Zusage Massas in ihr Hotel zurück, doch sie waren nicht entmutigt. Obwohl erschöpft von ihrer hektischen Reise, setzten sie sich sofort zusammen und planten das weitere Vorgehen. Sie wollten sich in Gruppen teilen. Die eine sollte das Gebiet um den Palomo und den Tinguiririca auf dem Landweg absuchen, eine zweite von der Luft aus, sobald die C-47 in Santiago eingetroffen war. Eine dritte schließlich sollte versuchen, den Kupferminenarbeiter Camilo Figueroa ausfindig zu machen, der angeblich den Absturz des Flugzeugs gesehen hatte. Diese drei Angriffsspitzen wollten sie gegen die Anden richten und nannten das Unternhmen «Operation Weihnachten».

Siebter Teil

I

Der 23. November war Bobby Francois' einundzwanzigster Geburtstag. Als Geschenk bekam er von seinen Gefährten eine zusätzliche Packung Zigaretten. Inzwischen machten sich Canessa und Parrado an die Aufgabe, das Funkgerät aus dem Armaturenbrett auszubauen, das immer noch halb in der Brust des Piloten vergraben war.

Die Kopfhörer und das Mikrofon waren an einen schwarzen Metallkasten von der Größe einer Reiseschreibmaschine angeschlossen, der sich nach Entfernen einiger Schrauben leicht herausnehmen ließ. Sie stellten jedoch fest, daß die Einstellskala für den Frequenzbereich fehlte und der Kasten deshalb nur ein Teil des UKW-Geräts sein konnte; außerdem hingen aus der Rückseite siebenundsechzig lose Drähte, ihrer Meinung nach Verbindungsdrähte zu der fehlenden Hälfte. Es gab so viele Instrumente in dem Flugzeug, daß es nicht einfach war, festzustellen, was zu dem Funkgerät gehörte und was nicht. Schließlich fanden sie jedoch den Sender hinter einer Plastikverkleidung in der Wand des Frachtraumes. Er war sehr viel schwerer zugänglich und ließ sich nur unter großen Schwierigkeiten von all den anderen Instrumenten trennen, zumal diese Arbeit ohne Licht durchgeführt werden mußte. Als Werkzeuge hatten sie nur einen Schraubenzieher, ein Messer und eine Zange, und damit holten sie schließlich nach tagelanger Anstrengung den Sender heraus.

Ihre Vermutung, daß er zu dem Kasten passen würde, den sie vom Armaturenbrett abgeschraubt hatten, bestätigte sich, als sie an seiner Rückseite ein Kabel mit siebenundsechzig verschiedenen Drähten entdeckten. Die Schwierigkeit bestand nun darin, daß sie keine Ahnung hatten, welche zwei Drähte an den beiden Teilen des Geräts jeweils zusammengehörten. Bei siebenundsechzig Drähten an jeder Hälfte gab es Tausende von Möglichkeiten. Doch dann entdeckten sie, daß die Drähte mit feinen Markierungen gekennzeichnet waren, und sie konnten die richtigen Verbindungen herstellen.

Canessa schwärmte am meisten von den Möglichkeiten des Funkgeräts. Seiner Meinung nach war es verrückt, bei einer Expedition durch die Berge das Leben einiger Leute aufs Spiel zu setzen, solange auch nur die geringste Chance für sie bestand, mit der Außenwelt Kontakt aufzunehmen. Die Mehrzahl stimmte ihm zu, wenn auch mancher im Hinblick auf das Ergebnis mehr oder weniger skeptisch war. Pedro Algorta glaubte nicht, daß sie das Gerät je in Gang bringen würden; er sagte aber nichts, was den Optimisten den Mut hätte nehmen können. Roy Harley selbst, der ja ihr Radioexperte sein sollte, hatte von allen die stärksten Zweifel. Er wußte selbst am besten, wo die Grenzen seiner Kenntnisse lagen, auf die sie ihre Hoffnungen bauten – er hatte lediglich einige Nachmittage lang an der Stereoanlage eines Freundes herumgefummelt –, und er wies in weinerlichem Ton immer wieder darauf hin, daß ihn das in keiner Weise dazu qualifizierte, ein UKW-Funkgerät auseinanderzunehmen und dann wieder zusammenzubauen.

Die anderen Jungen sahen in seinem mangelnden Selbstvertrauen in erster Linie eine Nebenerscheinung seiner physischen und psychischen Erschöpfung. Sein großes Gesicht zeigte stets denselben Ausdruck von Elend und Verzweiflung, und sein Körper, der einmal kräftig und stark gewesen war, war auf die Dimensionen eines runzligen Fakirs zusammengeschrumpft. Die Expeditionsteilnehmer und die Vettern forderten ihn deshalb auf, durch Gänge um das Flugzeug herum für den Abstieg zum Heck zu trainieren; doch er war zu schwach dazu. (Sie hielten es jedoch nicht für angebracht, seine Fleischration zu erhöhen.) Je hartnäckiger sie wurden, desto stärker widersetzte sich Roy der Idee. Er weinte und bettelte und sagte ihnen immer wieder, er verstehe von Radios nicht mehr als alle anderen auch. Gegen ihre Autorität war jedoch schwer anzukommen, und er sah sich neuem Druck aus anderer Richtung ausgesetzt. «Du mußt gehen», sagte sein Freund Francois zu ihm, «denn das Funkgerät ist vielleicht unsere einzige Chance. Wenn wir zu Fuß hier raus müssen, werden Leute wie Coche,

Moncho, Alvaro, du und ich – wir werden das ganz einfach nicht schaffen.»

Mit großem Widerwillen fügte sich Harley schließlich diesem Einwand und erklärte sich bereit, mitzugehen. Ihr Aufbruch stand jedoch noch nicht unmittelbar bevor, da einige von ihnen immer noch mit der wie eine Haifischflosse geformten Antenne kämpften, die am Dach des Flugzeugs über dem Cockpit vernietet war. Sie hatten nur einen Schraubenzieher, um die Nieten zu entfernen, und die Arbeit wurde noch durch die beim Aufprall des Flugzeugs entstandenen Verzerrungen im Metall erschwert.

Auch als die Antenne abmontiert war und neben den verschiedenen Teilen des Funkgeräts im Schnee lag, verbrachte Canessa Stunde um Stunde damit, sie einfach anzustarren, und er fuhr jeden an, der ihn fragte, was er denn noch zu tun habe, und weshalb er noch nicht bereit sei, zum Heck des Flugzeugs aufzubrechen. Die anderen wurden ungeduldig, aber sie waren alle auf der Hut vor Canessas Temperament. Wäre er kein Expeditionsteilnehmer gewesen – und zwar der einfallsreichste von den dreien –, sie hätten sich vielleicht nicht alles von ihm gefallen lassen; so wie die Dinge lagen, wollten sie sich jedoch nicht mit ihm verfeinden. Trotzdem kam ihnen sein Zögern reichlich unvernünftig vor, und der Verdacht regte sich in ihnen, daß er das Experiment mit dem Funkgerät nur verzögerte, um den Augenblick hinauszuschieben, an dem er vielleicht den langen Weg durch den Schnee würde antreten müssen.

Schließlich wurde es den drei Strauch-Vettern zu dumm. Sie sagten ihm, er müsse das Funkgerät nehmen und gehen. Canessa fiel keine Ausrede mehr ein, mit der er einen weiteren Aufschub hätte begründen können, und am nächsten Morgen um acht Uhr versammelte sich die kleine Gruppe, um zum Flugzeugheck abzusteigen. Zuerst kam Vizintín, wie üblich als Packesel schwer beladen; dann folgte Harley, die Hände in den Taschen, und schließlich Canessa und Parrado, mit Stöcken und Rucksäcken ausgerüstet wie zwei Wintersportler.

Sie machten sich auf den Weg den Berg hinunter, und die dreizehn, die zurückblieben, schauten ihnen auch diesmal wieder mit Erleichterung nach. Nicht nur blieb ihnen das gereizte und einschüchternde Benehmen Canessas und Vizintíns erspart, sie konnten ohne die vier Mann auch viel bequemer schlafen. Entscheidend war jedoch, daß sie nun wieder davon träumen konnten, ihre Rettung sei nur noch eine Frage der Zeit.

Ihre Lage ließ es jedoch nicht zu, daß sie es sich bequem machen und auf die Erfüllung ihrer Träume warten konnten. Zum ersten Mal, seit sie beschlossen hatten, das Fleisch der Toten zu essen, gingen ihre Vorräte zur Neige. Zwar gab es genügend Leichen, aber das Problem bestand darin, sie zu finden; denn die, die bei dem Absturz ums Leben gekommen und draußen vor dem Flugzeug liegengeblieben waren, hatte die Lawine tief im Schnee begraben. Eins oder zwei von den Lawinenopfern blieben ihnen zwar noch, doch sie wußten, daß sie schon bald die früheren Opfer würden finden müssen. Sie überlegten sich auch, daß die, die beim Absturz umgekommen waren, fetter waren und mehr von den Vitaminen, die sie alle zum Überleben brauchten, in ihrer Leber hatten.

Sie machten sich deshalb auf die Suche nach den Leichen. Carlitos Páez und Pedro Algorta waren verantwortlich für dieses Unternehmen, doch auch alle anderen Jungen machten mit. Ihre Methode bestand darin, an der Stelle einen Schacht in den Schnee zu graben, an der – soweit sie sich erinnern konnten – eine Leiche gelegen hatte, doch oft mußten sie sehr tief graben, und doch kam nichts ans Tageslicht. Ein andermal hatten sie zwar mehr Erfolg, doch das Ergebnis war nicht minder frustrierend. So nahmen sie zum Beispiel an, irgendwo in der Nähe des Eingangs liege noch ein Körper, und Algorta verbrachte viele Tage damit, an dieser Stelle systematisch ein Loch zu graben – mit Stufen, die nach unten führten. Die Arbeit war schwer, denn der Schnee war hart, und Pedros Kräfte hatten wie die aller anderen immer mehr nachgelassen. Er fühlte sich deshalb wie ein erfolgreicher Goldgräber, als das Stück Aluminium, das ihnen als Schaufel diente, auf etwas stieß, das wie eine Hand aussah. Pedro grub schneller, um die Beine und Füße der Leiche freizulegen, doch als er schließlich soweit war, sah er plötzlich, daß die Zehennägel rot lackiert waren. Er hatte nicht die Leiche eines Jungen, sondern die von Liliana Methol gefunden, und mit Rücksicht auf Javiers Gefühle waren sie übereingekommen, sie nicht zu essen.

Eine andere Methode, einen Erkundungsschacht zu graben, bestand darin, daß alle Jungen auf dieselbe Stelle urinierten. Es war eine wirksame Methode, wenn es ihnen nur gelang, jeden Morgen so lange an sich zu halten, bis sie die Stelle erreicht hatten. Doch viele von ihnen erwachten mit einem solchen Druck auf der Blase, daß sie sich sofort nach Verlassen des Flugzeugs erleichtern mußten. Algorta ließ nachts oft seine drei Hosen aufgeknöpft, und selbst dann gelang es ihm nicht immer, rechtzeitig ins Freie zu kommen. Es war ein Jammer, denn ein Loch zu pissen war leichter, als eins zu graben.

Viele der Jungen fühlten sich zu schwach, um Arbeiten dieser Art zu verrichten. Einige von ihnen hatten gelernt, mit ihrer Untauglichkeit zu leben, andere jedoch gestanden sich nicht ein, daß sie zum Wohlergehen der Gruppe nichts beitrugen. Carlitos warf Moncho Sabella einmal vor, er arbeite nichts, worauf der geschwächte Sabella anfing, in rasendem Wahnsinn ein Loch zu graben, so daß die, die zuschauten, um sein Leben fürchteten. Doch seine Anstrengung führte nur dazu, daß er erschöpft zusammenbrach. In seinem Fall war der Geist tatsächlich willig, aber das Fleisch schwach. Moncho wäre nur zu gerne einer der heroischen Vettern und Expeditionsteilnehmer gewesen, doch sein Körper ließ ihn im Stich. Es blieb ihm keine andere Wahl, als die Rolle eines Zuschauers zu übernehmen.

Während die Jungen im Schnee nach den tief verschütteten Körpern gruben, begannen die Leichen, die sie dicht unter der Oberfläche aufbewahrten, unter der stärkeren Sonneneinstrahlung zu leiden, die die dünne Schneedecke über ihnen wegschmolz. Tatsächlich hatte Tauwetter eingesetzt – das Dach der Fairchild lag schon hoch über der Schneedecke –, und die Mittagssonne wurde so heiß, daß alles Fleisch, das ihr ausgesetzt war, schnell verfaulte. Zum Graben, Fleischschneiden und Schneeschmelzen kam also noch eine zusätzliche Arbeit: sie mußten die Leichen mit Schnee bedecken und mit Pappdeckel und Kunststoff vor der Sonne schützen.

Als die Vorräte immer kleiner wurden, ordneten die Vettern an, daß in Zukunft niemand mehr Fleisch klauen dürfe. Dieser Erlaß bewirkte nicht mehr als die meisten anderen, die eine gängige Praxis unterbinden sollen. Um länger mit den

Vorräten auszukommen, aßen sie deshalb jetzt auch Teile des menschlichen Körpers, die sie bis dahin liegengelassen hatten. Hände und Füße hatten zum Beispiel Fleisch unter der Haut, das man von den Knochen abschaben konnte. Sie versuchten auch die Zunge der Leiche, konnten sie aber nicht schlucken. Und einer von ihnen probierte einmal sogar die Hoden.

Außerdem aßen sie das Knochenmark. Wenn das letzte Stückchen Fleisch von einem Knochen abgekratzt war, brachen sie ihn mit der Axt auf und kratzten das Mark mit einem Stück Draht oder dem Messer heraus und teilten es. Sie aßen auch die Blutgerinnsel, die sie in der Herzgegend der meisten Körper fanden. Sie hatten eine andere Beschaffenheit und einen anderen Geschmack als das Fleisch und Fett, und die Jungen waren inzwischen ihre eintönige Diät mehr als leid. Nicht nur ihre Sinne lechzten nach einem anderen Geschmack, auch ihre Körper schrien nach jenen Mineralien, die ihnen so lange vorenthalten worden waren – vor allen Dingen fehlte es ihnen an Salz. Aus diesem heftigen Verlangen heraus begannen die weniger Heiklen unter ihnen die Leichenteile zu essen, die bereits in Fäulnis übergingen. Das galt sogar für die Eingeweide der Leichen, die mit Schnee bedeckt waren, und außerdem gab es da noch die Überbleibsel der anderen Leichen, die in der Umgebung des Flugzeugs ungeschützt in der Sonne lagen. Später taten es alle.

Sie nahmen den Dünndarm, preßten ihn aus, schnitten ihn in kleine Stücke und aßen sie. Er hatte einen starken und salzigen Geschmack. Einer von ihnen versuchte, ein Stück um einen Knochen zu wickeln und es im Feuer zu rösten. Verfaultes Fleisch, das sie später probierten, schmeckte wie Käse.

Die letzte Entdeckung auf der Suche nach neuen Geschmacksrichtungen und neuen Nahrungsquellen waren die Gehirne der Leichen, die sie bis dahin nicht angerührt hatten. Canessa hatte ihnen gesagt, ihr Nährwert sei zwar nicht besonders hoch, dafür jedoch enthielten sie energiespendende Glukose; er war der erste, der einen Kopf nahm, die Haut über der Stirn aufschnitt, die Kopfhaut zurückzog und den Schädel mit der Axt spaltete. Die beiden Gehirnhälften wurden dann entweder aufgeteilt und im gefrorenen Zustand gegessen, oder aber sie dienten als Sauce für einen Eintopf; Leber, Darm,

Muskeln, Fett, Herz und Nieren wurden – entweder gekocht oder ungekocht – in kleine Stücke geschnitten und mit Hirn vermischt.

Auf diese Weise schmeckte die Nahrung besser und war leichter zu essen. Die einzige Schwierigkeit war, daß es an geeigneten Schalen fehlte, denn bis dahin hatten sie das Fleisch von flachen Tellern, Servierbrettern oder Aluminiumfolie gegessen. Inciarte benützte für den Eintopf ein Rasierschüsselchen; während andere die oberen Hälften der Schädel nahmen. Vier Schalen wurden auf diese Weise aus Schädeldecken gemacht, und einige stellten sie aus Knochen her.

Gehirne, bei denen die Verwesung eingesetzt hatte, waren ungenießbar, und so wurden die übriggebliebenen Köpfe der Leichen, die sie aufgegessen hatten, zusammengetragen und im Schnee vergraben. Sie durchsuchten den Schnee auch nach anderen Körperteilen, die bis dahin weggeworfen worden waren. Die Suche wurde immer lebenswichtiger, vor allem für Algorta, den eifrigsten Schatzsucher unter ihnen. Wenn er nicht gerade Löcher grub oder den Vettern beim Zerlegen der Leichen half, konnte man ihn vornübergebeugt um das Flugzeug herumhumpeln und mit einem eisernen Stab im Schnee stochern sehen. Er ähnelte so sehr einem Landstreicher, daß ihm Carlitos einen Spitznamen gab – der alte Vizcacha (ein Landstreicher aus einem bekannten Gedicht von José Hernández). Doch seine Anstrengungen wurden belohnt, denn er fand immer wieder Stücke alten Fetts, manche mit dünnen Fleischstreifen daran. Die legte er dann auf seinen Teil des Daches. Waren sie mit Wasser vollgesogen, trockneten sie in der Sonne aus und bildeten eine Kruste, die sie schmackhafter machte. Manchmal legte er sie auch auf ein Stück Metall, das die Sonnenhitze einfing, und machte so sein Essen warm; als die Sonne einmal besonders kräftig schien, gelang es ihm sogar, es zu braten.

Es war eine Erleichterung für Algorta, daß die Expeditionsteilnehmer nicht mehr da waren und ihm wegnahmen, was er so sorgfältig gesammelt und zubereitet hatte. Andererseits teilte er, was er gefunden hatte, mit Fito. Neben seinem Plätzchen auf dem Dach hatte Fito seins, und dazwischen legten sie die gemeinsamen Schätze. Algorta sorgte dafür, daß die gemeinsamen Vorräte nicht ausgingen. Er hatte sich Fito in der gleichen

Weise angeschlossen, wie Zerbino – laut Inciarte – «der Laufbursche des Deutschen» geworden war. Es irritierte Inciarte ganz besonders, daß Zerbino Eduardo selbst dann Zigaretten gab, wenn der selber noch welche hatte, aber Zerbino erinnerte sich der Tage nach der ersten Expedition, als Eduardo ihn mit seinen geschwollenen Füßen auf seinen Schultern hatte schlafen lassen.

Als die Gegensätze zwischen den zwei Gruppen der Arbeitenden und der Arbeitsscheuen sich immer mehr verschärften, wuchs die Bedeutung von Coche Inciartes Rolle. Gemessen an seinem Benehmen und seiner Leistung gehörte er fest zum Lager der Parasiten, andererseits verband ihn eine alte Freundschaft mit Fito Strauch und Daniel Fernández. Außerdem war er so natürlich und geistreich, daß man ihm einfach nicht böse sein konnte. Ob er nun Carlitos dazu überredete, an einem windigen Tag Feuer zu machen und zu kochen, oder ob er einen Viertelliter Eiter aus seinem durch und durch entzündeten Bein preßte, immer lächelte er und brachte andere zum Lachen. Sein Zustand wurde wie der Turcattis immer ernster, weil beide nur widerwillig rohes Fleisch aßen. Coche fing sogar manchmal an zu phantasieren und erzählte den Jungen allen Ernstes, in der Nähe seines Schlafplatzes habe das Flugzeug eine kleine Seitentür, die zu einem grünen Tal hinausführte. Als er jedoch eines Morgens, so wie Rafael Echavarren vor ihm, verkündete, er werde heute noch sterben, nahm ihn keiner ernst. Tags darauf wachte er auf, und sie lachten ihn aus: «Sag mal, Coche, wie fühlt man sich, wenn man tot ist?»

Wie immer waren Zigaretten die Hauptursache der Spannungen. Wer sich wie die Vettern so weit in der Gewalt hatte, daß er seine Ration genau auf zwei Tage verteilte, mußte gegen Ende des zweiten Tages damit rechnen, bei jedem Zug aus einer Zigarette von einem Dutzend neidischer Augenpaare angestarrt zu werden. Die Leichtsinnigen – allen voran Coche Inciarte – rauchten ihren Vorrat schon am ersten Tag und versuchten dann, bei denen zu schnorren, die sich ihre Ration besser einteilten. Pedro Algorta, der weniger rauchte als die anderen, ging dann mit gesenkten Augen umher, weil er fürchtete, einen von Coches bettelnden Blicken einzufangen; war er aber lange genug ausgewichen, sagte Coche zu ihm: «Pedrito, wenn wir wieder in Montevideo sind, lade ich dich mal zu einem *Gnocchi*-Essen bei meinem Onkel ein ...» worauf der hungrige Algorta aufblickte – direkt in die großen, flehenden, lachenden Augen.

Auch Pancho Delgado konnte seine Ration nicht einteilen; er machte sich dann zum Beispiel an Sabella heran und redete mit ihm über seine Schulzeit und die gemeinsamen Erlebnissse mit seinem Bruder, in der vagen Hoffnung, daß dabei eine Zigarette herausspringen könnte. Oder er wurde von Inciarte zu Fernández geschickt, um ihn zu überreden, ihnen einen «Vorschuß» zu geben. «Weißt du», sagte er, «Coche und ich, wir sind besonders nervöse Typen ...»

Eine Zeitlang war Delgado selbst für die Zigaretten verantwortlich gewesen; genausogut hätte man einem Alkoholiker die Verantwortung für eine Bar überlassen können. Eines Nachts, als draußen der Sturm so fürchterlich tobte, daß der Schnee direkt in das Flugzeug gewirbelt wurde, rückten Delgado und Zerbino, die ihren Schlafplatz bei der Tür hatten, weiter ins Innere der Kabine, um sich mit Coche und Carlitos zu unterhalten und dabei zu rauchen. Die meisten der Jungen waren wach geblieben, hatten geraucht und dem Dröhnen der Lawinen gelauscht, doch am nächsten Morgen, als sie, völlig weiß vom Schnee, aufgewacht waren, bezweifelten einige von ihnen, daß sie tatsächlich so viele Zigaretten geraucht hatten, wie Pancho behauptete.

Und noch bei einer anderen Gelegenheit stritten Fernández und Inciarte um Zigaretten. Fernández, der die drei Feuerzeuge verwahrte, ignorierte Coches wiederholte Bitte, ihm doch eins zu geben, weil er dachte, Coche rauche dann zuviel. Das versetzte Coche in Wut, und an diesem Tag redete er kein Wort mehr mit Fernández. Nachts lagen sie wie gewöhnlich nebeneinander, doch immer, wenn Fernández seinen Kopf an Coches Schulter legte, stieß Coche ihn weg. Dann sagte Fernández: «Jetzt laß doch, Coche ...» und Coches Mißmut und Ärger legten sich. Er war zu gutmütig, als daß er das lange hätte durchhalten können.

Ihr leichtfertiger Umgang mit Zigaretten verstärkte eine Bindung, die bereits früher zwischen Coche und Pancho bestanden hatte. Entweder schnorrte jeder für sich – Pancho bediente sich aus Numa Turcattis Ration, weil diesem, wie Pancho meinte, das Rauchen nicht guttat, und Coche versuchte, Algorta durch Blicke weichzukriegen –, oder aber sie bemühten sich, wie gesagt, gemeinsam um einen «Vorschuß» bei Daniel Fernández. Dann wieder sprachen sie über das Leben in Montevideo und über so manches Wochenende, das sie mit ihrem Freund Gaston Costemalle auf dem Land verbracht hatten. Pancho Delgado schilderte die Szenen ihres früheren Glückes in so prächtigen Farben, daß Coche sich aus dem feuchten, stinkenden Gefängnis des Flugzeugwracks auf die grünen Wiesen seiner Farm versetzt sah. War die Geschichte dann zu Ende, fand er sich plötzlich in der ekelhaften Wirklichkeit wieder, und das schlug ihn so nieder, daß er mit seinen glasigen Augen wie eine Leiche dasaß.

Aus diesem Grund versuchten die Strauchs und Daniel Fernández, Inciarte und Pancho fernzuhalten. Sie waren überzeugt, diese wirklichkeitsfremden Gespräche könnten seine Moral so aushöhlen, daß er seinen Überlebenswillen verlieren würde. Außerdem mißtrauten sie Delgado in steigendem Maß. Denn als einige von den Jungen draußen waren und den anderen im Flugzeug zuriefen, jemanden herauszuschicken, damit er die Fleischrationen holte, gab es einen bezeichnenden Zwischenfall. Pancho erschien und nahm die Fleischstücke entgegen. Dabei fragte er Fito, ob er ein Stück für sich selber wegnehmen dürfe.

«Aber sicher», sagte Fito.

«Das beste Stück?»

«Wenn du möchtest.»

Fito und die anderen waren auf dem Dach geblieben und aßen ihre Portionen. Nachdem Pancho den anderen den Rest in die Kabine gebracht hatte, war er wieder herausgekommen und hatte sich zu ihnen gesetzt. Später dann, als Fito wieder im Flugzeug war, sagte Daniel Fernández, der das von Pancho gebrachte Fleisch in kleinere Stücke geschnitten hatte, zu ihm: «He, du hast uns aber verdammt wenig zu essen gegeben.»

«Ich hab zwölf Stücke abgeschnitten», sagte Fito.

«Du meinst wohl acht. Ich mußte sie alle noch einmal aufteilen.»

Fito zuckte mit den Schultern und schwieg, denn er hielt es

für besser, seinen Verdacht nicht auszusprechen. Es war für die Gruppe von wesentlicher Bedeutung, daß es keine echte Auseinandersetzung gab.

Doch Carlitos kannte solche Skrupel nicht. «Dann möchte ich bloß wissen, wo dann das Gespenst ist», sagte er und starrte dabei Pancho an, «wer hat denn wohl die anderen vier Stücke genommen?»

«Was soll das heißen?» fragte Pancho. «Was willst du damit sagen? Traust du mir nicht?»

Sie hätten schon etwas dazu zu sagen gehabt, doch Fito und Daniel Fernández rieten Carlitos, er solle die Sache auf sich beruhen lassen.

2

Während sich diese Dinge im Flugzeug abspielten, befanden sich die drei Expeditionsteilnehmer und Roy Harley im Heck des Flugzeugs. Ihr Abstieg hatte nur eineinhalb Stunden gedauert, und unterwegs waren sie auf einen Koffer gestoßen, der Parrados Mutter gehört hatte. Sie fanden darin Süßigkeiten und zwei Flaschen Coca-Cola.

Den Rest des ersten Tages verbrachten sie damit, sich beim Flugzeugheck auszuruhen und die Koffer zu durchsuchen, die der schmelzende Schnee seit ihrem letzten Aufenthalt freigegeben hatte. Unter anderem fand Parrado eine Kamera mit Film und seine Flugtasche mit zwei Flaschen Rum und Likör, die seine Mutter in Mendoza gekauft und die er eingepackt hatte. Sie waren heil, und so öffneten sie eine davon, sparten sich die andere jedoch für die Expedition auf, die vor ihnen lag, wenn sie das Funkgerät nicht in Gang setzen konnten.

Canessa und Harley machten sich am nächsten Morgen an die Arbeit. Zunächst schien es, als gäbe es keine Schwierigkeiten, denn die Steckdosen an der Rückseite des Senders hatten die Bezeichnung BAT und ANT, also war klar, wo die Drähte zu den Batterien und Antennen anzuschließen waren. Aber es gab unglücklicherweise noch andere Drähte, deren Verbindungen nicht so eindeutig waren. Vor allem aber konnten sie nicht herausfinden, welche Drähte positiv und welche negativ waren, so daß ihnen oft Funken in die Augen flogen, wenn sie eine Verbindung herstellten.

Als Vizintín dann im Schnee neben dem Heck eine Bedienungsanleitung für die Fairchild fand, stiegen ihre Hoffnungen wieder. Sie suchten im Inhaltsverzeichnis nach Hinweisen auf das Funkgerät und entdeckten, daß das ganze Kapitel vierunddreißig den Funkverkehr erläuterte; doch als sie diesen Abschnitt aufschlugen, mußten sie feststellen, daß einige Seiten vom Wind herausgerissen worden waren: genau die Seiten des Kapitels vierunddreißig über den Funkverkehr.

Es blieb ihnen also keine andere Wahl, als nochmals alle Möglichkeiten systematisch durchzuprobieren. Es war eine mühsame Arbeit, und während die anderen schufteten, durchwühlten Parrado und Vinzintín zum zweiten Mal das Gepäck und machten Feuer, um Fleisch zu kochen. Sie waren zwar nur zu viert, trotzdem blieben sie nicht von den Spannungen verschont, die auch oben im Wrack auftraten. Roy Harley zum Beispiel irritierte, daß er von Parrado nicht die gleiche Ration bekam wie die anderen. Es schien klar, daß er, da er ja auch an einer Expedition beteiligt war, dieselbe Menge essen konnte wie ein Expeditionsteilnehmer. Parrado war dagegen der Ansicht, Roy Harley sei nur eine Hilfskraft; sollte die Sache mit dem Funkgerät nicht klappen, dann müsse er ja nicht durch die Berge marschieren. Deshalb solle er nur das zum Überleben Notwendige essen.

Er gab Roy auch keine Zigaretten. Er argumentierte, daß sie nur ein Feuerzeug dabei hätten, das sie für die entscheidende Expedition brauchten. Tatsache war jedoch auch, daß weder Parrado noch Canessa, noch Vizintín rauchten und daß Roys Winseln und Jammern sie alle entsetzlich irritierte. Deshalb sagten sie ihm, er könne nur rauchen, wenn sie ohnehin Feuer machten. Als Roy jedoch einmal ans Feuer kam, um sich eine Zigarette anzuzünden, fuhr Parrado, der kochte, ihn an, er solle aus dem Weg gehen und wiederkommen, wenn er mit dem Kochen fertig sei. Als Roy dann noch einmal kam, war das Feuer aus. Er war so wütend, daß er das Feuerzeug an sich riß, das Nando auf einem Stück Pappe hatte liegenlassen. Als die drei Expeditionsteilnehmer das sahen, gingen sie auf ihn los wie übereifrige Aufpasser auf einem Schulhof. Sie beschimpften ihn und hätten ihm vielleicht die Zigarette aus dem Mund gerissen, wenn sich nicht Canessa zusammengerissen und sie zur Vernunft gebracht hätte. «Laßt ihn», sagte er zu den beiden anderen. «Denkt immer daran, daß es vielleicht Roy sein wird, der uns allen das Leben rettet, wenn er dieses verdammte Funkgerät in Gang bringt.»

Am dritten Tag wurde klar, daß sie für die Zeit, die sie brauchen würden, um das Gerät zusammenzubauen, nicht genügend Fleisch mitgenommen hatten. Daher brachen Parrado und Vizintín wieder zum Flugzeug auf, während Harley und Canessa beim Heck zurückblieben. Der Aufstieg war wie beim vorigen Mal tausendmal schwieriger als der Abstieg. Als sie den kleinen Hügel erklommen hatten, der gleich östlich des Flugzeugs lag, wurde Parrado vorübergehend von tiefer Verzweiflung gepackt: Anstelle des Flugzeugrumpfes und seiner dreizehn Bewohner lag nur eine riesige Schneefläche vor ihnen.

Er vermutete sofort, daß eine neue Lawine das Wrack vollkommen verschüttet haben mußte, doch als er aufblickte, sah er an den über ihm liegenden Berghängen keinen neuen Schnee. Er stapfte weiter und fand das Flugzeug zu seiner gewaltigen Erleichterung hinter dem nächsten Hügel.

Die Jungen hatten ihn nicht erwartet und deshalb kein Fleisch vorbereitet. Sie waren auch alle fast zu schwach, als daß sie nach den Leichen hätten graben können, mit denen die Expeditionsteilnehmer ihre Vorräte auffrischen wollten. Deshalb machten sich Parrado und Vizintín selbst ans Graben. Sie fanden eine Leiche, von der dann die Vettern Fleisch abschnitten, das sie in Rugbysocken stopften. Nach zwei Nächten im Rumpf des Flugzeugs stiegen sie wieder zum Heck ab.

Dort hatten Harley und Canessa inzwischen alle notwendigen Verbindungen zwischen Batterie, Funkgerät und Außenantennen hergestellt, konnten aber in ihrem Kopfhörer immer noch keinen Ton hören. Sie vermuteten den Fehler in der Antenne, deshalb rissen sie Kabelstränge aus den elektrischen Leitungen des Flugzeuges und verbanden sie miteinander. Ein Ende befestigten sie am Heck, das andere an einem mit Steinen gefüllten Sack, den sie auf einen Fels am Rande des Berges legten. Damit hatten sie eine zweiundzwanzig Meter lange Antenne, und als sie diese an das Transistorradio anschlossen, das sie mitgebracht hatten, konnten sie viele Rundfunksender in Chile, Argentinien und Uruguay empfangen. Als sie jedoch das Funkgerät der Fairchild anschlossen, blieb es tot. Sie verbanden deshalb die Antenne wieder mit dem Transistorradio, fanden ein Programm mit leichter Musik und machten sich erneut an die Arbeit.

Plötzlich stieß Parrado einen Schrei aus: Er hatte in einem der Koffer eine Fotografie von einem Kind auf einer Geburtstagsparty gefunden. Es war ein kleines Mädchen, das an einem Tisch saß, auf dem sich belegte Brote, Kuchen und Kekse häuften. Parrado packte die Fotografie und verschlang die Leckerbissen mit den Augen, doch bald waren auch die anderen, alarmiert durch seinen Schrei, bei ihm und weideten sich an den Köstlichkeiten. «Schau dir bloß mal den Kuchen an», stöhnte Canessa und rieb sich den Bauch.

«Und die belegten Brote!» rief Nando. «Ich glaube, die Brote wären mir sogar lieber.»

«Die Kekse», ächzte Vizintín, «die Kekse würden mir im Augenblick vollauf genügen . . .»

Im Transistorradio, das sie an ihre Antenne angeschlossen hatten, hörten die vier die Nachricht, daß die Suche nach dem verschollenen Flugzeug mit einer Douglas C-47 der uruguayischen Luftwaffe wieder aufgenommen werden würde. Sie nahmen die Nachricht sehr unterschiedlich auf. Harley war außer sich vor Hoffnung und Freude. Auch Canessa sah erleichtert aus. Vizintín zeigte keine besondere Reaktion, während Parrado beinahe enttäuscht aussah. «Seid nur nicht so optimistisch», warnte er die anderen. «Daß sie uns wieder suchen, heißt noch lange nicht, daß sie uns auch finden werden.»

Trotzdem waren sie der Meinung, es sei eine gute Idee, mit den Koffern, die überall herumlagen, im Schnee neben dem Flugzeugheck ein großes Kreuz zu markieren. Inzwischen setzten sie kaum noch Hoffnung in das Funkgerät, auch wenn Canessa immer noch daran herumbastelte und von einer Rückkehr zum Flugzeug nichts hören wollte. Parrado und Vizintín dagegen waren in Gedanken bereits bei der Expedition, denn droben im Flugzeug war beschlossen worden, daß sich die Expeditionsteilnehmer, falls sie das Funkgerät nicht in Gang bringen konnten, direkt auf den Weg durch die Berge machen sollten, der einzigen Gewißheit folgend, die sie hatten, daß Chile im Westen lag. So entfernte Vizintín in der dunklen Kammer im untersten Teil des Hecks, in der die Batterien gewesen waren, den Rest der Isolierung von der Heizungsanlage der Fairchild. Das Material war leicht und so raffiniert in der Zusammensetzung, daß es ein Maximum an Wärme halten konnte. Entsprechend zusammengenäht würde es einen ausgezeichneten Schlafsack abgeben und das größte Problem lösen, das sie hatten – sich nachts warm zu halten, wenn sie weder Heck noch Rumpf des Flugzeugs schützten.

Während der ganzen Zeit, die sie beim Heck zubrachten, schmolz der Schnee rings um sie her – nur nicht direkt unter dem Heck, wohin die Sonne nicht kam. Das Heck lag nun wie auf einer Säule aus Schnee; das machte nicht nur den Zugang schwieriger, das ganze Heck schwankte auch gefährlich, wenn sie sich im Innern bewegten. In der letzten Nacht wackelte es so sehr, daß Nando panische Angst hatte, es könne umkippen und ins Tal hinuntersausen. Die vier lagen so ruhig wie möglich, aber der Wind ließ das Heck hin und her schwanken, und Parrado konnte nicht schlafen. «He», sagte er schließlich zu den anderen, «meint ihr nicht, wir sollten lieber im Freien schlafen?»

Vizintín grunzte, und Canessa sagte: «Hör zu, Nando, wenn wir sterben, dann sterben wir eben. Aber laß uns vorher wenigstens ordentlich schlafen.»

Am nächsten Morgen lag das Heck zwar noch am selben Platz, aber sicher war es eindeutig nicht mehr. Und ebenso offensichtlich war, daß sie das Funkgerät nie in Gang bringen würden. Sie beschlossen daher, zum Flugzeug zurückzukehren. Bevor sie sich aufmachten, packten sie noch einmal Zigaretten ein, und Harley drückte das ganze Elend und die ganze Frustration, die er in diesen acht Tagen empfunden hatte, dadurch aus, daß er die verschiedenen Teile des Geräts, die sie so mühsam zusammengebaut hatten, mit den Füßen zertrat.

Er machte einen Fehler, als er seine Energie so verschwendete. Der Aufstieg zum Flugzeug war fünfundvierzig Grad steil und etwa eineinhalb Kilometer lang. Zunächst ging es ganz gut, weil der Schnee an der Oberfläche noch hart war. Als er dann später weich wurde und sie entweder bis über die Knie darin versanken oder aber die schweren und hinderlichen Kissen anschnallen mußten, die sie als Schneeschuhe verwendeten, wurde es fast übermenschlich anstrengend, und der arme Harley war nicht in der Verfassung, das zu schaffen. Obwohl sie nach jeweils dreißig Schritten eine Pause einlegten, kam er bald nicht mehr mit, doch Nando Parrado blieb bei ihm – er redete ihm gut zu, beschimpfte ihn, flehte ihn an. Roy gab sich Mühe und sank dann doch wieder verzweifelt und erschöpft in den Schnee zurück. Seine Stimme klang in ihrem Winseln höher als je zuvor, und er vergoß noch mehr Tränen als sonst. Er bat darum, zurückbleiben und sterben zu dürfen, doch Parrado verließ ihn nicht. Er warf ihm Flüche an den Kopf und beleidigte ihn, um sein Blut in Wallung zu bringen. Er beschimpfte und verfluchte ihn, wie er das in seinem ganzen Leben noch nicht getan hatte. Die Beleidigungen gingen bis zum Äußersten, aber sie wirkten. Sie trieben Roy voran, bis der Punkt erreicht war, wo er auch auf Flüche und Beleidigungen nicht mehr reagierte. Da kam Parrado zu ihm zurück und redete ganz ruhig auf ihn ein: «Hör zu. Es ist nicht mehr weit. Meinst du nicht, ein Wiedersehen mit deiner Mutter und deinem Vater ist eine letzte kleine Anstrengung wert?»

Dann nahm er ihn an der Hand und half ihm auf die Beine. Noch einmal stolperte Harley den Berg hinauf, auf Parrados Arm gestützt, und als sie an eine schneebedeckte Steigung kamen, die so steil war, daß Roy sie trotz größter Willensanstrengung nicht überwinden konnte, packte ihn Parrado mit der enormen Kraft, die er immer noch zu besitzen schien, und schleppte ihn bis zur Fairchild.

Zwischen halb sieben und sieben Uhr abends erreichten sie das Flugzeug. Inzwischen blies ein kalter Wind, und es schneite leicht. Die dreizehn hatten sich bereits ins Flugzeuginnere zurückgezogen und bereiteten den Expeditionsteilnehmern einen deprimierenden Empfang. Canessa war indessen nicht so sehr von ihrer Unfreundlichkeit betroffen als vielmehr von der

Trostlosigkeit des Schauspiels, das sie boten. Nachdem er acht Tage weggewesen war, sah er nun mit einiger Objektivität, wie sehr doch die bärtigen Gesichter seiner Freunde abgezehrt waren. Mit klarem Blick bemerkte er, wie grausig die Umgebung des Flugzeugs aussah, der schmutzige Schnee war übersät mit ausgeweideten Leichenteilen und aufgeschlagenen Schädeln, und er sagte sich, daß sie vor ihrer Rettung einiges würden aufräumen müssen.

3

Gegen Ende der ersten Dezemberwoche, nach sechsundfünfzig Tagen im Gebirge, erschienen zwei Kondore am Himmel und kreisten über den siebzehn Überlebenden. Die beiden riesigen Raubvögel mit den federlosen Hälsen und Köpfen, den weißen Daunenkragen und ihrer Flügelspannweite von annähernd drei Metern waren das erste fremde Lebenszeichen, das sie nach über acht Wochen zu sehen bekamen. Die Überlebenden wurden sofort von der Angst gepackt, sie könnten herunterkommen und das übriggebliebene Fleisch davontragen. Sie hätten zwar mit dem Revolver auf sie geschossen, fürchteten aber, ein plötzlicher Knall könnte eine neue Lawine auslösen.

Zeitweilig verschwanden die Kondore, doch am nächsten Morgen waren sie dann wieder da. Sie beobachteten die Bewegungen der menschlichen Wesen, aber sie stießen nie auf sie herab, und nach einigen Tagen blieben sie weg. Doch andere Lebenszeichen folgten. Einmal flog eine Biene in den Rumpf und wieder hinaus. Eine oder zwei Fliegen tauchten in der Nähe des Flugzeugs auf und schließlich sogar ein Schmetterling.

Tagsüber war es nun warm, ja in der Mittagszeit wurde es so heiß, daß sie sich allmählich die Haut verbrannten und ihre Lippen platzten und bluteten. Einige von ihnen versuchten, ein Zelt zu errichten, das sie vor der Sonne schützen sollte; sie nahmen dazu die Stangen, die die Hängematten hielten, und ein paar Meter Stoff, den Liliana Methol in Mendoza gekauft hatte, um daraus ein Kleid für ihre Tochter zu nähen. Sie sahen darin auch ein brauchbares Signal, das von einem Flugzeug aus gesehen werden könnte, denn diese Möglichkeit spielte in ihren Überlegungen immer noch eine große Rolle. Als Roy und die Expeditionsteilnehmer vom Flugzeugheck zurückgekommen waren, hatten sie den dreizehn erzählt, daß sie im Transistorradio gehört hätten, die Suche werde wieder aufgenommen.

Die Jungen waren entschlossen, sich durch diese Hoffnung nicht dazu verleiten zu lassen, die Idee der Expedition aufzugeben. Sie hatten ohnehin keine großen Erwartungen in das Funkgerät gesetzt, und deshalb waren sie keineswegs verzweifelt, als Harley, Canessa, Parrado und Vizintín zurückkehrten. Aber sie drängten ungeduldig darauf, daß die drei möglichst ohne Pause wieder losziehen sollten. Doch bald wurde klar, daß die Nachricht von der C-47 zwar Parrados Entschlossenheit zum Aufbruch in keiner Weise beeinträchtigte, in Canessa jedoch einen gewissen Widerwillen erzeugte gegen die Vorstellung, er könne beim Marsch durchs Gebirge sein Leben aufs Spiel setzen. «Jetzt aufzubrechen wäre absurd», sagte er, «wo doch dieses Flugzeug mit Spezialausrüstung unterwegs ist, um uns zu finden. Wir sollten ihnen mindestens zehn Tage Zeit geben und dann vielleicht losziehen ... aber es ist doch verrückt, unser Leben zu riskieren, solange keine Notwendigkeit dazu besteht.»

Die anderen packte angesichts seines Zögerns der Zorn. Sie hatten doch Canessa nicht so lange verhätschelt und unter seinen unerträglichen Launen gelitten, um sich jetzt von ihm sagen zu lassen, er gehe nicht. Sie waren auch nicht so optimistisch, daß die C-47 sie finden würde, denn sie hatten ja als erstes im Radio gehört, daß sie gezwungen gewesen sei, in Buenos Aires zu landen, und daß in Los Cerrillos die Motoren repariert werden mußten. Zudem wurden ihre Fleischvorräte immer knapper; sie wußten zwar, daß im Schnee unter ihnen Leichen vergraben lagen, aber sie konnten sie entweder nicht finden, oder sie fanden nur die, die sie auf Grund ihrer Vereinbarung nicht essen wollten.

Ein zusätzlicher Faktor war ihr Stolz auf das, was sie bisher erreicht hatten. Sie hatten nun acht Wochen unter extremsten und unmenschlichen Bedingungen überlebt. Sie wollten beweisen, daß sie dieser Lage auch aus eigener Initiative entrinnen konnten. Sie malten sich immer wieder genüßlich den Gesichtsausdruck des ersten Schafhirten oder Farmers aus, auf den sie stoßen würden, wenn er erfuhr, daß die drei Expeditionsteilnehmer Überlebende aus der uruguayischen Fairchild waren. Im Geiste übten sie alle den lässigen Ton, den sie anschlagen wollten, wenn sie mit ihren Eltern in Montevideo telefonierten.

Fitos Ungeduld hatte praktischere Gründe. «Begreifst du denn nicht», sagte er zu Canessa, «daß die gar nicht nach Überlebenden suchen? Die suchen nach Leichen. Und die Spezialausrüstung, von der sie reden, das sind besondere Kameras. Sie machen Luftaufnahmen, fliegen zurück, entwickeln sie, untersuchen sie sorgfältig ... Sie werden Wochen brauchen, bevor sie uns finden, selbst wenn sie direkt über unsere Köpfe hinwegfliegen sollten.»

Dieses Argument schien Canessa zu überzeugen. Parrado brauchte nicht erst überzeugt zu werden, und Vizintín schloß sich immer dem an, was die beiden anderen entschieden. Sie machten sich deshalb daran, die entscheidende Expedition vorzubereiten. Die Vettern schnitten nicht nur für den täglichen Bedarf Fleisch, sondern auch, um einen Vorrat für die Expedition anzulegen. Die anderen wurden eingesetzt, aus dem Isoliermaterial des Hecks einen Schlafsack zu nähen. Es war eine schwierige Aufgabe, denn das Garn ging ihnen aus, und sie mußten Draht aus den elektrischen Leitungen verwenden.

Parrado hätte ihnen bei dieser Arbeit geholfen, doch seine Hände waren für solche Arbeiten nicht geschickt genug. Deshalb fotografierte er mit der Kamera, die sie im Heck gefunden hatten, und trug die Kleider und die Ausrüstung zusammen, die er für die Expedition brauchen würde. In einen aus einem Paar Jeans hergestellten Rucksack packte er den Kompaß des Flugzeugs, die kleine Reisedecke seiner Mutter, vier zusätzliche Paar Socken, seinen Paß, vierhundert amerikanische Dollars, eine Flasche Wasser, ein Taschenmesser und den Lippenstift für seine rissigen Lippen.

Vizintín steckte sein Rasierzeug in seinen Rucksack, nicht so sehr, weil er sich rasieren wollte, bevor er in zivilisiertere Gegenden kam, sondern weil es ein Geschenk seines Vaters war, das er nicht zurücklassen mochte. Er packte auch die Navigationskarten des Flugzeugs ein, dazu eine Flasche Rum, eine Flasche Wasser, trockene Socken und den Revolver.

Canessas Rucksack wurde mit all den Arzneien gefüllt, die sie seiner Ansicht nach unterwegs irgendwann würden brauchen können – Mullbinden, eine Tube Spezialzahncreme, Aspirin, Tabletten gegen Diarrhöe, antiseptische Salbe, Koffein-Tabletten, eine Salbe zum Massieren der Muskeln und eine große Pille, deren Funktion unbekannt war. Er fügte noch Kosmetikcreme für seine Haut hinzu, seine Papiere, darunter auch sein Impfzeugnis, Methols Taschenmesser, einen Löffel, ein Stück Papier, ein längeres Stück Draht und ein Elefantenhaar als Talisman.

Am 8. Dezember war das Fest der Unbefleckten Empfängnis. Zu Ehren der Jungfrau Maria und um sie zu überreden, für den Erfolg ihrer entscheidenden Expedition Fürsprache einzulegen, beschlossen die Jungen in der Fairchild, alle fünfzehn Geheimnisse des Rosenkranzes zu beten. Kaum hatten sie jedoch fünf davon hinter sich, als die Stimmen immer leiser und weniger wurden, und einer nach dem anderen schlief ein. Den Rest beteten sie daher am nächsten Abend, am 9. Dezember, Parrados dreiundzwanzigstem Geburtstag. Sie waren alle etwas melancholisch, denn sie hatten sich so oft die Party ausgemalt, die sie an diesem Tag in Montevideo feiern wollten. Um sie hier auf dem Berg zu feiern, gaben sie Parrado eine der Havannazigarren, die sie im Heck gefunden hatten. Parrado rauchte sie, genoß aber mehr die Wärme, die sie verbreitete, als das Aroma.

Am 10. Dezember bestand Canessa immer noch darauf, die Expedition sei noch nicht abmarschbereit. Der Schlafsack entspreche noch nicht seiner Zufriedenheit, und außerdem habe er noch nicht alles beisammen, was er brauche. Anstatt sich aber nun um die unerledigten Arbeiten zu kümmern, lag Canessa nur da und «konservierte seine Energie», oder er bestand darauf, die Furunkel zu behandeln, die sich an Roy Harleys Beinen entwickelt hatten. Oft stritt er sich mit den jüngeren unter ihnen. Er erzählte Francois, im Heck unten habe sich Vizintín den Hintern an seinem besten Lacoste-T-Shirt abgewischt, was Bobby in ungewöhnlichen Zorn versetzte. Er stritt sich sogar mit seinem großen Freund und Bewunderer Alvaro Mangino: Während er eines Vormittags auf einem Sitzbezug im Flugzeug seine Notdurft verrichtete (er hatte verfaultes Fleisch gegessen und hatte Durchfall), forderte er Mangino auf, sein Bein wegzuziehen. Mangino sagte, es sei die ganze Nacht verkrampft gewesen, jetzt bleibe es, wo es sei. Canessa schrie Mangino an. Mangino warf Canessa Flüche an den Kopf. Canessa verlor die Beherrschung und packte Mangino an den Haaren. Er war drauf und dran, ihn zu schlagen, aber dann stieß er Alvaro einfach gegen die Wand.

«Jetzt bist du nicht mehr mein Freund», sagte Mangino.

«Entschuldige», erwiderte Canessa und setzte sich. Wieder einmal hatte er sein Temperament unter Kontrolle. «Es ist einfach, weil ich mich so krank fühle.»

Er war niemandes Freund. Die Vettern dachten, daß er vorsätzlich alles verzögerte, und waren besonders böse mit ihm. In dieser Nacht hielten sie ihm seinen Vorzugsplatz, der ihm als Expeditionsmitglied zustand, nicht frei, und er mußte am Eingang schlafen. Der einzige, der einen gewissen Einfluß auf ihn hatte, war Parrado, und dessen Entschlossenheit war so fest wie eh und je. Am Morgen, als sie im Flugzeug lagen und darauf warteten, hinausgehen zu können, sagte er plötzlich: «Ist euch klar, daß uns das Flugzeug, falls es über uns wegfliegt, vielleicht gar nicht sehen kann? Wir sollten ein Kreuz machen.» Und ohne darauf zu warten, daß jemand seinen Gedanken auffing, ging er hinaus und suchte eine Fläche sauberen Schnees, auf der sich am besten ein Kreuz markieren ließ. Die anderen Jungen folgten ihm, und bald stampften alle, die ohne Schmerzen gehen konnten,entlang vorher festgelegten Linien ein riesiges Kreuz in den Boden.

In die Mitte, dort wo sich die zwei Linien kreuzten, legten sie den umgestürzten Abfallbehälter, den Vizintín von der Probe-Expedition mitgebracht hatte. Außerdem breiteten sie die grell-gelben und grünen Jacken der Piloten aus. Da sie sich sagten, daß jede Bewegung die Aufmerksamkeit einer Suchmannschaft erregen würde, beschlossen sie, im Kreis herumzurennen, sobald ein Flugzeug über ihnen auftauchen würde.

An dem Abend ging Fito Strauch zu Nando Parrado und sagte, wenn Canessa nicht an der Expedition teilnehme, dann würde eben er mitkommen.

«Nein», sagte Parrado. «Keine Sorge, ich hab mit Musculo gesprochen. Er geht mit. Er muß. Er ist in einer viel besseren körperlichen Verfassung als du. Wir müssen jetzt nur noch den Schlafsack fertignähen.»

Am nächsten Morgen standen die Strauchs früh auf und arbeiteten am Schlafsack. Sie waren fest entschlossen, bis zum Abend alle Vorwände für eine weitere Verzögerung zu beseitigen. Doch dann geschah im Laufe des Tages etwas, das ihre Drohungen und Ermahnungen überflüssig machte.

Numa Turcatti war jeden Tag schwächer geworden. Seine Gesundheit, so wie die Roy Harleys und Coche Inciartes, machte den beiden «Ärzten» Canessa und Zerbino die größte Sorge. Obwohl Turcatti auf Grund seines reinen, natürlichen Wesens inzwischen von allen im Flugzeug geliebt wurde, war Pancho Delgado schon vor dem Unglück sein engster Freund gewesen, und es war Delgado, der es auf sich genommen hatte, für ihn zu sorgen. Er brachte Turcattis Fleischration ins Flugzeug, stellte Wasser für ihn her, versuchte, ihn vom Rauchen abzubringen, weil Canessa gesagt hatte, Zigaretten seien nicht gut für ihn, und fütterte ihn mit kleinen Portionen Zahnpasta aus der Tube, die Canessa aus dem Heck mitgebracht hatte.

Trotz all dieser Fürsorge ging es mit Numa weiter bergab, und Delgado entschied, daß noch mehr getan werden müsse. Er beschloß, für Numa Extraportionen zu besorgen, und er wollte das, seinem Wesen gemäß, heimlich tun. Vielleicht glaubte er auch, die Vettern würden ihm seinen Wunsch abschlagen, wenn er sie direkt fragte. Nun kam jedoch ein Tag, an dem Canessa Durchfall hatte und nicht weit weg von der Stelle im Flugzeug saß, an der Numa immer lag. Delgado ging hinaus, um das Essen zu holen, und kam mit drei Portionen zurück. Canessa hatte sich entschlossen, wegen seines Durchfalls nichts zu essen, doch an diesem Tag hatten sie Eintopf gekocht, und als er sah, was Delgado hereingebracht hatte, bat er ihn darum, einmal kosten zu dürfen. Pancho ließ ihn bereitwillig probieren, und daraufhin entschied sich Canessa, seine Ration doch zu essen.

Canessa ging zu Eduardo, der das Essen austeilte, und bat um seine Portion. Eduardo sagte: «Aber ich habe doch deine Portion Pancho mitgegeben.»

«Mir hat er sie jedenfalls nicht gegeben.»

Eduardo verlor immer schnell die Beherrschung, doch diesmal ging es besonders schnell. Er fing an, Delgado herunterzumachen, und er war mittendrin, als Delgado aus dem Flugzeug kam.

«Redest du von mir?»

«Genau. Glaubst du denn, wir hätten nicht bemerkt, daß du dir eine zusätzliche Portion ergaunert hast?»

Delgado wurde rot und sagte: «Ich weiß nicht, wie du so etwas von mir denken kannst.»

«Warum hast du dann Musculo seine Ration nicht gegeben?»

«Glaubst du, ich hätte sie für mich behalten?»

«Ja.»

«Sie war für Numa. Du hast das vielleicht nicht bemerkt, aber Numa wird mit jedem Tag schwächer. Wenn er nicht mehr zu essen bekommt, stirbt er . . .»

Eduardo war verblüfft. «Warum hast du uns denn nicht gefragt?»

«Ich dachte, ihr würdet es ablehnen.»

Die Vettern beließen es dabei, aber sie blieben Delgado gegenüber mißtrauisch. Sie wußten zum Beispiel, daß Numa an Tagen, an denen das Fleisch roh serviert wurde, kaum zu überreden war, eine Ration zu essen, von zweien ganz zu schweigen. Es entging ihnen auch nicht, daß Delgado die Zigaretten, die er so gewissenhaft von Numa fernhielt, schließlich selbst rauchte.

Auch mit der Extraration besserte sich Numas Zustand nicht. Er wurde im Gegenteil schwächer. Und je schwächer er wurde, desto teilnahmsloser wurde er; er verlor jegliches Interesse am Essen, und dadurch wurde er immer noch schwächer. Außerdem bekam er allmählich vom langen Liegen ein wundes Steißbein, und als er Zerbino bat, sich die wunde Stelle einmal anzusehen, wurde disem erst klar, wie furchtbar Numa abgemagert war. Bis dahin war sein Gesicht unter einem Bart verborgen gewesen, und sein Körper war von Kleidern bedeckt.

Als er die Kleider zurückstreifte, um den Rücken zu untersuchen, sah Zerbino, daß er zwischen Haut und Rückgrat praktisch kein Fleisch mehr hatte. Numa war nur noch ein Skelett, und später sagte Zerbino den anderen, er gebe ihm nur noch ein paar Tage.

Numa hatte – wie auch Inciarte und Sabella – immer wieder Fieberphantasien, doch am Abend und in der Nacht des 10. Dezember schlief er friedlich. Am nächsten Morgen ging Pancho Delgado ins Freie, um sich in die Sonne zu setzen. Sie hatten ihm gesagt, Numa könnte sterben, aber sein Verstand wollte das nicht akzeptieren. Im Laufe des Vormittags kam jedoch Canessa heraus und sagte ihm, Turcatti liege im Koma. Delgado ging sofort in das Flugzeug zurück, um sich neben seinen Freund zu setzen. Numa lag mit offenen Augen da, schien aber Panchos Gegenwart nicht zu bemerken. Sein Atem ging langsam und stoßweise. Delgado kniete sich neben ihn und fing an, den Rosenkranz zu beten. Noch während er betete, hörte Numa auf zu atmen.

Gegen Mittag wurden die Kissen wieder auf den Boden des Flugzeuges gelegt. Wegen der starken Sonnenhitze hatten sie sich angewöhnt, Siesta zu halten. Es deprimierte sie, so untätig herumzuliegen, aber es war besser, als sich die Haut zu verbrennen. Sie saßen da und unterhielten sich oder dösten vor sich hin. Etwa um drei Uhr nachmittags verließen sie dann wieder ihre Behausung. An diesem Nachmittag lag Javier Methol an der Rückseite des Flugzeugs. «Seid vorsichtig», sagte er zu Coche, als er sich erhob, und stieg über Numas Körper. «Seid vorsichtig, und tretet nicht auf Numa.»

«Numa ist doch tot», sagte Parrado.

Javier hatte nicht mitbekommen, was geschehen war, und als er es jetzt begriff, war er vollkommen erledigt. Er weinte, wie er beim Tod Lilianas geweint hatte, denn er hatte begonnen, den schüchternen und einfachen Numa Turcatti so zu lieben, als sei dieser sein Bruder oder sein Sohn.

Turcattis Tod bewirkte, was Argumente und Ermahnungen nicht bewirkt hatten: er überzeugte Canessa, daß sie nicht mehr länger warten durften. Roy Harley, Coche Inciarte und Moncho Sabella waren schwach und begannen zu phantasieren.

Eine Verzögerung von nur einem Tag konnte über Tod und Überleben entscheiden. Sie waren sich deshalb alle einig: die entscheidende Expedition sollte am nächsten Tag aufbrechen, genau nach Westen – nach Chile.

Bevor sie an diesem Abend zum letzten Mal in das Flugzeug gingen, nahm Parrado die drei Vettern Strauch auf die Seite und sagte ihnen, daß sie, falls die Vorräte knapp würden, die Leichen seiner Mutter und Schwester essen sollten. «Natürlich wär ich froh, wenn ihr es nicht brauchtet», sagte er, «aber wenn es eine Frage des Überlebens ist, dann müßt ihr es tun.»

Die Vettern erwiderten nichts, doch der Ausdruck ihrer Gesichter verriet, wie bewegt sie von dem waren, was Parrado ihnen gesagt hatte.

4

Um fünf Uhr am nächsten Morgen machten sich Canessa, Parrado und Vizintín zum Abmarsch fertig. Zuerst zogen sie die Kleider an, die sie sich aus dem Gepäck der fünfundvierzig Passagiere und Besatzungsmitglieder ausgesucht hatten. Parrado trug direkt auf der Haut ein Lacoste-T-Shirt und ein Paar lange wollene Damenhosen. Darüber zog er drei Paar Jeans und über das T-Shirt sechs Pullover. Dann zog er eine Balaclava-Wollmütze über den Kopf, die auch Ohren und Nacken bedeckte, weiter die Kapuze und Schulterteile von Susanas Pelzmantel, die er sich abgeschnitten hatte, und schließlich noch eine Jacke. In seinen Rugbystiefeln trug er vier Paar Socken, die er mit Plastik-Einkaufstaschen umwickelte, um die Nässe abzuhalten. Für die Hände hatte er Handschuhe, für die Augen eine Sonnenbrille, und als Kletterhilfe benutzte er einen Aluminiumstab, den er mit einer Schnur ans Handgelenk band.

Auch Vizintín besaß eine weiße Balaclava-Wollmütze. Er trug dieselbe Anzahl Pullover und Jeans, doch dann hüllte er sich in einen Regenmantel, und an den Füßen hatte er ein

Paar spanische Stiefel. Wie schon zuvor schleppte er auch diesmal am meisten, einschließlich eines Drittels der Fleischrationen, die entweder in Plastikbeutel oder in Rugbysocken verpackt waren. Zusätzlich hatten sie Fettstücke dabei, die ihnen Energie geben sollten, und Leber für den Vitaminhaushalt. Die Vorräte waren so berechnet, daß sie drei Leuten fünfzehn Tage lang ausreichen sollten.

Canessa trug den Schlafsack. Um seinen Körper richtig warm halten zu können, hatte er nach wollenen Kleidungsstücken gesucht, denn er war der Meinung, elementare Bedingungen erforderten natürliche Stoffe. Wichtig war ihm auch, daß jedes Kleidungsstück auf irgendeine Weise wertvoll war. Einen der Pullover, die er trug, hatte ihm eine enge Freundin seiner Mutter geschenkt, ein anderer stammte von seiner Mutter selbst, und den dritten hatte seine Verlobte, Laura Surraco, gestrickt. Eine der Hosen hatte seinem besten Freund, Daniel Maspons, gehört, und sein Gürtel war ihm von Parrado mit den Worten überreicht worden: «Das war ein Geschenk von Panchito, meinem besten Freund. Jetzt bist du mein bester Freund, also bekommst du den Gürtel . . .» Canessa nahm das Geschenk an; er trug auch Abals Skihandschuhe und die Skistiefel, die Javier Methol gehörten.

Die Vettern bereiteten den Expeditionsteilnehmern noch ein Frühstück, bevor sie sie auf die Reise schickten. Die anderen sahen schweigend zu. Worte konnten nicht ausdrücken, was sie in diesem erschreckenden Augenblick fühlten; sie alle wußten, daß dies ihre letzte Chance war, zu überleben. Dann trennte Parrado wieder einmal das Paar winziger roter Schuhe, das er für seinen Neffen in Mendoza gekauft hatte. Einen steckte er in die Tasche, den anderen hängte er an die Hutablage im Flugzeug. «Ich komme wieder und hole ihn», sagte er. «Macht euch keine Sorge.»

«In Ordnung», sagten sie alle, ihre gute Laune stieg angesichts seines Optimismus. «Und vergeßt nicht, uns im Hotel in Santiago Zimmer zu reservieren.» Dann umarmten sie sich, und unter einem vielstimmigen *Hasta luego* machten sich die drei Expeditionsteilnehmer auf den Weg über den Berg.

Als sie etwa fünfhundert Meter weit gegangen waren, kam Pancho Delgado aus dem Flugzeug gehumpelt. «Wartet!»

schrie er und schwenkte eine kleine Statue in der Hand. «Ihr habt die Jungfrau von Luján vergessen!»

Canessa blieb stehen und drehte sich um. «Keine Sorge», rief er. «Wenn sie hierbleiben will, dann laß sie nur. Wir gehen mit Gott im Herzen.»

Sie gingen zunächst talaufwärts, aber sie wußten, daß sie dieser Weg in leicht nordwestliche Richtung führte, und daß sie irgendwann genau nach Westen direkt über den Berg mußten. Die Schwierigkeit bestand darin, daß die Abhänge, die sie umgaben, ohne Ausnahme steil und hoch aussahen. Canessa und Parrado berieten darüber und fragten sich, wie bald sie mit dem direkten Aufstieg beginnen sollten. Vizintín hatte, wie gewöhnlich, keine Meinung. Schließlich wurden sich die beiden einig. Sie orientierten sich mit Hilfe des Kompasses aus dem Flugzeug und gingen dann genau nach Westen, direkt den Berg hoch. Sie kamen nur sehr schwer voran. Der Hang war nicht nur sehr steil, inzwischen begann auch der Schnee zu schmelzen, und trotz der improvisierten Schneeschuhe sanken sie bis zu den Knien ein. Außerdem weichte der nasse Schnee die Kissen auf, und deshalb wurde es außergewöhnlich schwer, sich breitbeinig den Berg hoch zu schleppen. Doch die drei gaben nicht nach; sie machten alle paar Meter eine kleine Pause, und als sie um die Mittagszeit bei einer Felsgruppe haltmachten, um etwas zu essen, waren sie schon weit oben. Unter sich konnten sie immer noch die Fairchild sehen; einige der Jungen saßen auf ihren Sitzen in der Sonne und verfolgten ihre Fortschritte.

Nach ihrer Mahlzeit aus Fleisch und Fett und einer kurzen Ruhepause machten sie sich wieder auf den Weg. Sie wollten den Gipfel noch vor Einbruch der Dunkelheit erreichen, denn es schien nahezu unmöglich, an dem steilen Abhang einen Schlafplatz zu finden. Während sie weiterkletterten, waren sie in Gedanken schon bei der Aussicht, die sie auf der anderen Seite des Berges vorzufinden hofften – kleine Hügel und grüne Täler, vielleicht auch schon mit der Hütte eines Schafhirten oder einem Farmhaus.

Und wieder machten sie die Erfahrung, daß Entfernungen im Schnee täuschen, und als die Sonne langsam hinter dem Berg verschwand, waren sie noch lange nicht in der Nähe des

Gipfels. Es wurde ihnen deshalb klar, daß sie irgendwie an dem steilen Abhang schlafen mußten, und sie machten sich auf die Suche nach einem ebenen Platz. Doch sie konnten keinen entdecken, und ihre Besorgnis wuchs. Der Berg ging fast senkrecht nach oben. Vizintín kletterte auf einen größeren Felsen (um ihn nicht im Schnee umgehen zu müssen) und kam nicht mehr weiter. Es hätte nicht viel gefehlt, und er wäre abgestürzt, weil ihn das Gewicht seines Rucksacks nach hinten zog. Er konnte sich nur dadurch aus seiner Lage befreien, daß er den Rucksack losband und in den Schnee warf. Das Erlebnis entnervte ihn völlig, und er fing an zu jammern, er könne nicht weiter. Er war vollkommen erschöpft und mußte seine Beine mit den Händen anheben, um überhaupt noch voranzukommen.

Es wurde dunkel, und ein Gefühl der Panik ergriff sie alle. Als sie zu einer neuen Felsgruppe kamen, meinte Parrado, es gebe vielleicht oben auf den Felsen eine ebene Fläche, und während Canessa unten bei seinem Rucksack blieb, kletterte er hinauf. Plötzlich hörte Canessa einen Schrei «Paß auf!», und ein großer Felsbrocken, von Parrados Rugbystiefeln losgetreten, flog knapp an seinem Kopf vorbei. «Um Gottes willen», schrie Canessa hinauf, «willst du mich umbringen?» Dann fing er an zu weinen. Er fühlte sich restlos niedergeschlagen und verzweifelt.

Auf der Felsgruppe gab es keinen Schlafplatz für sie, doch ein Stückchen weiter stießen sie auf einen riesigen Findling, neben dem durch Verwehungen ein Graben entstanden war. Der Boden in dem Graben war zwar nicht horizontal, aber die Schneewand würde verhindern, daß sie den Berg hinunterrutschten. Sie schlugen also ihr Lager auf und schlüpften in den Schlafsack.

Es war eine völlig sternklare Nacht, und die Temperatur war weit unter den Gefrierpunkt gesunken, doch der Schlafsack hielt sie warm. Sie aßen wieder etwas Fleisch, und jeder trank einen Schluck Rum aus der Flasche, die sie mitgenommen hatten. Die Aussicht war großartig. Vor ihnen breitete sich eine riesige Landschaft von schneebedeckten Bergen aus, beleuchtet vom fahlen Licht des Mondes und der Sterne. Seltsame Gefühle ergriffen sie, als sie – Canessa in der Mitte – so dalagen: einerseits waren sie von schrecklicher Angst und Verzweiflung gepackt, andererseits staunten sie über die Großartigkeit dieses eisig-schönen Anblicks, der sich ihnen bot.

Endlich fielen sie in einen unruhigen Halbschlaf. Die Nacht war zu kalt und der Boden zu hart, als daß die drei gut hätten schlafen können, und als der Morgen dämmerte, waren sie alle wach. Es war immer noch kalt, und sie blieben im Schlafsack und warteten darauf, daß über den gegenüberliegenden Bergen die Sonne aufging. Sie tauten ihre Schuhe auf, die fest am Felsen angefroren waren, wo sie sie hingestellt hatten. Während sie warteten, tranken sie aus der Wasserflasche, aßen etwas Fleisch und nahmen wieder einen Schluck Rum.

Als es heller wurde, beobachteten sie, wie sich die Landschaft veränderte, doch Canessa, der von den dreien die besten Augen hatte, blieb mit seinem Blick an einer Linie entlang des Tales im Osten hängen – weit jenseits der Fairchild und des Hecks. Da die ganze Gegend immer noch im Schatten lag, ließ sich kaum etwas Bestimmtes sagen, aber es sah so aus, als sei der Boden dort nicht mit Schnee bedeckt und die Linie, die die Landschaft dort durchquerte, möglicherweise eine Straße. Er sagte den anderen nichts von seiner Beobachtung, weil die Idee absurd war; Chile lag doch im Westen.

Als die Sonne hinter den Bergen aufstieg, kletterten sie weiter – Parrado voraus, gefolgt von Canessa und Vizintín. Alle drei waren noch müde und ihre Glieder steif von den Anstrengungen des vergangenen Tages, doch sie fanden eine Art Pfad im Fels, der zum Gipfel zu führen schien.

Der Berg war jetzt so steil, daß es Vizintín nicht wagte, nach unten zu blicken. Er folgte einfach Canessa in vorsichtigem Abstand, so wie Canessa Parrado folgte. Was sie frustrierte, war die Tatsache, daß der Gipfel, den sie über sich sahen, letzten Endes immer etwas anderes war – eine Schneebank oder eine vorragende Felsgruppe. Bei einem dieser Felsen machten sie mittags Rast, aßen etwas, ruhten sich kurz aus und kletterten dann weiter. Als der Nachmittag schon zur Hälfte vorbei war, hatten sie den Berggipfel immer noch nicht erreicht – und obwohl sie das Gefühl hatten, es sei nun nicht mehr weit, fürchteten sie, sie könnten denselben Fehler machen wie am

Abend vorher. Sie suchten deshalb einen ähnlichen, vom Wind geschaffenen Graben neben einem Felsen und beschlossen, dort ihr Lager aufzuschlagen.

Im Gegensatz zu Vizintín hatte Canessa auf dem Weg nach oben keine Angst, zurückzuschauen. Und dabei hatte er jedesmal festgestellt, daß die Linie in der Ferne immer deutlicher zu sehen war und immer mehr einer Straße ähnelte. Als sie es sich nun im Schlafsack bequem machten und auf den Sonnenuntergang warteten, wies er die anderen darauf hin. «Seht ihr diese Linie da hinten», sagte er. «Meiner Ansicht nach ist das eine Straße.»

«Ich sehe nichts», sagte Nando, der kurzsichtig war. «Aber was es auch sein mag, eine Straße kann es nicht sein, denn wir schauen nach Osten, während Chile ja im Westen liegt.»

«Ich weiß, daß Chile im Westen liegt», sagte Canessa, «aber ich glaube trotzdem, daß es eine Straße ist. Und dort unten liegt auch kein Schnee, Tintin, du kannst sie doch sehen, oder?»

Vizintíns Augen waren kaum besser als Parrados. Er kniff sie zusammen und starrte angestrengt in die Ferne. «Eine Linie seh ich, ja», sagte er, «aber nicht so deutlich, daß ich sagen könnte, ob es eine Straße ist oder nicht.»

«Es kann keine Straße sein», sagte Parrado.

«Vielleicht gibt es dort ein Bergwerk», sagte Canessa. «Es gibt Kupferminen mitten in der Cordillera.»

«Woher willst du das denn wissen?» fragte Parrado.

«Ich hab's irgendwo gelesen.»

«Ich glaube eher, daß es eine geologische Verwerfung ist.»

Es entstand eine Pause. Dann sagte Canessa: «Ich meine, wir sollten umkehren.»

«Umkehren?» wiederholte Parrado.

«Genau», sagte Canessa. «Umkehren. Dieser Berg ist viel zu hoch. Wir erreichen den Gipfel nie. Mit jedem Schritt setzen wir unser Leben aufs Spiel ... es ist Wahnsinn, weiterzusteigen.»

«Und was tun wir, wenn wir umgekehrt sind?» fragte Parrado.

«Wir gehen zu jener Straße.»

«Und was ist, wenn die Straße gar keine Straße ist?»

«Hör zu», sagte Canessa, «ich habe bessere Augen als du, und ich sage, es ist eine Straße.»

«Vielleicht ist es tatsächlich eine Straße», sagte Parrado, «vielleicht aber auch nicht. Es gibt nur eine Gewißheit für uns: Chile liegt im Westen. Wenn wir geradeaus nach Westen gehen, kommen wir mit Sicherheit nach Chile.»

«Wenn wir geradeaus nach Westen gehen, brechen wir uns mit Sicherheit das Genick.»

Parrado seufzte.

«Ich kehr jedenfalls um», sagte Canessa.

«Und ich geh weiter», sagte Parrado. «Wenn du zu jener Straße gehst und herausfindest, daß es gar keine Straße ist, dann ist es zu spät, noch einmal diesen Weg zu versuchen. Sie haben jetzt schon kaum mehr etwas zu essen dort unten. Es wird nicht für eine zweite Expedition reichen, dann haben wir alle verloren, dann bleiben wir alle hier oben in der Cordillera.»

Sie schliefen in der Nacht, ohne ihre Meinungsverschiedenheit beigelegt zu haben. Einmal wachte Vizintín auf, als es in der Ferne blitzte, und er weckte Canessa aus Furcht, ein Unwetter könne über sie hereinbrechen. Doch die Nacht war immer noch klar, kein Wind blies, und die zwei Jungen schliefen wieder ein.

Die Nacht hatte nichts an Parrados Entschluß geändert. Sobald es hell war, machte er sich fertig, um den Aufstieg fortzusetzen. Canessa schien nicht mehr so sicher zu sein, daß er zur Fairchild zurückkehren wollte. Deshalb machte er den Vorschlag, Parrado und Vizintín sollten ihre Rucksäcke bei ihm lassen und ein Stückchen weiterklettern, um zu sehen, ob sie zum Gipfel kommen konnten. Parrado ging sofort auf den Vorschlag ein und machte sich auf den Weg, Vizintín im Schlepptau, doch in seiner Ungeduld, den Gipfel zu erreichen, kletterte Parrado schnell und Vizintín blieb bald zurück.

Der Aufstieg war außerordentlich schwierig. Die Schneewand war fast senkrecht, und Parrado kam nur vorwärts, indem er Stufen für seine Hände und Füße grub, die dann auch Vizintín benutzen konnte. Wenn er ausgerutscht wäre, wäre er einige hundert Meter tief abgestürzt, aber die Schneefläche war so steil, der Himmel darüber so blau, daß er sicher war, dem

Gipfel nahe zu sein. Ihn trieb die ganze Erregung eines Bergsteigers, der den Triumph vor Augen hat, und das intensive Verlangen, herauszufinden, was auf der anderen Seite lag. Beim Klettern sagte er sich: Ich werde ein Tal sehen. Ich werde einen Fluß sehen, ich werde grünes Gras und Bäume sehen... Und dann war die steile Schneewand plötzlich nicht mehr steil. Sie stieg auf einmal nur noch ganz leicht an und verflachte dann zu einer Plattform, die etwa dreieinhalb Meter breit war, bevor es auf der anderen Seite wieder hinunterging. Er stand auf dem Gipfel des Berges.

Parrados Freude über den Erfolg hielt nur ein paar Sekunden an, die er brauchte, um auf die Beine zu kommen. Vor sich sah er keine grünen Täler, die sich zum Pazifischen Ozean hin öffneten, sondern eine endlose Weite schneebedeckter Berge. Von dort, wo er stand, konnte sein Blick ungehindert über die unendlichen Kordilleren schweifen, und zum ersten Mal hatte Parrado das Gefühl: wir sind erledigt. Er sank auf die Knie und wollte die Ungerechtigkeit verwünschen und dem Himmel klagen, doch kein Ton kam aus seinem Mund, und als er wieder aufblickte, immer noch außer Atem von der Anstrengung in der dünnen Gebirgsluft, machte seine vorübergehende Verzweiflung schon wieder einem gewissen Stolz über seine Leistung Platz. Zwar sah er vor sich nur Berge, Gipfel hinter Gipfel bis zum fernen Horizont, aber schon allein die Tatsache, daß er über ihnen stand, bewies, daß er einen der höchsten Berge der Anden bezwungen hatte. Ich habe diesen Berg bestiegen, dachte er bei sich, und ich werde ihn nach meinem Vater Mount Seler nennen. Er hatte den Lippenstift bei sich, den er für seine aufgesprungenen Lippen brauchte, und einen Plastikbeutel. Mit dem Lippenstift schrieb er den Namen «Seler» darauf und legte ihn unter einen Stein. Dann setzte er sich und bewunderte die Aussicht.

Als er die Berge genau betrachtete, die sich vor ihm ausbreiteten, bemerkte er, daß es direkt gegen Westen, ganz links in dem Panorama, zwei Berge gab, auf denen kein Schnee lag. Die Kordilleren müssen irgendwo aufhören, sagte er sich, es könnte doch sein, daß diese beiden Berge in Chile liegen. In Wahrheit wußte er natürlich nichts über die Kordilleren, doch diese Vorstellung bestärkte seinen Optimismus, und als er Vizintín unten rufen hörte, schrie er mit fast fröhlicher Stimme zurück: «Geh zurück und hole Musculo. Sag ihm, es wird alles gut werden. Sag ihm, er soll heraufkommen und selber sehen.» Und als er merkte, daß Vizintín ihn gehört hatte und abstieg, überließ sich Parrado wieder der wundervollen Aussicht vom Gipfel des Mount Seler.

Nachdem die beiden anderen zum Gipfel aufgestiegen waren, hatte es sich Canessa neben den Rucksäcken bequem gemacht und seine Straße beobachtet, die in dem wechselnden Licht ständig die Farbe änderte. Je länger er hinstarrte, desto überzeugter wurde er, daß es eine Straße war, doch dann kam zwei Stunden später Vizintín mit der Nachricht zurück, Parrado habe den Gipfel erreicht und wolle, daß Canessa auch heraufkomme.

«Bist du sicher, daß er auf dem Gipfel ist?»

«Ja, ganz sicher.»

«Warst du oben?»

«Nein, aber Nando sagt, es sei großartig. Er sagt, jetzt wird alles gut.»

Widerstrebend erhob sich Canessa und kletterte den Berg hinauf. Er hatte seinen Rucksack bei Vizintín gelassen und brauchte trotzdem eine Stunde länger als Parrado. Er benutzte die Stufen, die Nando in den Schnee gehauen hatte, und als er sich dem Gipfel näherte, rief er nach seinem Freund. Er hörte Parrado antworten und folgte seinen Anweisungen, bis auch er auf dem Gipfel des Berges stand.

Was Canessa sah, hatte auf ihn dieselbe Wirkung, die es auf Parrado gehabt hatte. Er blickte entgeistert auf die endlose Kette von Bergen, die sich nach Westen hinzog. «Wir sind erledigt», sagte er. «Endgültig erledigt. Wir haben nicht die Spur einer Chance, da durchzukommen.»

«Aber schau doch mal genau hin», sagte Parrado. «Schau mal dort rüber nach Westen. Siehst du's? Ganz links? Zwei Berge ohne Schnee?»

«Meinst du diese Titten. . .»

«Die Titten. Genau.»

«Aber die sind doch meilenweit weg. Wir brauchen fünfzig Tage, bis wir dort sind.»

«Fünfzig Tage? Meinst du wirklich? Aber sieh mal, da.» Parrado zeigte auf einen Punkt, etwa bei der Hälfte der Entfernung. «Wenn wir diesen Berg hinuntersteigen und dann diesem Tal folgen, dann kommen wir zu dieser Art Y dort. Ein Arm des Y muß aber zu den Titten führen.»

Canessa blickte in die Richtung, die Parrados Arm andeutete, sah das Tal und sah das Y. «Vielleicht», sagte er. «Aber wir würden trotzdem fünfzig Tage brauchen, und wir haben nur für zehn Tage Verpflegung.»

«Ich weiß», sagte Parrado. «Aber mir ist da eine Idee gekommen. Warum schicken wir Tintin nicht zurück?»

«Ich bin nicht sicher, daß er freiwillig zurückgehen wird.»

«Er wird gehen, wenn wir ihn dazu auffordern. Dann können wir seine Verpflegung behalten. Wenn wir sie sorgfältig einteilen, sollte es zwanzig Tage reichen . . .»

«Und dann?»

«Dann finden wir etwas.»

«Ich weiß nicht», sagte Canessa. «Ich glaube, ich würde lieber zurückgehen und nach dieser Straße suchen.»

«Dann geh doch zurück», sagte Parrado scharf. «Geh zurück und finde deine Straße. Aber ich gehe weiter nach Chile.»

Sie machten sich wieder an den Abstieg und erreichten nachmittags gegen fünf Uhr Vizintín und die Rucksäcke. Inzwischen hatte Vizintín etwas Schnee geschmolzen, und so konnten sie erst ihren Durst löschen, bevor sie etwas Fleisch aßen. Unterm Essen wandte sich Canessa an Vizintín und sagte so beiläufig, wie er überhaupt konnte: «He. Tintin, Nando meint, es wäre vielleicht das beste, wenn du zum Flugzeug zurückgehen würdest. Weißt du, dann bliebe uns mehr Verpflegung . . .»

«Zurückgehen?» sagte Vizintín, und sein Gesicht erhellte sich. «Aber sicher, wenn ihr meint.» Und bevor noch einer der beiden anderen etwas sagen konnte, hatte er seinen Rucksack genommen und wollte ihn sich auf den Rücken schnallen.

«Nicht heute abend», sagte Canessa. «Morgen früh reicht auch noch.»

«Morgen früh?» sagte Vizintín. «Okay. In Ordnung.»

«Es macht dir nichts aus?»

«Ausmachen? Nein. Was immer ihr meint.»

«Und wenn du wieder beim Flugzeug bist», sagte Canessa, «dann sag den anderen, wir seien nach Westen gegangen. Und wenn euch das Suchflugzeug entdeckt und ihr gerettet werdet, dann vergeßt uns bitte nicht.»

In der Nacht lag Canessa wach; er war sich noch keineswegs sicher, ob er mit Parrado weitergehen oder mit Vizintín umkehren sollte. Unter den Sternen diskutierte er mit Parrado weiter darüber, und Vizintín schlief beim Klang ihrer argumentierenden Stimmen ein. Doch als sie am nächsten Morgen aufwachten, hatte Canessa sich entschieden. Er wollte mit Parrado weitergehen. Also übernahmen sie Vizintíns Verpflegung und alles andere, was ihnen nützlich schien (den Revolver jedoch, den sie schon immer für unnütz gehalten hatten, ließen sie ihm). Dann war es soweit, ihn auf den Weg zu schicken.

«Sag mal, Musculo», sagte Vizintín, «gibt es irgend etwas ... ich meine, irgendeinen Körperteil, den man *nicht* essen sollte?»

«Nichts», sagte Canessa. «Alles hat seinen bestimmten Nährwert.»

«Selbst die Lungen?»

«Selbst die Lungen.»

Vizintín nickte. Dann schaute er Canessa wieder an. «Hör mal», sagte er, «da ihr weitergeht und ich umkehre: Besitze ich irgend etwas, das du vielleicht gebrauchen könntest? Sag es ruhig. Schließlich hängt unser aller Leben davon ab, daß ihr durchkommt.»

«Nun», sagte Canessa und musterte Vizintín und seine Ausrüstung von oben bis unten. «Diese Balaclava-Mütze, die könnte ich ganz gut gebrauchen.»

«Die?» sagte Vizintín und griff nach der weißen Wollmütze auf seinem Kopf. «Meinst du die?»

«Genau. Die.»

«Ich ... äh .... glaubst du, daß du sie wirklich brauchst?»

«Tintin, würde ich darum bitten, wenn ich sie nicht brauchen könnte?»

Zögernd zog Tintin seine geliebte Balaclava-Mütze vom Kopf und gab sie ihm.

«Nun, viel Glück», sagte er.

«Dir auch», sagte Parrado. «Sei vorsichtig beim Abstieg.»

«Aber sicher.»

«Und vergiß nicht», sagte Canessa. «Sag Fito, wir sind nach Westen gegangen. Und wenn sie euch retten, dann sorgt dafür, daß sie auch nach uns suchen.»

«Keine Sorge», sagte Vizintín. Dann umarmte er seine beiden Gefährten und machte sich auf den Weg den Berg hinunter.

Achter Teil

I

Die dreizehn Jungen, die in der Fairchild zurückgeblieben waren, hatten durch ihre selbstgebastelten Sonnenbrillen den Fortschritt der drei Expeditionsteilnehmer am Berg beobachtet. Am ersten Tag war es leicht, sie zu verfolgen, aber am zweiten Tag waren sie nur noch Punkte im Schnee. Es deprimierte die Beobachter, zu sehen, wie langsam die drei vorankamen. Sie hatten geglaubt, es werde nur ein Vormittag oder höchstens ein Tag vergehen, bis die anderen den Gipfel erreichten, doch am Morgen des zweiten Tages hatten sie kaum den halben Weg zurückgelegt. Am Nachmittag waren die Expeditionsteilnehmer dann zu einem Schieferband gelangt und aus dem Blickfeld verschwunden.

Zur selben Zeit tauchte jedoch über der Bergspitze ein Flugzeug auf. Die Jungen sprangen sofort auf, um sich bemerkbar zu machen, doch so plötzlich, wie es aufgetaucht war, drehte das Flugzeug auch wieder nach Westen ab.

Es gab nun nichts mehr, was sie für die Expedition tun konnten, außer zu beten. Andererseits mußten sie sich selbst mit einigen praktischen Problemen auseinandersetzen. Die größten Schwierigkeiten machten ihre knappen Fleischvorräte. Obwohl sie noch immer nicht alle Leichen in der Umgebung des Flugzeugs gefunden hatten, beschloß Fito, den Berg hinaufzusteigen und die Leichen derer zu suchen, die aus dem Flugzeug gestürzt waren. Mit jedem Tag wurden an den Schneehängen des Berges neue Umrisse und dunkle Flecken sichtbar, und er hielt es für wichtig, dorthin zu gehen und, falls es Leichen waren, sie mit Schnee zuzudecken, damit sie nicht verfaulten.

Zerbino, der mehr als sieben Wochen vorher oben am Berg gewesen war und die Leichen gefunden hatte, willigte ein, Fito zu begleiten, und die beiden machten sich frühmorgens am 13.

Dezember auf den Weg. Der Schnee war an der Oberfläche noch fest, und sie kamen gut voran. Sie waren besser ausgerüstet als Zerbino, Maspons und Turcatti damals auf der ersten Expedition, und beide waren besser trainiert. Hin und wieder legten sie unterwegs eine Pause ein und schauten auf die Fairchild hinunter und auf die Berge ringsum. Je höher sie stiegen, desto mehr Berge kamen in Sicht – alle ungeheuer hoch und mit Schnee bedeckt –, sie waren furchtbar deprimiert. Es schien ausgeschlossen, daß sie sich, wie sie gehofft hatten, in den Ausläufern der Anden befanden. Mit solch gigantischen Bergspitzen ringsum konnten sie nur mitten im Gebirge selbst sein. Welche Chancen blieben da Canessa, Parrado und Vizintín, durch so unpassierbares Gelände hindurch Chile zu erreichen? Es mußten viele Kilometer bis zur nächsten menschlichen Behausung sein, und die drei Expeditionsteilnehmer hatten nur Verpflegung für zehn Tage.

«Wir müssen vielleicht noch eine Expedition losschicken», sagte Fito. «Diesmal mit mehr Verpflegung.»

«Wen denn?» fragte Zerbino.

«Uns beide und vielleicht Carlitos oder Daniel.»

«Vielleicht findet uns vorher das Flugzeug.»

Sie blieben stehen und blickten zur Fairchild hinunter. Mit seinem weißen Dach war das Flugzeug praktisch unsichtbar. Die Sitze, Kleider und Knochen, die überall verstreut im Schnee herumlagen, waren aus dieser Höhe noch am deutlichsten zu sehen.

«Am besten lassen wir die Knochen liegen», sagte Fito. «Sie sind noch am ehesten zu sehen.»

Nachdem sie zwei Stunden lang geklettert waren, stießen die zwei Jungen auf das erste Anzeichen dafür, daß sie das Gebiet erreicht hatten, in dem sie die Leichen finden konnten. Es war eine Kordsamtjacke mit wollenem Futter. Fito hob sie auf, schüttelte den Schnee von der Jacke und zog sie sich über seinen Pullover.

Sie stiegen weiter und sahen schon bald einen Körper auf dem Rücken im Schnee liegen. Fito war entsetzt, als er die Züge seines anderen Vetters, Daniel Shaws, erkannte. Widersprüchliche Gefühle ergriffen ihn: Er hatte die Verpflegung gefunden, die er gesucht hatte, doch da es der Körper seines Vetters war, sträubte sich alles in ihm, davon Gebrauch zu machen. Er drehte sich nach Zerbino um und sagte: «Komm, wir gehen weiter und suchen die anderen.»

Sie schleppten sich also weiter durch den Schnee, der nun immer weicher wurde unter ihren Füßen. Als sie die Gegend erreichten, in der Zerbino die anderen Körper gesehen zu haben glaubte, war außer verschiedenen Bruchstücken des Flugzeugs weit und breit nichts zu entdecken. Einer dieser Teile war groß genug, daß er als eine Art Schlitten dienen konnte, und Fito nahm es mit, als er im Bewußtsein, daß ihm seine Verantwortung den anderen Jungen gegenüber keine Wahl ließ, zur Leiche seines Vetters zurückkehrte.

Als sie dort waren, banden sie den Körper, der in Tod und Kälte vollkommen erstarrt war, mit den Nylonschnüren aus dem Frachtraum auf das gekrümmte Stück Metall. Fito befestigte eines der Kissen, die sie als Schneeschuhe benutzten, an dem Schlitten und setzte sich darauf. Dann stießen sie ihre Absätze in den Schnee und begannen die Talfahrt.

Diese improvisierte Methode des Leichentransports funktionierte besser, als sie angenommen hatten, so daß sie immer schneller bergab fuhren, bis sie eine sehr hohe Geschwindigkeit erreicht hatten. Zerbino, der hinter der Leiche saß, versuchte, den Schlitten mit den Füßen zu steuern, aber er erreichte damit nur wenig – auf jeden Fall nicht genug, um den Schlitten um die Findlinge herum zu lenken, die überall im Schnee verstreut lagen. Doch schien eine verborgene Hand sie zu leiten, denn der Schlitten stieß mit keinem einzigen Stein zusammen, und als er auf der Höhe der Fairchild war, stemmte Fito seine Füße in den Schnee und der Transport kam langsam zum Stehen.

Ihre Richtung war falsch gewesen. Sie befanden sich auf der falschen Seite des Tales, und inzwischen war der Schnee so aufgeweicht, und die beiden Jungen waren so erschöpft, daß sie beschlossen, die Leiche zu lassen, wo sie war, mit Schnee zugedeckt, um sie am nächsten Tag zu holen. Als sie mit den Händen ein Loch gruben, sahen sie drei Gestalten auf sich zukommen. Fernández, Algorta und Páez.

«Ist alles in Ordnung?» rief Fernández.

Sie antworteten nicht.

«Wir sahen euch mit einem solchen Tempo den Berg herunterrasen, daß wir glaubten, ihr hättet euch umgebracht.»

Und wieder gaben sie keine Antwort.

«Habt ihr was gefunden?»

«Ja», sagte Fito. «Wir haben Daniel gefunden.»

Fernández schaute Fito an, sagte aber nichts. Sie gingen zur Fairchild, doch am nächsten Morgen, als der Schnee an der Oberfläche wieder festgefroren war, kehrten sie zurück, um die Leiche zu holen. Als sie sie zum Flugzeug geschafft hatten, fragte Fito die anderen Jungen, ob er die Leiche seines Vetters zu denen legen könnte, die sie bis ganz zum Schluß aufbewahren wollten. Sie waren einverstanden.

Am nächsten Morgen unternahmen Páez und Algorta eine Sonderexpedition und stiegen den Berg hinauf, um zu sehen, ob sie noch einen anderen Körper fänden. Als erstes stießen sie auf eine Handtasche, der sie den Lippenstift entnahmen, der sich so gut dazu eignete, ihre aufgeplatzten und mit Blasen bedeckten Lippen vor der Sonne zu schützen. Die zwei rieben ihre Gesichter damit ein und benutzten dazu den kleinen Spiegel in der Puderdose. «Weißt du, was sie denken werden», sagte Carlitos und lachte über Pedros bemaltes Gesicht. «Wenn sie uns heute nachmittag hier rausholen und uns so antreffen, dann werden sie denken, die sexuelle Frustration hat uns alle zu wilden Homos gemacht.»

Sie kletterten den Berg weiter hinauf und stießen auf eine Leiche. Die Haut im Gesicht und an den Händen, die der Sonne ausgesetzt gewesen war, war schwarz geworden, und die Augen fehlten, entweder weil die Sonne sie herausgebrannt oder weil Kondore sie herausgepickt hatten. Aber nun wurde es heiß und der Schnee weich, also bedeckten sie den Körper mit Schnee und machten sich an den Abstieg.

Am nächsten Tag kehrten Algorta, Fito und Zerbino zu der Leiche zurück. Sie begannen sofort, den Toten zu zerschneiden, da dies leichter war, als ihn zum Flugzeug zu schaffen. Sie füllten Rugbysocken mit Fleisch und Fett und aßen, was sie für den zusätzlichen Energieaufwand verdient zu haben glaubten. Um halb zehn morgens traten sie den Rückweg zum Flugzeug an, obwohl sie mit ihrer Arbeit noch nicht fertig waren – Fito und Zerbino mit ihren vollen Rucksäcken, Algorta, die Axt an den Gürtel gebunden, trug einen abgetrennten Arm über der Schulter.

Als sie die Fairchild erreichten, bot sich ihnen ein ungewöhnlicher Anblick. Die anderen hatten das Flugzeug verlassen; sie standen in der Mitte des Kreuzes und sahen gespannt zum Himmel. Manche umarmten einander, andere beteten laut zu Gott. Pancho Delgado kniete beim äußeren Ende des Kreuzes am Boden und rief: «Gaston, armer Gaston! Wie sehr wünschte ich, daß er jetzt hier wäre!»

Daniel Fernández stand im Zentrum des Kreuzes und hielt das Radio ans Ohr. «Sie haben ein Kreuz gefunden», sagte er. «Wir haben gerade im Radio gehört, daß sie an einem Santa-Elena-Berg ein Kreuz entdeckt haben.»

Diese Nachricht versetzte die drei, die gerade mit dem Fleisch angekommen waren, in Hochstimmung, denn was für ein Kreuz konnten sie schon gefunden haben außer ihrem? Sie dachten, daß der Santa-Elena-Berg der Berg hinter ihnen sein müßte, und den Rest des Morgens warteten sie auf die Rettung; sie glaubten, sie stehe unmittelbar bevor. Die ganze Zeit über hielt Fernández das Radio ans Ohr gepreßt. Er hörte, daß inzwischen Flugzeuge aus Chile und Argentinien die uruguayische C-47 bei der Suche unterstützten, und daß sich argentinische Behörden mit dem Kreuz befaßten, denn es wurde angenommen, daß es auf argentinischem Territorium lag.

Während Fernández das Radio abhörte, brachte Methol die kleine Statue der heiligen Helena aus dem Flugzeug, die Liliana in ihrem Gepäck gehabt hatte. Zusammen mit ein paar anderen Jungen betete er zu dieser Schutzheiligen, die hilft, Verlorenes wiederzufinden, und viele von ihnen gelobten, daß sie, falls sie je eine Tochter hätten, sie Elena taufen würden.

Stundenlang warteten sie auf Hubschrauber, und plötzlich, um Mittag herum, hörten sie sie auf der anderen Seite des Berges. Wieder umarmten sie sich und sprangen vor Freude in die Luft, aber ihre begeisterte Stimmung war verfrüht. Am Himmel tauchten keine Hubschrauber auf. Das Geräusch, das sie gehört hatten, wurde zu einem Summen und verschwand dann; zurück blieb nur die ungeheure Stille der Kordilleren. Was sie für Hubschrauberlärm gehalten hatten, war das Geräusch einer niedergehenden Lawine gewesen.

Als der Abend kam, gingen sie, bitter enttäuscht, ins Flugzeug zurück. Ihre Gedanken wurden nüchterner. Welches Flugzeug war denn über sie oder über das Heck hinweggeflogen, das das eine oder das andere ihrer beiden Kreuze hätte sehen können? Und wenn man sie tatsächlich entdeckt hatte, wo blieben dann die Hubschrauber?

Am nächsten Morgen – sehr früh und bei Frost – gingen dieselben drei Jungen wie zuvor zu der Leiche auf dem Berg, um alles Fleisch von dem Körper zu schneiden, ehe er sich zersetzte. Wieder nahmen sie die zusätzliche Nahrung zu sich, die sie verdient zu haben glaubten, und füllten ihre Rucksäcke, bis nur noch das Rückgrat, die Rippen, die Füße und der Schädel übrigblieben. Diesen spalteten sie zwar mit der Axt, doch das Gehirn roch bereits nach Verwesung, so daß sie es liegenließen und wieder den Berg hinunterstiegen.

2

Am Vormittag des 15. Dezember sahen die Jungen, die auf den Sitzen vor dem Flugzeug saßen, wie irgend etwas mit ungeheurem Tempo den Berg herunter auf sie zugeschossen kam. Zuerst dachten sie, es sei ein Findling, der sich durch die Schneeschmelze gelöst hatte, doch als es näher kam, erkannten sie eine menschliche Gestalt – und kurz darauf entpuppte sich die Gestalt als Vizintín. Er schien zu stürzen, doch er geriet nie außer Kontrolle, da er auf einem Kissen saß, und als er die Höhe des Flugzeugs erreichte, stemmte er die Füße in den Schnee und kam zum Stehen.

Eine Vielfalt furchtbarer Empfindungen überkam die dreizehn Jungen, als sie zuschauten, wie er schwerfällig über den Schnee auf sie zukam. Sie dachten, daß entweder einer der anderen Expeditionsteilnehmer oder gar alle beide umgekommen sein mußten, oder daß alle drei den Vorstoß aufgegeben hätten und Vizintín nur als erster zurückkam. Einige waren etwas optimistischer und glaubten, die drei seien von dem Flugzeug gesehen worden, das über dem Gipfel des Vulkans Tinguiririca aufgetaucht war.

Als Vizintín bei ihnen war, erklärte er, was geschehen war. «Nando und Musculo kletterten bis zum Gipfel», sagte er. «Sie gehen weiter, aber sie haben mich zurückgeschickt, damit die Verpflegung länger reicht.»

«Wie sieht es denn auf der anderen Seite aus?» fragten sie alle und drängten sich um ihn.

«Berge, nichts als Berge, soweit das Auge reicht. Ich gebe ihnen kaum eine Chance.»

Ihre Stimmung erreichte einen neuen Tiefpunkt. Wieder war ein Traum von der brutalen Wirklichkeit zerstört worden. Was Vizintín sagte, deprimierte sie alle. «Der Aufstieg war die Hölle, die reine Hölle», sagte er. «Wir brauchten drei Tage, bis wir oben waren. Wenn sie noch über einen solchen Berg müssen, dann glaube ich nicht, daß sie's schaffen.»

«Wie lange hast du gebraucht, bis du unten warst?»

Vizintín lachte. «Eine Dreiviertelstunde. Runterzukommen ist kein Problem. Aber rauf.» Er schwieg und fügte dann hinzu: «Und das Komische ist, daß im Osten weniger Schnee liegt» – er zeigte das Tal hinunter – «als im Westen. Und Musculo glaubte, eine Straße zu erkennen.»

«Eine Straße? Wo?»

«Im Osten.»

Die Strauchs schüttelten den Kopf. «Das ist doch gar nicht möglich. Chile liegt im Westen.»

»Stimmt», fielen die jüngeren unter ihnen ein. «Im Westen liegt Chile ... im Westen liegt Chile.»

Gegen Mittag gab es eine kleine Auseinandersetzung darüber, wieviel Fleisch Vizintín bekommen sollte. «Aber ich bin gerade erst von einer Expedition zurückgekommen. Ich muß meine Kraft wieder aufbauen ... und ich hab kaum etwas gegessen ... ich hab meine ganze Verpflegung Nando und Musculo gegeben.»

Sie gaben ihm noch ein bißchen dazu, stellten aber klar, daß er in Zukunft genauso behandelt werden würde wie alle anderen. Im Laufe des Nachmittags ging Vizintín deshalb um das Flugzeug herum und las alle Lungenteile auf, die er finden konnte, und lud sie auf ein Tablett. Bis dahin waren sie immer weggeworfen worden (bis auf das eine Mal, als es Canessa gelungen war, sie als Leber an den Mann zu bringen), und niemand hatte sich die Mühe gemacht, sie mit Schnee zu bedecken; sie waren deshalb bereits in Verwesung übergegangen, und an ihrer Außenseite hatte sich durch die Sonnenhitze eine zähe, lederartige Haut gebildet. Die anderen schauten Vizintín zu, wie er diese Stücke einsammelte und dann auf den ihm zustehenden Teil des Flugzeugdaches legte.

«Willst du das denn essen?» fragte einer.

«Ja.»

«Das wird dich krank machen.»

«Nein. Musculo sagte, die Lungen würden mir guttun.»

Sie beobachteten, wie er Stücke von den bereits stinkenden Lungen abschnitt und aß, und als sie am nächsten Tag sahen, daß ihm nichts fehlte, folgten einige der anderen Jungen seinem Beispiel. Sie taten das, weil sie endlich einen neuen Geschmack brauchten, und nicht, weil der Vorrat knapp wurde, denn der schmelzende Schnee gab jetzt die Leichen all derer frei, die beim Absturz des Flugzeugs oder gleich danach ums Leben gekommen waren. Es waren zehn Leichen, von denen sie fünf nur im extremsten Notfall essen wollten. Eine hatten sie schon vor dem Lawinenunglück weitgehend aufgegessen, doch die sechs übrigen, zusammen mit den beiden Piloten, die immer noch in ihren Sitzen hingen, würden den Überlebenden weitere fünf bis sechs Wochen ausreichen. Alle Leichen waren vom Schnee völlig konserviert worden, und da sie als erste gestorben waren, hatten sie sehr viel mehr und sehr viel besseres Fleisch als die Leichen derer, die in der Lawine oder danach umgekommen waren.

Diese plötzlichen Geschenke des Tauwetters hätten vielleicht eine weniger disziplinierte Gruppe in Versuchung geführt, die strenge Rationierung des Fleisches zu lockern, aber die Strauchs dachten ständig daran, daß sie vielleicht eine zweite Expedition losschicken und mit Verpflegung für einen wesentlich längeren Weg ausstatten mußten, als sie das bei Canessa, Parrado und Vizintín vorausgesehen hatten. Sie gruben deshalb zwei tiefe Löcher in den Schnee. In das eine legten sie die Leichen, die sie bis zuletzt aufbewahren würden, und in das andere die, die sie bei Bedarf essen wollten.

Es wäre nun möglich gewesen, solche Dinge wie verfaulte Lungen und stinkende Eingeweide von den Leichen, die sie schon Wochen vorher zerlegt hatten, liegenzulassen, doch die Hälfte der Jungen sammelte sie weiterhin ein, weil sie einfach den stärkeren Geschmack brauchten. Am Anfang hatten diese Jungen nur mit ungeheurer Willensanstrengung überhaupt menschliches Fleisch essen können, doch nachdem sie nun einmal damit begonnen hatten und dabeigeblieben waren, kam der Appetit mit dem Essen, denn der Überlebenstrieb war ein grausamer Tyrann, der nicht nur verlangte, daß sie ihre Gefährten aßen, sondern auch, daß sie sich daran gewöhnten.

Am paradoxesten war in dieser Hinsicht vielleicht das Verhalten Pedro Algortas. Er stammte nicht aus einer Viehzüchterfamilie wie die anderen – er war ein sensibler sozialistischer Intellektueller –, und er war es gewesen, der das Essen der ersten Streifen menschlichen Fleisches mit dem Essen und Trinken des Fleisches und Blutes Jesu Christi in der heiligen Eucharistie verglichen hatte. Doch als nun die Überreste dessen hervorkamen, von dem sie das erste Fleisch abgeschnitten hatten, setzte sich Algorta auf ein Kissen und schnitt das verfaulte, durchnäßte Fleisch an Schultern und Rippen weg. Es war für ihn und die anderen immer noch schwieriger, solche Teile zu essen, die deutlich erkennbar von einem Menschen stammten – etwa eine Hand oder einen Fuß –, aber gegessen wurden sie trotzdem.

Um die Mittagszeit schien die Sonne jetzt so heiß, daß sie das Fleisch beinahe auf dem Flugzeugdach braten konnten. Das immer wärmer werdende Tauwetter hatte auch andere Folgen. Die Schneehöhe sank bis zum Boden des Rumpfes, so daß es immer schwieriger wurde, zum Dach zu gelangen. Außerdem fürchteten sie, das Wrack könnte umkippen. Die Schneeschmelze lockerte auch Findlinge weiter oben am Berg, die sich dann lösten und auf sie zugerast kamen. Die Wärme brachte neue Lebenszeichen von der Außenwelt: ein paar Schwalben flogen um das Flugzeug, und eine setzte sich einem der Jungen auf die Schulter; es gelang ihm jedoch nicht, sie zu fangen. Insgesamt ging ihnen das Warten sehr an die Nerven. Sie schwankten zwischen der Hoffnung auf einen Erfolg Canessas und Parrados und nüchterneren Plänen für eine zweite

Expedition, die sich am 2. oder 3. Januar auf den Weg machen sollte.

In dieser Lage trat wieder einmal ihr Sündenbock in den Mittelpunkt. Die Tube Zahnpasta, die für die ganze Gruppe bestimmt war – nach jedem Essen gab es ein klein wenig davon zum Nachtisch –, diese Tube wurde leer auf dem Boden des Flugzeugs gefunden. Es gab sofort eine Untersuchung, und der Verdacht schien auf Moncho Sabella oder Pancho Delgado zu fallen, weil sie als einzige im Flugzeug gewesen waren; da sich aber nichts beweisen ließ, wurde keiner direkt angeklagt. Im Laufe dieser Untersuchung stellte sich jedoch heraus, daß Roy Harley unter seinen Privatsachen eine eigene Tube Zahnpasta hatte. Als er Rechenschaft darüber ablegen sollte, sagte er, er habe sie gegen sieben Zigaretten von Pancho Delgado eingehandelt.

«Und wo hast du sie her, Pancho?» wurde Delgado gefragt.

«Musculo brachte sie vom Heck mit und gab sie mir, für Numa. Und als Numa starb . . .»

«. . . hast du sie behalten?»

«Ja.»

«Warum hast du sie nicht der Gemeinschaft zurückgegeben?»

«Warum ich sie nicht zurückgegeben habe? Ich weiß nicht. Ich bin gar nicht auf die Idee gekommen.»

Der Fall wurde besprochen, und die zwölf Geschworenen kamen zu dem Ergebnis, Delgado habe nach Numas Tod nicht das Recht gehabt, die Zahnpasta gegen sieben Zigaretten von Roy einzutauschen; sie gehe unverzüglich an die Gemeinschaft zurück; und Delgado müsse Roy Schadenersatz leisten.

Roy wurde für unschuldig erklärt, da er fast die ganze Zeit, in der Delgado die Zahnpasta hatte, unten im Heck gewesen war und nicht wissen konnte, daß Pancho sie nur für Numa verwaltete. Delgado wurde schuldig gesprochen, aber sie nahmen an, daß er in gutem Glauben gehandelt habe, und da er den Schuldspruch seiner Kameraden widerspruchslos hinnahm und Roy die Zigaretten zurückgab (wenn auch nur vier, da ein Teil der Zahnpasta aufgegessen war), ließ man diesen Vorfall auf sich beruhen. Dennoch wurden einige von Delgados Gefährten den Verdacht nicht los, daß er die andere Tube gegessen haben könnte; obwohl ihn keiner direkt beschuldigte, machten sie ihm gegenüber doch böse und spitze Bemerkungen.

Während alle ziemlich offen zusätzliche Fleischstücke klauten – Inciarte zum Beispiel, wenn er kochte –, tat es Delgado heimlich, und weil er dazu nicht so oft Gelegenheit hatte wie die anderen, nahm er dann jedesmal gleich eine größere Menge. Der diensteifrige Zerbino spielte deshalb wieder seine Rolle als Detektiv und beschloß, eine Falle zu stellen. Daniel Fernández zerlegte in der Nähe des Flugzeugs einen Körper. Er gab die größeren Stücke an Zerbino weiter, der sie – wenn er sie nicht in den Mund stopfte – an Delgado weiterreichte. Der übergab sie Eduardo, dann wurden sie in kleinere Portionen zerschnitten. Zwei kleinere Stücke kamen nicht ans Ziel. Zerbino rief sofort Fito zu sich, damit er Delgado beobachtete. Dann reichte er ein großes Stück Fleisch weiter. Delgado, der keine Ahnung hatte, daß er beobachtet wurde, versteckte es auf einem Tablett bei seinem Sitz und gab ein kleineres Stück an Eduardo weiter.

Zerbino stürzte sich sofort auf ihn. «Was geht hier vor sich?» fragte er.

«Was soll hier vor sich gehen?» erwiderte Pancho.

«Was ist denn das da auf dem Tablett?» sagte Fito.

«Wovon redest du überhaupt», sagte Pancho. «Ach das? Das Stück Fleisch? Das hat Daniel heute morgen hier liegengelassen.»

Fito und Zerbino schauten ihn voller Verachtung an – sie mußten sich zusammenreißen, um nicht die Beherrschung zu verlieren. Dann wandten sie sich ab, suchten den «Deutschen» auf und berichteten ihm davon. Eduardo hatte sich nicht so gut in der Gewalt. Er sprach Delgado nicht direkt an, der nur wenige Schritte entfernt immer noch auf einem Sitz saß, sondern verfluchte und beschimpfte ihn vor den anderen, aber so laut, daß Delgado ihn hören mußte.

«Was ist denn?» sagte er zu Eduardo. «Redest du von mir?»

«Allerdings», sagte Eduardo. «Das ist das siebte Mal, daß etwas Eßbares verschwunden ist, und dann findet es sich auf deinem Tablett.»

Delgado wurde blaß und sagte nichts, und Fito packte seinen erregten Vetter am Arm. «Laß schon, komm», sagte er.

Die Wut des «Deutschen» legte sich, doch es war in der kleinen Gemeinschaft der Fairchild ein schwerer Nachteil, bei den Vettern in Mißkredit zu stehen. Gegen Delgado entwickelten sich feindselige Gefühle. Wenn irgend etwas fehlte, fielen spitze, für seine Ohren bestimmte Bemerkungen über den «Opportunisten» oder die «heilige Hand». Diese Gefühle wurden selbst von Algorta geteilt, der zu der Zeit neben ihm schlief und nicht vergessen hatte, wie ihn Delgado nach der Lawine gewärmt hatte. Obwohl er keineswegs überzeugt war, daß Delgado für irgendeinen der kleinen Diebstähle verantwortlich war, wurde er von der feindseligen Atmosphäre angesteckt. Er fürchtete sogar, er könne selbst von der Gruppe isoliert werden, wenn er für Delgado eintrat. Methol und Mangino wollten sich nicht gegen ihn stellen, und der einzige Junge, der weiterhin Panchos Freund blieb, war Coche Inciarte, denn er hatte nicht vergessen, wie ihm Pancho seinen Mantel geliehen hatte, als ihn fror, und wie er ihn gezwungen hatte, Fleisch und Fett zu essen, als er wegen seinem Abscheu davor zu verhungern drohte. Coche war jedoch so beliebt, und zwar nicht nur bei den Vettern, sondern bei allen Jungen, daß sich niemand nur wegen des Umgangs, den er pflegte, gegen ihn wandte. Dieser Umstand bewahrte Pancho Delgado vor totaler Isolation.

Vorfälle wie die um Delgado trugen nicht gerade dazu bei, die Moral der Jungen zu festigen. Die Tage vergingen, und aus dem Radio kamen nur noch schlechte Nachrichten. Das Kreuz, das an einem Berg entdeckt worden war, war nicht ihr eigenes, sondern die Arbeit eines Teams argentinischer Geophysiker aus Mendoza. Daraufhin blieben die Hubschrauber des SAR wieder am Boden. Nur die uruguayische C-47 suchte weiter.

Dann, eines Nachmittags, hörten sie Motorenlärm am Himmel. Einmal mehr – genauso wie an dem Tag, als sie von dem Kreuz gehört hatten – gerieten sie in höchste Erregung und begannen zu rufen und zu beten, bis sich das Flugzeuggeräusch abschwächte. Sie verhielten sich völlig still, standen reglos im Schnee und spitzten die Ohren, um auch das leiseste Geräusch wahrzunehmen. Das Brummen des Flugzeugs wurde leiser, dann wieder lauter, dann abermals leiser, dann noch lauter als zuvor. Sie konnten es nicht sehen, aber aus der Art des Lärms schlossen sie, daß es das Gebiet in parallelen Linien überflog. Sofort suchten sie ihre buntesten Kleider hervor, und da ihnen klar war, daß das Flugzeug am ehesten irgendwelche Bewegungen wahrnehmen könnte, übten sie einen regelrechten Auftritt ein: die Gesündesten sollten in zwei Kreisen herumrennen, während jene, die sich nicht mehr gut bewegen konnten, in einer Reihe stehen und zum Himmel hinauf winken sollten. Damit alle wußten, wo sie zu laufen und zu stehen hatten, bildeten sie mit Knochen ein Muster – eine gerade Linie und links und rechts davon je einen Kreis. Sie warteten bis zum Abend, denn der Lärm der Flugzeugmotoren kam näher und näher heran; als es dunkel wurde und kein Geräusch mehr zu vernehmen war, legten sie sich mit dem glücklichen Gedanken schlafen, daß das Flugzeug ziemlich sicher seine Suche da wiederaufnehmen würde, wo es sie am Vortag abgebrochen hatte. An diesem Abend beteten sie – wie an anderen Abenden – für ihre Rettung, aber sie beteten auch darum, daß die Expeditionsteilnehmer Hilfe fänden, ehe das Flugzeug die Zurückgebliebenen entdeckte. Am nächsten Morgen – als ob ihr Gebet teilweise erhört worden wäre – erfuhren sie im Radio, daß die C-47 Motorschaden hatte und in Santiago stand.

Eine Woche war nun verstrichen, seit Canessa und Parrado sie verlassen hatten, und in weniger als einer Woche war Weihnachten. Der Gedanke, daß sie nun dieses Fest mit größter Wahrscheinlichkeit auf dem Berg würden verbringen müssen, versetzte die meisten von ihnen in tiefe Niedergeschlagenheit. Nur Pedro Algorta fühlte sich einigermaßen zufrieden: Er freute sich auf die Havanna-Zigarre, die jeder von ihnen zur Feier des Tages bekommen würde. Den anderen sank bei dieser Aussicht die Stimmung auf den absoluten Tiefpunkt. Sogar Fito zweifelte, nachdem er mit Zerbino den Berg bestiegen und die Umgebung gesehen hatte, daran, daß Parrado und Canessa durchkommen würden. Er diskutierte mit Páez, Zerbino und seinen Vettern die Möglichkeit einer zweiten Expedition, doch der Optimismus und die Begeisterung, die noch die erste bei ihm ausgelöst hatte, waren verflogen. Wenn es die besten von ihnen, die Expeditionsteilnehmer, nicht geschafft hatten, welche Chancen auf Erfolg gab es dann für sie?

Vormittags waren sie vollauf damit beschäftigt, Fleisch zu schneiden; das lenkte sie von ihren pessimistischen Gedanken ab. Doch wenn sie gegessen hatten und zu einer Siesta ins Flugzeug zurückgekehrt waren, kam die Zeit, in der ihre Niedergeschlagenheit am größten war. Sie konnten weder arbeiten noch schlafen, sie lagen nur träge in der feuchten, muffigen Behausung und warteten auf die Kühle des Abends. Mangino trauerte Canessa nach. Methol, der jetzt erst den Brief Lilianas an ihre Kinder gefunden hatte, weinte lange, als er ihn las.

Um drei oder vier Uhr nachmittags gingen sie wieder hinaus, und die folgenden drei Stunden bis zur Dunkelheit waren die angenehmsten des ganzen Tages. Sie saßen da und konzentrierten sich ganz auf irgendeine kleine Beschäftigung, wie etwa Fleisch von einem Knochen zu schaben oder Schnee zu Wasser zu schmelzen, und so gelang es ihnen, vorübergehend zu vergessen, wo sie waren. Wenn dann die Sonne hinter den Bergen unterging, kletterten sie ein Stück weit das Tal hinauf und setzten sich auf ihre Kissen, um ihre letzte Zigarette im Licht der untergehenden Sonne zu rauchen. In dieser kurzen Zeitspanne waren sie beinahe glücklich.

Sie unterhielten sich über alles, nur nicht über ihr Zuhause und ihre Familien. Doch am Abend des 20. Dezember, als die beiden Strauchs und Daniel Fernández so dasaßen und auf die Kälte und Dunkelheit warteten, konnten sie sich nicht davon abhalten, an die Weihnachtsfeste vergangener Jahre zu denken, die sie alle auf so schöne Art miteinander gefeiert hatten. Alle drei hatten noch genug deutsches Blut in den Adern, so daß die Vorstellung, diese Feiern könnten ohne sie stattfinden, für sie ganz besonders unerträglich war, und zum ersten Mal seit vielen Tagen liefen nicht nur Eduardo und Daniel, sondern auch Fito heiße Tränen über die Wangen.

Neunter Teil

I

Am Mittag des 12. Dezember landete die C-47 endlich auf dem Flughafen Los Cerrillos in Santiago. Páez Vilaró und seine Gefährten gingen dem Piloten entgegen, der ihnen erzählte, er habe beim Flug über die Anden erneut Schwierigkeiten mit den Motoren gehabt. Es sah so aus, als habe sich die Kälte in den großen Flughöhen auf die Vergaser ausgewirkt, und der Pilot veranlaßte sofort, daß die Motoren überprüft und repariert wurden. Um ihre Ungeduld zu besänftigen, versuchten die Zivilisten, bei den *Helicopservices* einen Hubschrauber zu mieten. Dort hatte man ihnen ja schon einmal geholfen, als sie in Talca waren. Doch diesmal war es unmöglich. Es hatte sich nämlich herumgesprochen, daß die Suche in die hohen Berge des zentralen Andengebietes verlegt werden sollte, und das war nun mal kein Gelände für einen kleinen Hubschrauber.

Um sechs Uhr am nächsten Morgen war die C-47 wieder startbereit, und mit Nicolich und Rodríguez Escalada an Bord hob sie ab, um die Gegend um den Planchón zu überfliegen. Páez Vilaró war inzwischen wieder auf dem Weg nach Süden. Er wollte noch einmal die Hilfe seiner Freunde vom Radio-Club in Talca und vom Aero-Club in San Fernando erbitten. Es ging ihm ganz konkret darum, daß die C-47 auf diesen kleinen Provinzflughäfen landen durfte und Treibstoff aufnehmen konnte. Er wollte auch ganz allgemein noch einmal das Interesse an der Suche nach der Fairchild ankurbeln.

Am folgenden Tag, am 14. Dezember, fuhren Canessa und Harley nach Curicó. Ihre Aufgabe war es, den Bergarbeiter Camilo Figueroa aufzutreiben. Gleich nach dem Verschwinden der Fairchild hatte er ausgesagt, er habe das Flugzeug brennend vom Himmel fallen sehen, und dann sei es in den Abgründen eines Berges verschwunden. Seit dieser ersten Aussage war der Mann wie vom Erdboden verschwunden. Sie unterhielten sich mit seinem Bruder, bekamen aber nicht den geringsten Hinweis darauf, wo Camilo sein könnte. Dafür wurden sie mit Diego Rivera, einem engen Freund des verschollenen Bergmannes, bekanntgemacht; er war selber Bergmann und außerdem Sekretär einer kleinen Bergarbeitergenossenschaft, der auch Figueroa angehörte. Rivera und seine Frau waren am 13. Oktober im Teno-Tal gewesen, und sie berichteten, sie hätten zwar den Motorenlärm der Fairchild gehört, sie aber wegen des starken Schneefalls, der zu der Zeit herrschte, nicht gesehen. Figueroa habe, so sagten sie, näher bei der Stelle gearbeitet, an der das Flugzeug abstürzte. Er habe es vom Planchón in Richtung Santiago fliegen sehen, bevor es dann hinter den Gamboa- und Colorado-Bergen verschwunden sei.

Canessa und Harley schöpften neuen Mut, denn diese Auskunft bestätigte die allgemeine Vermutung, daß das Flugzeug irgendwo in der Umgebung des Vulkans Tinguiririca liegen mußte. Sie gingen sofort zu einem der treuen Funkamateure, der für sie die Verbindung mit Santiago herstellte. Sie sprachen mit Nicolich, der wieder mit der C-47 unterwegs gewesen war, und wollten ihm gerade die Information weitergeben, die sie Rivera entlockt hatten, als er sie mit der Neuigkeit unterbrach, am Santa-Elena-Berg sei im Schnee ein Kreuz gesichtet worden.

Die Entdeckung eines unbestritten von Menschenhand angelegten Kreuzes an einem der höchsten Berge der Anden löste in den drei südlichsten Ländern des südamerikanischen Kontinents ein gewaltiges Echo aus. Aufs neue brachten die Zeitungen Schlagzeilen über das Schicksal der uruguayischen Fairchild; aufs neue schöpften jene Eltern in Montevideo Hoffnung, die längst alle Hoffnung aufgegeben hatten; aufs neue machten sich die Luftwaffen von Chile und Argentinien auf die Suche nach Überlebenden. Und diesmal wurden die Einsätze nicht nur von Santiago, sondern auch von Mendoza aus geflogen, da das Kreuz auf der argentinischen Seite der Grenze gesehen worden war.

Den Vätern, die sich in Chile aufhielten – Páez Vilaró, Canessa, Harley und Nicolich –, genügten diese Flüge nicht. Sie hatten das Kreuz gesehen und wollten unverzüglich hinfliegen. Sie brauchten dafür einen Hubschrauber, der imstande war, solche Höhen zu fliegen, aber auch jetzt verweigerte der chilenische SAR Hubschrauber – bis es ein positives Anzeichen für ein Überleben gab.

Canessa und Harley nahmen diese Entscheidung nicht hin, und mit einer Fotografie des Kreuzes gingen sie zum Regierungspalast und verlangten, zum Präsidenten von Chile, Salvador Allende, vorgelassen zu werden. Man sagte ihnen, daß Allende sie nicht persönlich empfangen könne – nach einer Reise durch die Sowjetunion ruhte er sich gerade aus –, aber durch einen Mitarbeiter ließ er ihnen zusagen, er werde ihnen am nächsten Tag seinen eigenen Hubschrauber zur Verfügung stellen.

Es sollte nicht so sein. Bevor ihnen Allendes Hubschrauber Hilfe leisten konnte, hatte er Motorschaden. Diese neue Enttäuschung trieb die Väter zur Verzweiflung. Nach so langen Bemühungen hatten sie ein eindeutiges Zeichen dafür gefunden, daß ihre Söhne am Leben waren, und nun gab es keine Möglichkeit, ihnen zu Hilfe zu kommen. Sofort stiegen Páez Vilaró, Canessa und Nicolich mit ihrer C-47 auf, um noch einmal das Kreuz zu überfliegen und festzustellen, ob es nicht irgendwo in der Nähe eine Spur von dem Flugzeug selbst gab. Doch als sie in die Anden flogen, versagte wieder einer der Motoren der C-47. Die vier Männer sahen zu, wie der Propeller langsam zum Stillstand kam – das Flugzeug schlingerte, wurde abgefangen und machte dann kehrt, um nach Santiago zurückzufliegen. Es schien, als wolle sie irgendein bösartiges Schicksal im letzten Augenblick ihrer lebenswichtigen Suche zur Verzweiflung treiben.

An diesem Morgen, es war der 16. Dezember, bestätigte das chilenische Innenministerium, daß es sich bei dem Kreuz um ein Notsignal handle. Es gab jedoch selbst unter den fünf Uruguayern Leute, die daran zweifelten, daß das Kreuz von den verunglückten Jungen stammte, weil es geometrisch so perfekt angelegt war. In Montevideo wurden die Hoffnungen der Mütter bestärkt, die nie aufgehört hatten zu hoffen, andere waren jedoch sehr viel zurückhaltender, so als fürchteten sie sich davor, noch einmal daran zu glauben, ihre Söhne könnten noch am Leben sein. Es verwirrte sie zusätzlich, daß die fünf Männer in Santiago nicht einer Meinung waren. Sie drängten sich bei Rafael Ponce de León um das Funkgerät, hörten die Neuigkeiten und redeten mit Páez Vilaró, Harley, Nicolich, Rodríguez Escalada und schließlich auch mit Canessa. Als dieser ans Radio kam, nahm Señora Nogueira das Mikrofon in die Hand und fragte ihn, was er davon halte, denn sie hatte sehr viel Vertrauen zu seinem Urteilsvermögen.

«Als ich von dem Kreuz hörte», sagte Dr. Canessa, «wollte ich sofort mit dem Fallschirm abspringen. Aber als ich die Fotografie sah, wurde mir klar, daß es viel zu perfekt ist, als daß unsere Jungen es gemacht haben könnten.»

Señora Nogueira reagierte mit keinem Wort darauf, sondern kehrte zu ihrem Mann zurück und sagte: «Das Kreuz stammt nicht von den Jungen.»

Señora Delgado, die sich schon vier oder fünf Tage nach dem Unglück mit dem Tod Panchos abgefunden hatte, war nun wieder der festen Überzeugung, daß er lebte. Ihre Hoffnungen waren nur von kurzer Dauer. Noch am selben Nachmittag, dem Nachmittag des 16. Dezember, wurde in Argentinien bekanntgegeben, daß das Kreuz als Werk einer geophysikalischen Expedition aus Mendoza identifiziert worden war. Zwölf Kegel waren so im Schnee vergraben worden, daß sie ein X bildeten. Indem sie es in regelmäßigen Zeitabständen aus der Luft fotografierten, konnten die Wissenschaftler die Geschwindigkeit messen, mit der der Schnee in den Bergen schmolz, und daraus ließ sich dann die Wassermenge vorausberechnen, die sich in die Täler Argentiniens ergießen würde.

2

Die Auswirkungen dieser Nachricht waren fürchterlich. Señora Delgado wurde krank; Suchflugzeuge starteten nicht mehr; und der Suchtrupp des Colchagua-Regiments, der vom Kommandeur in San Fernando, Oberst Morel, losgeschickt worden war, um das Kreuz zu suchen, wurde zurückbeordert. Doch trotz der Ernüchterung in beiden Ländern kehrten die fünf Uruguayer nicht nach Montevideo zurück. Sie hatten sich geschworen, die Suche fortzusetzen, und genau das taten sie. Am 17. Dezember kehrten Canessa und Harley nach Curicó zurück, um den Bergarbeiter Diego Rivera nach Santiago zu bringen. Dort gab er eine präzisere Beschreibung der Stelle, an der der Absturz des Flugzeugs beobachtet worden war, und das bestätigte wiederum die Hypothese, daß sie die Suche auf das Gebiet um den Vulkan Tinguiririca konzentrieren mußten. Den anderen Bergmann, Camilo Figueroa, der noch näher bei der Unglücksstelle gewesen war, hatten sie immer noch nicht gefunden.

Am nächsten Tag, dem 18. Dezember, charterte Páez Vilaró ein Flugzeug, um den Tinguiririca zu überfliegen, und diesmal nahm er nicht nur Rivera mit, sondern auch Claudio Lucero, den Kommandeur des freiwilligen chilenischen Bergrettungscorps, des *Cuerpo de Socorro Andino.* Bei ihrem zweiten Einsatz flogen sie über einen zugefrorenen, schneebedeckten See westlich des Tinguiririca, und plötzlich bemerkte Lucero, daß es auf dem See menschliche Fußspuren gab. Das Flugzeug drehte um und flog noch einmal über den See; diesmal ging es noch tiefer, so daß auch Páez Vilaró die Fußabdrücke sehen konnte. «Was halten Sie davon?» fragte er Lucero.

«Sie stammen mit Sicherheit von Menschen.»

«Von den Jungen?»

«Unmöglich. Nein. Das muß irgendein Hirte gewesen sein.»

«Was soll er denn da, mitten in dieser Schneewüste?»

Lucero zuckte mit den Achseln.

Nach der Enttäuschung mit dem Kreuz am Santa-Elena-Berg war Páez Vilaró vorsichtig genug, nicht sofort daran zu glauben, die Fußabdrücke stammten von Überlebenden aus der Fairchild. Es kam ihm jedoch der Gedanke, und er war immer mehr überzeugt davon, daß es die Spuren des verschollenen Bergmanns Figueroa waren, der sich aufgemacht hatte, die Leichen der fünfundvierzig Uruguayer auszurauben. Als sie in San Fernando landeten, teilte er Rodríguez Escalada die Neuigkeiten mit und fügte hinzu: «Rulo, wenn du mit mir kommst, dann können wir noch vor den Räubern dort sein.»

Inzwischen diskutierte Dr. Canessa dieselben Fußabdrücke mit Lucero. «Sind Sie sicher, daß sie nicht von den Jungen stammen?» fragte er.

Lucero blickte Canessa traurig an. «Doktor», sagte er, «es ist über zwei Monate her.»

Páez Vilaró ließ sich von Luceros Skepsis nicht abschrecken und suchte den Armee-Kommandeur, Oberst Morel, auf, mit dem ihn inzwischen eine warme Freundschaft verband. Der Oberst sagte zu, eine Patrouille in das Gebiet zu schicken, und am selben Nachmittag forderte er einen Armeehubschrauber an und flog in das Tal, um selbst nachzusehen. Er konnte die Fußspuren, die Páez Vilaró und Lucero gesehen hatten, nicht finden, doch als er zurückkehrte, war er immer noch optimistisch. «Hören Sie, Carlitos», sagte er zu Páez Vilaró, «fahren Sie über Weihnachten ruhig nach Hause. In der Zwischenzeit werden wir folgendes tun: Wir werden einen Suchtrupp in dem Gebiet lassen, falls sich dort irgend etwas tut, und in zwei bis drei Tagen werden wir eine Gruppe des Rettungscorps einfliegen; vielleicht können die etwas finden. Wenn das alles zu nichts führt, dann kommen Sie nach Weihnachten wieder. Dann fangen wir wieder von vorne an.»

Páez Vilaró war damit einverstanden, wie auch die vier anderen Mitglieder der Gruppe. Canessa, Harley und Nicolich richteten sich darauf ein, tags darauf mit der C-47 nach Montevideo zurückzufliegen, während Páez Vilaró und Rodríguez Escalada für den übernächsten Tag einen Linienflug buchten.

Zehnter Teil

I

Nachdem Vizintín sie verlassen hatte, beschlossen Canessa und Parrado, den ganzen Tag unterhalb des Gipfels zu verbringen und sich auszuruhen. Der dreitägige Aufstieg hatte ihre Kräfte sehr angegriffen, und sie wußten, daß sie ihre ganze Energie brauchen würden, um noch einmal den Gipfel zu erreichen und dann auf der anderen Seite abzusteigen. Außerdem hofften sie, daß das Flugzeug, das am Tag vorher so nahe über sie hinweggeflogen war, noch einmal denselben Kurs nehmen würde. Doch der Tag verging, und nichts störte den Frieden ihres hochgelegenen Horstes. Sie aßen ihr Fleisch, stellten Wasser her, tranken es und dachten an den Weg, der vor ihnen lag – wobei Canessa seinen tiefen Pessimismus durch solche Gedanken zu vertreiben suchte wie «Wer nichts wagt, der gewinnt nichts» oder «Das Wasser, das auf der anderen Seite den Berg hinunterläuft, muß schließlich irgendwie zum Meer kommen.»

Am Samstag, dem 16. Dezember, machten sich Parrado und Canessa um neun Uhr morgens wieder auf den Weg zum Gipfel, Parrado voraus. Diesmal waren ihre Rucksäcke noch schwerer als vorher, da Vizintín nicht mehr bei ihnen war. Das machte den Aufstieg beträchtlich schwieriger. Die Luft war sehr dünn in dieser Höhe; ihre Herzen rasten, und nach jeweils drei Schritten mußten sie anhalten und sich ausruhen, wobei sie Mühe hatten, sich an der fast senkrechten Schneewand zu halten.

Sie brauchten drei Stunden bis zum Gipfel. Dort legten sie eine Ruhepause ein und suchten auf der anderen Seite nach der besten Abstiegsroute. Es lag hier sehr viel weniger Schnee; sie konnten das Tal, das sie erreichen wollten, ganz deutlich sehen, doch die Wege, die nach unten führten, sahen alle gleich aus, und so wählten sie aufs Geratewohl einen Pfad und machten sich an den Abstieg, Parrado übernahm wieder die Führung. Es war äußerst schwierig, voranzukommen, denn wenn es auch nicht gerade senkrecht nach unten ging, so war der Hang doch sehr steil und bestand nicht immer aus massivem Fels, sondern oft aus Schiefer. Die zwei waren durch die lange Nylonschnur aus dem Frachtraum miteinander verbunden, rutschten jedoch meistens auf Rücken und Hinterteil den Abhang hinunter – Parrado voraus und Canessa hinterher –, wobei sich oft graue Steine lösten und als kleine Lawinen den Berg hinunterrasten. Ihre Knie wurden weich und fingen an zu zittern, doch sie wußten beide, daß sie durch einen einzigen Fehltritt den Berg hinunterstürzen oder sich den Fuß verstauchen konnten, was in ihrer Lage nicht weniger schlimm gewesen wäre. Canessa begann einen ständigen Dialog mit Gott. Er hatte den Film *Anatevka* gesehen und erinnerte sich, daß Tewje, der Milchmann, mit Gott wie mit einem Freund gesprochen hatte. Nun sprach Canessa im selben Ton mit seinem Schöpfer. «Du kannst es ruhig schwierig für uns machen, Gott», betete er, «aber mach's nicht unmöglich.»

Nachdem sie vielleicht hundert Meter abgestiegen waren, kamen sie an eine Stelle, wo ihr Hang im Schatten eines anderen Berges lag; deshalb gab es dort noch sehr viel Schnee. Es ging steil hinunter, doch die Oberfläche war fest und glatt, und so beschloß Parrado, auf einem Kissen hinunterzuschlittern. Er band die Nylonschnur los, setzte sich auf eines seiner beiden Kissen, klemmte sich den Aluminiumstab zwischen die Beine, um eine Bremse zu haben, und stieß sich ab, den Berg hinunter. Sofort raste er mit großer Geschwindigkeit nach unten, und als er den Stab in den Schnee stemmte, war die Wirkung gleich Null. Die Fahrt wurde immer schneller, bis sie ein Tempo erreichte, das er auf hundert Stundenkilometer schätzte. Er grub die Hacken in den Schnee, aber auch das stoppte ihn nicht, und er hatte furchtbare Angst, er könne sich überschlagen und sich die Beine oder gar das Genick brechen. Doch dann sah er plötzlich eine weiße Schneewand vor sich, genau quer zu seiner Fahrtrichtung. Wenn da Findlinge drunter stecken, bin ich erledigt, dachte er bei sich. Einen Augenblick später krachte er in den Schneewall. Er hatte weder das Bewußtsein verloren, noch sich sonst irgendwie weh getan. Es war tatsächlich nur Schnee gewesen.

Einen Augenblick später war Canessa bei ihm. «Nando, Nando! Ist alles in Ordnung?» schrie er.

Eine große, leicht mitgenommene Gestalt kletterte aus dem Schneehaufen. «Alles in Ordnung, ja», sagte er. «Gehen wir.»

Mit erhöhter Vorsicht setzten die beiden ihren Weg fort.

Um vier Uhr nachmittags kamen sie zu einem großen flachen Felsen, und obwohl sie nicht recht wußten, wo sie sich eigentlich befanden, hielten sie es doch für besser, hier zu halten und ihre Kleider zu trocknen, bevor es dunkel wurde. Sie schätzten, daß sie etwa zwei Drittel des Abstiegs hinter sich hatten. Sie zogen die Socken aus, um sie in der Abendsonne zu trocknen, und als die Sonne untergegangen war, schlüpften sie in den Schlafsack und schliefen auf dem Felsen. Die Nacht war nicht allzu kalt, aber ihr Lagerplatz ausgesprochen hart und unbequem.

Am nächsten Morgen wachten sie beim ersten Dämmerlicht auf, doch sie blieben in ihrem Schlafsack, bis die Sonnenstrahlen sie erreicht hatten; dann aßen sie ihr Frühstück, das aus rohem Fleisch und einem Schluck Brandy bestand, und machten sich erneut auf den Weg. Es war der sechste Tag ihrer Expedition, und um die Mittagszeit hatten sie den Fuß des Berges erreicht. Sie waren genau an der Stelle, zu der sie kommen wollten – vor ihnen lag das Tal, das zu dem Y führte. Es war mit tiefem und, wegen der Tageszeit, sehr weichem Schnee bedeckt, so daß sie ihre Schneeschuhe anschnallen mußten, doch das Gefälle betrug nicht mehr als zehn oder zwölf Grad. Bevor sie jedoch weitergingen, verzehrten sie ihr Mittagessen. Während ihrer Mahlzeit und auch danach, als sie weitergingen, brannte die Sonne auf sie herab, und da es zudem sehr anstrengend war, auf den durchnäßten Kissen durch den Schnee zu stapfen, kamen sie entsetzlich ins Schwitzen, denn sie trugen immer noch vier Pullover und vier Paar Jeans; aber es hätte zuviel Zeit und Energie gekostet, sie auszuziehen.

Kurz nachdem sie ihren Marsch das Tal hinunter begonnen hatten, riß der Träger von Canessas Rucksack, so daß sie eine Pause machen und ihn reparieren mußten. Canessa war dankbar, daß er einen Grund hatte, sich hinzusetzen, denn seine Kräfte ließen langsam nach. Jedesmal, wenn der zähe Parrado zurückschaute, sah er Canessa im Schnee sitzen. Er schrie ihm zu, er solle weitergehen, und Canessa erhob sich langsam und trottete hinter ihm her. Beim Gehen betete er. Jeder Schritt wurde zu einem Wort aus dem *Vaterunser*. Parrado war in Gedanken weniger bei seinem Vater im Himmel als vielmehr bei seinem Vater auf Erden: Er wußte, wie sehr er seinen Sohn brauchte. Er kämpfte sich nicht in erster Linie durch den Schnee, um sich selbst zu retten, sondern um ihn zu retten, den er so sehr liebte.

Wenn Parrado so in Gedanken bei seinem Vater war, ließ er Canessa immer weiter hinter sich. Und wenn er sich wieder an seinen Kameraden erinnerte, drehte er sich um und sah, daß er gut hundert Meter zurückgeblieben war. Dann wartete er, bis Canessa ihn eingeholt hatte, und genehmigte ihm eine Pause von fünf Minuten. Bei einem dieser Aufenthalte sahen sie zu ihrer Rechten einen Bach, der von den Bergen herunterkam. Es war das erste Mal, daß sie auf frisches Wasser stießen, seit Vizintín auf ihrer allerersten Expedition von einem Felsen tropfendes, kaum genießbares Wasser getrunken hatte. Von ihrem Standort aus konnten sie auch sehen, daß in unmittelbarer Nähe des Baches etwas Moos, Gras und Binsen wuchsen. Es war nach fünfundsechzig Tagen das erste Zeichen von Vegetation, und trotz seiner großen Erschöpfung kletterte Canessa zu dem Bach hinauf, riß Gras und Binsen aus dem Boden und stopfte sie sich in den Mund. Dann füllte er auch noch seine Tasche damit. Bevor sie weitergingen, tranken sie noch aus dem Bach.

Als der Nachmittag weiter fortgeschritten war, begannen sich Canessa und Parrado zu streiten, wann sie ihr Nachtlager aufschlagen sollten.

«Hier gibt's keinen richtigen Schlafplatz», sagte Parrado. «Keine Felsen, gar nichts. Gehen wir weiter.»

«Wir müssen Rast machen», widersprach Canessa. «Ich bin vollkommen fertig. Ich muß mich ausruhen. Und du wirst dich auch noch umbringen, wenn du nicht endlich ein langsameres Tempo anschlägst.»

Es kam zu einem kurzen Widerstreit in Parrados Innerem zwischen seiner Ungeduld, weiterzugehen, und dem vernünftigen Vorschlag des Medizinstudenten, er solle mit seiner Energie sparsamer umgehen. Außerdem war ziemlich offenkundig, daß, selbst wenn Parrado durchhalten könnte, Canessa einen solchen Gewaltmarsch nicht überleben würde. Deshalb gab Parrado nach, und sie schlugen ihr Lager im Schnee auf. Die Sonne war hinter den Bergen verschwunden, und es wurde schnell kälter, deshalb schlüpften sie in den Schlafsack und wärmten sich mit einem Schluck aus der Rumflasche. Dann lagen sie da und blickten das Tal hinunter, das sie in die Freiheit führen sollte, und sie fragten sich, was ihnen wohl der nächste Tag bringen würde.

In einiger Entfernung vor sich konnten sie das Ende des Tales sehen, das Y also, das sie angesteuert hatten. Beide stellten plötzlich fest, daß zwar für sie die Sonne etwa um sechs Uhr untergegangen war, daß aber der Berg jenseits des Y noch immer in der Sonne lag. Sie beobachteten dieses Phänomen mit wachsender Konzentration und Erregung, denn wenn dieser ferne Berg noch lange von der Sonne beschienen wurde, die ja bekanntlich im Westen untergeht, konnte das nur heißen, daß im Westen kein anderer Berg mehr im Wege stand.

Erst nach neun Uhr abends legten sich schließlich Schatten über diesen rötlichen, mit Schneefeldern bedeckten Fels. Canessa und Parrado schliefen an dem Abend in dem sicheren Bewußtsein ein, daß ein Arm des Y den Weg nach Westen freigab.

Am nächsten Morgen setzten sie nach dem üblichen Frühstück voller Optimismus ihren Weg talabwärts fort, doch Parrado eilte wieder weit voraus, von der Neugier angetrieben, was sie wohl am Ende des Tales erwarten würde. Canessa kam nicht mit. Die Nachtruhe hatte ihm nur wenig Kraft zurückgegeben. Als Parrado stehenblieb und sich umdrehte, um ihm zuzurufen, er solle sich beeilen, rief Canessa zurück, er sei müde und könne nicht mehr weiter.

«Denk an irgendwas anderes», sagte Parrado. «Lenk deine Gedanken irgendwie ab.»

Canessa begann sich einzubilden, er gehe durch die Straßen von Montevideo und betrachte Schaufenster. Als ihn Parrado wieder aufforderte, schneller zu gehen, erwiderte Canessa: «Ich kann nicht schneller gehen, sonst laß ich einige Schaufenster aus.» Später lenkte er sich dadurch ab, daß er immer wieder den Namen eines Mädchens rief, für das sich Parrado einmal interessiert hatte. «Makechu ... Makechu ...» Ihr Name ging im Schnee verloren, der alles um sie herum zudeckte, doch Parrado hörte ihn und lächelte und wartete auf seinen Gefährten.

Sie gingen weiter, und nur das Geräusch, das ihre mit Kissen umwickelten Schuhe auf dem Schnee machten, durchbrach die Stille. Doch dann wurde es langsam von einem tosenden Lärm übertönt, der immer lauter wurde, je näher sie dem Ende des Tales kamen. Panik kroch in ihre Herzen: Was sollte werden, wenn ihnen dort ein nicht zu überwindender reißender Strom den Weg blockierte? Parrados Ungeduld, endlich zu sehen, was vor ihnen lag, nahm ihn nun vollkommen gefangen. Sein ohnehin schon schnelles Tempo steigerte sich erneut, und seine Schritte wurden noch größer.

«Du wirst dich umbringen», schrie ihm Canessa nach, als er davonzog, aber auch er ging jetzt schneller, weniger aus Neugier als vielmehr aus Furcht vor dem, was dort auf sie wartete. «Oh Gott», betete er wieder, «stell uns ruhig auf die Probe, mach es uns so schwer, wie du willst, aber bitte, mach es uns nicht unmöglich, durchzukommen. Bitte sorg dafür, daß es am Fluß entlang irgendeinen Weg gibt.»

Parrado ging immer noch schneller. Auch er betete, aber mehr noch war er von Neugier besessen. Er hatte bereits zweihundert Meter zwischen sich und Canessa gelegt, als er plötzlich das Ende des Tales erreichte.

2

Was sich seinem Blick darbot, war das reinste Paradies. Der Schnee hörte auf. Unter seinem weißen Rand schoß ein Strom aus graugrünem Wasser hervor, das sich mit unerhörter Gewalt in eine Schlucht ergoß und dann über Findlinge und Steine nach Westen strömte. Und was noch schöner war: Wohin er auch blickte, überall *grüne* Flächen – Moos, Gras, Binsen, Stechginster und gelbe und purpurrote Blumen.

Während Parrado dastand und ihm Freudentränen übers Gesicht liefen, kam Canessa heran, und auch er wurde beim Anblick dieses gesegneten Tals von Glück und Freude überwältigt. Dann taumelten sie beide über die letzten Schneereste und ließen sich auf Felsen am Fluß fallen. Umgeben von Vögeln und Eidechsen beteten sie laut zu Gott und dankten ihm mit der ganzen Inbrunst ihrer jungen Herzen dafür, daß er sie aus der Gewalt der kalten und trostlosen Anden befreit hatte.

Sie ruhten sich über eine Stunde lang in der Sonne aus, und als wären sie tatsächlich im Garten Eden, so setzten sich die Vögel, die sie so lange nicht gesehen hatten, ganz in ihrer Nähe auf die Felsen, offenbar gar nicht beunruhigt durch die außergewöhnliche Erscheinung dieser zwei bärtigen, abgemagerten menschlichen Wesen, die Körper unter mehreren Schichten schmutziger Kleider verborgen, die Rücken gekrümmt unter zwei Rucksäcken, die Gesichter aufgesprungen und von der Sonne verbrannt.

Sie waren nun zuversichtlich, daß sie gerettet waren, doch die Zeit drängte. Canessa las einen Stein auf, den er nach seiner Rückkehr Laura geben wollte, und beide warfen eines ihrer Kissen weg; das andere behielten sie, um darauf zu schlafen. Dann machten sie sich wieder auf den Weg, der an der rechten Seite der Schlucht entlang führen sollte. Obwohl kein Schnee mehr lag, kamen sie doch nur mühsam voran. Sie mußten auf groben Steinen gehen und über Findlinge klettern, die die Größe von Lehnsesseln hatten. Mittags rasteten sie, um etwas zu essen. Dann setzten sie ihren Weg fort, und eine weitere Stunde verging, ehe Canessa bemerkte, daß er seine Sonnenbrille verloren hatte. Ihm fiel sofort ein, daß er sie während des Mittagessens abgenommen und auf einen Felsen gelegt hatte, und obwohl sich alles in ihm sträubte, den Weg noch einmal zurückzugehen, so überwog doch seine Angst, er könne sich ohne Sonnenbrille die Augen so böse verbrennen wie die Lippen. Während sich also Parrado hinlegte und auf ihn wartete, ging Canessa den Weg zurück zu der Stelle, an der sie gerastet hatten. Er brauchte dazu nicht mal eine Stunde, doch obwohl er die Stelle gleich erkannte, konnte er sich doch nicht genau erinnern, auf welchem der hundert Findlinge er seine Brille abgelegt hatte. Er fing an zu suchen, und dabei betete er, denn er konnte sie nirgends finden. Tränen der Verzweiflung liefen ihm über die Wangen, er war müde und vollkommen entmutigt – bis er schließlich seine Brille doch noch auf einem großen Felsen entdeckte, an einer Stelle, die bis dahin seinen Blicken entgangen war.

Zwei Stunden nachdem er Parrado verlassen hatte, stieß Canessa wieder zu ihm, und sie machten sich sofort wieder auf den Weg. Sie waren jedoch nicht lange unterwegs, als ihnen eine Felswand den Weg versperrte. Sie ragte fast senkrecht vor ihnen auf und fiel links, zum Fluß hin, steil ab. Von ihrem Standort aus konnten sie sehen, daß das Gelände auf dem anderen Ufer des Flusses ebener war. Sie hielten es deshalb für besser, sich gar nicht erst mit dem Hindernis einzulassen, sondern statt dessen den Fluß zu überqueren. Das war jedoch keineswegs eine leichte Aufgabe. Die Entfernung zum anderen Ufer betrug sieben bis acht Meter, und die Strömung war so stark, daß riesige Findlinge flußabwärts trieben. Mitten im Wildwasser lag jedoch ein Felsblock, der ein ganzes Stück aus dem Wasser ragte und so groß war, daß er der Strömung standhielt. Sie kamen zu dem Schluß, daß sie, um hinüberzukommen, erst auf den Felsblock und von dort ans andere Ufer springen mußten.

Canessa war als erster dran. Er zog sich aus, um seine Kleider trocken zu halten, band sich eine der Nylonschnüre um die Hüfte und befestigte dann daran zwei weitere. Während nun Parrado das Ende der Schnüre festhielt, für den Fall, daß Canessa ins Wasser fiel, sprang dieser auf den Felsblock und dann von dort ans andere Ufer. Als Parrado sah, daß sein Gefährte in Sicherheit war, nahm er den Schlafsack, band ihn an den Nylonriemen und warf ihn mit aller Kraft ans andere Ufer. Dort machte ihn Canessa los und warf den Riemen zurück, damit ihre Kleider, Stöcke, Rucksäcke und Schuhe auf die gleiche Weise über den Fluß befördert werden konnten. Die Rucksäcke ließen sich nur unter großer Anstrengung so weit werfen, und der zweite kam nicht bis ans andere Ufer, sondern knallte gegen die direkt darunter liegenden Felsen. Canessa mußte bis unmittelbar an den Rand des Flusses hinuntersteigen, um ihn zu holen, und dabei wurde er von der Gischt vollkommen durchnäßt; als er den Rucksack aufmachte, stellte er fest, daß die Rumflasche zerbrochen war.

Parrado kam nun zu ihm herüber, aber da fast alle ihre Kleider naß waren, gingen sie nicht mehr sehr weit. Als sie zu einer überhängenden Felsbank kamen, beschlossen sie, darunter ihr Nachtlager aufzuschlagen. Die Sonne schien noch, und sie breiteten ihre nasse Habe zum Trocknen aus. Dann lehnten sie sich auf ihren Kissen zurück und aßen etwas Fleisch.

Die Nacht war wärmer als jede zuvor. Sie schliefen gut und setzten am Morgen des nächsten Tages – der achte ihres Marsches durch die Anden – ihren Weg fort. Im Licht der Morgensonne bot sich ihnen – und sicher auch Augen, die sich nicht so sehr wie die ihren nach den Herrlichkeiten der Natur sehnten – ein Anblick von unübertroffener Schönheit. Sie befanden sich zwar noch im Schatten der großen Berge in ihrem Rücken, doch die Sonne beleuchtete das vor ihnen liegende enge Tal bis in die weite Ferne und tauchte den grünen Stechginster und die Kaktuspflanzen in das Silber und Gold des sich auflösenden Frühnebels. Schon tauchten in der Ferne Bäume auf, und einmal im Laufe des Vormittags glaubte Canessa, an einem Berghang Kühe weiden zu sehen.

«Ich sehe Kühe», rief er Parrado zu.

«Kühe?» erwiderte der kurzsichtige Parrado und blickte mit zusammengekniffenen Augen in die Ferne, ohne jedoch irgend etwas zu erkennen. «Bist du sicher, daß es Kühe sind?»

«Sie sehen aus wie Kühe.»

«Vielleicht sind's Rehe . . . oder Tapire.»

Was sie vor sich sahen, glich jedenfalls so sehr einem Wunder, daß sie an diese weit entfernten Tiere keine übertriebenen Erwartungen knüpften. Es bedeutete aber, daß sie auch jetzt noch willensstark waren, zu einem Zeitpunkt, da – und das traf vor allem auf Canessa zu – ihre Körper unter der Anstrengung litten, die sie ihnen abverlangt hatten. Der Horizont mochte grün sein, doch das Gelände vor ihnen war so schwierig wie eh und je: Sie mußten immer noch mit der Last der schweren Rucksäcke auf den Schultern von einem wackligen Findling zum anderen springen oder mit ihren schwachen Knöcheln über die Felsbrocken und Kieselsteine den Fluß entlanggehen.

Plötzlich stießen sie auf ein handgreifliches Zeichen der zivilisierten Welt – eine leere Suppendose. Sie war zwar verrostet, doch der Name des Herstellers – Maggi – war auf dem Etikett noch zu entziffern. Canessa umklammerte die Dose: «Nando, sieh doch», sagte er. «Das bedeutet, daß Menschen hier gewesen sind . . .»

Parrado war vorsichtiger. «Die Dose kann auch aus einem Flugzeug gefallen sein.»

«Wie, zum Teufel, soll sie denn aus einem Flugzeug gefallen sein? Flugzeugfenster kann man doch nicht öffnen, oder?»

Sie konnten unmöglich abschätzen, wie lange die Dose wohl schon da gelegen hatte, doch der Anblick machte ihnen Hoffnung, und als sie ihren Weg durch das Tal fortsetzten, stießen sie auf weitere Lebenszeichen. Sie sahen auf der anderen Seite des Flusses zwei Hasen über die Felsen springen. Etwas später fanden sie Spuren von Mist.

«Das ist Kuhmist», sagte Canessa. «Ich hab dir ja gleich gesagt, daß das Kühe waren, was ich gesehen habe.»

«Woher willst du das denn wissen?» fragte Parrado. «Das kann doch von allen möglichen Tieren stammen.»

«Wenn du nur halb so viel von Kühen verstehen würdest», sagte Canessa, «wie du von Autos verstehst, dann wüßtest du auch, daß das hier Kuhmist ist.»

Parrado zuckte mit den Achseln, und sie gingen weiter. Einige Zeit danach setzten sie sich an den Fluß und aßen etwas Fleisch. Als sie die Rugbysocken auspackten, stellten sie fest, daß sie zwar noch genügend Vorräte hatten, daß sie aber anfingen, unter den wärmeren Temperaturen zu leiden. Nachdem jeder zwei Stücke gegessen hatte, packten sie trotzdem alles wieder ein und machten sich erneut auf den Weg, das Tal hinunter. Der Fluß war jetzt breiter, denn immer wieder stürzten auf beiden Seiten kleinere Bäche aus den Bergen.

Hier fanden sie dann ein Hufeisen. Es war so verrostet wie die Suppendose, so daß sie nicht wußten, wie lange es schon da lag, doch es war etwas, das nicht aus einem Flugzeug gefallen sein konnte: Ein unbestreitbarer Beweis, daß sie sich einer bewohnten Gegend der Anden näherten. Weitere Beweise folgten. Als sie um einen der zahlreichen Felsen herumgingen, die immer wieder ins Tal hineinragten, sahen sie plötzlich dreißig

Meter vor sich die Kühe, die Canessa am Vormittag in der Ferne entdeckt hatte.

Selbst jetzt noch war Parrado zurückhaltend. «Bist du sicher, daß es keine wilden Kühe sind?» fragte er Canessa und starrte die Kühe an, die ihrerseits ihn anglotzten.

«Wilde Kühe? In den Anden gibt's keine wilden Kühe. Glaub mir, Nando, irgendwo ganz hier in der Nähe werden wir den Besitzer dieser Kühe finden, oder jedenfalls jemanden, der auf sie aufpaßt...» Und wie um zu beweisen, daß er die Wahrheit sage, zeigte er auf die Stümpfe von Bäumen, die von Menschenhand gefällt worden waren. «Jetzt sag nur noch, Tapire oder wilde Kühe hätten diese Bäume gefällt.»

Parrado konnte nicht bestreiten, daß die Kerben an dem Holz von einer Axt stammten, und nur kurze Zeit danach fanden sie auch einen Viehschuppen, der aus Zweigen und Unterholz gebaut war – ideales Brennmaterial für ein Lagerfeuer. Sie beschlossen daher, hier die Nacht zu verbringen und ihre unmittelbar bevorstehende Rettung durch ein Festmahl mit dem verbliebenen Fleisch zu feiern.

«Schließlich verfault es uns allmählich», sagte Canessa. «Und wir finden morgen früh mit Sicherheit irgendeinen Hirten oder Farmer. Ich verspreche dir, Nando, morgen schlafen wir in einem Haus.»

Sie nahmen ihre Rucksäcke ab, packten das Fleisch aus und machten ein Feuer. Dann briet sich jeder zehn Stück, und sie aßen, bis ihre Mägen randvoll waren. Sie lagen in ihrem Schlafsack und warteten darauf, daß die Sonne unterging.

Nun, da die Rettung so sicher schien, erlaubten sie sich, an Dinge zu denken, die sie bis dahin aus ihren Gedanken verbannt hatten, weil sie einfach zu schmerzlich waren. Canessa erzählte Parrado von Laura Suraco und beschrieb ein sonntägliches Mittagessen in ihrem Haus. Anschließend erzählte Parrado von den Mädchen, die er vor dem Unglück gekannt hatte, und er sagte ihm auch, wie sehr er ihn um seine ständige Freundin beneide.

Das Feuer erlosch. Die Sonne ging unter. Mit diesen angenehmen Gedanken im Kopf – und mit vollen Bäuchen – schliefen die zwei Jungen ein.

3

Als sie am nächsten Morgen aufwachten, waren die Kühe verschwunden. Das beunruhigte sie nicht weiter. Sie warfen alles weg, was sie nicht mehr zu brauchen glaubten – den Hammer, den Schlafsack, ein Paar Ersatzschuhe und eine Schicht ihrer Kleidung. Mit leichteren Rucksäcken machten sie sich wieder auf den Weg und rechneten damit, hinter jedem Felsen das Haus eines chilenischen Bauern zu finden. Aber während der Vormittag langsam verstrich, änderte sich nichts im Tal. Ja, sie fanden nicht einmal mehr solche Hinweise wie die Suppendose und das Hufeisen, die sie am Tag vorher so sehr ermutigt hatten, und Parrado begann, Canessa wegen seines Optimismus Vorwürfe zu machen. «Du hast doch gesagt, du weißt über das Land so gut Bescheid, wie? Und ich bin nichts als ein armer Narr, der nur was von Autos und Motorrädern versteht? Zumindest hab ich nie behauptet, daß schon hinter dem nächsten Felsen ein Bauernhaus auf uns wartet ... Und jetzt haben wir die Hälfte von unserem Fleisch gegessen und den Schlafsack weggeworfen ...»

«Das Fleisch ist sowieso schon verfault», sagte Canessa, dessen Laune sich nicht gerade besserte, als er die ersten unangenehmen Zeichen des unvermeidlichen Durchfalls verspürte. Außerdem wurde seine Erschöpfung immer größer. Sein ganzer Körper schmerzte, und jeder Schritt brachte neue Qualen. Er mußte seine ganze Willenskraft aufbieten, um einen Fuß vor den anderen zu setzen, und wenn er stehenblieb oder zurückfiel, trieben ihn die Flüche Parrados wieder an.

Am späten Vormittag kamen sie zu einem besonders schwierigen Felsblock, der ihnen die Wahl ließ zwischen einem kürzeren, aber gefährlicheren Weg direkt am Fluß entlang und einem längeren, aber sichereren Weg, der über den Felsen führte. Parrado, der vorausging, entschied sich für die klügere Route und machte sich daran, auf den Felsen zu klettern, doch Canessa fühlte sich für Vorsichtsmaßnahmen zu müde und schlug, als er an dieselbe Stelle kam, den unteren Weg ein, der direkt am Steilufer entlangführte.

Er suchte sich vor jedem Schritt eine Stelle, an der sein Fuß Halt finden konnte, oder er hangelte sich über schmale Gesimse im Fels, und als er das Hindernis etwa zur Hälfte umgangen hatte, geschah es: seine Eingeweide fingen an zu rebellieren. Die fürchterlichen Qualen akuten Durchfalls packten plötzlich seinen Darm, und dieser Aufruhr in seinem Innern kam mit solcher Wucht, daß sich Canessa gezwungen sah, rasch ein ebenes Stück Fels zu finden, seine drei Paar Hosen herunterzureißen und sich hinzuhocken, um sich zu erleichtern. Unter normalen Umständen wäre dies schnell gegangen, doch in diesem Fall war dem Durchfall eine hartnäckige Verstopfung vorausgegangen. Die explosive Diarrhöe war durch die steinharten Produkte der Verstopfung fest in seinem unteren Dickdarm eingeschlossen, und der arme Canessa mußte sie erst mit den Fingern entfernen, bevor er von sich geben konnte, was so verheerend in seinem Bauch wütete.

Parrado hatte in der Zwischenzeit die andere Seite erreicht, und es beunruhigte und ärgerte ihn, daß von seinem Gefährten noch nichts zu sehen war. Er rief nach ihm und bekam nur dumpfes Gemurmel zur Antwort. Er fing an, Canessa wegen der Bummelei zu beschimpfen, und hörte nicht auf damit, bis die abgemagerte, beklagenswerte Gestalt neben dem steil abfallenden Ufer des Flusses auftauchte.

«Wo, zum Teufel, bleibst du denn so lange?» fuhr Parrado ihn an.

«Ich hatte Durchfall. Ich fühle mich hundeelend.»

«Jetzt hör mal gut zu. Es gibt hier eine Art Weg, der direkt am Fluß entlangführt. Wenn wir uns an den halten, kommen wir mit Sicherheit irgendwo raus.»

«Ich kann nicht mehr weiter», sagte Canessa und sank zu Boden.

«Du mußt weiter. Siehst du dieses Plateau?» Er zeigte auf ein erhöhtes Stück Land weiter unten im Tal. «Ich weiß nur, daß wir bis heute abend dort sein müssen.»

«Ich kann nicht mehr», sagte Canessa. «Ich bin zu müde. Ich kann nicht mehr weiter.»

«Sei kein Idiot. Du kannst doch nicht aufgeben, wo wir fast am Ziel sind.»

«Aber ich sage dir doch, ich hab Durchfall.»

Parrado stieg die Zornesröte ins Gesicht. «Du bist die ganze Zeit krank. Okay, ich nehm dir den Rucksack ab, dann hast du keine Ausrede mehr.» Und mit diesen Worten schnappte er Canessas Rucksack und ging mit beiden Säcken auf dem Rücken weiter. «Und wenn du irgendwas zu essen willst», schrie er zu Canessa zurück, «dann komm lieber mit, denn jetzt habe ich das ganze Fleisch.»

Canessa stolperte hinter ihm her – elend und hinkend –, und innerlich war auch er wütend, nicht so sehr über Parrado und dessen Vorwürfe, sondern vielmehr über sich selbst und über seine Schwäche.

Auf diesem Pfad ging es sich leichter, und hin und wieder wurden sie durch Spuren von Pferdemist ermutigt. Canessas Durchfallsymptome legten sich, und die beiden Jungen fielen in einen gleichmäßigen Trott. Vor ihnen lag das Plateau, und im Laufe des Nachmittags kamen sie ihm immer näher. Seit sie den Schnee hinter sich hatten, ließen sich die Entfernungen besser abschätzen. Am späten Nachmittag erreichten sie die Böschung, die nach oben führte, und die Aussicht auf eine lange Rast verlieh Canessa zusätzliche Kraft, um den steilen Weg zu überwinden, der zum Plateau hinaufführte.

Das erste, was sie sahen, war ein Gehege mit Steinmauern und einem Tor. In der Mitte war ein Pflock in den Boden gerammt, an dem offenbar Pferde festgemacht wurden. Der Boden im Gehege war voller frischer Hufabdrücke, und beide Jungen fühlten ihren Optimismus wiederkehren. Doch Canessas physischer Zustand hatte sich dermaßen verschlechtert, daß ihm auch die wiederkehrende Hoffnung keine Kraft mehr gab. Er torkelte jetzt mehr, als daß er ging, und er mußte sich auf Parrados Arm stützen. Als sie zu einem kleinen Wäldchen kamen, waren sie sich gleich einig, daß sie unter den Bäumen die Nacht verbringen wollten. Beiden ging durch den Kopf, daß Canessa dort vielleicht mehr als nur diese eine Nacht würde verbringen müssen.

Während Parrado weiterging, um Holz für ein Feuer zu sammeln und herauszufinden, ob es nicht vielleicht zufällig ganz in ihrer Nähe eine menschliche Behausung gab, legte sich Canessa unter die Bäume auf den Boden. Rings um ihn wuchs frisches Gras, hinter ihm ragten die Berge auf und aus gut hundert Metern Entfernung hörte man das Geräusch des Flusses, der dort die enge Schlucht hinunterstürzte. Obwohl er vollkommen erledigt war – seine Muskeln waren so schlapp, daß er sie kaum mehr spürte –, blieb die Schönheit der Umgebung doch nicht ohne Wirkung auf Canessa. Seine ermatteten Augen sahen den Ginster und die wilden Blumen, und seine Gedanken wanderten zu seinem Pferd und zu seinem Hund und zu der Landschaft Uruguays.

Dann blickte er auf und sah, daß Parrado zurückkehrte. Offenbar bedrückte ihn irgend etwas, denn seine große Figur war vornübergebeugt. Canessa richtete sich etwas auf und stützte sich auf einen Ellbogen. «Wie sieht's denn aus?» fragte er Parrado.

Parrado schüttelte den Kopf. «Nicht besonders gut. Es gibt hier noch einen Fluß, einen Nebenfluß von diesem hier, und er fließt dort vorne genau quer über unseren Weg. Wir müssen beide Flüsse überqueren, und ich hab keine Ahnung wie.»

Canessa sank wieder zurück, und Parrado setzte sich neben ihn. «Ich hab aber zwei Pferde und zwei Kühe entdeckt.»

«Auf dieser Seite des Flusses?»

«Genau. Auf dieser Seite.» Er zögerte und fügte dann hinzu: «Weißt du, wie man eine Kuh tötet?»

«Wie man eine Kuh tötet?»

«Unser Fleisch ist verfault. Wir brauchen was zu essen.»

«Ich hab keine Ahnung, wie man eine Kuh tötet», sagte Canessa.

«Nun, ich hab' da eine Idee», sagte Parrado und beugte sich ernsthaft begeistert vor. «Ich weiß, daß sie unter einer Baumgruppe schlafen. Wenn sie morgen grasen, klettere ich mit einem Stein auf einen der Bäume, und wenn sie dann abends zurückkommen, werf ich einer der Kühe den Stein auf den Kopf.»

Canessa lachte. «Auf die Weise bringst du nie eine Kuh um.»

«Wieso denn nicht?»

»Mit einem Stein, der groß genug ist, kämst du nie auf einen Baum ... und überhaupt ist nicht sicher, daß die immer an derselben Stelle schlafen.»

Parrado dachte schweigend nach. Dann erhellte plötzlich

eine neue Idee sein Gesicht. «Ich weiß, was wir machen», sagte er, «wir nehmen ein paar Äste und machen Speere daraus.»

Canessa schüttelte den Kopf.

«Und wenn wir ihnen den Schädel einschlagen?»

«Nein, so kriegst du keine Kuh.»

«Was schlägst du denn vor?»

Canessa zuckte mit den Achseln.

«Komm doch mal und sieh selber. Sie liegen einfach da.» Parrado zögerte erneut. «Dann sind da ja auch noch die Pferde. Glaubst du, daß die sich für uns erwärmen werden?»

«Sicher nicht.»

«Was ist denn dein Vorschlag?»

«Nun, zunächst einmal bin ich der Meinung, wenn wir eine Kuh töten, wird das beim Besitzer kaum die Bereitschaft wecken, uns zu helfen.»

«Da hast du recht.»

«Es wäre besser, wenn wir eine Kuh *melken* könnten.»

«Du mußt sie aber zuerst fangen, bevor du sie melken kannst.»

«Ich weiß.» Canessa dachte über dieses Problem nach. «Ich weiß, was wir tun könnten», sagte er. «Wir könnten den Gepäckriemen als Lasso verwenden, uns ein Kalb einfangen und an einen Baum binden. Wenn dann die Mutter kommt, um nach ihrem Kalb zu schauen, könnten wir sie packen.»

«Und die würde nicht abhauen?»

«Nicht, wenn wir sie festbinden.»

«Aber wie sollen wir die Milch mitnehmen?»

«Ich weiß nicht.»

«Fleisch brauchen wir trotzdem.»

«Wir könnten die Kuh ja anschließend töten, aber erst müssen wir ihr die Sehnen durchschneiden, damit sie uns nicht durchgeht.»

«Und was ist mit dem Besitzer?»

«Wir machen es nur, wenn keiner in der Nähe ist.»

«Okay.» Parrado stand auf.

«Aber laß uns um Himmels willen bis morgen warten», sagte Canessa. «Ich bin heute abend wirklich zu nichts mehr fähig.»

Parrado blickte auf ihn herunter und sah, daß er vollkommen recht hatte. «Aber ein Feuer machen wir trotzdem», sagte er. «Falls dann jemand in der Nähe ist, sieht er uns vielleicht.»

Parrado entfernte sich von Canessa und suchte nach abgebrochenen Ästen und Reisigholz. Canessa legte sich wieder zurück und blickte geistesabwesend auf die andere Seite des Flusses. Die untergehende Sonne ließ die Bäume und Findlinge am Fuß des Berges lange Schatten werfen, so daß es aussah, als bewegten sie sich und veränderten ihr Aussehen. Und plötzlich tauchte eine Gestalt auf, groß genug für einen Mann auf einem Pferd. Canessa versuchte sofort, auf die Beine zu kommen, aber trotz seiner Erregung konnte er sie kaum bewegen. Deshalb schrie er zu Parrado: «Nando, Nando! Schau, da ist ein Mann, ein Mann auf einem Pferd. Ich glaub, ich hab einen Mann auf einem Pferd gesehen!»

Parrado blickte auf und suchte dann in der Richtung, die ihm Canessa andeutete, aber er war so kurzsichtig, daß er nichts sehen konnte.

«Wo denn?» schrie er zurück. «Ich kann ihn nicht sehen.»

«Geh hin, schnell. Lauf! Auf der anderen Seite des Flusses», kreischte Canessa mit seiner hohen Stimme. Und während Parrado auf den Fluß zulief, begann auch er, durch das Gras und über die Steine auf allen vieren auf den Reiter zuzukriechen, der ein paar hundert Meter entfernt war. Immer wieder hielt er an, blickte auf und sah, daß Parrado in die falsche Richtung rannte. «Nein, Nando», schrie er. «Nach rechts, weiter nach rechts.» Parrado hörte ihn und änderte seine Richtung und lief blind weiter – denn er sah immer noch nichts am anderen Ufer. Ihr Geschrei und ihr Gestikulieren hatte jedoch die Kühe aufgeschreckt, die nun auf den Beinen waren und zwischen Parrado und dem Fluß standen. Mit aufgeblähten Nüstern starrten sie ihn an, und der tapfere Nando war nicht so tapfer, daß er nicht einen kleinen Umweg gemacht hatte, um ihnen aus dem Weg zu gehen. Auf diese Weise kamen Canessa und er fast gleichzeitig an den Rand der Schlucht.

«Wo?» sagte Parrado. «Wo ist denn der Mann auf dem Pferd?»

Doch als Canessa über den reißenden Strom hinweg auf die Stelle blickte, wo er den Reiter gesehen hatte, war dort zu seiner großen Enttäuschung nur ein großer Felsblock und dessen langgezogener Schatten.

«Ich bin sicher, daß es ein Mann war», sagte er. «Ich schwöre dir, ich hab ihn gesehen. Es war ein Mann auf einem Pferd.»

Parrado schüttelte den Kopf. «Jetzt ist aber keiner da.»

«Ja», sagte Canessa und ließ in seiner Enttäuschung den Kopf hängen und sank zu Boden.

«Komm», sagte Parrado und nahm seinen Gefährten am Arm. «Am besten gehen wir jetzt zurück und machen ein Feuer, bevor es dunkel wird.»

Sie wollten sich eben in Bewegung setzen, als sie plötzlich durch das donnernde Getöse des Flusses einen menschlichen Schrei hörten. Sie drehten sich um und sahen tatsächlich drüben auf dem anderen Ufer nicht nur einen, sondern drei Männer auf Pferden. Sie starrten zu ihnen herüber, während sie drei Kühe einen schmalen Pfad entlangtrieben, der zwischen dem Fluß und dem Berg lag.

Die beiden Jungen gestikulierten sofort mit den Armen und schrien zu ihnen hinüber, und die drei Reiter schienen sie auch zu bemerken, doch das Getöse des Flusses verhinderte offenbar, daß ihre Rufe am anderen Ufer zu verstehen waren. Die Reiter schienen in der Tat nur beiläufig an ihnen interessiert zu sein, und es sah so aus, als wollten sie einfach weiterreiten, ohne besonders auf die beiden Uruguayer zu reagieren.

Parrado und Canessa gestikulierten noch hektischer als zuvor und schrien noch lauter, sie seien Überlebende des uruguayischen Flugzeugs, das in den Anden abgestürzt sei. «Helft uns», schrien sie. «Helft uns!» Und während Canessas Stimme noch schriller wurde, weil er glaubte, eine hohe Stimme trage weiter, sank Parrado auf die Knie und rang die Hände in einer demütig flehenden Geste.

Die Reiter zögerten. Einer von ihnen hielt sein Pferd an und rief einige Worte über die Schlucht herüber, von denen sie aber nur das Wort «morgen» verstehen konnten. Dann ritten die drei weiter, wobei sie die Kühe vor sich her trieben.

Parrado und Canessa taumelten zu ihrem Lagerplatz zurück. Auch Parrado war erschöpft, und Canessa konnte nicht mehr gehen, ohne gestützt zu werden. Das eine Wort, das sie gehört hatten, reichte jedoch aus, um ihre Hoffnungen gewaltig steigen zu lassen. Endlich war es ihnen gelungen, zu anderen Menschen Verbindung aufzunehmen.

Obwohl sie beide müde waren, einigten sie sich darauf, abwechselnd jeweils zwei Stunden zu wachen und das Feuer in Gang zu halten. Trotz ihrer totalen Erschöpfung konnten sie nur schwer einschlafen. Sie waren viel zu erregt. Gegen Morgengrauen nickte Parrado dann ein und schlief über die vereinbarten zwei Stunden hinaus. Canessa ließ ihn schlafen, denn er wußte, daß er selber keinen Schritt mehr gehen konnte, und daß Parrado am nächsten Tag noch einmal alle Kraft brauchen würde, die er aufbringen konnte.

4

Als die Sonne aufging, brach für die Jungen der zehnte Tag ihres Marsches durch die Anden an. Um sechs Uhr waren sie wach, und als sie den Fluß hinüberschauten, sahen sie Rauch von einem Feuer und einen Mann, der danebenstand. Bei ihm waren zwei weitere Männer, beide auf Pferden. Sobald er sie sah, lief Parrado wieder zum Rand der Schlucht. Er war nun nahe genug, daß er die Gesten des Mannes verstehen konnte, die ihm andeuteten, die Schlucht hinunterzuklettern bis ans Wasser. Er befolgte diese Anweisung, und der Bauer tat dasselbe, bis sie nur noch der etwa zwölf Meter breite Fluß trennte. Obwohl sie nun näher beieinander waren, konnten sie sich bei dem tosenden Lärm des herabstürzenden Wassers nicht verständlich machen. Doch der Bauer, der ein rundes, schlaues Gesicht hatte und einen Strohhut trug, war darauf vorbereitet. Er zog ein Stück Papier aus der Tasche, schrieb etwas darauf, wickelte es um einen Stein und warf es über den Fluß.

Parrado stolperte über die Felsbrocken, hob die Botschaft auf und faltete sie auseinander. Er las:

«Ein Mann kommt später, dem habe ich gesagt, er soll gehen. Sagt mir, was Ihr wollt.»

Parrado suchte sofort in seinen Taschen nach einem Bleistift oder Kugelschreiber, mußte aber feststellen, daß er nur einen Lippenstift hatte. Er signalisierte deshalb ans andere Ufer, daß er nichts zum Schreiben habe. Daraufhin nahm der Bauer seinen eigenen Kugelschreiber, wickelte ihn zusammen mit einem Stein in ein blauweiß kariertes Taschentuch und warf ihn über den Fluß.

Parrado setzte sich und schrieb fieberhaft folgende Botschaft:

> «Ich komme von einem Flugzeug, das in den Bergen abgestürzt ist. Ich bin Uruguayer. Wir sind seit zehn Tagen unterwegs. Ich hab einen Freund da oben, der verletzt ist. In dem Flugzeug sind noch weitere vierzehn verletzte Leute. Wir müssen so schnell wie möglich hier raus und wissen nicht wie. Wir haben nichts zu essen. Wir sind erschöpft. *Wann* kommt Ihr und holt uns? Bitte. Wir können nicht einmal mehr gehen. Wo sind wir?»

Schließlich fügte er mit dem Lippenstift noch ein SOS hinzu. Dann umwickelte er das Stück Papier samt einem Stein mit dem Taschentuch und warf es über den Fluß zurück, wo es der Bauer auflas.

Parrado schaute zu und betete, als der chilenische Bauer die Botschaft auswickelte und las. Endlich war er fertig und gab zu verstehen, daß er begriffen habe. Dann nahm er ein Stück Brot aus seiner Tasche, warf es über den Fluß, winkte noch einmal und kletterte den Abhang der Schlucht hinauf.

Parrado tat dasselbe. Er erreichte das Plateau und ging zu Canessa, wobei er das Stück Brot fest umklammerte – das handgreifliche Zeichen dafür, daß sie endlich eine Verbindung mit der Außenwelt hergestellt hatten.

«Sieh doch», sagte er zu Canessa, «sieh doch, was ich habe.»

Canessa wandte seinem Freund sein ovales Gesicht zu und starrte das Brot an. «Wir sind gerettet», sagte er.

«Ja», sagte Parrado, «wir sind gerettet.»

Er setzte sich und brach das Brot in zwei Teile. «Hier», sagte er. «Machen wir Frühstück.»

«Nein», erwiderte Canessa. «Iß du es. Ich war völlig wertlos. Ich hab's nicht verdient.»

«Ach komm», sagte Parrado. «Du hast es vielleicht nicht verdient, aber du brauchst es.»

Er gab Canessa ein Stück von dem trockenen Brot, und jetzt nahm es Canessa an. Dann setzten sich die zwei Jungen und aßen, und noch nie in ihrem Leben hatte ein Stück Brot so gut geschmeckt.

Nach zwei bis drei Stunden – gegen neun Uhr vormittags – sahen sie einen Mann auf einem Pferd, doch diesmal war er auf ihrer Seite des Flusses und kam auf sie zugeritten. Sofort war Parrado auf den Beinen und ging ihm entgegen.

Er grüßte Parrado mit großer Zurückhaltung und ließ sich nicht anmerken, welch außergewöhnlichen Eindruck diese große, bärtige, durchnäßte und in schmutzige Kleider gehüllte Figur auf ihn machte. Der Mann folgte ihm zu der Stelle, an der Canessa lag, und hörte sich das Geplapper der beiden mit einem geduldigen Ausdruck auf seinem vom Wetter gegerbten Gesicht an. Als er dann selbst etwas sagen durfte, stellte er sich als Armando Serda vor. Man hätte ihm gesagt, daß da zwei Uruguayer wären, doch er hätte sie viel weiter flußaufwärts vermutet und die Absicht gehabt, sie an diesem Nachmittag zu holen. Der Mann, der sie entdeckt hatte, wäre nach Puente Negro geritten, um die *carabineros* von der Entdeckung zu informieren.

Parrado und Canessa sahen, daß der Bauer vor ihnen arm war – sogar so arm, daß seine Kleidung in schlimmerem Zustand war als ihre eigene –, doch sie vermuteten, daß dieser Mann, mochte er auch noch so arm sein, das hatte, worauf sie in diesem Augenblick mehr Wert legten als auf alle Schätze dieser Welt. Und tatsächlich, als sie Serda sagten, sie seien fast verhungert, holte er etwas Käse aus seiner Tasche und gab ihn den Jungen.

Parrado und Canessa waren darüber so glücklich, daß es ihnen gar nichts ausmachte, daß der Chilene sie nun wieder verließ und weiter das Tal hinaufritt, um nach den Kühen zu sehen, die dort grasten, und um einige Schleusentore zu öffnen, damit Wasser in die Felder fließen konnte.

Während er damit beschäftigt war, aßen Canessa und Parrado den Käse und ruhten sich aus. Dan nahmen sie, bevor Serda zurückkehrte, die Reste des menschlichen Fleisches, die sie noch bei sich hatten, und vergruben sie unter einem Stein: Denn kaum hatten sie das Brot und den Käse gegessen, kehrte auch der Widerwille zurück, den sie damals verspürt hatten, als sie zum erstenmal von der Kost aßen, die ihnen als einzige geblieben war.

Gegen elf Uhr am Vormittag kehrte der Bauer von seiner Arbeit zurück und gesellte sich zu den zwei Überlebenden. Canessa konnte nicht gehen, und so setzte Serda ihn auf sein Pferd, und die drei machten sich auf den Weg das Tal hinunter. Als sie zu dem Nebenarm des Azufre-Flusses kamen, den Parrado für unpassierbar gehalten hatte, forderte Serda Canessa auf, abzusteigen, und während er mit dem Pferd den Berg hinauf zu einer Furt ging, zeigte er den beiden einen Fußsteg, den Parrado am Abend vorher übersehen hatte.

Am anderen Ufer warteten sie auf Serda und das Pferd; und als er wieder zu ihnen gestoßen war, wurde Canessa wieder in den Sattel gehoben. Weiter unten im Tal stießen sie mitten auf einer Wiese auf die erste menschliche Behausung, die sie nach ihrem Absturz zu sehen bekamen. Es war ein bescheidenes Haus, das jedes Frühjahr neue Wände aus Holz und Bambus und ein neues Dach aus Zweigen erhielt, aber für sie hätte kein Palast schöner sein können. Canessa stieg vom Pferd und stand dann neben Parrado im Gras, ganz benommen vom Geruch der wilden Rosen, die die primitive Veranda überwucherten. Ihr Gastgeber führte sie in einen offenen Hof, setzte sie an einen Tisch und stellte ihnen einen zweiten Bauern vor, Enrique Gonzales. Dieser brachte ihnen noch mehr Käse und dann frische Milch, während sich Armando Serda am Herd zu schaffen machte. Kurz darauf brachte er jedem einen Teller Bohnen, die sie so gierig verschlangen, daß er ihn noch viermal auffüllte. Beide Jungen aßen, wie sie noch nie in ihrem Leben gegessen hatten, ohne auch nur im geringsten an den Zustand ihres Magens und Darms zu denken. Als sie die Bohnen aufgegessen hatten, ging es weiter mit Makkaroni, die zusammen mit kleinen Fleischstückchen gekocht worden waren. Danach kam Brot, das sie in Bratenfett tunkten.

Zuerst schauten die zwei Chilenen den Jungen vom anderen Ende des Raumes aus beim Essen zu, doch Parrado und Canessa baten sie, sich zu ihnen zu setzen. Das taten die beiden auch und beobachteten nun aus der Nähe, wie sich die Jungen mit dem Essen vollstopften, das sie ihnen gegeben hatten. Als sie dann nicht mehr konnten, führten sie sie zu einer Holzhütte, die neben ihrem Haus lag. Sie war für den Grundbesitzer gebaut worden, damit er eine Bleibe hatte, wenn er kam, um sein Land zu inspizieren. Dort standen zwei bequeme Betten, die Parrado und Canessa zu einer Siesta angeboten wurden. Und mit wiederholten Dankesbezeugungen an ihre schüchternen Gastgeber nahmen sie an. Sie hatten die Nacht vorher kaum geschlafen und waren zehn Tage lang über einige der höchsten Berge der Welt geklettert.

Es war Donnerstag mittag, der 21. Dezember – und siebzig Tage nach dem Absturz der Fairchild in den Anden.

Elfter Teil

I

Die C-47 der uruguayischen Luftwaffe startete am Mittwoch, dem 20. Dezember, nachmittags um zwei Uhr von Santiago nach Montevideo, doch noch während sie Curicó überflog, wurde der Pilot informiert, daß das Wetter auf der argentinischen Seite der Anden schlecht sei. Sie flogen deshalb nach Santiago zurück. Die drei Passagiere – Canessa, Harley und Nicolich – warteten auf dem Flughafen, bis sie um fünf Uhr erfuhren, das Wetter habe sich gebessert, sie könnten wieder losfliegen. Das Flugzeug hob ab. Es flog in südlicher Richtung bis Curicó, dann östlich zum Planchón, doch während es Kurs auf Malargüe nahm, fing es wieder an zu schlingern, weil einer der Motoren ausgefallen war.

Die Piloten hatten gar keine Wahl, sie mußten auf dem Flughafen von San Rafael notlanden, etwa dreihundert Kilometer südlich von Mendoza. Dort, in dieser kleinen argentinischen Stadt, verbrachten sie die Nacht. Am nächsten Morgen hörten sie von den Mechanikern auf dem Flugplatz, daß die Maschine nicht ohne Ersatzteile aus Montevideo repariert werden könne. Die drei Männer waren fast soweit, sich zu überlegen, ob sie ihre Reise nicht auf andere Weise fortsetzen sollten, aber es gab da einen Grund, der sie zögern ließ – die beiden uruguayischen Piloten, die für die C-47 verantwortlich waren. Sie waren mit Ferradas und Lagurara befreundet gewesen, und wenn sie auch längst jede Hoffnung, sie noch lebend zu finden, aufgegeben hatten, so glaubten sie doch, sie könnten ihre Ehre retten, wenn sie die Ursache für den Absturz herausfänden. Die ständigen Pannen der C-47 deprimierten sie natürlich, und weil sie den beiden helfen und sie ermutigen wollten, entschieden sich Harley und Nicolich, bei ihnen zu bleiben, bis das Flugzeug wieder in Ordnung war. Canessa dagegen hatte versprochen, zu Weihnachten zu Hause zu sein, und er fand heraus, daß noch an dem Abend ein Bus von San Rafael nach Buenos Aires fuhr.

Während sie warteten, beschlossen die drei Männer, über Rafael Ponce de Leóns Funkgerät mit ihren Frauen Kontakt aufzunehmen. Wieder einmal suchten sie den hilfsbereiten Funkamateur auf, der immer zu finden war, wohin sie auch gingen. Sie hatten erhebliche Schwierigkeiten, die richtige Wellenlänge einzustellen, weil es ziemlich viel Interferenz von anderen Funkamateuren in Chile gab; doch unter all dem Pfeifen und Knattern fingen die vier Männer einen Gesprächsfetzen aus einer Unterhaltung zweier Funkamateure auf – «... unglaublich, aber das Flugzeug ist gefunden worden ...» Kaum hatten sie soviel gehört, da hatten sie den Sender auch schon wieder verloren.

Die drei Uruguayer sahen sich an. «Das kann doch nicht sein», stammelte einer. Die anderen schüttelten die Köpfe. Zu oft waren ihre Hoffnungen gestiegen und dann wieder zerstört worden, als daß sie es gewagt hätten, auf diese dürftigen Gesprächsfetzen zu bauen.

Einen Augenblick später klappte die Verbindung mit Rafael. Sie erzählten ihm, was geschehen war – daß das Flugzeug repariert werden mußte und sie nach Hause fliegen würden, sobald der Schaden behoben war. Ponce de León versprach, ihre Familien davon zu unterrichten.

Die drei Männer wanderten durch die warmen, trockenen Straßen von San Rafael, bis es Zeit war, Canessa zu seinem Bus zu bringen. Der Doktor umarmte seine zwei Freunde, und um acht Uhr fuhr er nach Buenos Aires ab.

2

Páez Vilaró und Rodriguez waren am selben Nachmittag von Santiago zum Flughafen Pudahuel gefahren, um nach Montevideo zu fliegen. Als sie ankamen, stellten sie sich in die Schlange vor dem Gepäckschalter, doch jedesmal wenn sich die

Leute vorwärtsschoben, blieb Páez Vilaró zurück und ließ die vor, die hinter ihm standen.

«Kommen Sie nicht mit?» fragte ihn Rodriguez.

«Ich warte noch auf etwas», erwiderte Páez Vilaró.

«Sie werden noch das Flugzeug verpassen», sagte Rodriguez.

«Gehen Sie ruhig schon voraus», entgegnete Páez Vilaró. «Ich komme dann nach.»

Rodríguez ging durch die Paß- und Zollkontrolle, während Páez Vilaró weiterhin wartete. Dann, als gerade der letzte Passagier durch die Kontrollen gegangen war und der Flug zum letztenmal aufgerufen wurde, kam ein Mann angelaufen.

«Da ist er», sagte er und überreichte Páez Vilaró unauffällig einen kleinen jungen Pudel, den er seinen Töchtern zu Weihnachten mitbringen wollte.

Páez Vilaró wußte, daß es gegen die Vorschriften verstieß, ein Tier mit an Bord des Flugzeuges zu nehmen, und so versteckte er das Hündchen schnell unter seinem Mantel und stellte seinen Koffer auf die Waage. Dann passierte er mit der Bordkarte in der Hand die Paßkontrolle und die Zollabfertigung. Niemand schien die merkwürdige Haltung seines linken Arms zu bemerken, und Páez Vilaró beglückwünschte sich gerade zu seinem Erfolg als Schmuggler, als über die Lautsprecheranlage des Flughafens die Durchsage kam: «Hier spricht die internationale Polizei, hier spricht die internationale Polizei. Halten Sie Carlos Páez Vilaró auf. Halten Sie Carlos Páez Vilaró auf.»

Er machte ein langes Gesicht. Irgend jemand mußte beobachtet haben, wie er den Hund unter seinem Mantel versteckte. Er wandte sich an den nächsten Polizisten und sagte: «Ich bin Carlos Páez Vilaró.»

Er wurde durch die große Halle des Flughafens geführt und war enttäuscht über dieses neue Pech. Doch als er ins Büro der Flughafenpolizei kam, hielt man ihm keine Handschellen entgegen, sondern einen Telefonhörer.

«Was soll denn das alles?» fragte er.

Der Beamte zuckte mit den Achseln. «Ich weiß nicht . . . ein dringender Anruf für Sie.»

Páez Vilaró, der den kleinen Hund immer noch verborgen hielt, griff nach dem Hörer. «Hier Páez Vilaró», sagte er.

«Carlitos? Sind Sie es?» Es war Oberst Morel.

«Ja, ich bin's», sagte Páez Vilaró, und seine Stimme klang etwas gereizt. «Und ich finde es nett, daß Sie mich nochmals anrufen, um sich zu verabschieden, aber das Flugzeug wartet auf mich – also dann, bis nach Weihnachten.»

«Okay», sagte Morel, «es tut mir leid, daß ich Sie aufgehalten habe. Ich dachte mir nur, da Sie nun schon so lange nach diesen Jungen suchen, würden Sie vielleicht ganz gerne herkommen und sie sehen.»

Páez Vilaró brachte kein Wort heraus. Der Pudel landete auf dem Boden.

«Sie könnten mir auch bei der Nachricht auf dem Zettel hier helfen», fuhr Morel fort. «Es könnte zwar eine Fälschung sein, aber es sieht mir nicht danach aus. Da steht: ‹Ich komme von einem Flugzeug, das in den Bergen abgestürzt ist. Ich bin Uruguayer . . .»

Blind vor Tränen stürzte Páez Vilaró aus dem Polizeibüro und auf die Rollbahn. Die Motoren des Flugzeugs liefen bereits, und man wartete nur noch darauf, daß er an Bord kam, damit die Gangway weggerollt werden konnte.

«Rulo, Rulo», schrie Páez Vilaró. «Man hat sie gefunden. Ich bleibe hier.»

Einen Augenblick später stand Rodríguez neben ihm, und die beiden Uruguayer fielen sich weinend in die Arme und schrien immer wieder zum Himmel: «Sie sind am Leben, sie sind am Leben.» Dann rannten sie laut rufend und weinend wieder zurück durch die Zoll- und Paßkontrolle und erregten bei den Angestellten und Passagieren im Flughafen großes Aufsehen.

«Was geht hier eigentlich vor?» fragte ein Polizist einen anderen und überlegte sich, ob er diesem recht ungebührlichen Benehmen Einhalt gebieten sollte.

«Laß sie nur», sagte der andere. «Das ist doch dieser Spinner, der immer noch nach seinem Jungen sucht, der damals mit dem Flugzeug in der Cordillera abgestürzt ist.»

Erst als Páez Vilaró und Rodríguez beim Taxistand waren, wurde ihnen bewußt, daß sie kein chilenisches Geld mehr hatten.

«Fahren Sie uns nach San Fernando?» fragten sie den Fahrer des ersten Taxis.

«Ich weiß nicht recht», antwortete der Fahrer. «Es ist sehr weit dorthin ...»

«Sie haben meinen Sohn gefunden. Er ist in den Anden abgestürzt ...»

«Ach ja», sagte der Taxifahrer, der Páez Vilaró erkannte. «Sie sind doch der Spinner, nicht wahr? Steigen Sie ein.»

«Wir haben kein Geld.»

«Machen Sie sich deswegen keine Sorgen.»

Die zwei stiegen hinten ein.

Drei Stunden später waren sie in San Fernando und fuhren geradewegs ins Hauptquartier des Colchagua-Regiments. Während der Taxifahrer auf den Pudel aufpaßte, wurden sie dort nicht nur von Oberst Morel erwartet, sondern auch von all den vielen Chilenen, die ihnen bei der Suche geholfen hatten – den Funkamateuren, die die Nachricht von dem Zettel mit der Botschaft verbreitet hatten, den Piloten des Aero-Clubs von San Fernando, den Bergführern, den ortsansässigen Andinisten und von den Soldaten, die so oft vergeblich in die Berge marschiert waren.

Schließlich gelang es Morel, Páez Vilaró aus dieser Menge aufgeregter Gratulanten herauszuholen und ihn ins Hauptquartier der *carabineros* zu bringen, wo er ihm den Zettel zeigte, der aus Puente Negro gebracht worden war. «Was meinen Sie», fragte Morel, «ist er echt?»

Páez Vilaró untersuchte ihn sorgfältig. Zuerst neigte er dazu, ihn für eine Fälschung zu halten. Zu oft schon war er durch Telefonanrufe zum Narren gehalten worden, und hier präsentierte man ihm eine Nachricht, die nicht mal unterschrieben war. Außerdem war sie für jemanden, der gerade siebzig Tage oben in den Anden verbracht haben wollte, bemerkenswert säuberlich geschrieben.

«Ich weiß nicht», sagte er. «Es könnte eine Fälschung sein.» Dann schaute er noch einmal genau hin und glaubte, an der Schreibweise irgendeine Eigenheit der Stella-Maris-Studenten zu erkennen. «Aber andererseits», fügte er schnell hinzu, «könnte das wohl auch von einem der Jungen geschrieben worden sein.»

Er ging mit Morel zum Hauptquartier des Regiments zurück. Dort war ein Einsatzkommando gebildet worden, bestehend aus Morel als dem Oberbefehlshaber, dem Bürgermeister von San Fernando, dem Befehlshaber der Garnison und dem Befehlshaber der *carabineros*. Jetzt berief Morel noch Páez Vilaró in diese Kommission. «Sie suchen nun schon so lange», sagte er. «Sie können nicht einfach so herumsitzen und nichts tun.»

3

Um Mitternacht hatten Harley und Nicolich in San Rafael wieder Kontakt mit Ponce de León in Montevideo. Er erzählte ihnen sofort, daß der Polizei in San Fernando eine Botschaft auf einem Zettel überreicht worden sei, deren Verfasser behauptete, ein Überlebender des uruguayischen Flugzeugunglücks zu sein. Harley und Nicolich wollten sofort nach Chile zurückkehren, doch sie wußten nicht, wie sie das mitten in der Nacht schaffen konnten. Nervös und frustriert warteten sie eine halbe Stunde lang im Haus des Funkamateurs, der, gleich nachdem er die Nachricht gehört hatte, losgerannt war, um irgendeine Transportmöglichkeit aufzutreiben. Eine halbe Stunde später kam er mit dem Auto des Bürgermeisters zurück.

Ohne sich erst lange um ihr Gepäck zu kümmern, das auf dem Flughafen von San Rafael in der C-47 eingeschlossen war, machten sich die zwei Männer auf den Weg nach Mendoza. Um vier Uhr morgens kamen sie an und fuhren direkt zum Militärflugplatz. Sie hatten kein Geld, doch als sie erklärten, was geschehen war, versprachen ihnen die Offiziere der argentinischen Luftwaffe einen Platz in der nächsten Maschine, die nach Chile flog.

Für den Rest der Nacht saßen sie herum und warteten, warm gehalten von den Wintermänteln, die ihnen die zwei uruguayischen Piloten vor der Abfahrt in San Rafael geliehen hatten. Um acht Uhr morgens landete ein Flugzeug, das mit einer Ladung Gefrierfleisch nach Santiago unterwegs war. Eine halbe Stunde später hob es wieder ab, mit Harley und Nicolich an Bord.

4

Am selben Vormittag kam Dr. Canessa in Buenos Aires an. Er hatte die ganze Nacht im Bus zugebracht und wollte nun, bevor er seine Reise nach Montevideo fortsetzte, zur Wohnung eines Freundes, um sich zu waschen und vielleicht ein wenig zu schlafen. Vor dem Omnibusbahnhof hielt er ein Taxi an und ließ sich hinter dem Fahrer auf den Sitz fallen.

Aus dem Radio kam Musik, die gerade unterbrochen wurde, als sich der Fahrer halb zu Dr. Canessa umwandte und sagte: «Haben Sie schon gehört? Sie haben das Flugzeug gefunden.»

«Was für ein Flugzeug denn?»

«Dieses Flugzeug aus Uruguay. Die Fairchild.»

Bevor der Taxifahrer ein weiteres Wort sagen konnte, fand er seinen Passagier neben sich auf dem Vordersitz, wo er sich an den Knöpfen des Radios zu schaffen machte.

«Sind Sie sicher?» fragte Canessa.

«Natürlich bin ich sicher.»

Plötzlich hob Canessa die Hand, um den Fahrer zum Schweigen zu bringen. Im Radio kam die Nachricht, daß zwei Überlebende der uruguayischen Fairchild, die am 13. Oktober in den Anden abgestürzt war, an einem Ort namens Los Maitenes am Azufre-Fluß in der Provinz Colchagua gefunden worden seien. Sie hießen Fernando Parrado und Roberto Canessa.

Als er das letzte Wort hörte, liefen Dr. Canessa Tränen über die Wangen, und mit einem glückseligen Aufschrei warf dieser starke Mann in mittlerem Alter die Arme um den verblüfften Taxifahrer, während das Auto durch die Straßen von Buenos Aires jagte.

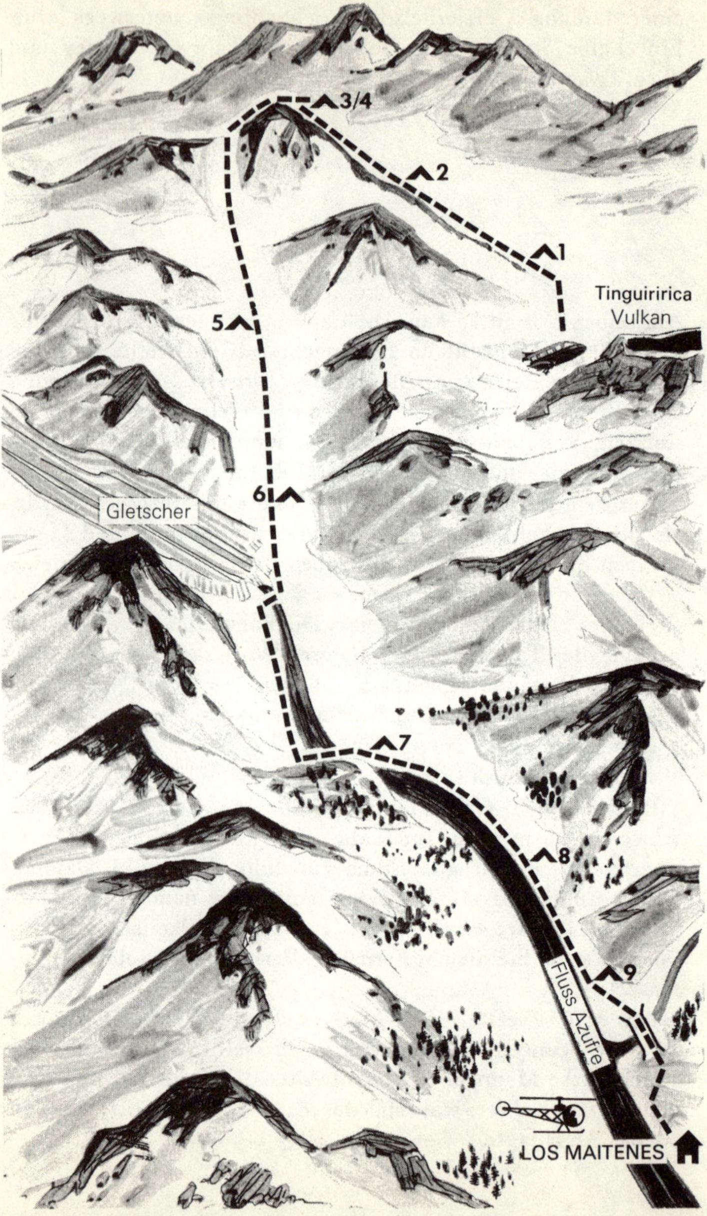
3/4
2
1
Tinguiririca
Vulkan
5
6
Gletscher
7
8
9
Fluss Azufre
LOS MAITENES

Zwölfter Teil

I

Canessa und Parrado, die beiden Expeditionsteilnehmer, erwachten um sieben Uhr abends von ihrer Siesta. Sie traten aus ihrer Holzhütte in das von sanftem Abendlicht erfüllte Tal hinaus und sogen in tiefen Zügen die von Blumen und anderen Pflanzen duftende Luft in ihre Lungen. Die Betten, in denen sie geschlafen hatten, die Gerüche überall um sie herum – alles bewies den noch immer benommenen, ungläubigen Jungen, daß sie nicht länger in den Anden gefangen waren. Nichtsdestoweniger gingen sie sofort den Graspfad entlang zu der von wilden Rosen berankten Bauernhütte, um mit ihren Gastgebern zu sprechen. Die beiden hatten lange genug nur miteinander geredet: Jetzt wollten sie endlich mit anderen Menschen reden. Außerdem drückte sie noch ein Problem: das Essen. Denn Bohnen, Käse, Makkaroni, Milch und Brot mit Bratensoße waren während des Schlafes mühelos von ihren Mägen verarbeitet worden, und beide waren bereit für die nächste Runde.

Enrique und Arando warteten schon auf sie und begriffen in ihrer scheuen Anteilnahme sofort, was die beiden Uruguayer brauchten. Obwohl ihre Speisekammer jetzt beinahe leer war, stellten sie abermals Milch und Käse und anschließend *dulce-de-leche* mit Pulverkaffee auf den Tisch.

Während Canessa und Parrado ihr Abendessen verschlangen und dazu den Käse am Feuer rösteten, fragten sie die beiden Bauern nach dem Mann, der die Polizei holte. Sein Name, hieß es, sei Sergio Catalan Martínez. Er war Bergbauer, und er war es auch gewesen, der die beiden Jungen am Tag zuvor als erster am anderen Flußufer gesehen hatte. Er hatte sie für Touristen auf einem Jagdausflug, Canessa für Parrados Frau und die Stöcke, die sie trugen, für Jagdflinten gehalten.

«Aber Sie wissen genau, daß er zur Polizei gegangen ist?»

«Ja. Zu den *carabineros*.»

«Wie weit ist es bis zum nächsten Posten?»

Enrique und Armando sahen einander unsicher an. «Der ist in Puente Negro.»

«Und wie weit ist das von hier?»

Wieder sahen sich die beiden Bauern an.

«Zwanzig Meilen? Fünfzig Meilen?»

«Einen Tag, würde ich sagen», meinte der eine.

«Nicht ganz einen Tag», widersprach der andere.

«Zu Fuß?» fragte Parrado.

«Mit dem Pferd.»

«Er ist geritten?»

«Ja. Mit dem Pferd.»

«Und wie weit ist es bis zur nächsten Stadt?»

«San Fernando?»

«Ja. San Fernando.»

«Zwei Tage, würde ich sagen», antwortete Armando.

«Ja, zwei Tage», bestätigte Enrique.

«Zu Pferde?»

«Zu Pferde. Ja.»

Canessa und Parrado waren nicht aus Eigennutz so ungeduldig. Seitdem ihr größter Hunger gestillt war, wanderten ihre Gedanken wieder zu ihren vierzehn Freunden, die immer noch in der Fairchild gefangen waren. Doch nicht nur an deren seelische Verfassung dachten sie, sondern auch an Roy, Coche und Moncho, deren Gesundheitszustand vor zehn Tagen so schlecht gewesen war. Jede weitere Stunde des Wartens konnte über Leben und Tod entscheiden.

Auf einmal ertönte weiter unten im Tal ein Ruf. Die beiden Jungen sprangen auf. Parrado eilte zur Hintertür, während Canessa hinkend folgte. Draußen sahen sie einen dicken *carabinero* mit einer Seilrolle über der Schulter, der schnaufend und keuchend auf sie zugerannt kam. Dicht auf den Fersen folgte ihm ein zweiter. Die beiden erreichten, noch immer keuchend vor Anstrengung, die Hütte, wo sich der erste an die Uruguayer wandte. «Okay, Jungens, wo ist die Maschine?»

Canessa trat von der Veranda herunter.

«Hm . . .» Er deutete das Tal hinauf. «Sehen Sie dahinten den Einschnitt?»

«Ja», antwortete der *carabinero.*

«Also, von dort aus gehen Sie ungefähr fünfzig bis sechzig Meilen, dann biegen Sie rechts ab und gehen weiter, bis Sie an einen hohen Berg kommen. Auf der anderen Seite des Berges liegt die Maschine.»

Die *carabineros* setzten sich.

«Kommt noch jemand?» erkundigte sich Parrado besorgt.

«Ja, ja», sagte der *carabinero.* «Eine Patrouille ist unterwegs.»

Kurz darauf sahen sie zehn berittene *carabineros* mit Schirmmützen, Mänteln und Seilen am Sattel das Tal heraufkommen. Hinter ihnen ritt Sergio Catalan Martínez, der Mann, dem Parrado den Zettel zugeworfen hatte.

Canessa und Parrado hatten die *carabineros* umarmt. Jetzt gingen sie auf Catalan zu und umarmten ihn ebenfalls. Er lächelte, sagte aber nur wenig. «Dankt unserem Herrgott», murmelte er, ununterbrochen lächelnd, und versuchte, um seine Verlegenheit zu verbergen, ihren Blicken auszuweichen. «Dankt nicht mir», sagte er. «Ich habe nur meine Pflicht getan – als Chilene und als ein Sohn Gottes.»

Der Hauptmann der *carabineros* befragte Parrado und Canessa über die genaue Position des Flugzeugs. Er erkundigte sich, ob sie glaubten, man könne es zu Fuß erreichen, doch als er sich in groben Zügen ihre Wanderung beschreiben ließ, mußte er einsehen, daß das unmöglich sein würde. Deswegen befahl er zweien seiner Männer, nach Puente Negro zurückzureiten und einen Hubschrauber aus Santiago anzufordern.

Die beiden brachen zusammen mit zwei andern auf, die sie führen sollten. Das letzte Abendlicht war inzwischen verloschen; Canessa und Parrado sahen ein, daß man an diesem Tag nichts mehr unternehmen konnte. Also gestatteten sie sich, die vierzehn Freunde in den Bergen für eine Weile zu vergessen, und setzten sich zu den *carabineros,* um sich mit ihnen zu unterhalten, um ihnen die unfaßbare Geschichte der Fairchild zu erzählen. Nur ein oder zwei Einzelheiten ließen sie aus. Vielleicht war es aber gerade der Gedanke an das, was sie ausgelassen hatten, der die beiden Jungen veranlaßte, Gepäck und Packtaschen der Männer mit einer gewissen Neugier zu mustern.

Kaum hatten die *carabineros* die Bedeutung der gierigen Blicke begriffen, als die ganze Patrouille ihre Verpflegung hervorholte, und dann machten Canessa und Parrado sich über ihr drittes Festmahl an diesem Tag her, verdrückten Eier, Brot und Orangensaft und räumten mit dem Proviant der *carabineros* genauso gründlich auf wie zuvor mit der Speisekammer der beiden Bauern, Enrique und Armando. Nachdem sie satt waren, wollten sie wieder mit ähnlichem Heißhunger reden. Die Männer lauschten gespannt. Um drei Uhr nachts schließlich meinte der Hauptmann, es sei wohl Zeit, zu Bett zu gehen, damit man am folgenden Tag ausgeschlafen sei, denn die Hubschrauber würden vermutlich schon kurz nach Sonnenaufgang eintreffen.

Als Canessa und Parrado am nächsten Morgen aus ihrer Hütte traten, sahen sie zu ihrer Verzweiflung, daß sie mitten in einer Nebelbank steckten. In dem größeren Haus fanden sie Catalan, Enrique, Armando und den Hauptmann, die alle gleich enttäuscht in den dicken Nebel hinausstarrten.

«Können die denn dabei landen?» fragte Parrado.

«Ich glaube kaum», antwortete der Hauptmann. «So finden sie uns bestimmt nicht.»

«Abwarten», meinte Catalan. «Das ist nur Frühnebel. Der hält nicht lange.»

Die beiden Jungen setzten sich zu einem von Enrique und Armando zubereiteten Frühstück hin. Ihre Enttäuschung über diese weitere Verzögerung der Rettung ihrer Freunde schmälerte ihre Freude am Genuß normaler Mahlzeiten keineswegs. Sie aßen das muffige Brot und tranken den Pulverkaffee mit großem Behagen. Als sie das Frühstück beinahe beendet hatten, hörten sie in der Ferne ein merkwürdiges Geräusch. Wie ein Motor klang es nicht, also konnte es auch nicht der Hubschrauber sein; es klang eigentlich eher wie der Lärm einer ganzen Menagerie. Doch erst als es näher kam und lauter wurde, erkannten sie, was es wirklich war: das Rufen und Schreien einer großen Menschenmenge.

In der Annahme, die Bewohner eines nahen Dorfes kämen aus irgendeinem seltsamen Grunde heraufmarschiert, traten die Jungen, die Bauern und die *carabineros* vor die Hütte, spähten neugierig das Tal in Richtung Puente Negro hinab und standen dann starr vor Staunen über den ungewöhnlichen Anblick, der sich ihnen bot: Den Pfad quer über die Wiese herauf kam eine Kolonne von Männern in Stadtkleidung, keuchend, stolpernd, gebeugt unter dem Gewicht der Aktentaschen und Kameras jeder Art. Die näher kommende Horde schrie: «Los Maitenes? ... Die Überlebenden! Wo sind die Überlebenden?» Bis der erste, der die Hütte erreichte, sofort an ihrem langen Haar, den mageren Gesichtern und den Bärten erkannte, welche die Männer waren, die sie sehen wollten.

«El Mercurio, Santiago», sagte einer mit Block und Bleistift.

«BBC London», ein anderer, der ihnen mit einer Hand ein Mikrofon unter die Nase hielt und mit der anderen an den Knöpfen eines tragbaren Tonbandgerätes drehte. Sekunden darauf waren sie von fünfzig drängenden, stoßenden und schwatzenden Journalisten umringt.

Canessa und Parrado wurden von dieser Horde Reporter vollkommen überrumpelt. Zusammen mit den Kameraden in den Bergen hatten sie sich in aller Bescheidenheit überlegt, daß ihre Erlebnisse höchstens für ein paar Journalisten zu Hause in Montevideo von Interesse sein würden. Aufgrund ihrer mangelnden Lebenserfahrung hatten sie nicht mit der Sensationsgier gerechnet, die dieses Pack in Taxis und Privatwagen den schmalen Weg von Santiago heraufjagen ließ und sie sogar dazu brachte, anschließend zweieinhalb Stunden lang, mit Film- und Fernsehkameras bepackt, über einen schmalen, gefährlichen Maultierpfad heraufzuklettern.

Da sie jedoch nun mal da waren, beantworteten Canessa und Parrado bereitwillig ihre Fragen. Wieder ließen sie einige Details aus, besonders in bezug auf das, was sie gegessen hatten, um nicht zu verhungern. Mitten in dieser improvisierten Pressekonferenz wurden sie vom Hauptmann der *carabineros* unterbrochen. Der Nebel hatte sich ein bißchen gehoben, von den Hubschraubern war aber noch immer nichts zu sehen. Deswegen hatte der Hauptmann beschlossen, Parrado und Canessa zu Pferd nach Puente Negro zu schicken. Sie wurden hinter zwei seiner Leute gesetzt und ritten unter dem Surren und Klicken von Kameras und unter den Rufen, doch diese oder jene Pose einzunehmen, das Tal hinab; noch ehe sie weit gekommen waren, hörten sie das Motorengeräusch von Hubschraubern. Als sich das ohrenbetäubende Dröhnen näherte und über die Köpfe der Pferde hinwegstrich, bäumten sie sich auf, machten kehrt und galoppierten nach Los Maitenes zurück. Sie kamen an, als gerade drei Hubschrauber der chilenischen Luftwaffe am Flußufer aufsetzten.

2

Als Oberst Morel dem SAR in Los Cerrillos in Santiago mitteilte, zwei Überlebende der Fairchild seien in Los Maitenes aufgetaucht, begegnete man dort dieser Nachricht mit ziemlicher Skepsis. Man bat San Fernando um Bestätigung, alarmierte jedoch inzwischen die Kommandeure Carlos García und Jorge Massa, die beiden Luftwaffenoffiziere, die die ursprüngliche Suche nach der uruguayischen Maschine geleitet hatten. Es war später Nachmittag (Donnerstag, 21. Dezember), als García, Kommandeur der Aktionsgruppe 10, die Nachricht bekam, und auch er war einigermaßen skeptisch. García vermutete, daß Catalan auf zwei Bergsteiger gestoßen sei, die nach der Fairchild fahndeten.

Auf jeden Fall aber war es zu spät, um am selben Tag noch etwas zu unternehmen. Deswegen wies García die Hubschrauber seiner Gruppe an, am folgenden Morgen um sechs Uhr startklar zu sein, und ging zu Bett. Mitten in der Nacht erhielten dann seine Untergebenen die Nachricht, daß es sich bei den jungen Männern in Los Maitenes mit größter Wahrscheinlichkeit doch um Überlebende der Fairchild handele – ein schwerer Schock für García, als er am Morgen davon erfuhr.

Aufgrund dieser ganz neuen Situation beschloß García, den Führungshubschrauber persönlich zu fliegen. Den zweiten teilte er Massa zu und den dritten, sozusagen als Hilfstruppe, einem Leutnant Avila. Darüber hinaus nahm er anstelle der Copiloten zwei Mechaniker, eine Krankenschwester der Luftwaffe, einen Sanitäter und drei Mitglieder des Rettungscorps unter ihrem Einsatzleiter Claudio Lucero mit.

Das Wetter in Los Cerrillos war entsetzlich. Es schneite, und da eine dicke Nebeldecke rund dreißig Meter über dem Boden lag, betrug die Sicht höchstens hundert Meter. Als es um sieben Uhr immer noch keine Anzeichen für eine Wetterbesserung gab, starteten die drei Hubschrauber um sieben Uhr zehn nach San Fernando und flogen praktisch in Bodenhöhe unter der Nebelbank.

In San Fernando landeten sie vor der Kaserne des Colchagua-Regiments und wurden von Oberst Morel sowie Carlos Páez Vilaró begrüßt.

«Was? Schon wieder Sie?» sagte García, als er Páez Vilaró entdeckte. «Sie wollen doch nicht behaupten, daß Sie noch immer hinter der Fairchild her sind – oder?»

Er hatte gut scherzen. Es war inzwischen bestätigt worden, daß sich tatsächlich einige von denen, die man vor zwei Monaten verloren geglaubt hatte, am Leben befanden. Der Bauer Sergio Catalan hatte berichtet, sie sprächen so sonderbar, was auf einen uruguayischen Akzent schließen ließ, und die Namen der beiden Jungen in Los Maitenes waren als Fernando Parrado und Roberto Canessa angegeben worden, beide Passagiere der Fairchild.

Das Befehlskomitee entwarf einen Rettungsplan. Die Hubschrauber sollten nach Los Maitenes weiterfliegen, das man als Lager Alpha bezeichnete. Sie sollten Oberst Morel, einen Arzt und einen Sanitäter mitnehmen.

«Und dich, Carlitos», sagte Oberst Morel. «Das hast du dir verdient.»

«Nein, nein!» erwiderte Páez Vilaró. «Ich möchte keine Extrarolle spielen. Ich werde hier warten.» Dann wandte er sich an ein Mitglied des Rettungscorps und sagte tief bewegt: «Doch wenn mein Sohn Carlos Miguel zu den Überlebenden gehört, dann seien Sie doch so gut, ihm diesen Brief zu übergeben. Und du, Morel, nimmst meine Schneestiefel. Du wirst sie vielleicht brauchen können, und außerdem ist es dann so, als gingest du mit meinen Füßen.»

Die Hubschrauber starteten wieder. Diesmal flogen sie zum Tinguiririca-Fluß und folgten ihm bis in die Berge. Sie hatten zwar Landkarten, verfehlten aber beim ersten Anflug durch das Tal den Punkt, an dem der Azufre vom Tinguiririca abzweigt, also mußten sie umkehren und von neuem suchen. Nach ihren Informationen mußten die *carabineros* gut drei Kilometer von diesem Punkt entfernt sein, die Sicht war jedoch so minimal, daß García und Massa nichts entdecken konnten. Schließlich kam es soweit, daß sie entweder blind fliegen oder landen mußten, und da sie sich in einem relativ engen Tal befanden, entschieden sie sich zur Landung. Sie setzten die Hubschrauber am linken Flußufer auf.

Als sich der Lärm der Motoren gelegt hatte, hörten sie die Rufe vom gegenüberliegenden Ufer. Sie gingen ans Wasser hinunter, und ein Offizier der *carabineros* warf ihnen einen in ein Taschentuch geknoteten Zettel zu, auf dem er ihnen erklärte, daß sie per Zufall ihr Ziel erreicht hatten; also stiegen sie wieder ein und flogen die Hubschrauber über den Fluß.

Sie brauchten nicht lange, um sich davon zu überzeugen, daß die beiden ausgemergelten, bärtigen Gestalten tatsächlich Überlebende der Fairchild waren. Der eine, Canessa, war immer noch vor Erschöpfung gelähmt, so daß sich Arzt, Krankenschwester und Sanitäter sofort ans Werk machten, seinen Herzschlag abhorchten und ihm die schmerzenden Glieder massierten. Parrado dagegen wollte sich auf gar keinen Fall behandeln lassen, sondern bestürmte García und Massa sofort, doch möglichst schnell zu der Fairchild zu fliegen. García erklärte ihm, das sei wegen des Nebels vorläufig unmöglich. Er befragte ihn jedoch nach der Position der Fairchild, und Parrado beschrieb ihm den Weg, den sie zurückgelegt hatten.

«Haben Sie eine Ahnung, wie hoch die Maschine liegt?» erkundigte sich García.

«Eigentlich nicht», antwortete Parrado. «Ziemlich hoch, würde ich sagen. Jedenfalls gab es dort weder Bäume noch irgendwelche Pflanzen.»

«Was haben Sie denn gegessen?»

«Ach, wir hatten etwas Käse und so.»

«Können Sie sich erinnern, ob der Höhenmesser der Maschine etwas anzeigte?»

«Ja». sagte Canessa. «Zweitausendvierhundert Meter.»

«Zweitausendvierhundert? Gut. Das dürfte nicht allzu schwierig sein. Meinen Sie, daß wir sie leicht finden werden?»

Canessa und Parrado sahen einander an. «Allzu leicht nicht», sagte Parrado. «Sie liegt im Schnee.» Er zögerte, weil er innerlich einen Kampf zwischen seiner Angst vor dem Fliegen und seinem uralten Wunsch, einmal in einem Hubschrauber zu sitzen, ausfechten mußte. Dieser Kampf dauerte ein paar Sekunden, doch dann erinnerte er sich an sein Versprechen, den anderen roten Schuh zu holen, und stieß, zu García gewandt, hervor: «Wenn Sie wollen, begleite ich Sie und zeige Ihnen den Weg zur Maschine.»

Sie warteten darauf, daß sich der Nebel verzog. Die Journalisten machten sich inzwischen auf den Rückweg nach Santiago, um ihre Berichte durchzugeben. Dann, drei Stunden nach ihrer Ankunft, hielt García die Sicht für so gut, daß zwei der drei Hubschrauber starten konnten. An Bord befanden sich die Mechaniker, der Sanitäter und die drei Mitglieder des Anden-Rettungs-Corps: Claudio Lucero, Osvaldo Villegas und Sergio Diaz. Hinter Diaz saß Parrado mit einem Schutzhelm auf dem Kopf und einem Mikrofon vor dem Mund.

Es war jetzt ungefähr ein Uhr mittags, die allerschlechteste Tageszeit für einen Flug über die Anden. Daher wollten García und Massa die vierzehn Jungen auch nicht gleich bei diesem Flug mitnehmen, sondern lediglich feststellen, wo sie waren. Parrado war ein ausgezeichneter Führer. Er sah durch die Fenster des Hubschraubers hinunter und erkannte sofort alle Strecken des Tales wieder, durch das sie marschiert waren. Als sie das Y erreichten, wies er García an, sich rechts zu halten und dem engeren, schneebedeckten Tal in die Berge hinein zu folgen.

Der Flug war jetzt sehr schwierig geworden, aber der Höhenmesser zeigte García, daß sie sich der Höhe von zweitausendvierhundert Metern näherten, und García war überzeugt, daß er die Maschine auf dieser Höhe halten konnte. Vor sich sah er jedoch keineswegs das Wrack der Fairchild, sondern die jäh abfallende Wand eines gigantischen Berges.

«Wohin jetzt?» fragte er Parrado über das Bordsprechgerät.

«Da hinauf.» Parrado deutete nach oben.

«Wo?»

«Geradeaus.»

«Aber da können Sie unmöglich heruntergekommen sein!»

«Sind wir aber. Das Wrack liegt auf der anderen Seite.»

García glaubte, Parrado habe ihn falsch verstanden. «Sie können nicht den Berg heruntergekommen sein», wiederholte er deshalb.

«Sind wir aber», versicherte Parrado.

«Aber wie?»

«Gerutscht, gestolpert ...»

García blickte geradeaus, dann in die Höhe. Was Parrado da eben gesagt hatte, kam ihm unglaublich vor, aber es blieb ihm nichts anderes übrig, als es zu akzeptieren. Er begann langsam zu steigen, während Massa im zweiten Hubschrauber folgte. Je höher sie stiegen, desto dünner und turbulenter wurde die Luft: Die Matrosen gaben ihr Letztes, und der ganze Hubschrauber begann zu rütteln und zu vibrieren. Und immer noch ragte die Felswand vor ihnen auf, immer höher wurde der Gipfel. Der Höhenmesser kletterte und kletterte, bis sie bei viertausendfünfhundert Metern endlich die Spitze erreicht hatten. Hier jedoch packte die Hubschrauber ein starker Wind von der anderen Bergseite her, der sie wieder zurück und nach unten warf. García versuchte einen neuen Anlauf, doch abermals wurde der Hubschrauber zurückgeworfen. Parrado, hinter ihm, schrie vor Angst, und Diaz, der neben ihm saß, berichtete García durch das Bordsprechgerät: «Wir haben hier eine kleine Panik.»

García aber war so auf das Fliegen konzentriert, daß er auf nichts anderes achtete. Er sah, daß der Berg weiter rechts ein wenig niedriger war, gab seine Attacken gegen den Gipfel auf und steuerte den Hubschrauber um den Berg herum, bis sie, noch immer von heftigen Luftströmungen geschüttelt, die andere Seite erreichten. Doch durch die neue Route verlor Parrado die Orientierung. Er hatte keine Ahnung, wo sie sich befanden, und niemand an Bord konnte die Fairchild entdecken. Die Hubschrauber kreisten, während Parrado verzweifelt nach einem Anhaltspunkt suchte, nach dem er sich richten konnte. Dann sah er plötzlich auf der anderen Talseite einen Berggipfel, den er wiedererkannte, und wußte endlich, wo sie waren. «Es muß da unten sein», erklärte er García.

«Ich sehe aber nichts», antwortete García.

«Gehen Sie tiefer», verlangte Parrado.

Der Hubschrauber verlor an Höhe, und je tiefer sie kamen,

desto vertrauter wurden Parrado die Umrisse der Berge und Felskuppen, bis er schließlich tief unter sich die winzigen Punkte erkannte, die, wie er wußte, die Trümmer der Fairchild waren.

«Da sind sie», schrie er García zu.

«Wo denn, wo? Ich sehe sie nicht!»

«Da!» schrie Parrado. «Da unten!»

Und dann sah auch García, der immer noch mit den Kontrollinstrumenten des bockenden, sich aufbäumenden Hubschraubers kämpfte, endlich das, was sie alle so sehnsüchtig suchten. «Okay», schrie er zu Parrado zurück, «ich sehe es. Aber sprechen Sie mich jetzt nicht an! Sprechen Sie mich nicht an! Ich will versuchen, die Mühle aufzusetzen.»

Dreizehnter Teil

I

In der Nacht des 20. Dezember, eines Mittwochs, war die Stimmung der vierzehn Jungen, die in den Bergen zurückgeblieben waren, bis nahe auf den Nullpunkt gesunken. Neun Tage waren jetzt schon vergangen, seit die Expeditionsteilnehmer aufgebrochen waren – sechs, seit Vizintín vom Gipfel des Berges zurückgekommen war. Sie alle wußten, wieviel Verpflegung sie mitgenommen hatten. Und daher wußten auch alle, daß ihre Zeit allmählich ablief. Widerwillig faßten sie die Möglichkeit einer zweiten Expedition ins Auge.

An jenem Abend richtete Carlitos Páez, nachdem er, wie üblich, den Rosenkranz gebetet hatte, ein spezielles Gebet an seinen Onkel, der ein paar Jahre zuvor bei einem Flugzeugabsturz ums Leben gekommen war. Am folgenden Tag, dem 21., jährte sich dieser Unglücksfall, und er wußte, daß seine Großmutter an diesem Tag ihren verstorbenen Sohn ebenfalls um eine besondere Gnade bitten würde.

Als sie jedoch am nächsten Morgen die Nachrichten im Radio hörten, wurde darin nichts von einer Rettungsaktion erwähnt. Im Gegenteil, der Sprecher verkündete, die C-47 der uruguayischen Luftwaffe habe Chile am Vortag verlassen. Also begaben sie sich in derselben pessimistischen Stimmung wie tags zuvor an ihre Pflichten. Am Mittag aßen sie ihre Fleischrationen und suchten anschließend im Flugzeug Schutz vor der Sonne. Als Carlitos später am Nachmittag das Flugzeug wieder verließ, hatte er auf einmal das sichere Gefühl, Parrado und Canessa seien gefunden worden. Er trat ein paar Schritte weit in den Schnee hinaus und stapfte dann zum Bug der Maschine, wo er Fito Strauch auf der «Toilette» hocken sah. Er bückte sich zu Fito hinunter und sagte leise: «Hör mal, Fito, sag bitte den anderen nichts, aber ich habe das sichere Gefühl, daß Nando und Musculo durchgekommen sind.»

Fito gab den Versuch, seinen Darm zu entleeren, auf, zog seine Hose hoch und stieg mit Carlitos ein Stück den Berghang hinauf. Obwohl er keineswegs abergläubisch war, so ließ er doch gern sich von dieser Vorahnung seine gedrückte Stimmung vertreiben. «Glaubst du wirklich, daß sie jemanden gefunden haben?» fragte er.

«Ja», antwortete Carlitos in schroffem, entschlossenem Ton. «Aber sag den anderen nichts. Ich möchte nicht, daß sie enttäuscht sind, wenn es nicht stimmt.»

Und wieder einmal beschäftigten sich die vierzehn Jungen mit ihren verschiedenen Aufgaben, während die Sonne am Himmel immer tiefer sank. Dann rauchten diejenigen, die noch einen kleinen Vorrat hatten (die Reserven waren fast erschöpft), ihre letzte Zigarette dieses Tages. Die Sonne ging unter. Es wurde kalt. Daniel Fernández und Pancho Delgado gingen in die Kabine, um sie vorzubereiten, und die anderen stellten sich zu zweien auf, um sich zu ihrer siebzigsten Nacht in den Bergen schlafen zu legen.

Sie beteten den Rosenkranz, und Carlitos schloß besonders seinen Onkel mit ein; von seiner Vorahnung aber erwähnte er nichts. Nach diesem Rosenkranz sagte Daniel Fernández jedoch plötzlich: «Meine Herren, ich habe das sichere Gefühl, daß unsere Expedition es geschafft hat. Bestimmt werden wir morgen oder übermorgen gerettet.»

«Ich auch», sagte Carlitos. «Ich habe dieses Gefühl heute nachmittag schon gehabt. Nando und Musculo haben es geschafft.»

Die zweite Vorahnung schien die erste zu bestärken, daher schliefen die meisten der vierzehn Jungen an diesem Abend voller Hoffnung und Zuversicht ein.

Am nächsten Morgen gingen Daniel Fernández und Eduardo Strauch wie gewöhnlich um halb acht hinaus und stellten den Sender Montevideo ein, um die Nachrichten zu hören. Als erstes vernahmen sie, daß man in einem entlegenen Andental zwei Männer gefunden habe, die behaupteten, Überlebende der Fairchild zu sein. Schon wollte Eduardo aufspringen und die anderen rufen, da packte ihn Fernández am Arm. «Warte noch!» warnte er. «Es könnte ein Irrtum sein. Wir müssen ganz sicher gehen. Wir dürfen sie nicht noch einmal enttäuschen.» Er war es gewesen, der ihnen Hoffnung gemacht hatte, als man ein Kreuz entdeckte, und jetzt wollte er ihnen so etwas nicht noch einmal antun. Die beiden konzentrierten sich wieder auf die Rundfunkmeldungen, suchten andere Stationen und hatten gleich darauf den Eindruck, die ganze Luft wimmelte von Nachrichten über die Entdeckung, die von den offiziellen Sendern in Argentinien und Brasilien und von Funkamateuren in Chile, Argentinien und Uruguay verbreitet wurden.

Jetzt konnte Eduardo rufen, so laut er wollte, und alle Jungen, die draußen im Schnee waren, drängten sich um das Radio, um dieses herrliche, unwahrscheinliche Kauderwelsch der Funkamateure mit eigenen Ohren zu hören. Die Worte drangen über den Äther von einem Land zum anderen, bis jede einzelne Wellenlänge des Kontinents die Sensation weitertrug, daß zwei Überlebende der vor zehn Wochen in den Anden abgestürzten uruguayischen Maschine gefunden worden seien, daß vierzehn noch an der Unfallstelle warteten und daß ihre Retter schon unterwegs seien.

Der Augenblick, den sich die Jungen so lange Zeit immer wieder ausgemalt hatten, war endlich da! Sie rissen die Arme hoch, schrien zu den gleichgültigen Gipfeln, die sie umgaben hinauf, daß sie gerettet seien, und dankten Gott teils laut und teils leise in ihren Herzen für die glückliche Nachricht von ihrer bevorstehenden Rettung. Dann stürzten sie sich auf die Zigarren. Von einer Weihnacht in den Anden war nicht mehr die Rede: In ein oder zwei Stunden würden die Hubschrauber kommen und sie hier herausholen. Sie öffneten die Kiste Romeo-und-Julia-Havannas, jeder nahm sich eine davon und steckte sie an; voller Genuß bliesen sie – welch unbeschreibliches Gefühl von Luxus! – den dicken Rauch in die trockene Bergluft. Diejenigen, die noch Zigaretten hatten, teilten sie mit denen, die gerne eine geraucht hätten, und zündeten auch diese an.

Während des Rauchens wurden sie ruhiger. «Wir müssen uns in Ordnung bringen», meinte Eduardo. «Sieh dir dein Haar an, Carlitos. Du solltest dich kämmen.»

«Und was machen wir damit?» Fernández deutete auf die Überreste menschlicher Körper, die rings um den Flugzeugrumpf verstreut lagen. «Sollten wir das nicht vergraben?»

Fito trat mit dem Stiefelabsatz auf den Schnee: Die Oberfläche war immer noch steinhart gefroren. Dann musterte er die mageren, abgezehrten Gesichter der Freunde. «Solange der Schnee so hart ist wie jetzt, können wir kein Loch graben.»

«Warum sollten wir auch?» fragte Algorta.

«Und wenn sie Fotos machen?» warf Fernández ein.

«Dann zerschlagen wir die Kameras», antwortete Carlitos.

«Wie dem auch sei», erklärte Eduardo, «es besteht kein Grund, das zu verheimlichen, was wir getan haben.»

Algorta begriff nicht, wovon sie eigentlich sprachen, und auch die anderen vergaßen die Leichen. Zerbino und Sabella überlegten, was sie machen würden, wenn die Retter eintrafen. «Ich weiß, was wir tun», verkündete Moncho. «Wenn wir die Hubschrauber hören, gehen wir alle in die Kabine und warten dort. Wenn sie uns dann suchen kommen, sagen wir einfach: ‹Oh, guten Tag! Was wünschen Sie?›»

«Und wenn sie mir eine chilenische Zigarette anbieten», ergänzte Zerbino lachend, «sage ich: ‹Nein, vielen Dank. Ich rauche lieber meine eigenen!›» Er hielt ein Päckchen uruguayischer Zigaretten hoch. «Ich werd mir extra ein paar La Paz dafür aufheben.»

In dem Gefühl, daß ihre Rettung nahe war, machten die Jungen sich für die Außenwelt bereit. Páez kämmte sein Haar, wie Eduardo es ihm geraten hatte, und rieb es sogar mit Haar-Öl ein, das er im Gepäck fand. Sabella und Zerbino zogen Hemd und Krawatte an. Alle vierzehn suchten Kleidungsstücke, die ein wenig sauberer waren. Für die meisten von ihnen bedeutete dies jedoch, sowohl die innerste als auch die äußerste Kleiderschicht auszuziehen und nur die Stücke anzubehalten, die sie in der Mitte getragen hatten. Außerdem putzten sie sich mit den letzten Resten der Zahnpasta die Zähne, drückten sie reichlich auf die Zahnbürsten und spülten den Mund mit Schnee nach.

Jetzt waren sie fertig, aber die Hubschrauber kamen nicht. Das Radio brachte immer noch die Nachricht von ihrer Rettung. Eine chilenische Station sendete sogar ein Dankgebet, das alle rührte, die es hörten, doch auch gegen Mittag kam kein Anzeichen einer Rettungsaktion, und die Jungen wußten nicht recht, ob sie zu ihren Routinebeschäftigungen zurückkehren sollten oder nicht. Viele von ihnen bekamen inzwischen Hunger, denn das am Vormittag zubereitete Fleisch hatten sie am Morgen in der Aufregung einfach weggeworfen. Jetzt machten sich Zerbino und Daniel Fernández auf die Suche danach. Roy Harley, der geglaubt hatte, warten zu können, bis er eine menschenwürdige Toilette fand, mußte sich wohl oder übel beim Bug der Maschine hinhocken; die anderen lachten über ihn und behaupteten, sein mageres Hinterteil gleiche der Rückansicht eines gerupften Huhns.

Dann wurde es heiß, und die meisten suchten Schutz in der Kabine. Als sie dort lagen, ungeduldig, aber immer noch beinahe ekstatisch glücklich bei dem Gedanken an ihre Rettung, sagte Eduardo Strauch auf einmal: «Wenn jetzt eine Lawine käme, kurz bevor sie uns holen – wäre das nicht fürchterlich?»

«Das gibt es nicht», erklärte Fernández. «Nicht jetzt, nachdem wir es soweit geschafft haben!»

Plötzlich vernahmen sie einen Schrei: «Achtung, Lawine!» Sie hörten ein Zischen und sahen tatsächlich eine weiße Masse auf sich zukommen. Sekundenlang waren sie vor Schreck erstarrt, doch als der «Schnee» langsam herabsank, sahen sie, daß es nur Schaum aus dem Feuerlöscher des Flugzeugs war, und erkannten dahinter nicht das strenge Gesicht des Todes, sondern das höhnische Grinsen Fito Strauchs.

Es war schon nach ein Uhr, als sie das Geräusch der beiden Hubschrauber hörten, und kurz darauf sahen sie die Maschine ein wenig nordöstlich von ihrer Position über die Berggipfel kommen. Das Geräusch klang völlig anders, als sie es sich vorgestellt hatten – ein Beweis dafür, daß das, was sie sahen und hörten, keine Fata Morgana war. Diejenigen, die draußen im Schnee waren, riefen und winkten, während die anderen schnell aus dem Wrack gelaufen kamen.

Zu ihrer Bestürzung schienen die Hubschrauber sie nicht zu sehen. Sie flogen in die falsche Richtung, wendeten, kreisten und flogen abermals über sie hinweg. Das wiederholte sich noch dreimal, bevor der Führungshubschrauber, vom Wind gepackt und heftig geschüttelt, allmählich tiefer kam und über ihnen zu kreisen begann. Sie konnten gerade noch Nando erkennen, der ihnen zuwinkte, auf seinen Mund deutete und dann vier Finger einer Hand hochhob. Sie sahen auch, daß andere Personen im Hubschrauber filmten und fotografierten. Der Pilot schien nicht landen zu können. Der Wind schüttelte seinen Hubschrauber so stark, daß jedesmal, wenn er herunterkam, Gefahr bestand, daß die riesige Maschine gegen die Felsflanke des nächsten Berges geschleudert wurde. Ein Rauchkanister flog aus dem Hubschrauber, aber der Rauch wurde nach allen Seiten zugleich geblasen und zeigte keine Windrichtung an. Doch schließlich, nach ungefähr einer Viertelstunde, kam der erste Hubschrauber so tief herunter, daß eine seiner Kufen den Schnee berührte. Zwei Pakete wurden aus der offenen Tür geworfen, und Sekunden später sprangen zwei Männer hinterher.

Der erste war der Andinist Sergio Diaz, der zweite der Sanitäter. Sobald Diaz aus dem Bereich der Rotorblätter war, ging er mit offenen Armen auf die Jungen zu, von denen viele über den stattlichen Universitätsprofessor geradezu herfielen, ihn umarmten und in den Schnee zogen. Doch nicht alle begrüßten ihn so herzlich. Einige waren verwirrt durch diese Fremden, die in ihr «Heim» eindrangen. Pedro Algorta erkundigte sich bei Fito Strauch, als dieser Diaz selig umarmte, ob er den Mann etwa schon kenne.

Außerdem fürchteten sie, der Motorenlärm könne eine Lawine auslösen, so daß sich die beiden Jungen, die dem ersten Hubschrauber am nächsten standen, unter den Rotorblättern hindurchduckten und eine Möglichkeit suchten, an Bord zu klettern. Das war nicht leicht: García wagte nicht, auf dem Schnee zu landen – erstens wegen des steilen Abhangs und zweitens, weil er wußte, der Schnee würde das Gewicht des Hubschraubers nicht tragen. Deswegen hielt er ihn in der Schwebe; einerseits fürchtete er, die Blätter könnten gegen die Bergflanke krachen, andererseits war er nicht in der Lage, die Maschine in eine Position zu bringen, die den Jungen das Einsteigen erleichtert hätte. Der erste, der den Versuch wagte, war Fernández. Er reckte sich und wurde sofort von Parrado gepackt, der ihn zu sich hereinzog. Der zweite war Mangino, der über den Schnee zum Hubschrauber gehumpelt war und es nur mit Mühe schaffte, an Bord zu kommen.

García entschied, mit diesen beiden Passagieren – außer Parrado, Morel und dem Mechaniker – sei die Ladekapazität seines Hubschraubers erreicht; er zog die Maschine wieder hoch und schwebte wartend über der Absturzstelle, während Massa das gleiche Manöver ausführte und zwei weitere Andinisten, Lucero und Villegas, mit ihrer Ausrüstung absetzte.

Während die beiden Hubschrauber so ihre Plätze tauschten, hatte sich Diaz aus der Umarmung der Jungen gelöst und erkundigte sich nach Páez. Als sich Carlitos meldete, überreichte ihm Diaz die beiden Briefe seines Vaters. «Der eine ist für Sie persönlich, der andere für die ganze Gruppe», erklärte er.

Carlitos öffnete die Umschläge und las zuerst den Brief, der für sie alle bestimmt war. «Seid guten Mutes und voll Zuversicht!» lautete er. «Anbei mein Weihnachtsgeschenk für Euch: ein Hubschrauber.» Im zweiten stand: «Wie Du siehst, lasse ich Dich nie im Stich. Ich warte auf Dich mit einem größeren Glauben an Gott denn je zuvor. Mama ist unterwegs nach Chile. Dein Alter.» Er stopfte die Briefe in die Tasche. Als er wieder aufblickte, sah er, daß der zweite Hubschrauber in Position gegangen war. Er ging hinüber und kletterte mit Algorta und Eduardo Strauch an Bord. Nach ihnen kam dann noch Inciarte, dem Diaz hinaufhalf, und mit diesen vier Jungen, die seine Tragfähigkeit voll auslasteten, hob Massas Hubschrauber sich in die Luft. Zurückblieben Delgado, Sabella, Francois, Vizintín, Methol, Zerbino, Harley und Fito Strauch zusammen mit den drei Andinisten und dem Sanitäter.

Der Aufstieg an der Ostflanke des Berges war kaum weniger beängstigend als der auf der anderen Seite – so beängstigend sogar, daß die Passagiere allmählich bereuten, die relative Sicherheit ihres «Heims» in der Fairchild verlassen zu haben. Als der Hubschrauber unter dem Dröhnen der Motoren zu vibrieren begann, erkundigte sich Fernández, ob das normal sei.

«Aber ja!» schrie Parrado ihm beruhigend zu, Fernández sah jedoch an seiner Miene, daß der andere ebenso große Angst hatte wie er.

Mangino wandte sich an den Soldaten, der neben ihm saß, und fragte, ob denn der Hubschrauber dieser Situation gewachsen sei. Der Mechaniker beruhigte ihn, der Ausdruck auf seinem Gesicht war jedoch weit weniger zuversichtlich als seine Worte, und Mangino begann zu beten, wie er in seinem Leben noch nie gebetet hatte.

Das Problem, mit dem García und Massa konfrontiert waren, bestand darin, daß in dieser Höhe die Luft zu dünn war, um die Maschinen allein mit Hilfe ihrer Motoren steigen zu lassen. Deswegen versuchten die beiden Piloten, ihre Hubschrauber wie Segelflugzeuge zu fliegen, nach warmen Aufwinden zu suchen, die sie ein paar Meter emportragen würden, und dann auf dieser Höhe schwebend zu warten, bis ein neuer Aufwind sie noch höher trug. Diese Technik verlangte überdurchschnittliches Können, aber das Können besaßen die beiden Experten offensichtlich, denn schließlich hatten sie den Gipfel passiert und flogen das Tal entlang auf das Y und Los Maitenes zu.

Jetzt dauerte es nur noch fünfzehn Minuten, bis sie Lager Alpha erreichten, wo die sechs geretteten Überlebenden mit ekstatischer Freude und Erleichterung auf den grünen Boden sprangen. Verwundert starrten sie auf die vielen Farben ringsum, berauscht vom Duft der Blumen und Gräser. Wie Betrunkene umarmten sie einander und wälzten sich auf dem Erdboden. Eduardo Strauch legte sich ins Gras, als wäre es weicher als die weichste Seide. Als er den Kopf drehte, sah er ein Gänseblümchen vor seiner Nase. Er pflückte es, schnupperte daran und reichte es Carlitos Páez, der neben ihm lag. Carlitos nahm es und wollte ebenfalls daran riechen, steckte es aber statt dessen in den Mund und aß es auf.

Auch Canessa und Algorta umarmten sich und wälzten sich auf dem Gras. In seiner Begeisterung und Aufregung packte Algorta Canessa beim Haar. Fängst du schon wieder an, du dämlicher Idiot, dachte Canessa bei sich.

Als diese erste Welle der Überschwenglichkeit verebbt war und den Jungen klar wurde, daß sie nicht nur die einundsiebzig Tage in den Anden, sondern auch den gefährlichen Flug im Hubschrauber überstanden hatten, richteten sich ihre Gedanken sofort aufs Essen, und alle sechs fielen über den heißen Kaffee, die Schokolade und den Käse her, die man für sie bereitgestellt hatte. Zwischendurch wurden sie von dem Ärzteteam untersucht, wobei sich herausstellte, daß sie zwar alle mehr oder weniger an Unterernährung und Vitaminmangel litten, daß ihre Verfassung aber nicht kritisch war.

Aufgrund dieses Befundes hätten die acht Überlebenden, die von der Absturzstelle heruntergebracht worden waren, in Los Maitenes warten können bis die Hubschrauber auch die übrigen holten. Doch García erklärte Oberst Morel, da sich dort oben niemand in unmittelbarer Todesgefahr befände, wäre es unter den gegebenen, so außergewöhnlich schlechten Bedingungen höchst unklug, am selben Abend noch einen zweiten Flug zu wagen. Morel war einverstanden, mit der nächsten Rettungsaktion bis zum kommenden Tag zu warten, und so flogen die ersten acht Überlebenden noch am selben Nachmittag nach San Fernando.

2

Die Kommandozentrale in San Fernando wurde per Funk von diesem Entschluß benachrichtigt und erhielt zugleich eine vollständige Liste der sechzehn Überlebenden. Der Funker, der die Namen notierte, händigte den Zettel dem Ausschußmitglied aus, das die Funkmeldungen in die Maschine tippte: Carlos Páez Vilaró.

Páez Vilaró wollte die Liste nicht annehmen. Er wußte jetzt, daß von den vierzig Passagieren der Fairchild nur sechzehn den Absturz überlebt hatten. Aber er wußte nicht, ob sein Sohn Carlitos zu diesen sechzehn gehörte, und als der Augenblick kam, da er sich darüber Gewißheit verschaffen konnte, überwog die Angst vor der Wahrheit. Wortlos schob er den Zettel zu Oberst Morels Sekretärin hinüber.

Die kurze Liste war schnell getippt, und so dauerte es nicht lange, bis die sechzehn Namen abermals vor Páez Vilaró lagen. Er brachte es immer noch nicht über sich, sie zu lesen, sondern bedeckte die Liste mit einem Blatt Papier. In dem Augenblick klingelte das Telefon; es war Radio Carve in Montevideo.

«Gibt es was Neues?» wurde gefragt.

«Ja», antwortete Páez Vilaró. «Wir haben die Namen der

Überlebenden, aber ich kann sie Ihnen nicht weitergeben, weil die Genehmigung des Oberbefehlshabers noch nicht vorliegt. Er ist noch bei den Hubschraubern.»

Der Bürgermeister von San Fernando, der das hörte, erklärte Páez Vilaró, daß er ihm hiermit die Genehmigung zur Weitergabe der Liste erteile, und der Maler begann, den Telefonhörer noch immer am Ohr, ganz langsam den ersten Namen auf der Liste aufzudecken – ungefähr so, wie ein Uruguayer beim *truco*-Spielen die Karten in seiner Hand ansieht. «Roberto Canessa», sagte er und wiederholte: «Roberto Canessa.» Er zog das Blatt Papier um einen halben Zentimeter weiter nach unten. «Fernando Parrado», las er. «Fernando Parrado.» Und noch ein Stück weiter schob er das Papier: «José Luis Inciarte ... José Luis Inciarte.» Und noch weiter: «Daniel Fernández ... Daniel Fernández.» Und noch weiter: «Carlos Páez ... Carlos Páez.» Tränen erstickten seine Stimme, und er konnte einen Augenblick lang nicht weiterlesen.

Die Namen, die er vorlas, drangen per Rundfunk direkt in die Häuser aller Uruguayer, die ihre Radiogeräte eingeschaltet und auf diesen Sender eingestellt hatten. Unter ihnen war auch Señora Nogueira. Sie hatte im Garten der Ponce de Leóns auf neue Nachrichten gewartet, die Atmosphäre aber zu gespannt und hysterisch gefunden. Jetzt saß sie in ihrer Küche, und als Páez die Namensliste zu lesen begann, erstarrte sie körperlich und geistig, als wären alle Hoffnungen und Ängste der vergangenen zwei Monate auf diesen einen Moment konzentriert. «Carlos Páez», wiederholte er. Dann folgten alle anderen Namen: Mangino, Strauch, Harley, Vizintín, Zerbino, Delgado, Algorta, Francois, Methol und Sabella.

Mehr nicht. Ihre Hoffnungen, die so oft gestiegen, gesunken und wieder gestiegen waren, sanken zum allerletzten Mal. Wie schön, daß der kleine Sabella noch lebt, dachte sie. Persönlich kannte sie die Familie nicht, aber sie hatte mit seiner Mutter telefoniert. Damals war Señora Sabella so traurig gewesen; jetzt würde sie sicher glücklich sein.

Die beiden Väter Harley und Nicolich, die in einem Flugzeug mit Tiefkühlfracht von Mendoza nach Santiago geflogen waren, erreichten San Fernando gerade, als die letzten Vorbereitungen zum Empfang der Hubschrauber mit den ersten acht Überlebenden getroffen wurden. Die beiden Männer wußten noch nicht, welche der Jungen am Leben waren. Sie drängten sich durch die Menge der erregten Chilenen, die vor dem Kaserneneingang warteten, und gesellten sich zu Carlos Páez Vilaró, der mit César Charlone, dem uruguayischen Geschäftsträger, vor einer Front von dreihundert Soldaten des Colchagua-Regiments stand, die wie zu einer Parade aufmarschiert waren.

Auf einmal schrie die Menge auf – darunter viele, die Páez Vilaró persönlich mit ihren Flugzeugen, ihren Funkgeräten und ihren Gebeten bei seiner so unsinnig scheinenden Suche geholfen hatten. Und jetzt sahen sie die drei Hubschrauber der chilenischen Luftwaffe heranfliegen. Der Anblick von drei Kreuzen am Himmel oder einer Engelschar hätte auf sie in diesem Augenblick kaum bewegender oder wunderbarer wirken können als diese lärmenden, modernen Maschinen, die mit ihren Rotoren die Luft peitschten, einschwebten, kreisten und dann auf dem Asphalt des Exerzierplatzes aufsetzten.

Bevor noch die Motoren stoppten, glitten die Türen zurück, und Páez Vilaró, der Vater, sah das Gesicht von Páez-Sohn. Mit einem Aufschrei stürzte er vorwärts und wäre in die wirbelnden Rotorblätter geraten, hätte Charlone ihn nicht zurückgerissen. Nun wartete er, bis Carlitos heraussprang und auf ihn zugelaufen kam. Gleich nach ihm stieg Parrado aus und lief ebenfalls auf Páez Vilaró zu, der, von seinem Helfer endlich losgelassen, die beiden Jungen zugleich in die Arme schloß.

Es bedurfte keiner Worte zwischen ihnen. Für den Vater verkörperten diese atmenden, jungen Menschen, die er an seine Brust drückte, den Lohn für endlose Wochen fanatischer Hartnäckigkeit: Er weinte, und den dreihundert Soldaten des Colchagua-Regiments hinter ihm rannen ebenfalls Tränen über die Wangen. Für den Sohn war es genug, daß er sich hier, in den beschützenden Armen seines Vaters, bereits wieder zu Hause fühlte. Der einzige Wermutstropfen in diesem Freudenbecher war für ihn in diesem Augenblick das angstvolle, gespannte Gesicht Señor Nicolichs, das hinter seinem Vater auftauchte.

Beklommen senkte er den Blick. Inmitten all des Jubels hatte er das Gefühl, als habe er den Arm gehoben, um dem Vater seines besten Freundes den Todesstoß zu versetzen. Doch als er dann wieder aufblickte, sah er Señor Nicolich bei Daniel Fernández stehen. Ihre Mienen zeigten deutlich, was sie miteinander besprachen.

3

Das Krankenhaus *San Juan de Dios* in San Fernando war von Oberst Morel am selben Tag um sechs Uhr früh verständigt worden: Man solle sich darauf vorbereiten, die Überlebenden der uruguayischen Fairchild aufzunehmen. Sofort stellte Dr. Baquedano, der Chefarzt des Krankenhauses, aus seinen fähigsten Mitarbeitern – Dr. Ausin, Dr. Valenzuela und Dr. Melej – ein Team zusammen, das die Ankunft vorbereiten sollte. Zu diesem Zeitpunkt hatte man noch keine Ahnung von dem Zustand der Überlebenden. Man wußte lediglich, daß sie über siebzig Tage lang mit wenig oder gar nichts Eßbarem in den Anden gefangen gewesen waren.

Zuerst wurde für ihre Unterbringung gesorgt. Das Krankenhaus war klein, und seine Gebäude waren alt: ein einstöckiger Bau mit Innenhöfen und einer überdachten Veranda um jeden Block. Es gab jedoch einen Flügel, der für Privatpatienten reserviert war, und den machten sie für die Überlebenden frei. In der Zwischenzeit telefonierten die drei Ärzte mit einem anderen Mediziner, der zufällig auch Valenzuela hieß und Chef der Intensivstation am Zentralkrankenhaus von Santiago war. Sie erklärten ihm, welche Behandlung sie für die Patienten planten, und er bestätigte die geplante Therapie.

Um drei Uhr zehn kamen die Krankenwagen mit den ersten acht Überlebenden. Sie fuhren in den Hof zwischen dem Hauptgebäude des Krankenhauses und der Backsteinkapelle, und dann wurden die Patienten auf ihren Bahren hineingefahren – bis auf Parrado, der unbedingt allein gehen wollte und sich einen Weg durch die Menge der Krankenschwestern und Besucher bahnte, die ihre Ankunft erwartet hatten. Als er den Eingang des Privatflügels erreichte, wurde er von einem dort postierten Polizisten aufgehalten.

«Tut mir leid», sagte der Beamte, «aber Sie dürfen hier nicht hinein. Das ist nur für die Überlebenden.»

«Aber ich bin ein Überlebender», antwortete Parrado.

Der Polizist musterte den hochgewachsenen jungen Mann, der vor ihm stand; einzig der Bart und das lange, ungepflegte Haar überzeugten ihn schließlich, daß Parrado die Wahrheit gesprochen hatte. Auch die Krankenschwestern waren zunächst skeptisch; dann versuchten sie, ihn ins Bett zu stecken, aber er weigerte sich, ihnen zu folgen und sich von den Ärzten untersuchen zu lassen, bevor er ein Bad genommen hatte. Verwirrt liefen die Krankenschwestern zu den Ärzten, um sich Rat zu holen, doch die zuckten nur die Achseln und sagten, sie sollten Parrado seinen Willen lassen. Dies war das erste Anzeichen dafür, daß diese Patienten sich anders verhalten würden als erwartet.

Ein Bad wurde Parrado eingelassen. Als er um Shampoo bat, brachte ihm eine Schwester ihre eigene Flasche. Dann erst zog Parrado endlich die stinkenden Kleider aus und sank zufrieden ins warme Wasser. Er wusch sich gründlich und blieb anschließend anderthalb Stunden in der Wanne liegen. Nach dem Bad duschte er, um sich das schmutzige Wasser herunterzuspülen, und schlüpfte in den weißen Kittel, der bereitgelegen hatte. Er fühlte sich großartig und ließ sich mit freundlicher Gleichgültigkeit von den drei verwunderten Ärzten untersuchen.

Parrado hatte natürlich, genau wie die anderen sieben, bedenkliches Untergewicht. Er wog jetzt dreiundzwanzig Kilo weniger als normal. Fernández, Páez, Algorta und Mangino hatten am wenigsten abgenommen: zwischen vierzehn und fünfzehn Kilo. Canessa hatte siebzehn Kilo verloren, Eduardo Strauch zwanzig und Coche Inciarte sogar sechsunddreißigeinhalb. Diese erhebliche Differenz zeigte nicht nur, wie mager sie geworden waren, sondern auch, wieviel Gewicht sie vorher auf die Waage gebracht hatten: Denn während Fernández, Mangino, Algorta und Eduardo Strauch vor dem Absturz nur zwischen fünfundsechzig und fünfundsiebzig Kilo schwer gewesen waren, hatten Parrado und Inciarte je neunzig gewogen. Zum Erstaunen der Ärzte wog Páez, der doch nicht groß war, tatsächlich achtundsechzigeinhalb Kilo, als er im Krankenhaus *San Juan de Dios* in San Fernando aufgenommen wurde.

Einige der Jungen litten an speziellen Beschwerden, die von den Ärzten so gut wie möglich behandelt wurden. Mangino hatte sich das Bein gebrochen; Inciartes Bein war immer noch stark infiziert; Algorta klagte über Schmerzen in der Lebergegend. Außerdem hatte Mangino leichtes Fieber, zu hohen Blutdruck und unregelmäßigen Puls. Die Tests ergaben bei allen einen Mangel an Fett, Proteinen und Vitaminen, und darüber hinaus litten sie an verbrannten, mit Blasen bedeckten Lippen, Bindehautentzündung sowie verschiedenartigen Hautinfektionen.

Den drei untersuchenden Ärzten wurde bald klar, daß sich diese acht Jungen während der letzten zehn Wochen von mehr als nur geschmolzenem Schnee ernährt haben mußten, deswegen erkundigte sich einer von ihnen, als er Inciartes Bein untersuchte: «Was haben Sie zuletzt gegessen?»

«Menschenfleisch», antwortete Coche.

Der Arzt fuhr mit der Untersuchung fort, ohne eine Bemerkung zu machen und ohne Überraschung zu zeigen.

Auch Fernández und Mangino erzählten den Ärzten, was sie in den Bergen gegessen hatten, und wieder äußerten sie sich nicht; allerdings erteilten sie strengste Anweisung, keine Journalisten ins Krankenhaus zu lassen. Doch es kam ihnen nicht in den Sinn, die Anweisungen zu ändern, die sie hinsichtlich der Ernährung der acht Überlebenden erteilt hatten. Mangino, Inciarte und Eduardo Strauch, die drei, deren Unterernährung am bedenklichsten war, wurden intravenös ernährt, und die übrigen bekamen flüssige Nahrung und kleine Portionen eines speziell für sie zubereiteten Gelees; dann mußten sie ruhen.

Es dauerte eine ganze Weile, bis den Jungen klar wurde, daß sie vorerst nicht mehr bekommen würden. Die einzige feste Nahrung, die sie seit ihrer Einlieferung ins Krankenhaus gegessen hatten, war jenes Stück Käse, das Canessa sich als Andenken aus Los Maitenes mitgebracht und auf den Tisch neben seinem Bett gelegt hatte. Jeder hatte ein eigenes Zimmer, aber die Kräftigeren besuchten nun die anderen, und man beschloß, die Krankenschwestern um handfestere Kost zu bitten. Doch die verwiesen auf die strikten Anweisungen von Dr. Melej, Dr. Ausin und Dr. Valenzuela.

Doch Not kennt kein Gebot. Carlitos Páez hatte schon bemerkt, daß er in gewissem Sinne berühmt war, und versprach den Krankenschwestern alle möglichen Autogramme und Souvenirs, wenn sie ihnen nur etwas zu essen besorgten. Die reizenden chilenischen Schwestern ließen sich jedoch nicht so leicht bestechen. Deshalb setzten die Jungen einen Beschwerdebrief an die Ärzte auf, die sie, wie sie behaupteten, verhungern ließen.

Die Ärzte kamen und hörten die Beschwerde an. Wieder wiesen sie darauf hin, wie gefährlich es sei, feste Nahrung zu essen, wenn man so lange gehungert habe.

«Aber ich habe gestern mittag Bohnen und Makkaroni gegessen», wandte Canessa ein, «und fühle mich heute ausgezeichnet.»

Da gaben die Ärzte auf. Die Krankenschwestern sollten jedem der acht Überlebenden eine herzhafte Mahlzeit servieren.

Es war inzwischen klar, daß sich keiner ihrer acht Patienten körperlich in einem kritischen Zustand befand. Deswegen kümmerten sie sich um das geistige und seelische Wohl der Jungen. Zwei Symptome waren ihnen von Anfang an aufgefallen: erstens der Zwang, ununterbrochen zu reden, und zweitens die Angst vor dem Alleinsein. Coche Inciarte, der als erster ins Krankenhaus getragen wurde, hatte von seiner Bahre aus Dr. Ausins Hand gepackt und sie erst wieder losgelassen, als er im Bett lag. Anschließend hatte er mit jedem geredet, der in sein Zimmer gekommen war. Seine Freunde hatten sich ähnlich verhalten, besonders Carlitos Páez.

Dieses Verhalten war nun bei jungen Männern, die zehn Wochen in den Anden verschollen gewesen waren, keineswegs außergewöhnlich; zusammen mit jener Tatsache jedoch, von der die Ärzte eben erst erfahren hatten, daß ihre Patienten nämlich nur überlebt hatten, weil sie Menschenfleisch gegessen hatten, konnte es natürlich auch das erste Anzeichen eines extrem psychotischen Verhaltens sein. Aus diesem Grund erteilten die Ärzte Anweisung, keine Besucher zu ihnen zu lassen, nicht einmal die Mütter von Carlitos Páez und Canessa, die soeben aus Montevideo eingetroffen waren.

In der Menschenmenge, die sich in der Eingangshalle des Krankenhauses drängte, befand sich jedoch ein Mann, bei dem sie eine Ausnahme machten: Pater Andrés Rojas, der Hilfspfarrer der Pfarrkirche von San Fernando Rey. Wie alle anderen Bewohner von San Fernando hatte auch er von diesem «Weihnachtswunder» (wie die Entdeckung der Überlebenden inzwischen genannt wurde) gehört und am Nachmittag, bei ihrer Ankunft aus Los Maitenes, die Hubschrauber über der Stadt gesehen. Impulsiv hatte er beschlossen, zum Krankenhaus zu gehen und seine Hilfe anzubieten, hatte seinen Impuls jedoch unterdrückt, weil er sich nicht in die Anweisungen der Ärzte einmischen wollte. Später fiel ihm dann ein, daß er dort noch etwas anderes zu tun hatte: ein ausgezeichneter Vorwand für sein Erscheinen.

Der Hilfspfarrer war ein junger Mann von sechsundzwanzig Jahren und erst im Vorjahr zum Priester geweiht worden. Klein, dunkelhaarig, mit dunkler Haut und jungenhaftem Gesicht, wirkte er jünger, als er war. Außerdem trug er nicht die übliche schwarze Soutane, sondern eine graue Sporthose mit grauem, offenstehendem Hemd, so daß er sich durch nichts von der Menge unterschied. Doch die Ärzte Ausin und Melej erkannten ihn und forderten ihn zu einem Besuch bei den Überlebenden auf.

Er wurde in den Privatflügel geführt und betrat das erste Zimmer am Korridor, in dem Coche Inciarte lag. Er hätte keine bessere Wahl treffen können, denn kaum hatte er sich als Priester zu erkennen gegeben, da strömten die Worte nur so aus dem stotternden Coche Inciarte. Er berichtete Pater Andrés von der Zeit in den Bergen – nicht in der kalten Sprache des unbeteiligten Beobachters, sondern mit erhabenen, mystisch gefärbten Worten, die viel besser ausdrückten, was dieses Erlebnis für ihn bedeutete.

«Niemand kann sich vorstellen, wie es war. Ich bin früher jeden Sonntag zur Messe gegangen; die heilige Kommunion war schon fast selbstverständlich geworden. Da oben aber, wo ich so viele Wunder erlebte, so nahe bei Gott war, daß ich ihn fast berühren konnte, da habe ich mich verändert. Jetzt bitte ich Gott, er möge mir die Kraft verleihen, nicht wieder zu dem zu werden, der ich früher war. Ich habe erfahren, daß Leben Liebe ist und daß Liebe heißt, dem Nächsten etwas zu geben. Die Seele ist das Beste am Menschen. Es gibt nichts Schöneres, als einem Mitmenschen zu geben . . .»

Als Pater Andrés zuhörte, begriff er allmählich, von welcher Gabe Inciarte sprach: von dem Fleisch, dem eigenen Fleisch, das die Toten ihren Kameraden gegeben hatten. Kaum war ihm das klargeworden, da beruhigte der junge Priester Inciarte; was er getan habe, sei keine Sünde. «Heute nachmittag bringe ich Ihnen die Kommunion», sagte er.

«Dann möchte ich beichten», verlangte Coche.

«Sie haben gebeichtet», entgegnete der Priester. «Mit diesem Gespräch haben Sie gebeichtet.»

Als er zu Alvaro Mangino kam, stand Pater Andrés vor dem gleichen Problem: dem tiefen Wunsch, Rechenschaft abzulegen über das, was er getan hatte. Wiederum war der Bericht eine Mischung aus Reue und Rechtfertigung, und wiederum versicherte der Priester dem angstvollen Jungen, was er getan habe, sei keine Sünde, er könne am Nachmittag die heilige Kommunion nehmen, ohne vorher zu beichten. Wenn er jedoch beichten wolle, dann solle er sich der Last anderer Sünden entledigen.

Eine Frage jedoch, die Inciarte ihm stellte, konnte auch er nicht beantworten: Warum war er am Leben geblieben, während die anderen sterben mußten? Welche Absicht verfolgte Gott mit dieser Auswahl? Konnte man das logisch erklären? «Nein», antwortete Pater Andrés. «Es gibt Momente, da können wir mit unserem menschlichen Verstand den Willen Gottes nicht begreifen. Es gibt Dinge, die wir in aller Demut als Mysterium hinnehmen müssen.»

Mit der Besuchserlaubnis für Pater Andrés hatten die Ärzte die beste Therapie gewählt. Der Entschluß, das Fleisch ihrer Freunde zu essen, war für das Gewissen vieler der Jungen in den Bergen eine schwere Prüfung gewesen. Sie waren alle römisch-katholisch und wollten deshalb das Urteil der Kirche über ihre Tat erfahren. Da die katholische Kirche jedoch lehrt, daß das Essen von Menschenfleisch *in extremis* gestattet ist, konnte ihnen dieser junge Priester nicht nur vergeben, sondern ihnen erklären, daß sie gar keine Sünde begangen hatten. Diese Erklärung, gestützt auf die Autorität der Kirche, gab wenigstens denjenigen, die unsicher gewesen waren, den Seelenfrieden zurück.

Ein oder zwei unter ihnen brauchten diese Beruhigung allerdings nicht – oder gaben nicht zu, sie zu brauchen –, und sie hatten Pater Andrés nur wenig zu sagen. Algorta, zum Beispiel, war nicht in der Stimmung, mit irgend jemandem zu sprechen, schon gar nicht mit diesem jugendlichen Priester, der so einen frommen Klerikerausdruck im Gesicht hatte.

4

Der Augenblick des Wiedersehens konnte nicht länger aufgeschoben werden. Eltern und Verwandte der Überlebenden hatten keine Ahnung von dem schwierigen Problem, das die Ärzte lösen mußten, bevor sie sie einließen, und während die meisten von ihnen in heldenhafter Geduld auf das Wiedersehen mit ihren Söhnen warteten, die von den Toten auferstanden waren, wurden andere zunehmend ungeduldiger.

Garciela Berger, Parrados verheiratete Schwester, wurde wütend, als ein Polizist sie am Eingang zum Privatflügel aufzuhalten versuchte. «Ich will meinen Bruder sehen», schrie sie. Sie hörte Nandos Stimme drinnen rufen: «Garciela, hier bin ich!» Worauf sich die energische Frau einfach an dem Polizisten vorbeidrängte und in Parrados Zimmer stürmte. Als sie ihren Bruder sah, brach sie in Tränen aus. Die tiefe Rührung über das Wiedersehen mit Nando sowie der Schock beim Anblick seiner ausgemergelten Erscheinung waren zuviel für ihre Selbstbeherrschung.

Gleich hinter ihr kam ihr Ehemann Juan und dann der gramgebeugte, weinende Seler Parrado. Dieser arme Mann, der allen Lebensmut verloren hatte, als Sohn, Frau und Tochter in den Anden verschollen waren, hatte neue Hoffnung geschöpft, als auf einer falschen Liste alle drei als Überlebende angegeben wurden. Und jetzt erst, kurz bevor er seinen Sohn wiedersah, hatte er die ganze Wahrheit erfahren: daß einzig Nando am Leben war. Er wurde zwischen Freude und Kummer hin- und hergerissen. Doch als er Nando sah und ihn in seine Arme schloß, überwog schließlich das Glück, und die Tränen, die ihm über die Wangen rannen, waren Freudentränen.

Ein Stückchen weiter am selben Flur lag Canessa in seinem Einzelzimmer und lauschte auf die Stimmen seiner Verwandten, die eben hereinkamen. Als er den Kopf hob, sah er an der Tür das Gesicht seiner Verlobten, Laura Surraco. Seine erste Reaktion war Schock. Oben, in den Bergen, hatte er ständig daran gedacht, daß er sie in Montevideo wiedersehen würde. Ihre Anwesenheit hier in Chile erschien ihm irgendwie falsch, und als sie unter Tränen auf ihn zueilte, wandte er sich ab.

Nach Laura Surraco kam Mecha Canessa. Sie trat ganz ruhig in sein Zimmer und sagte: «Fröhliche Weihnachten, Roberto.» Doch als sie unter dem dunklen Bart ihres Sohnes das welke, runzlige Gesicht eines alten Mannes sah, konnte auch sie die Tränen nicht mehr zurückhalten. Sogar Dr. Canessa begann zu weinen, als er hereinkam, und diese Sturzflut von Gefühlen löste bei Roberto einen derartigen Weinkrampf aus, daß seine Eltern für seine Gesundheit fürchteten und vorschlugen, zu gehen. Davon aber wollte er nichts hören, und als sie sich alle ein wenig beruhigt hatten, berichtete er ihnen über den Absturz, erzählte, wie sie überlebt hatten, und ließ auch die Tatsache nicht aus, daß sie sich von menschlichem Fleisch ernährt hatten. Von den drei Familienangehörigen zuckte nur der Vater bei diesen Worten entsetzt zusammen, bevor er sich beherrschen und seine Gefühle kontrollieren konnte. Die beiden Frauen waren so glücklich, Roberto wiederzuhaben, daß sie kaum hörten, was er sagte. Er als Arzt hingegen wußte genau, daß sein Sohn Schreckliches durchgemacht haben mußte und daß ihn weitere Prüfungen erwarteten.

Eduardo Strauchs Wiedersehen mit seinen Eltern und seiner Tante Rosina war ebenfalls von dieser sonderbaren Atmosphäre gekennzeichnet. Sarah Strauch gab sich die größte Mühe, gelassen und ruhig zu erscheinen, da sie jedoch von Natur aus nervös war, stellte dieses Wiedersehen mit ihrem Sohn ihre Selbstbeherrschung auf eine sehr harte Probe. Das Glück, ihn lebend wiederzuhaben, der Schock darüber, daß er so abgezehrt war, und die fromme Begeisterung über die Jungfrau von Garabandal, die ihre Gebete gnädig erhört hatte – alle diese Gefühle brachen gleichzeitig über sie herein. Deshalb konnte sie einen entsetzten Ausdruck nicht unterdrücken, als Eduardo ihr berichtete, zu welchen extremen Mitteln sie hatten greifen müssen, um dieses Wunder wahr werden zu lassen.

Wohl kaum weniger entgeistert war das Gesicht von Madelón Rodríguez, als Carlitos ihr erzählte, was sie gegessen hatten, um nicht zu verhungern. So wie viele andere Mütter, die an eine Wiederkehr ihrer Söhne geglaubt hatten, hatte auch sie sich niemals im einzelnen ausgemalt, wie dieses Wunder denn vollbracht werden sollte: Sie hatte angenommen, es gäbe dort Wald, der ihnen Schutz bot, wilde Kaninchen, die über den mit Tannennadeln bedeckten Boden sprangen, und Fische, die in den Bächen schwammen. Weder sie noch die anderen Eltern und Verwandten der Jungen hätten auch nur im Traum daran gedacht, daß sie das Fleisch der Toten essen mußten. Die erste Konfrontation mit dem, was sich ereignet hatte, mußte sie daher zwangsläufig abstoßen, aber die Jungen hatten sich, selbst in dem desolaten Zustand, in dem sie sich nach ihrer Prüfung befanden, genügend Urteilsvermögen und Einsicht in das Verhalten von Menschen außerhalb der Anden bewahrt, um einzusehen, daß dies so sein mußte. Nur Algorta war die Ausnahme. Nachdem er den Priester fortgeschickt hatte, lag er, ohne jedes Bedürfnis, mit einem Menschen zu sprechen, auf dem Bett. Er wurde von seinem Vater und einer Frau besucht, die er als die Mutter des Mädchens erkannte, das er in Santiago hatte treffen wollen. Er fragte die Frau nach ihrer Tochter, und am nächsten Morgen kam das Mädchen selbst, um ihn zu besuchen. Und sofort verspürte er wieder dieselbe Zuneigung, die er vor dem Unglück für sie empfunden hatte. Der einzige Makel bei dieser Wiedervereinigung war der Ausdruck von Entsetzen auf dem Gesicht der Mutter, als er ihr sagte, was er gegessen hatte, um zu überleben. Ihr Entsetzen entsetzte nun wiederum Algorta. Weshalb wunderte sie sich darüber, daß sie das Fleisch von Toten gegessen hatten, da das doch vollkommen normal und logisch war.

Coche Inciarte, der so empfindlich gegen einen unwillkürlichen Ausdruck des Tadels durch andere war, vermied derartige Reaktionen, indem er nur in den erhabensten Ausdrücken von seinen Erlebnissen sprach.

«Carlos», wandte er sich an seinen Onkel, den ersten seiner zwölf Familienangehörigen, die in Chile eintrafen, «Carlos, ich bin ganz von Gott erfüllt.»

Und der Onkel antwortete im selben Ton. «Jesus Christus wollte, daß du aus den Anden nach Hause kamst, Coche. Und nun wird er immer bei dir sein.»

Vierzehnter Teil

I

Die acht Überlebenden, die am Berg zurückgelassen wurden, schauten den beiden Hubschraubern nach, wie sie emporstiegen und langsam hinter dem Gipfel verschwanden. Dann wandte Zerbino sich an Lucero, einen der drei Andinisten, und lud ihn ein, die Rückkehr der Hubschrauber in ihrem «Heim», dem Rumpf der Fairchild, abzuwarten. Als sie gemeinsam dem Eingang zustapften, warf Lucero einen Blick auf die Reste der menschlichen Körper, die überall auf dem Schnee verstreut lagen, und fragte die Jungen: «Haben die Kondore die Leichen gefressen?»

«Nein», antwortete Zerbino, der seinem Blick gefolgt war, «das waren wir.»

Lucero schwieg und zeigte auch keinerlei Überraschung, doch als sie die Fairchild erreichten, deren Dach mit Fettstreifen bedeckt war, zögerte er einen Moment. Dann duckte er sich und betrat das Wrack. Zerbino begleitete ihn und erklärte ihm, wie sie die ganze Zeit in dieser Enge gelebt und geschlafen hatten, und wie die Lawine, die vom Berg heruntergekommen war, acht Überlebende des Absturzes getötet hatte. Lucero hörte voll Mitgefühl und Interesse zu, konnte aber den Gestank nicht ignorieren, der im Inneren des Wracks herrschte. Leider schien sein Gastgeber überhaupt nicht zu merken, wie es hier roch. Der Andinist war zu höflich, es zu erwähnen, aber er ging so bald wie möglich wieder an die frische Luft.

Inzwischen hatten sich die übrigen Retter um die anderen Jungen gekümmert – um ihre medizinischen Bedürfnisse und die noch dringenderen ihrer hungrigen Mägen. Zuerst kamen Steak-Sandwiches – gebratenes Fleisch zwischen Weißbrotscheiben. Dann Orangensaft, Zitronensaft, Suppe (auf dem Kocher der Andinisten gewärmt) und schließlich Obstkuchen, den Diaz zur Feier seines Geburtstags mitgebracht hatte. Es war ein Festessen. Die Jungen aßen und tranken mit Genuß; die Butter schleckten sie mit den Fingern.

Zur Vorbereitung auf die Rückkehr der Hubschrauber versuchten die Andinisten, eine Art Landeplattform auf dem Schnee anzulegen. Sie rissen die Wand am Flugzeugeingang ein, nahmen eine große Plastikplatte, die früher einmal Teil der Trennwand zwischen Passagierkabine und Frachtraum gewesen war, und legten sie so waagerecht wie möglich auf den Schnee. Sie legten Pappestücke daneben, um den provisorischen Landeplatz noch zu vergrößern.

Von allem, was sie ringsum sahen, machten sie Fotos. Als die Jungen das sahen, gerieten sie in Aufregung und fragten, wozu das nötig sei. Die Andinisten beruhigten sie mit der Erklärung, sie müßten lediglich einen Bericht für die chilenische Armee anfertigen, und keines der Fotos würde jemals veröffentlicht.

Die Jungen schienen sich damit zufriedenzugeben; überdies fiel es ihnen schwer, ihren Rettern böse zu sein, vor allem, wenn die Retter so nett waren wie diese vier Chilenen. Einer bot Zerbino eine Zigarette an.

«Vielen Dank», antwortete Zerbino, «aber ich rauche lieber meine eigenen.» Und ohne durch ein Lächeln zu verraten, daß er diese Antwort mehrfach geprobt hatte, steckte er sich eine der letzten uruguayischen Zigaretten an.

Gegen vier Uhr nachmittags sahen sie ein, daß die beiden Hubschrauber an diesem Tag nicht mehr kommen würden. Bei dem Gedanken, daß sie nun doch noch eine weitere Nacht in den Bergen verbringen mußten, wich der Übermut der acht Jungen einer tiefen Niedergeschlagenheit. Die Andinisten, die das merkten, taten, was sie konnten, um die Stimmung der Überlebenden wieder zu heben. Sie zündeten ihren Kocher an und wärmten noch einmal ein paar Suppen auf: zuerst Hühnersuppe, dann Zwiebelsuppe und schließlich skandinavische Suppe. Anschließend erkundigte sich Methol bei ihnen, ob sie vielleicht zufällig Mate hätten.

«Mate? Sicher haben wir Mate. Können Sie sich vier Chilenen ohne Mate vorstellen?»

Sie brühten den bitteren Tee auf, und dann machten sie auch noch Kaffee. Inzwischen aber war die Sonne hinter den Bergen versunken, und es wurde kalt. Für die Jungen war dieser plötzliche Temperatursturz nichts Neues mehr. Und auch die Andinisten waren mit grellfarbenen, wasserdichten Anoraks ausgerüstet, die sie vor der Kälte schützten. Der einzige, der wirklich litt, war Bravo, der Sanitäter; als er aus dem Hubschrauber gesprungen war, hatte er nichts weiter angehabt als Hose, kurzärmliges Hemd und leichte Mokassins. Also suchten die Andinisten ein paar Kleidungsstücke für ihn hervor.

Die vier Chilenen, die jetzt mit den Jungen im Flugzeug saßen, begannen zu singen, um sie in Stimmung zu halten, aber es wurde immer kälter und schließlich Zeit für alle, daß sie zu schlafen versuchten. Die acht Jungen luden ihre Retter natürlich ein, mit ihnen in der Kabine zu bleiben, doch die chilenischen Gäste zögerten, der Einladung zu folgen, verließen stattdessen die Fairchild und richteten in einiger Entfernung ein Schlafzelt auf. Daß ihre Gastfreundlichkeit zurückgewiesen wurde, kränkte die acht Jungen ein bißchen, obwohl dem einen oder anderen inzwischen klargeworden war, daß es im Innern ihrer Kabine für andere wohl doch nicht so angenehm roch. Trotzdem beschlossen sie, daß wenigstens einer der Andinisten die Nacht bei ihnen verbringen müsse.

Die Wahl fiel auf Diaz, weil er am nächsten Tag Geburtstag hatte. Wenn er nicht mitkäme, sagten sie, würden sie um Mitternacht alle Zeltpflöcke herausreißen. Diaz gab nach. Während sich seine Bergkameraden und der Sanitäter ins Zelt zurückzogen, half er den Jungen, die Mauer am Flugzeugeingang wieder aufzubauen, kletterte dann mit ihnen hinein und setzte sich mitten zwischen die acht stinkenden, ausgemergelten, glücklichen Uruguayer. Nicht einer schlief oder versuchte zu schlafen. Diaz erzählte ihnen vom Leben eines Andinisten und gab dann einige seiner Abenteuer in den Bergen zum besten. Sie berichteten ihm daraufhin weitere Einzelheiten von ihrem Überlebenskampf. Er brachte ihnen vorsichtig bei, daß das, was sie getan hatten, wahrscheinlich ein Schock für die Außenwelt sein werde.

«Aber die Menschen werden es doch verstehen, nicht wahr?» fragten die Jungen ihn.

«Natürlich», beruhigte er sie. «Sobald alle Fakten bekanntwerden, wird jeder begreifen, daß ihr das tun mußtet.»

Um Mitternacht wurde Diaz achtundvierzig, und die acht Uruguayer sangen *Happy birthday to you.*

Keiner schlief in jener Nacht, und früh am nächsten Morgen richteten sie ihre Gedanken auf das Frühstück. Die Lebensmittel befanden sich jedoch im Zelt, und als sie in den Schnee hinaustraten, gab es kein Anzeichen dafür, daß die drei anderen Chilenen bereits wach waren. Sekunden später schallte ein Sprechchor durch das Tal: «Wir wollen Frühstück! Wir wollen Frühstück!» Worauf die verschlafenen Gesichter von Lucero und Villegas im Zelteingang erschienen.

«Und was wollt ihr zum Frühstück?» rief Lucero.

«Gestern hatten wir Kaffee», schrien die Jungen zurück. «Heute wollen wir Tee.»

«Tee wollt ihr? Sollt ihr haben!»

Nacheinander kamen Lucero, Villegas und Bravo aus dem Zelt, und kurz darauf frühstückten die acht Jungen heißen Tee und trockene Kekse. Beim Essen beschrieben die Andinisten, wie sie sich den Hubschraubern am besten nähern sollten, denn da sie inzwischen die Idee mit der Landeplattform doch wieder aufgegeben hatten, mußten sich die Maschinen wohl auch diesmal über dem Schnee in der Schwebe halten.

Nach dem Frühstück machten die Jungen sich für ihre Rettung bereit. Sie glätteten ihre Kleidungsstücke, kämmten sich, und Zerbino holte den Koffer aus dem Wrack, in den er mit Fernández das Geld und die Papiere derer gepackt hatte, die umgekommen waren. Außerdem holte er den winzigen roten Schuh, der zu dem Paar gehörte, das Parrado in Mendoza gekauft hatte.

«Das werden Sie wohl nicht mit in den Hubschrauber nehmen können», sagte einer der Andinisten, als er Zerbino mit dem Koffer sah.

«Ich muß aber», antwortete Zerbino. Dann erklärte er Lucero, was der Koffer enthielt, und beschrieb ihm, wo die Leichen derjenigen lagen, die oben am Berg aus der Maschine gestürzt waren.

Um ungefähr zehn Uhr hörten sie das Geräusch der Hubschrauber, und kurz darauf sahen sie drei Maschinen am Himmel auftauchen. In der weniger turbulenten Morgenluft wurden sie nicht so herumgeworfen wie tags zuvor; trotzdem kamen sie nicht sofort herunter, sondern kreisten zunächst über dem Wrack der Fairchild. Die Jungen, die ihnen jubelnd zuwinkten, sahen Fotoapparate und Filmkameras an den Fenstern. Endlich verschwanden die Dinger wieder, und die erste Maschine senkte sich langsam, bis eine ihrer Kufen auf dem Schnee aufsetzte.

Die ersten drei Jungen liefen vor, doch wegen des Luftwirbels, den die Rotorblätter erzeugten, fiel es ihnen schwer, sich der dröhnenden Maschine zu nähern. Da Roy Harley außerordentlich geschwächt war, mußte ihm Bobby Francois beim Gehen helfen, aber auch Francois wurde von den Wirbeln der Rotoren zurückgeworfen. Nur mit Hilfe der Chilenen konnten sie an Bord klettern.

Endlich hob sich der erste Hubschrauber mit seinen drei Passagieren in die Luft, und der zweite schwebte herab; während der Pilot bemüht war, zu verhindern, daß die Rotorblätter die Felswand streiften, mußte die zweite Gruppe Überlebender aufpassen, daß sie ihnen nicht die Köpfe abschnitten. Dann war auch diese Maschine beladen: Sie stieg auf, der dritte Hubschrauber nahm ihren Platz ein, und die letzten beiden Überlebenden kletterten an Bord, der eine war Zerbino mit dem Koffer. An diesem Morgen mußten sich die Piloten jedoch mit weit weniger gefährlichen Turbulenzen herumschlagen, und so hatten sie die Berge in kurzer Zeit überwunden und flogen das Tal entlang auf das Y zu. Durch die durchsichtigen Wände des Hubschraubers sahen sie den Azufre, dessen Ufer hier und da grün bewachsen waren, dann wurde die Vegetation immer dichter, und sie landeten auf den üppigen Wiesen von Los Maitenes.

Die Jungen sprangen aus den Hubschraubern und fielen einfach ins Gras – lachend, sich herumwälzend, einander umarmend und zu Gott im Himmel betend. Die grüne Pracht ringsum überwältigte sie. Genau wie Carlitos am Tag zuvor, pflückte auch Methol eine Blume und begann auf ihrem Stiel zu kauen; er war beim Anblick der Bäume und des Klees so verzückt, daß er insgeheim beschloß, sich nach der Ankunft in Uruguay für mehrere Monate auf eine *estancia* zurückzuziehen und nichts weiter zu tun, als die grüne Landschaft zu betrachten.

Garcías Hubschrauber startete noch einmal, um auch die Andinisten und den Sanitäter zu holen. Inzwischen untersuchte ein Militärarzt namens Sanchez die Überlebenden, um festzustellen, ob irgendeiner unter Umständen eine Notbehandlung brauchte. Er kam jedoch zu dem Ergebnis, daß alle acht reisefähig waren, und in der Tat verhielten sich die jungen Uruguayer eher wie Jugendliche auf einem Picknick denn wie Invaliden. Während sich einige von ihnen im Fluß neben dem Haus von Serda und Gonzalez wuschen, unterhielten sich andere mit Sergio Catalan und seinen Söhnen, und Gustavo Zerbino lieh sich sogar sein Pferd zum Reiten.

Sie blieben etwa eine halbe Stunde in Los Maitenes, dann kehrte García mit Lucero, Diaz, Villegas und Bravo zurück, die ganze Gruppe stieg wieder in die Hubschrauber und wurde nach San Fernando geflogen. In der ersten Maschine saßen Fito Strauch, Bobby Francois, Moncho Sabella und Gustavo Zerbino, und kaum hatte er vor der Kaserne des Colchagua-Regiments aufgesetzt, da kamen Fitos Eltern auf ihren Sohn zugelaufen. In ihren Gesichtern spiegelten sich maskengleich Schmerz und Freude. Als die Rotorblätter stoppten, öffnete sich die Tür, und sie hielten ihren Sohn in den Armen. Während Rosina ihn an sich drückte, betete sie zu ihrer kleinen Jungfrau von Garabandal, die dieses Wunder bewirkt hatte.

Hinter den Strauchs kamen die Zerbinos – mit trockenen Augen und gelassenen Mienen –, um ihren stämmigen, gesunden Sohn in Empfang zu nehmen, und nach ihnen – als gäbe es eine Rangordnung, je nach der Festigkeit des Glaubens der Eltern an die Rückkehr ihres Sohnes – Mutter und Vater von Bobby Francois. Die Freude darüber, daß das Kind, dessen Tod sie zehn Wochen zuvor akzeptiert hatten, jetzt wieder bei ihnen war, schien Dr. Francois beinahe zu lähmen. Der freundliche und stille Mann war mager geworden, seit ihn sein Sohn zuletzt gesehen hatte, und machte jetzt, als er auf den Hubschrauber zuging, einen verwirrten, verstörten Eindruck. Für die Strauchs, ja sogar für die Zerbinos, war die Rückkehr ihres Sohnes eine Belohnung für all ihr Hoffen und Mühen; für Dr. Francois war es eine Auferstehung, die er, als Mann der Wissenschaft, weder erbeten noch erwartet hatte.

Mit dem nächsten Hubschrauber kamen Roy Harley, Javier

Methol, Antonio Vizintín und Pancho Delgado. Von ihnen wurde nur Harley von seinen Eltern erwartet. Für sie war es ebenfalls der Lohn für ihre Zuversicht und Mühe, doch wie bei allen Elternpaaren mischten sich auch in ihre Freude der Schmerz und das Mitgefühl für das, was ihr Sohn hatte erleiden müssen. Der Junge, der beim Abschied ein kräftiger Rugbyspieler gewesen war, bestand jetzt nur noch aus Haut und Knochen. Fleisch hatte er überhaupt nicht mehr am Körper. Seine Augen lagen tief in den Höhlen, die Haut spannte sich straff über die Wangenknochen, seine Hände glichen den Händen eines Skeletts, mit runzligem Pergament überzogen. Und nicht nur diese äußerlichen Anzeichen des Hungers und der Entbehrungen sprachen von seinen Leiden: Da war außerdem dieser Ausdruck in seinen Augen.

Nach dem Wiedersehen mit den Eltern, die inzwischen eingetroffen waren, wurden die acht Überlebenden in die Krankenstation des Regiments gebracht, wo sie noch einmal untersucht werden sollten, während die Ärzte, der Befehlsausschuß und der Geschäftsträger von Uruguay, César Charlone, berieten, ob man sie, wie die anderen, ins Krankenhaus von San Fernando transportieren oder direkt nach Santiago fliegen sollte. Nachdem sich herausstellte, daß alle gesund genug waren, um die Reise fortzusetzen, entschloß man sich für die zweite Möglichkeit. Es war inzwischen Samstag, der 23. Dezember, und für den Seelenfrieden der ganzen Gruppe war es wichtig, daß sie das Weihnachtsfest mit ihren Familienangehörigen verbrachten. Also bestiegen die Überlebenden zum drittenmal an diesem Tag die Hubschrauber. Die Harleys und Señora Zerbino durften mit ihren Söhnen fliegen. Die Maschinen starteten vor der Kaserne des Colchagua-Regiments und landeten kurze Zeit später auf dem Dach des Unfallkrankenhauses *Posta Central* in Santiago.

2

Inzwischen hatte die erste Gruppe der Überlebenden im Krankenhaus *San Juan de Dios* in San Fernando nach einundsiebzig Tagen die erste Nacht in einem Bett verbracht. Es fiel den Jungen keineswegs leicht, sich wieder an den Komfort zu gewöhnen. Daniel Fernández träumte, daß eine Lawine den Berghang herunterraste und ihn mit Schnee überschüttete; er fuhr in seinen Kissen hoch – und stellte fest, daß das, was auf ihm lastete, nicht Schnee, sondern Bettlaken und -decken waren. Er versuchte wieder einzuschlafen, fühlte sich aber unbehaglich. Welcher Idiot tritt mich da mit den Füßen? fragte er sich und merkte, als er wieder aufwachte, daß er allein in seinem Krankenhausbett lag.

Coche Inciarte schlief etwas ruhiger als Fernández, und er wurde am Morgen vom Zwitschern der Vögel geweckt. Staunend und glücklich blieb er liegen, und als eine Schwester in sein Zimmer kam, bat er sie, das Fenster zu öffnen. Genußvoll sog er die frische Luft in seine Lungen. Zur selben Zeit kamen die anderen Überlebenden, denen es besser ging als ihm, aus ihren Zimmern und setzten sich auf die Sessel am Ende des Ganges, von wo sie die Vorberge der Anden sehen konnten.

Um acht Uhr kehrte Pater Andrés mit einem Kassettenrecorder ins Krankenhaus zurück, um die Berichte der Überlebenden aufzunehmen. «Wir hatten einen ungeheuren Lebenswillen», erzählte Mangino. «Und Gottvertrauen. Unsere Gruppe hielt immer zusammen. Sobald einer den Kopf hängen ließ, sorgten die anderen dafür, daß er wieder Mut faßte. Unser Glaube wurde durch das abendliche Beten des Rosenkranzes sehr gefestigt, und dieser Glaube half uns durchzuhalten. Gott gab uns diese Erfahrung, um uns zu ändern. Ich habe mich geändert. Ich weiß jetzt, daß ich anders sein werde als früher ... durch Gott.»

«Wir hoffen, der Welt den Glauben lehren zu können», sagte Carlitos Páez. «Obwohl diese Erfahrung sehr schlimm war, weil wir so viele gute Freunde verloren haben, hat sie uns doch sehr geholfen. Es ist die größte Erfahrung meines ganzen

Lebens. Was allerdings das Reisen angeht, so werde ich nie mehr fliegen. Ich fahre mit dem Zug zurück ... Ich bin ein erfahrener Rugbyspieler. Wenn man bei diesem Spiel gewinnt, gewinnt man nicht als einzelner, sondern zusammen mit der Mannschaft. Das ist das Beste an diesem Sport. Wenn wir überleben konnten, dann nur, weil alle vom selben Mannschaftsgeist beseelt waren – und von einem starken Glauben an Gott –, und weil wir beteten.»

Um halb elf gaben sie den ungeduldigen Journalisten, die seit dem Vortag das Krankenhaus belagerten, auf einer Terrasse vor dem Privatflügel eine Pressekonferenz. Außer Inciarte und Mangino, die in ihren Betten blieben, ließen sich alle Überlebenden bereitwillig fotografieren, denn nun konnten sie sich in den Kleidern präsentieren, die das Krankenhaus gekauft oder die ihnen Kaufleute in San Fernando geschenkt hatten. Die Konferenz war kurz, und es wurde nur wenig gesagt. Als sie gefragt wurden, was sie gegessen hätten, um nicht zu verhungern, antworteten sie, daß sie in Mendoza viel Käse gekauft hätten, und daß in den Bergen Kräuter wüchsen.

Um elf Uhr zelebrierte der Bischof von Rancagua mit drei anderen Priestern in der Backsteinkirche neben dem Krankenhaus die Messe. Die Überlebenden – einige in Rollstühlen – saßen in der ersten Reihe. Es war ein bedeutender Anlaß für sie alle, und ihre eingefallenen Gesichter drückten die Liebe und Dankbarkeit aus, die sie für Gott empfanden. In all den Wochen, in denen sie auf diesen Tag gewartet hatten, hatten sie nie auch nur für einen Augenblick den Glauben verloren; sie hatten nie bezweifelt, daß Er sie liebte und ihren verzweifelten, gefährlichen Kampf ums Überleben guthieß. Jetzt verlangten die Münder derselben Menschen, die das Fleisch ihrer Freunde gegessen hatten, nach dem Fleisch und Blut Christi; und so empfingen sie, aus der Hand der Priester ihrer Kirche, das Sakrament der heiligen Kommunion.

Nach der Zeremonie sollten sie nach Santiago fahren, denn inzwischen war beschlossen worden, daß zwar Mangino und Inciarte per Krankenwagen ins *Posta Central* gebracht werden sollten, die anderen sechs jedoch direkt in das *Hotel Sheraton San Cristóbal* gehen konnten, wo dann alle Uruguayer gemeinsam Weihnachten feiern wollten.

Vor ihrer Abfahrt wurden einige der Überlebenden noch von verschiedenen Bürgern San Fernandos zum Mittagessen eingeladen. Familie Canessa besuchte Dr. Ausin, während Parrado mit Vater, Schwester und Schwager von einem Señor Hughes und dessen Sohn Ricky in ein Restaurant gebeten und anschließend in ihrem schweren Wagen die über hundertsechzig Kilometer nach Santiago gefahren wurden – ein Spaß für Nando, den er sich trotz seiner Erlebnisse nicht verderben ließ.

Javier Methol war der erste in der nächsten Gruppe Überlebender, der nach Santiago ins *Posta Central* gebracht wurde. Man hatte einen Raum im obersten Stock des Krankenhauses für sie vorbereitet, und da der Hubschrauber auf dem Dach landete, brauchte er nur eine Treppe hinuntergetragen zu werden. Trotzdem waren die breiten Gänge vollgestopft von Neugierigen, die beim Anblick der jungen Uruguayer, die dem Leben auf so wunderbare Weise zurückgegeben worden waren, lachten, klatschten und Freudentränen vergossen.

Kaum hatte man Methol sein Bett gezeigt, da fragte er schon – noch immer in den Kleidern, die er in den Anden getragen hatte –, ob er sich nicht vorher duschen könne.

«Aber natürlich», antwortete die Schwester und fuhr ihn im Rollstuhl zu einem Badezimmer. Dort erklärte sie ihm, daß sie für ihn die Verantwortung trage und daher im Zimmer bleiben müsse, während er dusche. Methol beruhigte sie. Selbst wenn er der schamhafteste Mann der Welt gewesen wäre: Nicht mal eine ganze Kompanie Krankenschwestern hätte ihn jetzt davon abhalten können, gründlich zu duschen. Er stieg aus seinen verdreckten Kleidern und trat unter den scharfen, heißen Wasserstrahl. Das Wasser peitschte ihm die Haut auf dem abgemagerten Rücken und den Schultern, aber er ertrug diesen Schmerz nur zu gern. Als er aus der Dusche kam und einen weißen Krankenhauskittel anzog, fühlte er sich wie ein neuer Mensch. Er setzte sich wieder in den Rollstuhl und ließ sich von der Schwester in den Krankensaal zurückfahren, wo er einer Gruppe seiner Leidensgenossen begegnete, die noch in ihren alten Kleidern steckten.

«Ach bitte», wandte sich Methol an die Schwester, «werfen Sie doch diese schmutzigen Leute hinaus!»

Sobald die Patienten gewaschen waren, wurden sie von den Ärzten des *Posta Central* untersucht, geröntgt und getestet. Das Ergebnis: Bis auf Harley und Methol durften alle noch am selben Nachmittag ins *Sheraton San Cristóbal* umziehen. Die beiden wurden zusammen mit Inciarte und Mangino, die aus San Fernando gekommen waren, auf ein Zimmer gelegt. Roy Harleys Zustand war am kritischsten, denn die Blutuntersuchungen ergaben einen schweren Mangel an Kalium, der das Herz gefährdete.

Den anderen jedoch ging es nicht nur gut, ihre Hochstimmung war sogar beinahe pathologisch. Gustavo Zerbino entwischte aus dem Krankenhaus, um sich ein Paar Schuhe zu besorgen; sein Vater, dem er auf dem Weg hinaus begegnet war, begleitete ihn. Moncho Sabella trank eine Flasche Coca-Cola, die sofort seinen Magen blähte. Außerdem hatte er unter dem Eifer einer jungen Krankenschwester zu leiden, die so sehr darauf brannte, etwas für die jungen Uruguayer zu tun, daß sie Moncho Blut aus der Armvene abzunehmen versuchte, ohne offenbar eine Ahnung zu haben, wo sie die Nadel einstoßen mußte. Moncho ließ diesen Versuch über sich ergehen, obwohl sein Arm noch drei Tage lang weh tat. Mit seinen Freunden war er der festen Überzeugung, daß es für sie nur eine gute Medizin gäbe: Während die Ärzte ihren Gesundheitszustand analysierten, verlangten sie energisch nach Essen.

Die Krankenschwestern brachten Tee, Kekse und Käse. Sofort wurde mehr Käse bestellt. Er kam, und kurz darauf erhielten sie ein Mittagessen: zuerst Steak mit Kartoffelbrei, Tomaten und Mayonnaise, anschließend Götterspeise. Die Götterspeise war innerhalb einer Minute verschwunden, und die hungrigen Patienten verlangten mehr. Dann wollten sie noch Weihnachtskuchen, bekamen aber zur Antwort, es gebe keinen, und sie müßten jetzt ruhen.

Abends um sieben, nach einer Messe im Saal des *Posta Central,* fuhren Delgado, Sabella, Francois, Vizintín, Zerbino und Fito Strauch zu den anderen ins Hotel *Sheraton San Cristóbal.* Um neun Uhr wurden die im Krankenhaus Zurückgebliebenen für ihre Geduld mit einem Stück Weihnachtskuchen belohnt, und die Schwestern verrieten ihnen, daß sie um elf noch eine Überraschung bringen würden. Und pünktlich zur verabredeten Stunde bekam jeder eine köstliche Schokoladencreme mit Schlagsahne, die eigentlich für die Schwestern selbst bestimmt war. Die vier Jungen genossen jeden einzelnen Löffel und legten sich dann glücklich schlafen.

Eine Stunde später erwachte Javier Methol. Sein Magen rebellierte. Er klingelte nach der Schwester und bat um ein Medikament, das die Verdauung förderte. Die Schwester brachte ihm eine Dosis, die er schluckte, aber eine Stunde später wachte er wieder auf und stellte fest, daß er an einem quälenden Durchfall litt. Das war der Preis für die Schokoladencreme.

3

Bis zum Abend des 23. Dezember hatten sich alle Uruguayer, die bei der Nachricht von der Rettung nach Chile gekommen waren, in Santiago versammelt: die Überlebenden mit ihren Eltern und Familienangehörigen im Hotel *Sheraton San Cristóbal* am Stadtrand, die Eltern und Verwandten der ums Leben Gekommenen im etwas altmodischeren Hotel *Crillon* im Zentrum.

Im Hotel *Crillon* öffnete der Vater von Gustavo Nicolich die beiden Briefe, die sein Sohn in den Bergen geschrieben und die ihm Zerbino gegeben hatte. «Eines wird Dir – genau wie mir – vor allem unglaublich vorkommen: Wir haben heute angefangen, das Fleisch von den Toten zu schneiden, um es zu essen. Es blieb uns nichts anderes übrig.» Und dann kamen etwas weiter unten die Worte, mit denen der Junge so hochherzig sein eigenes Schicksal vorausgesagt hatte: «Sollte der Tag kommen, da ich einem anderen Menschen mit meinem Körper das Leben retten könnte, ich würde es mit Freuden tun.» Das war der allererste Hinweis für die Eltern im Hotel *Crillon,* daß es die Leichen ihrer Söhne gewesen waren, die die sechzehn Überlebenden vor dem Verhungern bewahrt hatten, und Nicolich, schon wie betäubt vor Kummer über den Tod seines Sohnes, schauderte bei dieser gräßlichen Folgerung, die er aus dem Brief herauslas, noch mehr. Da er es in diesem Augenblick noch für möglich hielt, daß die Wahrheit nie ans Licht kommen würde, entfernte er diese Seite aus dem Brief (der an Gustavos Verlobte Rosina Machitelli gerichtet war) und versteckte sie.

Inzwischen schwelgten im *Hotel Sheraton San Cristóbal* die zwölf Überlebenden, die man aus dem Krankenhaus entlassen hatte, in der Fülle all dessen, was sie so lange hatten entbehren müssen. Die Hälfte von ihnen war mit ihren Eltern vereint. Pancho Delgado und Roberto Canessa waren wieder mit ihren getreuen Verlobten Susana Sartori und Laura Surraco zusammen. Und bei Coche im *Posta Central* war Soledad González. Und welch ein Gegensatz zwischen dem Hotel und der Fairchild! Es war ein nagelneues Gebäude mit Blick auf Santiago, dem der Geruch und die Atmosphäre von Luxus anhaftete. Es gab, außer einem Swimming-pool, natürlich auch ein Restaurant, von dem die zwölf Jungen sofort Gebrauch machten. Als Moncho Sabella am Nachmittag des 23. im *Sheraton* eintraf, saß Canessa bereits vor einem riesigen Teller Shrimps. Moncho und sein Bruder, der von Montevideo herübergekommen war, nahmen ebenfalls Platz, und er bestellte sich auch eine Portion Shrimps. Kurz darauf wurde den beiden schlecht, was aber ihren Appetit durchaus nicht beeinträchtigte. Sie bestellten sich weitere Gänge und fingen dann noch einmal von vorne an: Steaks, Salate, Kuchen und Eiscreme.

Andererseits waren weder Sabella noch Canessa von diesem Luxus übermäßig beeindruckt. Als Dr. Surraco meinte, daß das Hotel ihnen nach dem Wrack der Fairchild doch außerordentlich komfortabel vorkommen müsse, erwiderte Canessa, es sei ihm gleichgültig, ob er in einem Hotel Shrimps äße oder in einer Schäferhütte Käse.

Die Eltern und Familienangehörigen der zwölf Jungen waren so glücklich, sie wieder unter den Lebenden zu sehen, daß sie gegen diese zwanghafte, schier pathologische Freßgier keinerlei Einwände erhoben. Ihnen war ohnehin klar, daß ihre Söhne und deren Verlobte sich kaum so verhalten würden, als kämen sie aus den Sommerferien. Die langen Wochen des Leidens und Hungerns hatten dem Verhalten der Jungen ihren Stempel aufgeprägt: Wie verwöhnte Kinder duldeten manche von ihnen keine Einschränkung ihrer Handlungsfreiheit, und wenn sie sich nicht den Gefühlen von Freude und Jubel über das Wiedersehen hingaben, wurden sie schroff und reizbar – vor allem ihren Eltern gegenüber, deren Sorge um ihr Wohlbefinden ihnen lästig war. Hatten sie nicht bewiesen, daß sie selbst für sich sorgen konnten?

Diese Gefühle wurden noch vertieft durch die Reaktion einiger Eltern auf die Tatsache, daß das «Weihnachtswunder» nur möglich geworden war, weil ihre Jungen Menschenfleisch gegessen hatten. Völlig unvorbereitet auf diese Mitteilung, waren sie entsetzt gewesen, doch die meisten machten niemals mehr eine Anspielung auf dieses Thema. Überdies fürchteten sie, daß diese Tatsache an die Öffentlichkeit gelangen könnte. Und wenn sich einige der Überlebenden auch eingestanden, daß sie diese Reaktion ihrer Eltern erwartet hatten, so waren sie doch alle empört und gekränkt darüber, daß jemand über das, was sie getan hatten, entsetzt sein konnte. Sie deuteten diese unwillkürlichen Äußerungen des Schreckens und des Abscheus vorschnell so, als hätte man es lieber gesehen, wenn sie alle verhungert wären, dafür aber keine Leichen gegessen hätten.

Ihren Seelenfrieden störten auch die vielen Journalisten und Fotografen im Hotel, die unablässig Fragen stellten und Fotos von ihnen machten, ganz gleich, ob sie sich unterhielten, aßen oder ihre Eltern küßten. Noch quälender allerdings waren die ständigen Fragen der Familienangehörigen der Jungen, die nicht zurückgekehrt waren: der Eltern von Gustavo Nicolich und Rafael Echavarren; der Brüder von Daniel Shaw, Alexis Hounie und Guido Magri. Sie kamen vom Hotel *Crillon* herüber, um sich nach den genauen Umständen des Todes ihrer Brüder und Söhne zu erkundigen. Denn das war ein Thema, über das die Überlebenden vorläufig nicht mehr nachdenken und sprechen wollten.

Auch an den Komfort des Hotels *Sheraton San Cristóbal* konnten sie sich nicht so recht gewöhnen. Da sie so lange Zeit in völlig verkrampften Positionen geschlafen hatten, fühlten sie sich in den großen, weichen Betten äußerst unbehaglich. Sabella, zum Beispiel, wachte in jener Nacht jede halbe Stunde auf und klingelte nach dem Etagenservice, um sich etwas zu essen bringen zu lassen. Es war eine sehr schwere Nacht für ihn – aber auch für seinen Bruder, der mit ihm im selben Zimmer schlief.

Am folgenden Tag, dem 24. Dezember, wurden auch die vier, die noch im *Posta Central* geblieben waren, entlassen und gesellten sich zu den anderen im Hotel *Sheraton.* Doch die Gruppe blieb nur kurze Zeit zusammen, denn die Familie Francois sowie Daniel Fernández hatten beschlossen, sofort nach Montevideo zurückzukehren. Zwar waren die beiden Onkel und Tanten Daniels in Santiago, aber er wollte seine Eltern wiedersehen und hielt es für überflüssig und unnötig teuer, wenn sie herkamen. Deswegen nahm er eine Linienmaschine der KLM nach Montevideo. Der Vater und der Bruder Daniel Shaws saßen im selben Flugzeug.

Eine andere Gruppe fand, daß sie etwas zum Anziehen brauchten, und wollte sich ein Taxi nehmen. Doch das duldeten die Chilenen nicht und bestanden darauf, sie mit ihren Privatwagen in die Stadt zu fahren. Dort schlenderten sie durch die Straßen und machten einen Schaufensterbummel. Da sie an den tiefen Schnee gewöhnt waren, gingen sie schwerfällig wie Pinguine und wurden daher sofort erkannt. Wo immer die Einwohner von Santiago sie entdeckten, wurden sie von ihnen so freundlich und herzlich begrüßt, als wären sie deren eigene Söhne, die aus den Anden gerettet worden waren.

Als sie in ein Bekleidungsgeschäft gingen und dann ihre Einkäufe zur Kasse brachten, wollten die Eigentümer ihr Geld nicht haben, sondern baten sie, die Kleider als Geschenk anzunehmen. Das gleiche passierte, als sie zu einer langen Schlange kamen, die wegen der Zigarettenknappheit vor einem Kiosk anstand: Ein alter Mann drängte ihnen höflich sein Päckchen Zigaretten auf.

Und als sie ins Hotel zurückkehrten (Parrado ging vom Stadtzentrum aus zu Fuß), wo sie sich zum Mittagessen ins Restaurant setzten und eine Flasche Weißwein bestellten, nahmen die Chilenen am Nachbartisch ihre Flasche und machten sie ihnen zum Geschenk. An der Bar wurden sie laufend mit Whisky und Champagner versorgt, und in der Hotelhalle verehrte ihnen ein kleiner Junge eine große Packung Kaugummi.

Wohin sie auch kamen, sie wurden gefeiert und bewundert –

nicht nur als Helden, die tapfer durchgehalten und über die furchtbaren Anden triumphiert hatten, die drohend ganz Chile überragen, sondern darüber hinaus als lebende Verkörperung eines echten Wunders. Der Käse und die Kräuter, von denen sie angeblich gelebt hatten, schienen eine ebenso dürftige Kost gewesen zu sein wie die Brote und Fische im Neuen Testament. Eine Frau, deren Sohn krank war, kam zu ihnen ins Hotel, weil sie glaubte, wenn sie nur einen der Überlebenden umarmen könnte, würde ihr Sohn wieder gesund werden.

Am Abend organisierte César Charlone eine Weihnachtsfeier. Dieser Augenblick ergriff sie alle zutiefst. Noch vier Tage zuvor hatte es ausgesehen, als gäbe es keine Hoffnung mehr, daß die Eltern ihre Kinder je wiedersähen oder die Kinder das Weihnachtsfest mit ihren Eltern verbringen könnten. Und jetzt waren sie wieder vereint. Der brennende Glaube von Madelón Rodriguez, Rosina Strauch, Mecha Canessa und Sarah Strauch; die heldenmütige Suche von Carlos Páez Vilaró, Jorge Zerbino, Roy Harley und Juan Carlos Canessa – all das wurde jetzt belohnt durch die lebendigen Hände, Lippen und Körper ihrer Söhne. Wie bei Abraham und Isaak hatte Gott ihnen das Opfer ihrer eigenen Söhne zu der Stunde erspart, als sich die christliche Welt bereitmachte, die Geburt Seines Sohnes zu feiern.

Etwas später am selben Abend kam auf Einladung Señora Charlones ein uruguayischer Jesuit ins Hotel, der an der katholischen Universität von Santiago Theologie lehrte. Er wollte sich im Hinblick auf die Messe, die für sie am folgenden Tag gelesen werden sollte, mit einigen der Überlebenden unterhalten. Und dann sprach Pater Rodríguez bis fünf Uhr morgens mit Fito Strauch und Gustavo Zerbino. Sie gestanden ihm, daß sie die Leichen ihrer Freunde gegessen hatten, um nicht zu verhungern, und Pater Rodríguez antwortete ihnen – wie Pater Andrés in San Fernando – sofort, daß sie die richtige Entscheidung getroffen hätten. Alle Zweifel, die etwa an der ethischen Berechtigung ihres Tuns aufkommen könnten, seien nach seiner Ansicht durch den starken, religiösen Ernst, mit dem sie ihren Entschluß gefaßt hätten, widerlegt. Die beiden Jungen erzählten ihm dann auch, was Algorta gesagt hatte, als sie sich Fleisch aus der ersten Leiche schnitten, und wenn der Jesuit auch einen direkten Zusammenhang zwischen Kannibalismus und Kommunion bestritt, so war er doch, wie so viele andere, zutiefst bewegt von der Frömmigkeit, die aus dieser Auslegung sprach.

Die Christmette wurde am folgenden Tag um zwölf Uhr in der katholischen Universität zelebriert. Pater Rodríguez, der die Predigt hielt, erwähnte die Anthropophagie mit keinem Wort, ließ aber andererseits auch keinen Zweifel an seiner rückhaltlosen Zustimmung zu dem, was die Jungen getan hatten, um nicht zu verhungern. Obwohl weder die Überlebenden noch ihre Verwandten über Karl Jaspers und das Konzept der «Grenzsituation» Bescheid wußten, glaubten sie alle an die Autorität der katholischen Kirche und waren durch das Gesagte zutiefst beruhigt.

Es war die Ruhe vor dem Sturm. Die Stunden der Weihnachtsfeier nach der Messe waren die letzten unbeschwerten Stunden, die sie in Santiago verbringen sollten. Überall lauerten Journalisten aus aller Welt wie die Kondore in den Anden auf sie, während die Uruguayer ganz genau wußten, daß die Reporter die Witterung ihrer eigentlichen Beute noch gar nicht aufgenommen hatten. Nicht, daß die Jungen sich verschworen hätten, das, was sie getan hatten, zu verheimlichen (abgesehen natürlich von ihrer lahmen Ausrede mit dem Käse und den Kräutern); nein, sie hofften einfach, die Nachricht so lange unterdrücken zu können, bis sie wieder in Montevideo waren.

Die Bombe platzte durch eine peruanische Zeitung, und die Story wurde sofort von argentinischen, chilenischen und brasilianischen Blättern aufgegriffen. Sobald die Journalisten in Santiago davon Wind bekamen, stürzten sie sich abermals auf die Überlebenden und wollten wissen, ob das wahr sei. Verwirrt leugneten die Jungen weiter, doch diejenigen, die das Geheimnis der Jungen verraten hatten, lieferten auch gleich den Beweis dafür: *El Mercurio* in Santiago druckte am 26. Dezember auf der Titelseite das Foto von einem halb gegessenen menschlichen Bein im Schnee neben der Fairchild. Die Jungen berieten, was sie tun sollten, und kamen zu dem Ergebnis, über das, was geschehen war, nicht mit einer einzigen Zeitung zu sprechen, sondern lieber nach ihrer Rückkehr in Montevideo eine Pressekonferenz zu geben. Da sie sich mit Daniel Juan, dem Präsidenten der Old Christians, in Verbindung gesetzt hatten, beschlossen sie, die Konferenz in ihrer alten Schule, dem Stella-Maris-College, stattfinden zu lassen.

Das war jedoch eine schwache Verteidigung gegen den Tornado, der um sie tobte. Die Informationen – von den Andinisten an die Zeitungen weitergegeben – hatten den Appetit der Weltpresse nur noch gereizt, so daß die Jungen im Hotel mit Fragen bombardiert wurden, auf die sie keine Antwort wußten. Die Journalisten, die bei ihren Fragen weder Zurückhaltung noch Takt an den Tag legten, wurden ihnen immer unerträglicher. Ein argentinischer Reporter deutete immer wieder an, die Lawine sei eine reine Erfindung und solle lediglich die Tatsache vertuschen, daß die Stärkeren die Schwächeren umgebracht hatten, um sich mit Nahrung zu versorgen.

Da die Überlebenden noch außerordentlich empfindlich waren, trafen sie diese Anschuldigungen sehr. Darüber hinaus mußten sie auch noch feststellen, daß eine chilenische Zeitschrift, die normalerweise Pornographie brachte, zwei ganze Seiten mit Fotos von menschlichen Gliedmaßen und Knochen veröffentlichte, die rings um die Fairchild verstreut lagen. Eine andere chilenische Zeitung druckte die Story mit der Schlagzeile: «Möge Gott ihnen vergeben.» Als die Eltern das lasen, brachen einige von ihnen in Tränen aus.

Durch diese Aufregung wurde die Atmosphäre im Hotel *Sheraton San Cristóbal* vergiftet. Die Überlebenden wurden ungeduldig und wollten so schnell wie möglich nach Montevideo zurück; daher erklärten sie sich auch widerwillig damit einverstanden, ein Flugzeug zu nehmen, anstatt mit Bus oder Bahn zu reisen. Charlone (dem einige der Eltern nie verziehen hatten, was sie als schlechtes Verhalten gegenüber Madelón Rodríguez und Estela Pérez betrachteten) sorgte dafür, daß sie am 28. Dezember mit einer Boeing 727 der LAN Chile fliegen konnten. Vorher jedoch zog Algorta mit seinen Eltern zu Freunden außerhalb Santiagos. Auch Parrado hatte mit Juan, Graciela und seinem Vater das Hotel *Sheraton San Cristóbal* verlassen; sie waren zuerst ins *Sheraton Carrera* im Zentrum von Santiago und anschließend in ein Haus in Viña del Mar gezogen, das ihnen von Freunden überlassen wurde. Parrado hatte keine Lust mehr, sich von morgens bis abends fotografieren zu lassen, und war wütend über die rüden Fragen der Journalisten. Sogar die endlosen Feiereien deprimierten seine Familie, denn wenn der Sohn auch gerettet war, die beiden Frauen, die sie alle am meisten auf der Welt geliebt hatten, lagen als erstarrte Leichen hoch in den Anden.

Fünfzehnter Teil

I

Die Geschichte von der Rettung der jungen Uruguayer nach zehn Wochen in den Anden war sensationell genug gewesen, daß sich die Zeitungen und Rundfunksender der ganzen Welt dafür interessierten; als jetzt jedoch bekannt wurde, daß sie nur überleben konnten, weil sie das Fleisch der Toten verzehrt hatten, drehten die Nachrichtenmedien durch. Die Story wurde in jedem Land der Welt gedruckt und gesendet – mit einer Ausnahme: Uruguay.

Es hatte natürlich Berichte über die Entdeckung und die Rettung der Überlebenden gegeben, doch als Gerüchte über Kannibalismus die Redaktionen der Zeitungen von Montevideo erreichten, wurden sie zunächst mit Skepsis und dann mit Zurückhaltung behandelt. Zu jener Zeit gab es in Uruguay keine Pressezensur (nur über die Tupamaros zu schreiben, war verboten). Deswegen konnte der Entschluß der uruguayischen Journalisten, mit einer Veröffentlichung zu warten, bis ihre Landsleute nach Montevideo zurückgekehrt waren und selber berichteten, was geschehen war, nur als Ergebnis einer spontanen, patriotischen Selbstbescheidung erklärt werden.

Das soll nicht heißen, daß den Journalisten nicht daran gelegen war, herauszufinden, ob die Gerüchte zutrafen. Doch das war nicht leicht, da sich die meisten Überlebenden noch in Santiago befanden. Daniel Fernández dagegen war bereits in Montevideo. Er war am Flughafen von seinen Eltern abgeholt worden, die ihn sofort nach Hause brachten und keinen Besucher zu ihm ließen. Am folgenden Tag jedoch wurde der ganze Block von Freunden und Journalisten belagert, die ihn alle sehen wollten. Und da es Weihnachten war, konnten die Fernández ihr Haus nicht ewig geschlossen halten, deshalb öffneten sie einem einzigen Freund die Tür – und brachten sie nicht wieder zu. Eine Horde von Journalisten und Bekannten drang in die Wohnung, und schließlich willigte Daniel in ein Interview ein.

Er saß vor den Journalisten, und einer von ihnen reichte ihm plötzlich ein Blatt Papier mit der Bitte, es zu lesen. Daniel entfaltete es; es war eine Telexmeldung, die besagte, daß er und die fünfzehn anderen Überlebenden Menschenfleisch gegessen hatten.

«Kein Kommentar», sagte Daniel.

«Bestätigen oder dementieren Sie es?» fragte der Journalist.

«Ich gebe dazu keinen Kommentar ab, ehe meine Freunde nicht zurück in Uruguay sind», antwortete Daniel.

Während dieses Gesprächs las Juan Manuel Fernández die Meldung. «Der Mann, der das geschrieben hat, ist ein Schwein, und der, der es überbracht hat, ein noch größeres», sagte er heftig. Er wollte den Journalisten eben rausschmeißen, doch einer von Daniels Freunden hielt ihn davon ab, und der Journalist ging von selbst.

Nachdem er das Haus verlassen hatte, nahm Fernández seinen Sohn beiseite und sagte: «Hör mal, du mußt jetzt unbedingt erklären, daß es nicht wahr ist.»

«Es ist aber wahr», entgegnete Daniel.

Der Vater sah seinen Sohn leicht schockiert an; später jedoch, als er erkannte, daß sein Sohn ausschließlich aus Not so gehandelt hatte, gewöhnte er sich an den Gedanken und war erstaunt, daß er nicht von selbst darauf gekommen war.

2

Die Boeing 727 der LAN Chile, die Charlone für den Rückflug der Überlebenden und ihrer Familien nach Montevideo gechartert hatte, wurde von einer Elite-Crew geflogen, die auch eingesetzt wurde, wenn Präsident Allende an Bord kam. Am Nachmittag des 28. Dezembers wartete sie auf der Piste des Pudahuel-Flughafens, während ihre achtundsechzig Passagiere mit einer rührenden Zeremonie verabschiedet wurden.

Um vier Uhr gingen sie an Bord, mußten aber bis zum Abflug noch eine Stunde warten. Schuld an dem Verzug war erstens Vizintín, der in Santiago durch ein Interview aufgehalten worden war; zweitens waren es die Wetterberichte aus den Kordilleren. Sie waren noch immer ungünstig, doch statt die Überlebenden zu beunruhigen, sagte ihnen die Crew, sie müßten ihre Vorräte auffüllen.

Vizintín traf schließlich ein, aber die Maschine blieb noch immer auf der Piste stehen. Die Überlebenden in der Maschine waren verkrampft und nervös, als sie ihre Sicherheitsgurte zuschnallten: Die meisten von ihnen hatten auf dem Landweg zurückkehren wollen und sich nur mit einem Flug einverstanden erklärt, weil eine Bahnreise durch die Anden für ihren Gesundheitszustand als zu anstrengend erachtet wurde.

Endlich waren die Wetterberichte günstig, und die Maschine startete. Nach kurzer Zeit verkündete Flugkapitän Larson, daß sie sich über Curicó befänden, aber keiner nahm seine Einladung an, zu ihm ins Cockpit zu kommen und auf die Stadt hinabzusehen, deren Name für sie von so großer Bedeutung gewesen war. Die ganze Gruppe war nervös – nicht nur, weil sie nicht wußten, was sie zu Hause in Uruguay erwartete. Hektisch unterhielten sie sich miteinander und mit den beiden chilenischen Journalisten, die mit ihnen flogen.

Einer von ihnen, Pablo Honorato vom *El Mercurio*, saß neben Pancho Delgado, der, als die Maschine zur Landung auf dem Flughafen Carrasco ansetzte, noch nervöser war als vorher und sich an Honorato klammerte. Dann aber ertönten in der Kabine laute Hochrufe – «*Viva Uruguay!*» und «*Viva Chile!*» –, um den Überlebenden Mut zu machen. Die Boeing kreiste über Montevideo, und als sie das schlammige Wasser des Rio de la Plate, die Dächer und Straßen ihrer geliebten Heimatstadt sahen, begannen sie alle zusammen die Nationalhymne zu singen:

«Orientales, unser Land oder das Grab,
Freiheit oder ruhmbedeckt sterben . . .»

Als der letzte Ton verstummte, berührte das Flugzeug uruguayischen Boden.

Die Maschine rollte über die Landepiste, bis sie vor demselben Flughafengebäude hielt, das sie fast elf Wochen zuvor so optimistisch verlassen hatten. Doch während sie damals nur von ein paar Angehörigen zum Flughafen gebracht worden waren, schien sich jetzt die ganze Stadt versammelt zu haben, um sie zu empfangen, die Frau des Präsidenten von Uruguay eingeschlossen. Die Balkone des Flughafengebäudes waren gesäumt von rufenden, winkenden Menschen, und unten mußten Ketten von Polizisten die Menge daran hindern, das Flugfeld zu stürmen.

Die Überlebenden und ihre Familien bestiegen die Busse, die neben der Boeing warteten. Die Jungen wollten noch an den Balkonen vorbeifahren, damit sie ihre Freunde begrüßen konnten, aber auf Anweisung der Armee verließen die Busse sofort den Flughafen und fuhren direkt zum Stella-Maris-College.

Dort war alles für ihre Ankunft bereit. Die große Backstein-Aula, die Marcelo Pérez' Vater entworfen hatte, war wie für eine Preisverleihung geschmückt, mit einem langen Tisch auf dem Podium und einer komplizierten Anlage von Mikrofonen und Lautsprechern, damit die vielen Journalisten, die bereits Platz genommen hatten, auch jedes Wort verstehen konnten. Das alles hatten die Christlichen Brüder und die Funktionäre der Old Christians organisiert; sie begrüßten auch die Überlebenden, als die Busse in die Auffahrt zur Schule einbogen.

Es gab ein tief gerührtes Wiedersehen, aber der Trubel um dieses Ereignis, bei dem die Kameras surrten und klickten, konnte nicht über die bedrückende Tatsache hinwegtäuschen, daß unter denen, die jetzt aus dem Bus stiegen und ihren Platz auf dem Podium einnahmen, nur noch drei der Mitglieder des Rugby-Teams waren, das sich auf den Weg nach Chile gemacht hatte: Canessa, Zerbino und Vizintín. Parrado und Harley hielten sich noch in Chile auf. Als Daniel Juan und Adolfo Gelsi die mageren, bärtigen Gesichter sahen, suchten sie nach ihren Champions – nach Pérez, Nicolich, Hounie, Maspons, Abal, Magri, Costemalle, Martínez-Lamas, Nogueira, Shaw – doch sie waren nicht dabei.

Aber die Gruppe der Überlebenden hatte den Old Christians nun einmal die Organisation der Pressekonferenz anvertraut, also nahm Daniel Juan mit kühler Überlegenheit angesichts einer möglicherweise ausufernden Situation – ein Saal, gesteckt voll von Journalisten aus aller Welt, von Eltern, Freunden, Verwandten und Fernsehkameras – seinen Platz in der Mitte des Podiums ein, und die Konferenz begann.

Die Überlebenden hatten sich darauf geeinigt, abwechselnd zu sprechen, und zwar jeder über einen bestimmten Aspekt ihres Abenteuers. Wenn sie jeweils fertig waren, wollten sie die uruguayischen Presseleute fragen, ob sie noch weitere Fragen hätten. Die einzige Meinungsverschiedenheit betraf die Art, wie man die Frage des Kannibalismus behandeln solle. Einige der Jungen und Eltern fanden, man solle offen berichten, was geschehen war; andere hielten es für besser, nur ein paar vage Andeutungen zu machen. Und eine dritte Gruppe, vor allem Canessa und sein Vater, war der Ansicht, man solle überhaupt nichts davon erwähnen.

Sie kamen zu einem Kompromiß: Inciarte sollte über das Thema sprechen. Er hatte sich selbst dazu angeboten, außerdem war man allgemein davon überzeugt, daß er sich dazu am besten eigne, und zwar wegen seiner so souveränen Einstellung zu dem Geschehenen. Am Tag vor der Konferenz begann Coche jedoch an seiner Befähigung zu zweifeln. Er stotterte und fürchtete, vor all den Journalisten und Kameras zusammenzubrechen. Pancho Delgado übernahm freiwillig seine Rolle.

Die Konferenz begann. Der ganze Saal lauschte stumm, als die Überlebenden einer nach dem anderen ihre heldenhafte, tragische Geschichte erzählten, bis schließlich Delgado an der Reihe war. Und fast sofort kam seine Redegewandtheit zur Geltung, die doch in den Bergen von so geringem Nutzen gewesen war.

«Wenn man morgens mitten im Schweigen der Berge erwacht und sich von all den schneebedeckten Gipfeln umgeben sieht, ist das ein majestätischer, überwältigender, ja beängstigender Eindruck, und man fühlt sich allein, allein, allein auf der Welt – wäre nicht Gott da. Denn ich versichere Ihnen, Gott war da. Wir alle haben es gefühlt, in uns selbst, und zwar keineswegs, weil wir besonders fromme junge Männer wären, die den ganzen Tag lang beten. Das sind wir nicht, trotz unserer religiösen Erziehung. Ganz und gar nicht. Aber dort oben fühlt man die Nähe Gottes. Man fühlt vor allem das, was man die Hand Gottes nennt, und läßt sich bereitwillig von ihr leiten ... Und als der Augenblick kam, da wir nichts mehr zu essen, da wir eigentlich überhaupt nichts mehr hatten, überlegten wir uns, wenn Jesus beim Abendmahl sein Fleisch und Blut mit seinen Jüngern geteilt hatte, dann sei das für uns ein Zeichen, dasselbe zu tun: das Fleisch und das Blut als zutiefst innerliche, gemeinsame Kommunion zu empfangen. Das war es, was uns allen half, zu überleben, und jetzt wollen wir dieses zutiefst persönliche Erlebnis nicht in den Schmutz gezogen sehen. In einem fremden Land haben wir versucht, das Thema so behutsam und zurückhaltend wie möglich zu behandeln, und jetzt werden wir Ihnen, unseren Landsleuten, alles so erzählen, wie es war ...»

Als Delgado endete, war die gesamte Versammlung sichtlich tief bewegt von dem, was er gesagt hatte, und als Daniel Juan die Journalisten fragte, ob sie noch Fragen stellen wollten, meldete sich kein einziger. Worauf der ganze Saal spontan in Hurrarufe für die uruguayischen Presseleute ausbrach. Dann folgte ein letztes Hoch auf jene, die nicht zurückgekehrt waren.

3

Mit der Pressekonferenz war nun auch die öffentliche Prüfung der Überlebenden zu Ende, die so unmittelbar auf ihren privaten Leidensweg gefolgt war; endlich konnten sie nun zu Heim und Familie zurückkehren, zu den Menschen, von denen sie während ihrer Gefangenschaft in den Anden so sehnsüchtig geträumt hatten.

Es fiel ihnen nicht leicht, sich der Wirklichkeit anzupassen. Sie hatten ein langes, schreckliches Erlebnis hinter sich, dessen Folgen sich tief in ihr Bewußtsein wie auch in ihr Unterbewußtsein eingegraben hatten, und ihr Verhalten reflektierte diesen Schock. Viele von ihnen zeigten sich ihren Eltern, Verlobten und Geschwistern gegenüber schroff und reizbar. Beim kleinsten Einwand gegen eine plötzliche Laune gingen sie in die Luft. Sie gaben sich entweder mißmutig und schweigsam, oder sie sprachen endlos über den Absturz. Vor allem aber aßen sie. Kaum stand eine Schüssel auf dem Tisch, fielen sie darüber her, und nach jeder Mahlzeit stopften sie sich mit Schokolade und anderen Süßigkeiten voll, so daß Canessa zum Beispiel innerhalb weniger Wochen regelrecht aufgeschwemmt war.

Ihre Eltern standen diesem Verhalten hilflos gegenüber. Einige waren von den Psychiatern in Santiago, die ihre Söhne kurz untersucht hatten, schon darauf hingewiesen worden, daß die Jungen wahrscheinlich Schwierigkeiten beim Wiederanpassen an das normale Leben haben würden, und daß sie, die Eltern, ihnen kaum dabei helfen könnten. Allerdings gab dieser Fall den Psychiatern selbst nicht weniger Rätsel auf als den Eltern, denn es existierten nur wenige Krankengeschichten, die sich mit dem Bruch dieses speziellen Tabus befaßten. Niemand konnte voraussagen, wie sich die Folgen auf ihren Geist auswirken würden; man konnte nur eins tun: abwarten.

Einige Eltern befanden sich selbst in einer Art Schock. Es war, als hätten sie Überraschung und Dankbarkeit beim Anblick der Söhne, die sie totgeglaubt hatten, gelähmt. Coche Inciartes Mutter zum Beispiel, konnte ihren Blick nicht von ihrem Sohn wenden, wenn er aß. Bei Nacht lag sie im selben Zimmer wie er, schloß aber kein Auge, sondern sah ihrem Sohn beim Schlafen zu.

Rosina Strauch, Sarah Strauch und Madelón Rodríguez wurden am besten mit der beispiellosen Situation fertig, in der sie sich befanden. Diese drei Mütter besaßen nicht nur eine starke Persönlichkeit, die sich durch nichts einschüchtern ließ, sondern fanden darüber hinaus, daß dies nicht nur die Geschichte ihrer Söhne, sondern auch ihre eigene sei. Sie taten so, als seien ihre Glaubenskraft und ihre Gebete nicht weniger verantwortlich für das Überleben der Jungen als die Leistungen der Jungen selbst. Für sie war die Frage, an der die Jungen immer noch herumrätselten, längst eindeutig entschieden: die Frage nach dem Sinn all dessen, was sie durchgemacht hatten. Für sie stand fest, daß ihre Söhne lediglich verschwunden und wieder zurückgekehrt waren, um der Welt einen Beweis für die Wunderkräfte der Jungfrau Maria zu liefern – für die beiden Strauch-Schwestern war es die Jungfrau von Garabandal.

Die Nutznießer dieses Wunders waren verständlicherweise verwirrt, weil andere Interpretationen vorgebracht wurden. Einerseits wußten sie, daß viele, besonders ältere Leute, über das, was sie getan hatten, entsetzt waren und fanden, sie hätten lieber sterben sollen. Selbst Madelóns Mutter, die bestimmt nicht weniger fest als die anderen an die Rückkehr ihres Enkels geglaubt hatte, brachte es nicht fertig, über diesen Aspekt seiner Rettung nachzudenken.

Die katholische Kirche jedoch verurteilte diese naive Einstellung sofort. «Man darf ihnen wegen dem, was sie getan haben, keine Vorwürfe machen», erklärte Monsignore Andrés Rubio, Weihbischof von Montevideo. «Es war schließlich die einzige Möglichkeit für sie, zu überleben ... Wenn man das Fleisch eines Toten verzehrt, um nicht zu verhungern, nimmt man seine Substanz in sich auf, man kann es durchaus mit dem Verpfropfen von Trieben vergleichen. Das Fleisch lebt weiter, wenn es in einer extremen Notsituation von einem Menschen zu sich genommen wird, genau wie Auge oder Herz eines Toten weiterleben, wenn sie einem Lebenden eingepflanzt werden ... Was hätten wir selbst in einer ähnlichen Situation getan? ... Was würden wir jemanden antworten, der uns bei der Beichte ein derartiges Geheimnis anvertraut? Doch nur eines: sich nicht davon quälen zu lassen ... sich keine Vorwürfe zu machen für etwas, das er auch anderen nicht vorwerfen würde, und für das ihm andere keinen Vorwurf machen ...»

Carlos Partelli, Erzbischof von Montevideo, bestätigte diese Meinung: «Da es sich um eine Frage des Überlebens handelte, sehe ich moralisch keinen Einwand. Man ist immer verpflichtet, das zu essen, was vorhanden ist, ganz gleich, einen wie großen Ekel es hervorrufen mag.»

Und schließlich schrieb noch der Theologe des *Osservatore Romano,* Gino Concetti, daß jeder, der von der Gemeinde empfangen habe, auch verpflichtet sei, in einer Lage, in der ein extremes Bedürfnis nach Hilfe besteht, der Gemeinde zu geben. Eine derartige Verpflichtung beziehe sich vor allem auf den

Körper, der anderenfalls zur Auflösung, zur Nutzlosigkeit verdammt sei. «In Anbetracht dieser Tatsachen», fuhr Pater Concetti fort, «halten wir es auf ethischer Basis für gerechtfertigt, daß die Überlebenden des Absturzes der uruguayischen Maschine sich mit dem ernährten, was vorhanden war, um einem sicheren Tod zu entgehen. Es ist legitim, sich lebloser menschlicher Körper zu bedienen, um nicht zu verhungern.»

Andererseits aber ließ die Kirche den Standpunkt nicht gelten, den Delgado bei der Pressekonferenz vertreten hatte: daß das Essen vom Fleisch der Freunde das gleiche sei wie die heilige Kommunion. Als Monsignore Rubio gefragt wurde, ob die Weigerung, das Fleisch eines Toten zu essen, als eine Form des Selbstmordes, das Gegenteil aber als ein Akt der Kommunion ausgelegt werden könne, antwortete er: «Es kann auf gar keinen Fall als Selbstmord ausgelegt werden, aber die Verwendung der Bezeichnung Kommunion ist auch nicht korrekt. Man könnte höchstens sagen, daß es korrekt wäre, diese Bezeichnung als Quelle der göttlichen Eingebung zu begreifen. Kommunion aber ist es nicht.»

Die Überlebenden waren also weder als Heilige noch als Sünder zu betrachten, dafür aber wurden sie immer häufiger als Nationalhelden gefeiert. Presse, Rundfunk und Fernsehen zeigten begreiflichen Stolz auf die Taten ihrer jungen Landsleute. Uruguay war nur ein kleines Land auf dieser großen Welt, und seit ihrem Sieg bei der Fußball-Weltmeisterschaft im Jahre 1950 hatte keine Tat irgendwelcher Uruguayer eine so große, weltweite Aufmerksamkeit erregt. In vielen Zeitungsberichten wurden ihr Mut, ihre Kraft und ihre Findigkeit beschrieben. Alles in allem zeigten sich die Überlebenden der Situation gewachsen. Viele von ihnen behielten ihren Bart und die langen Haare, denn sie fühlten sich nicht wenig geschmeichelt, wenn sie überall in Montevideo und Punta del Este erkannt wurden.

Nun war es trotz der nachdrücklichen Betonung, mit der jedes Interview und jeder Zeitungsartikel immer wieder herausstellte, daß ihre Rettung das Werk der ganzen Gruppe gewesen sei, wohl unvermeidlich, daß einige der Überlebenden sich besser für die Rolle von Nationalhelden eigneten als andere. Einige zum Beispiel hielten sich völlig zurück. Pedro Algorta war zu seinen Eltern nach Argentinien geflogen. Daniel Fernández hatte sich auf die *estancia* seiner Eltern auf dem Land zurückgezogen. Und seine Vettern, Fito und Eduardo Strauch, waren zu wortkarg, um der Öffentlichkeit ein Image zu liefern, das der Rolle, die sie in den Bergen gespielt hatten, entsprach.

Der tauglichste Exponent der ganzen Gruppe war Pancho Delgado, und da er bei der Pressekonferenz die Frage des Kannibalismus erklärt hatte, war es natürlich, daß die Presse auch nähere Informationen von ihm wollte. Delgado war Herr der Lage. Er fuhr mit Ponce de León im Bus nach Rio de Janeiro, wo er im Fernsehen auftrat und der chilenischen Zeitschrift *Chile Hoy* sowie dem argentinischen Blatt *Gente* ausführliche Interviews gab.

Es war weder verwunderlich, daß Delgado diese Situation, in der seine Begabung zu ihrem Recht kam, ausnutzte, noch, daß die Presse sich eines so redegewandten Überlebenden bediente. Bei seinen ehemaligen Kameraden machte er sich mit diesem Auftreten in der Öffentlichkeit jedoch nicht beliebt.

Parrado war das andere Mitglied der Gruppe, dessen Verhalten man verurteilte. Sein Charakter hatte sich weit stärker verändert als derjenige der übrigen. Der schüchterne, unsichere Junge war aus dem schweren Erlebnis als dominierender, selbstsicherer Mann hervorgegangen, der überall als Held der Anden-Passion erkannt und bewundert wurde, doch er hatte sich die Vorliebe und Begeisterung eines Jungen für gewisse Dinge bewahrt, und die wollte er jetzt, nachdem er dem Tod mit knapper Not entkommen war, vollauf genießen.

In der Überzeugung, er sei tot, hatte sein Vater die Suzuki 500 seines Sohnes einem Freund verkauft; über Nandos Auferstehung von den Toten war er so glücklich, daß er ihm einen Alfa Romeo 1750 schenkte. Damit raste Parrado nun die Küste entlang nach Punta del Este, um am Strand, in den Cafés und Nightclubs des eleganten Badeortes das süße Leben zu genießen. Die schönen Mädchen, die in ihm früher nur den schüchternen Freund Panchito Abals gesehen hatten, umschwärmten ihn jetzt und wetteiferten miteinander um seine Aufmerksamkeit. Parrado ließ sich nichts entgehen. Das einzige, was ihn von Punta del Este fernhalten konnte, waren die Formel-

I-Rennen in Buenos Aires. Dort lernte er Emerson Fittipaldi und Jackie Stewart kennen und wurde mit ihnen zusammen fotografiert, denn wo Parrado ging und stand, verfolgte ihn eine Schar von Journalisten und Fotografen.

Diese Fotos, die in allen Zeitungen Uruguays erschienen, erschreckten seine fünfzehn Kameraden. Und als dann in der Presse ein Bild von ihm auftauchte, auf dem er inmitten einer Gruppe von Badenixen als Schiedsrichter eines Schönheitswettbewerbs in Punta del Este zu sehen war, erhoben sie Einspruch, und Parrado zog sich zurück; denn auch für ihn war die Einheit der sechzehn Überlebenden, genau wie für die anderen, noch immer von größter Bedeutung.

Obwohl er einsah, daß ihre Rettung nur ihren gemeinsamen Bemühungen zu verdanken war, war Parrado jedoch der Meinung, sein eigener Erfolg sei ein Triumph, den er getrost feiern dürfe. Das Leben hatte den Tod besiegt und mußte nun voll ausgelebt werden, und zwar genauso, wie er es früher getan hatte – obwohl sich einiges grundlegend geändert hatte. Eines Abends, Mitte Januar, besuchte er zusammen mit einem Freund und zwei jungen Mädchen einen Nightclub. Hier war er oft mit Panchito Abal gewesen, und nun kam er zum erstenmal seit dem Unglück wieder in das Lokal. Als er sich an einen Tisch setzte und Drinks bestellte, wurde ihm ganz plötzlich klar, daß Panchito tot war, und nun brach Nando nach drei Monaten unsäglicher Leiden zum erstenmal in Tränen aus. Er fiel über den Tisch und weinte, weinte, weinte. Er konnte seiner Tränen einfach nicht Herr werden, deshalb verließen sie den Nightclub. Kurz darauf nahm Parrado wieder seine Arbeit in der *Casa del Tornillos* auf und verkaufte Schrauben und Muttern.

Der Grund, warum die übrigen fünfzehn Überlebenden Parrados Rückkehr zu dem Leben, das er zuvor geführt hatte, mit schiefen Blicken betrachteten, war der, daß sie selbst inzwischen zu einer überhöhten, ja beinahe mystischen Auffassung ihres Erlebnisses gekommen waren. Inciarte, Mangino und Methol waren fest überzeugt, von einem Wunder gesegnet worden zu sein. Delgado glaubte, die Tatsache, daß sie den Absturz, die Lawine und die darauffolgenden Wochen überstanden hatten, könne zwar der Hand Gottes zugeschrieben werden, sei aber wohl eher der Beweis menschlichen Mutes. Canessa, Zerbino, Páez, Sabella und Harley waren alle der Ansicht, daß Gott bei ihrer Rettung eine entscheidende Rolle gespielt habe, daß er dort in den Bergen leibhaftig zugegen gewesen sei. Fernández, Fito Strauch, Eduardo Strauch und Vizintín andererseits neigten, in aller Bescheidenheit, mehr zu der Auffassung, sie hätten es ihren eigenen Bemühungen zu verdanken, daß sie das Abenteuer überlebt und der Eisfalle entkommen waren. Gewiß, ihre Gebete hatten dabei geholfen: Sie waren das Band gewesen, das sie zusammengehalten und vor der Verzweiflung bewahrt hatte; doch wenn sie sich ausschließlich auf die Gebete verlassen hätten, säßen sie jetzt immer noch in den Bergen. Die größte Gnade Gottes war wohl gewesen, daß er ihnen geholfen hatte, den klaren Verstand zu behalten.

Nando Parrado und Pedro Algorta blieben skeptisch hinsichtlich der Rolle, die Gott bei ihrer Rettung gespielt hatte. Parrado hatte guten Grund dazu, denn wie so viele unter ihnen konnte er keine Logik in der Auswahl der Lebenden und der Toten entdecken. Wenn Gott ihnen beim Überleben geholfen hatte, dann hatte er zugelassen, daß die anderen starben; und wenn Gott gut war, wie hatte er es dann zulassen können, daß seine, Parrados, Mutter starb, und daß Panchito und Susana vor ihrem Tod so schrecklich gelitten hatten? Es mochte ja sein, daß Gott sie bei sich im Himmel haben wollte, aber wie konnten seine Mutter und Schwester dort oben glücklich sein, wenn er und sein Vater hier, auf der Erde, weiterhin leiden mußten?

Algortas Fall war komplizierter, denn seine Jesuiten-Ausbildung in Santiago und Buenos Aires hatte ihn für die Auseinandersetzung mit den Mysterien des katholischen Glaubens besser gerüstet als die einfache theologische Ausbildung der Christlichen Brüder. Außerdem hatte er, schon vor dem Abflug, zu den wirklich religiösen Passagieren gehört. Er besaß nicht die unbekümmerte, unorthodoxe Vertrautheit mit Gott eines Carlitos Páez, vielmehr war sein ganzes Leben – vor allem seine politische Überzeugung – nach der Lehre ausgerichtet, daß Gott die Liebe ist. Nach siebzig Tagen im Eis der Anden glaubte er zwar nicht weniger daran, aber diese Wochen hatten ihn gelehrt, daß Gottes Liebe keineswegs etwas ist, auf das man sich einfach verlassen kann, wenn es ums Überleben geht. Keine Engel waren vom Himmel heruntergestiegen, um ihnen zu helfen. Überstanden hatten sie alles nur mit Hilfe ihres Mutes und ihres Durchhaltewillens. Falls das Erlebnis ihn überhaupt verändern konnte, dann war er weniger religiös geworden. Er glaubte jetzt stärker an die Menschen.

Sie alle waren sich jedoch einig darüber, daß ihre Leiden in den Bergen ihre Einstellung zum Leben verändert hatten. Die Schmerzen und Entbehrungen hatten ihnen gezeigt, wie leichtfertig ihr Leben zuvor gewesen war. Geld hatte jede Bedeutung für sie verloren. Dort oben hätte niemand eine Zigarette verkauft, nicht mal für die fünftausend Dollar, die sie in dem Koffer zusammengetragen hatten. Jeder Tag, der verging, hatte Schicht um Schicht von ihrer Oberflächlichkeit abgetragen, bis nur noch übrigblieb, was ihnen wirklich wichtig war: ihre Familien, ihre Verlobten, ihr Glaube an Gott und das Vaterland. Jetzt sahen sie die Welt der eleganten Kleider, der Nightclubs, der koketten Mädchen und des bequemen Lebens mit Geringschätzung. Sie waren entschlossen, ihre Arbeit ernster zu nehmen, ihren religiösen Verpflichtungen mit mehr Frömmigkeit nachzukommen und ihren Familien mehr Zeit zu widmen.

Und sie wollten die Lehren, die sie aus ihren Erfahrungen gezogen hatten, nicht für sich selbst behalten. Viele von ihnen – vor allem Canessa, Páez, Sabella, Inciarte, Mangino und Delgado – fühlten sich berufen, ihre Erfahrungen irgendwie zu nutzen. Sie fühlten sich von Gott berührt und aufgefordert, auch anderen die Lehre von Liebe und Aufopferung zu bringen, die sie in ihren Leiden erfahren hatten. War die Welt bei der Nachricht, daß sie das Fleisch ihrer Freunde gegessen hatten, schockiert gewesen, dann mußten sie diesen Schock jetzt dazu benutzen, der Welt zu beweisen, was es bedeuten kann, seinen Nächsten wie sich selbst zu lieben.

Nun gab es allerdings eine Rivalin für die Lehre, die aus der Heimkehr der sechzehn Überlebenden zu ziehen war: die Jungfrau von Garabandal. Denn ungeachtet der Ansichten ihrer Söhne war die Gruppe der energischen Frauen, die die

Fürsprache erfleht hatten, immer noch fest überzeugt, daß die Jungfrau allein ihre Gebete erhört hatte. Selbst die Skeptiker hatten zugeben müssen, daß nur ein Wunder die Jungen retten könne, und deshalb waren sie jetzt fest entschlossen, nicht zu dulden, daß man ihrer Jungfrau Maria das Wunder streitig machte, nur weil es auch eine vernünftige, aber auch unangenehme Art der Deutung zuließ. In der Tat hatten sie den Makel des Kannibalismus mit Hilfe einer These bewältigt: Das Manna, das in der Wüste Sinai vom Himmel regnete, sei nur eine euphemistische Umschreibung für Gottes Rat an die Juden gewesen, das Fleisch ihrer Toten zu essen.

4

Für neunundzwanzig Insassen, die mit der Fairchild gestartet waren, hatte es keine Heimkehr gegeben, und für ihre Familien brachte die Rettung der sechzehn Überlebenden die Bestätigung ihres Todes. Eine qualvolle Bestätigung. Die Abals hörten von den körperlichen Leiden ihres Sohnes; die Nogueiras von der geistig-seelischen Agonie des ihren. Jedes Mitglied jeder Familie mußte mit dem Bewußtsein fertig werden, daß der Ehemann, die Mutter, der Sohn nicht nur gestorben, sondern vielleicht sogar gegessen worden war.

Es war eine bittere Wahrheit für die Herzen, die schon randvoll von Kummer waren; denn so nobel und rational der Verstand ein solches Ende auch begreifen mochte – der Gedanke, daß der Körper eines geliebten Menschen auf diese Art verwendet worden war, löste ein ursprüngliches, kaum zu bewältigendes Entsetzen aus. Den meisten von ihnen gelang es jedoch, dieses Gefühl des Abscheus zu unterdrücken. Die Eltern bewiesen die gleiche Selbstlosigkeit, den gleichen Mut wie ihre gestorbenen Söhne und scharten sich einmütig um die sechzehn Überlebenden. Dr. Valeta, der Vater von Carlos, besuchte mit seiner Familie die Pressekonferenz und sprach anschließend mit der Zeitung *El Pais.* «Ich bin mit meiner Familie hergekommen, weil wir all diejenigen sehen wollten, die Freunde meines Sohnes waren, und weil wir aufrichtig glücklich sind, sie wieder bei uns zu haben», erklärte er. «Mehr noch, wir sind froh, daß es insgesamt fünfundvierzig waren, denn nur dadurch konnten wenigstens sechzehn heimkehren. Im übrigen möchte ich betonen, daß ich vom ersten Augenblick an wußte, was uns heute bestätigt worden ist. Als Arzt habe ich sofort begriffen, daß kein Mensch an einem solchen Ort und unter derartigen Bedingungen überleben kann, ohne mutige Entscheidungen zu treffen. Jetzt, da ich Gewißheit habe über das, was geschehen ist, möchte ich noch einmal wiederholen: Ich danke Gott, daß es fünfundvierzig waren, denn sechzehn Familien haben ihre Kinder wiederbekommen.»

Arturo Nogueiras Vater schrieb folgenden Brief an die Zeitungen:

«Sehr geehrte Herren,
mit diesen wenigen Zeilen, die ausdrücken sollen, was wir in unserem Herzen empfinden, möchte ich, in Ehrfurcht Bewunderung und Anerkennung, den sechzehn Helden, den Überlebenden der Anden-Passion meine Hochachtung aussprechen. Weil wir sie für die zahlreichen Bewährungsproben bewundern, auf die ihre Solidarität, ihr Glaube, ihr Mut und ihre Gelassenheit gestellt wurden, und die sie bestanden haben. Anerkennung, aufrichtig und aus dem Herzen kommend, für die Fürsorge, mit der sie unseren lieben Sohn und Bruder Arturo bis zu seinem Tod viele Tage nach dem Absturz jederzeit und in jedem Augenblick umgeben haben. Wir möchten alle Bürger unseres Landes auffordern, einige stille Minuten des Nachdenkens der ungeheuren Lektion in Solidarität, Mut und Disziplin zu widmen, die uns diese Jungen gegeben haben – in der Hoffnung, daß sie uns allen helfen wird, unseren kleinlichen Egoismus und Ehrgeiz, unseren Mangel an Interesse für unsere Brüder zu überwinden . . .»

Die Mütter bewiesen denselben Mut. Manche von ihnen sahen ihre toten Söhne in den Überlebenden, denn es war nicht schwer, einzusehen, daß das gleiche geschehen wäre, wenn ihre eigenen Kinder am Leben geblieben und die anderen umgekommen wären; und daß die fünfundvierzig Insassen jetzt alle tot wären, wenn alle fünfundvierzig den Absturz und die Lawine überlebt hätten. Die Mütter konnten sich die seelischen und körperlichen Qualen vorstellen, die die Überlebenden erlitten hatten. Schließlich waren es nicht die Söhne, Brüder oder Eltern ihrer Freunde, die sie verzehrt hatten um weiterzuleben. Die waren schon im Himmel gewesen.

Die meisten Eltern hatten sich natürlich schon kurz nach dem Absturz mit dem Tod ihrer Söhne abgefunden. Einige jedoch fühlten sich vom Schicksal besonders betrogen. Estela Pérez hatte fast ebenso fest wie Madelón Rodríguez und Sarah und Rosina Strauch an die Rettung ihres Marcelo geglaubt, doch war der Glaube der drei anderen belohnt worden, ihrer aber nicht. Ein böser, grausamer Schlag des Schicksals war es auch, daß Señora Costemalle, deren anderer Sohn vor der Küste von Carrasco ertrunken und deren Ehemann unerwartet in Paraguay gestorben war, nun auch den letzten ihrer Familie verloren hatte.

Die Eltern von Gustavo Nicolich quälten sich mit dem Bewußtsein herum, daß ihr Sohn den Absturz noch um zwei Wochen überlebt hatte. Sie waren verbittert über Gerard Croiset jr., der sie, wie sie schlossen, zu einem Zeitpunkt auf eine falsche Spur geführt hatte, da eine weitere Suche in Richtung des Tinguiririca und Sosneado das Leben ihres Sohnes hätte retten können.

Es stimmte zwar, daß die Eltern durch die Deutung von Croisets Visionen in die Irre geführt worden waren, aber vieles von dem, was er gesagt hatte, erwies sich doch als richtig. Er hatte gesehen, daß es auf dem Carrasco-Flughafen Schwierigkeiten mit den Beamten wegen der Papiere eines der Jungen gegeben hatte; ein solcher Vorfall war tatsächlich passiert. Ferner hatte er gesagt, der Pilot hätte das Flugzeug nicht selbst geflogen; es stimmte, denn Lagurara hatte am Steuerknüppel gesessen. Die Maschine, so hatte er gesehen, lag da «wie ein Wurm mit eingedrückter Nase» und ohne Flügel, und die vordere Tür stand halb offen. All dies stimmte. Außerdem hatte Croiset präzise die Manöver beschrieben, die ein Pilot fliegen mußte, um das Wrack aus der Luft zu sehen. Er hatte auch gesagt, die Maschine befinde sich nahe bei einem Warnsignal und nicht weit entfernt von einem Dorf mit weißen Häusern im mexikanischen Stil. Parrado und Canessa trafen bei ihrem Marsch nach Chile auf nichts von alldem, doch fand eine spätere Expedition, die sich von Argentinien aus zur Unfallstelle begab, in der Nähe ein Warnsignal und ein kleines Dorf, Minas de Sominar, mit weißen mexikanischen Häusern.

Die Umgebung des abgestürzten Flugzeugs, so wie sie Croiset beschrieben hatte – die drei Berge, einer davon «ohne Gipfel», und der See –, war von den Eltern gefunden worden, aber sechsundsechzig Kilometer südlich vom Planchón, während die Fairchild sechsundsechzig Kilometer *nördlich* des Planchón-Passes abgestürzt war. Die Maschine befand sich weder am Fuß eines Berges noch in oder nahe bei einem See, und der Pilot hatte keinen See angeflogen, um eine Notlandung zu machen. An dem Unglück war weder ein blockierter Vergaser schuld, wie Croiset gesagt hatte, noch befand sich der Kopilot allein im Cockpit, und ob der Pilot an einer Magenverstimmung litt oder nicht, konnte nicht mehr festgestellt werden. Auch andere Einzelheiten, die Croiset angegeben hatte, als er von den Eltern eindringlich um mehr Informationen ersucht worden war, schienen im Rückblick wenig Bedeutung für die Tragödie zu haben. Doch indem er diese Informationen lieferte, hatte er zumindest einige der Mütter vor der völligen Verzweiflung bewahrt.

Die Träume von Señora Valeta waren ebenfalls außergewöhnlich genau gewesen; aber die einzigen außersinnlichen Wahrnehmungen, die sich als völlig zutreffend erwiesen hatten, waren die des alten Wünschelrutengängers gewesen, den Madelóns Mutter und Juan José Methol im Elendsviertel Maroña von Montevideo aufgesucht hatten. Er hatte anhand einer Landkarte auf eine Stelle dreißig Kilometer vom Badeort Termas del Flaco gedeutet – die genaue Absturzstelle der Fairchild. Juan José Methol, der sich daran erinnerte, besuchte den Alten, um ihm eine Belohnung in Form von Fleisch und Geld zu bringen, die dieser wiederum an seine notleidenden Nachbarn verteilte.

5

Die Luftwaffe Chiles und Uruguays leitete eine Untersuchung der Absturzursachen ein. Beide lasteten die Schuld an dem Unfall dem menschlichen Versagen des Piloten an, der schon begonnen hatte, Santiago anzufliegen, als er noch mitten in den Anden war.

Die tatsächliche Absturzstelle war weit von Curicó entfernt. Der Berg, auf dem die Jungen so viele Wochen hatten verbringen müssen, lag auf der argentinischen Seite der Grenze zwischen dem Sosneado und dem Vulkan Tinguiririca. Man vermutete, daß die Expeditionsgruppe, wäre sie dem Tal gefolgt, das hinter dem Heck lag, statt den Berg im Westen zu erklimmen, nach rund drei Tagen auf eine Straße gestoßen wäre (die Straße, die Canessa beim Besteigen des Berges zu sehen glaubte, war allerdings höchstwahrscheinlich eine geologische Verwerfung). Nur acht Kilometer östlich der Fairchild steht ein Hotel, in dem sich, obwohl es nur im Sommer geöffnet ist, ein Vorrat an Nahrungsmitteln in Büchsen befand.

Der Versuch, mit dem Funkgerät des Flugzeugs um Hilfe zu rufen, der sie insgesamt über zwei Wochen gekostet hatte, hätte nie erfolgreich sein können. Der Sender benötigte 115 Volt Wechselstrom, der normalerweise von einem an die Motoren angeschlossenen Inverter geliefert wurde. Der Strom, den die Batterien spendeten, betrug 24 Volt Gleichstrom.

Hinterher gab es eigentlich wenig Diskussionen. Obwohl einige Eltern empört über die Unfähigkeit der Piloten der uruguayischen Luftwaffe waren, schien dies nicht der richtige Augenblick in der politischen Geschichte Uruguays für ein Vorgehen gegen eine Waffengattung zu sein. Alles in allem fügten sie sich in das, was geschehen war, als in den Willen Gottes, und waren Ihm dankbar für diejenigen, die heimgekehrt waren. Sie akzeptierten die religiöse Auslegung des Geschehenen, die sich die Überlebenden selbst zu eigen gemacht hatten.

Javier Methol hatte jetzt, da er wieder auf Meereshöhe lebte, jene Benommenheit, die ihn in der Höhenluft der Berge befallen hatte, ganz und gar überwunden. Wie seine ehemaligen Leidensgenossen glaubte auch er, daß Gott sie aus einem bestimmten Grund gerettet hatte, deswegen machte er es sich zunächst zur Aufgabe, die Kinder so gut es ging über den Verlust der Mutter hinwegzutrösten. Er zog nun auch zu Lilianas Eltern, die seine Kinder zu sich genommen hatten. Nun, da er sie wieder hatte, war Javier beinahe zufrieden, denn wenn ihm Liliana auch sehr fehlte, so wußte er sie doch im Himmel glücklich.

Eines Abends ging er mit seiner dreijährigen Tochter Marie Noel in Punta del Este am Strand spazieren. Sie hüpfte munter plaudernd neben ihm her, blieb aber einmal plötzlich stehen und sah fragend zu ihm auf.

«Du bist doch aus dem Himmel zurückgekommen, nicht wahr, Papa?» wollte sie wissen. «Wann kommt denn Mama zu uns zurück?»

Javier bückte sich zu seiner Tochter hinunter und antwortete ihr ernst: «Das mußt du verstehen, Marie Noel. Unsere Mama ist so lieb, so sehr, sehr lieb, daß Gott sie oben im Himmel braucht. Sie ist so wichtig, daß sie jetzt beim lieben Gott leben darf.»

6

Am 18. Januar 1973 wurden zehn Mitglieder des Anden-Rettungs-Corps zusammen mit Freddy Bernales vom SAR, Leutnant Enrique Crosa von der uruguayischen Luftwaffe und Pater Ivan Caviedes, einem katholischen Priester, in Hubschraubern zum Wrack der Fairchild geflogen. Sie schlugen ein Lager auf, da sie einige Tage oben bleiben wollten, und begannen die Reste der Toten zu sammeln. Auch auf den Berg stiegen sie, um die Leichen herunterzuholen, die oben liegengeblieben und jetzt, bei der Schneeschmelze, zum Vorschein gekommen waren.

Ungefähr einen Kilometer von der Absturzstelle entfernt wurde ein Platz gefunden, der vor eventuellen Lawinen geschützt lag und genug Erde hatte, daß sie dort ein Grab schaufeln konnten. Hier beerdigten sie die Leichen und die Reste der übrigen. Neben dem Grab wurde ein primitiver Steinaltar errichtet, und darauf ein ein Meter hohes Eisenkreuz. Das Kreuz war orangenfarben gestrichen und trug auf einer Seite die schwarze Aufschrift: «Die Welt ihren uruguayischen Brüdern.» Auf der anderen Seite standen die Worte: «Näher, mein Gott, zu dir.»

Nachdem er die Messe gelesen hatte, hielt Pater Caviedes den Männern, die an der Zeremonie teilnahmen, eine Ansprache. Dann kehrten die Andinisten zum Rumpf der Fairchild zurück, übergossen ihn mit Benzin und steckten ihn in Brand. Das Wrack fing rasch Feuer im starken Wind, und als sie sich überzeugt hatten, daß es richtig brannte, machten sich die Chilenen zum Abflug bereit. Zu oft war die Stille in den Bergen vom Donnern der Lawinen zerrissen worden; deshalb hielten sie es für gefährlich, länger als unbedingt nötig zu bleiben.